Eleonore Büning

WOLFGANG RIHM
ÜBER DIE LINIE

Eleonore Büning

WOLFGANG RIHM
ÜBER DIE LINIE

Die Biographie

BENEVENTO

FSC
www.fsc.org
MIX
Papier aus verantwortungsvollen Quellen
FSC® C014138

Die Fotos im Bildteil stammen von:
Bridgeman Images: S. 10, 14 o. (bd. Betty Freeman)
Hans Kumpf, Schwäbisch Hall: S. 5 o.
Charlotte Oswald, Wiesbaden: S. 12 u., 14 u., 16
Paul Sacher Stiftung, Basel: S. 11 (Niggi Bräuning)
Picturedesk: S. 1 (Wiesinger Telemach/SZ-Photo), 13 o. (Rolf Haid/dpa), 13 u. (Barbara Gindl/APA)
Peter Peitsch/peitschphoto.com: S. 5 u.
Privatbesitz Büning: S. 15
Privatbesitz Rihm: S. 2, 3, 4 u., 6, 9
Courtesy Studio Semotan/© Elfie Semotan: S. 12 o.
Sowie aus:
Dieter Rexroth, Der Komponist, 1985: S. 7, 8
Martin Wilkening, Komponistenporträt, 1988: S. 4 o.

1. Auflage

Medieninhaber, Verleger und Herausgeber:
Red Bull Media House GmbH
Oberst-Lepperdinger-Straße 11–15
5071 Wals bei Salzburg, Österreich

Satz: MEDIA DESIGN: RIZNER.AT
Gesetzt aus der Palatino, Futura
Umschlaggestaltung: Büro Jorge Schmidt, München
Umschlagmotiv: © picture-alliance/dpa/Bernhard Schmitt
Printed by Finidr, Czech Republic
ISBN 978-3-7109-0147-8

Inhalt

Vorwort

Wolfgang Rihm ist ein Sonderfall für die Musikgeschichte des zwanzigsten Jahrhunderts. Kann man so etwas überhaupt sagen, von jemandem, der mitten im einundzwanzigsten Jahrhundert immer noch schafft, lehrt, komponiert und absolut allgegenwärtig erscheint? Darf ich so etwas sagen? Wo bleibt da die Distanz der Chronistin?

Diese Frage ist nicht unheikel, sie hat sich mir beim Schreiben laufend in den Weg gestellt. Rihm und ich, wir kennen uns seit dreiunddreißig Jahren, wir sind befreundet. Doch bevor wir uns kennenlernten, haben wir uns erst mal gezofft. Ich nannte ihn einen Epigonen, er nannte mich plemplem. Ich schrieb damals, in einer sehr hässlichen, auf lustig gebürsteten Glosse, die in der *taz* erschien, die Musik dieses Komponisten habe nichts Eigenes, weder Farbe noch Ausdruck, nur von allem ein bisschen. Er schrieb mir, auf einer mindestens ebenso hässlichen Postkarte, ich sei ahnungslos, womit er, wie sich bald herausstellte, zwar nicht generell, aber in diesem einen Punkt jedenfalls recht hatte. Dieser Schlagabtausch ist öffentlich dokumentiert, in einem Büchlein, das vom Festival »Heidelberger Frühling« 2012 zu Rihms Sechzigstem herausgegeben wurde. Soviel dazu.

Ein Sonderfall ist Wolfgang Rihm, weil er innerhalb der relativ kleinen Welt der zeitgenössischen Musik, die sich seit jeher aufteilte in feindliche Lager und einander ablösende Schulen, nie zu einer Seilschaft gehörte und auch keine begründet hat. Seilschaften und Richtungskämpfe gab es schon, als Bach für seine Zeitgenossen komponierte. Das gilt auch für Beethoven, Schumann, Mahler, Debussy, Busoni oder Schönberg. Rihm jedoch blieb immer Einzelgänger, so wie, zum Beispiel, auch Schubert einer war. Er ist nicht unglücklich dabei, auch alles andere als ein Eremit. Rihm ist äußerst gesellig. Mischt sich ein in aktuelle Debatten. Ist umfassend belesen, bestens informiert. Redet offen mit jedem. Hört hervorragend zu. Oft denke ich, diese einmalige, liebenswerte, eiserne Freundlichkeit Rihms kann nur ein Panzer sein, der ihm hilft, seine Unabhängigkeit und die seiner Musik zu schützen.

Rihm ist auch insofern ein Sonderfall, als er Bach oder Beethoven für Zeitgenossen hält. Seine Auffassung vom Fortschritt impliziert, dass er sich Rückblicke erlaubt, auf Augenhöhe. Das hat nichts zu tun mit Epigonentum, auch nicht mit dem alltäglichen Historismus oder der Theorie vom Ende der Geschichte. Rihms Musikbegriff schließt einfach nichts aus. Er arbeitet, im Wesentlichen, mit den Gestaltungsmitteln, die schon im späten neunzehnten Jahrhundert bereitstanden. Das Klavier, die Instrumente des klassischen Symphonieorchesters und die menschliche Stimme liefern ihm nach wie vor unendliche Möglichkeiten, sich musikalisch auszudrücken. Es gibt nur wenige Experimente mit graphischer Notation in seinem Werk, keine elektronische Musik, keine Klanginstallation. Manchmal verwendet er Tonbänder, für raummusikalische Effekte. Er ist ein begnadeter Kontrapunktiker. Ob er tonal schreibt, atonal oder völlig frei, das ergibt sich aus Rhythmus oder Melos, je nachdem. Er schreibt die Noten auf Papier, mit der Hand. Er besitzt keinen Computer. Das ist wahrlich old fashioned.

Drittens ist Rihm ein Sonderfall, weil er die Isolierstation, in die sich die neue Musik hineinmanövriert hatte, schon mit seinen ersten Kompositionen verließ. Seine Musik berührt auch Menschen, die keine Lust haben auf Avantgarde. Obgleich sie alles andere ist als einfach oder nur lieblich, gibt es ein großes, wachsendes Rihm-Publikum. Das ist ein Paradox. Einer der ersten, der bemerkte, dass es da ein Geheimnis geben muss, war der Komponist, Cellist und Rundfunkredakteur Hans-Peter Jahn. Er erklärte, Rihms Musik sei gegenüber jedem Versuch, sie zu analysieren, resistent.

Ähnlich äußerte sich Jörg Widmann, der bei Rihm studiert hat und, wie alle Rihm-Schüler, des Lobes voll ist über die Lizenz zur Freiheit, die er dort erfahren hat: „Wenn man etwas zu haben glaubt, womit man Wolfgang Rihm fassen kann, dann ist er schon längst woanders." Karlheinz Stockhausen, einer der Lehrer Rihms, sagte – und er sprach damit, wie stets, für uns alle: »Die musikalische Vorstellung verlangt heute nach Klängen, die noch niemand gehört hat.« Rihm sagt, und er spricht dabei nur für sich: »Ich möchte eine Musik schreiben, die man nicht erklären kann mit herkömmlichen Begriffen.« Das ist der Unterschied. Aber das ist wohl auch mit ein Grund dafür, warum buchstäblich alle, die sich bisher musikjournalistisch oder musikwissenschaftlich mit Rihms Musik befasst haben, ihre Texte mit Zitaten von Rihm pflastern. Rihm erklärt Rihm. Darin steckt zwar eine Tautologie; aber eben auch eine weitere Besonderheit: Dieser vielseitig Hochbegabte, der alles kann, nur nicht dirigieren, hat eine Menge flammender und enigmatischer Essays geschrieben.

In den letzten Jahren kamen etliche Aufsätze zu Rihm heraus, es gibt Dissertationen zu seinen Streichquartetten, zu den Opern und zum Liedschaffen. Natürlich auch jede Menge Polemiken. Aber es gab bisher keinen Versuch einer Gesamtdarstellung. Dieses Buch ist auch nicht unbedingt freiwillig entstanden. Ich traf Rihm, irgendwann Mitte der Zweitausenderjahre, mal wieder in Donaueschingen. Wie immer kam ich zu spät, und als ich zwei Minuten vor Beginn des Eröffnungskonzerts nach einem freien Stuhl suchte im vollbesetzten Saal, rief Rihm von der Empore herunter, wo er am liebsten sitzt, und winkte mich hoch. Statt, wie üblich, »Hallo, grüß Dich«, sagte er diesmal: »Ich habe eine Idee: Du schreibst meine Biographie.« Ich stimmte zu, was blieb mir auch anderes übrig. Die Zeit war knapp, außerdem brauchte ich dringend einen Platz. Ich weiß aber noch genau, dass ich dachte: »Daraus wird nichts. Er komponiert zu viel, ich schreibe zu langsam.« Nach dem Konzert kam ich aus der Sache nicht mehr raus.

Mein erster Versuch, diese Biographie zu schreiben, ist vor über zehn Jahren gescheitert. Geplant war ein schmales Buch. Weil es unmöglich ist, das Œuvre Rihms – es umfasst mehr als sechshundert Kompositionen – auch nur halbwegs vollständig zu verhandeln, geschweige denn zu erklären, schwebte mir etwas Unvollkommenes, aber Nützliches vor, mit Selbstzeugnissen und Bilddokumenten. Viele Fotos, viele Zitate, ein Register, eine Diskographie. Etwas, das in jeden Turnbeutel, jede Handtasche passt und dabei hilft, sich kurz darüber zu informieren, was man da gerade gehört hat und von wem. Es ist nun doch, im zweiten Anlauf, länger geworden. Dass ich es diesmal fertig schrieb, ist einzig das Verdienst des begnadeten Lektors Stefan Mayr. Ihm schulde ich großen Dank. Noch größerer Dank geht an Wolfgang Rihm, für ungezählte Gespräche. Alle in den Fußnoten nicht nachgewiesenen Zitate gehen darauf zurück. Außerdem danke ich von Herzen Wolfgang Schaufler (vormals Universal Edition), der mich zuverlässig mit Partituren versorgt hat, sowie Felix Meyer vom Sacher-Archiv und Ulrich Mosch (vormals Kurator der Rihm-Sammlung) für die Möglichkeit, zu recherchieren. Stellvertretend für die vielen Kritikerkollegen, von deren Einwänden und Ideen ich profitierte, seien Max Nyffeler und Christian Wildhagen bedankt. Schließlich danke ich Winrich Hopp für die vielen großartig besetzten Rihm-Konzerte, die ich bei seinen Festivals in München und Berlin habe hören können.

1
Sie wünschen, wir spielen

Jedes Kind sollte in den Augen der Eltern etwas Besonderes sein. Jeder Mensch ist einzigartig. Aber nicht alle Eltern erleben, was der bildermächtige Dirigent Nikolaus Harnoncourt einmal, in einer seiner Salzburger Reden, beschrieben hat: Vater und Mutter schauen eines schönen Tages im Kinderzimmer vorbei und merken, dass da etwas nicht stimmt: »Man meinte, ein herziges, gescheites Kind zu haben und sieht unvermittelt – ein Krokodil.«[1] Die Rede ist von den Eltern Anna Maria und Leopold Mozart. Ihr Jüngster war ein Hochbegabtenkind, eines von der Art, die »aus der Art« schlagen, wie man so sagt, weil sie anders spielen, Ideen aushecken, Forderungen stellen, nicht quengeln, sondern üben, nicht schreien und streiten, sondern schaffen und arbeiten, und auch noch Spaß haben dabei. Etwas Fremdes, Exotisches. Gut möglich, dass sich rund zweihundert Jahre später im badischen Karlsruhe Margarete und Julius Rihm eines Tages ähnlich erschreckt haben, über ihren Ältesten.

Wolfgang Michael Rihm kommt am 13. März 1952 zur Welt, in der Privatklinik Stich in der Eisenlohrstraße. Die Mutter, Jahrgang 1921, ist gelernte Modezeichnerin, bleibt aber Hausfrau. Der Vater, Jahrgang 1914, arbeitet als Angestellter beim Roten Kreuz, er ist Kassenleiter bei der Badischen Schwesternschaft. Das familiäre Milieu lässt sich als auskömmlich beschreiben, nicht kulturfern, aber doch alles andere als bildungsbürgerlich. Die Rihms sind katholisch. Kirchgang findet unregelmäßig statt, eigentlich nur zu besonderen Gelegenheiten, Weihnachten und Ostern. Auch der Kindergarten, den die Eltern auswählen, ist konfessionell nicht gebunden. Es handelt sich um einen Privatkindergarten, wahrscheinlich eine frühe Form des Tagesmuttermodells: Zwei Erzieherinnen hüten eine Kindergruppe in ihrer Wohnung. Diese Phase frühkindlicher Gemeinschaftssozialisation dauert nur ein halbes Jahr, dann werden alle Kinder nach Hause geschickt, der Kindergarten schließt und der kleine Rihm bleibt fortan, bis zu seiner Einschulung, daheim bei der Mutter, zu der er zeitlebens ein inniges Verhältnis hat – das zum Vater bleibt kühler, wird konfliktreicher. Einzig im Gedächtnis geblieben aus jener Zeit »bei den Damen« ist eine Theateraufführung, darin er etwas über einen Hirsch aufsagen und mit den Händen ein Hirschgeweih anzudeuten hatte: »Wofür ich sehr gelobt worden bin.« Dieser Auftritt muss einen bleibenden Eindruck in der Familie hinterlassen haben. Den Vers zum Hirsch weiß sogar noch Wolfgangs kleine Schwester, die zu diesem Zeitpunkt noch gar nicht geboren war, heute immer noch auswendig: »Wer kommt da aus der Höh' herbei? Es ist der Hirsch mit sei'm Geweih!«[2]

Eigentlich spielte die musische Erziehung keine große Rolle in der Familie. Eine Ausnahme waren die sonntäglichen Museumsbesuche. Dann pflegte der Vater den Sohn, statt in die Kirche, in die Karlsruher Kunsthalle mitzunehmen, um gemeinsam mit ihm Bilder zu betrachten und zu besprechen, was nicht ohne Folgen bleiben sollte. Besuche in der Kunsthalle wurden Wolfgang Rihm zur lieben Gewohnheit, solange er in Karlsruhe bei den Eltern wohnte, also bis 1971, aber auch später wieder, als er zurückkehrte nach Karlsruhe, um dort seine Kompositionsprofessur anzutreten: nach 1985. Alles in allem hat Rihm seine Vaterstadt nur für wenige Jahre, ja eigentlich niemals richtig verlassen, auch wenn er viel reiste und Zweitwohnungen unterhielt, in Köln oder in Berlin. Er ist nun einmal ein Karlsruher und nicht irgendeiner, sondern für die anderen Karlsruher auch eine Institution. Jeder Taxifahrer kennt und grüßt ihn. Was die Affinität zur bildenden Kunst anbetrifft, so besucht Rihm auch überall anderswo auf der Welt, wo immer ihn seine Musik hinführt, die Museen und Galerien. Diese ihm früh vom Vater eingepflanzte Leidenschaft wird eine Konstante in seinem Leben, Freundschaften entstehen daraus, zwei Ehen. Sie schlägt sich vielfach nieder in seinen Schriften und vor allem: in seinen Kompositionen.

Theater und Literatur dagegen spielten im Familienleben der Rihms eine eher untergeordnete Rolle. Gesungen wurde so gut wie nie, kein Elternteil musizierte aktiv. Dabei hatte die Mutter eigentlich »relativ gut« das Klavierspiel erlernt, sie führte ihre Kenntnisse auch manchmal bei Besuchen in der Verwandtschaft vor, wenn dort ein Instrument herumstand. Margarete Rihm, geborene Häußer, stammte aus einer musikalischen Familie. Ihr Vater hat sogar gelegentlich komponiert. Friedrich Häußer, ein aktiver Freizeitmusiker, spielte die Trompete, er leitete auch die Blaskapelle des Musikvereins Knielingen, für die er Stücke schrieb, Märsche, Tänze und Potpourris. Allerdings komponierte Häußer nicht in Partitur, er hatte das absolute Gehör und notierte alles direkt für die transponierenden Stimmen. »Das könnte ich nicht«, sagt Wolfgang Rihm anerkennend, als er diese Geschichte von seinem Großvater erzählt. Und zeigt dazu ein Erinnerungsstück vor: eine 45er-Vinyl-Platte, Privatpressung mit handschriftlichem Etikett. Ein Marsch namens »Gruß aus Karlsruhe«, komponiert »von Herrn Friedrich Häußer«, gespielt vom Knielinger Blasorchester unter Leitung des Komponisten. Der Flyer dazu kündet: »Viertes großes Wunschkonzert, am 31. Oktober 1959, in der Turnhalle. Sie wünschen, wir spielen. Alle Freunde der Volksmusik sind hierzu herzlich eingeladen. Unkostenbeitrag DM 1.«

Rihm ist zu diesem Zeitpunkt sieben Jahre alt, er geht in die Weinbrenner-Grundschule. Außer Lesen, Schreiben, Rechnen lernt er außerdem das Notenlesen in der Blockflötenklasse von Frau Bender-Streit im Karlsruher Konservatorium. Ist bis dato immer noch wohlbehütetes Einzelkind, doch im November 1960 kommt die jüngere Schwester Monika Margarete Elisabeth dazu: ein Schwesterchen, zum Beschützen, zum Liebhaben. »Das fand ich lustig. Aber so richtig wahrgenommen habe ich sie eigentlich nicht.« Der Altersunterschied von achteinhalb Jahren ist am Ende zu groß, als dass von einer gemeinsamen Kindheit gesprochen werden könnte. Monika Rihm erinnert sich, dass ihr der Bruder wie ein drittes Elternteil vorgekommen sei. Sie war stets »die Kleine«, alle anderen waren groß. Wolfgang war ganz besonders groß. Körperlich überragte er schon im Kindergarten die Gleichaltrigen, und so ist das auch geblieben: Rihm ist hochgewachsen, breitschultrig, mit einem ausgeprägt runden Schädel. Eine große Gabe, wie sie dieser Knabe, der bereits zwölfjährig in den Stimmbruch kommt, mit sich herumträgt oder, besser gesagt: von der er getragen wird und getrieben, verlangt offenbar nach einem großen Gehäuse. Es gibt, sagt Rihm heute, Erinnerungen daran, dass er schon sehr früh ahnte oder vielleicht sogar wusste, er verhalte sich anders als die Spielkameraden. »Nicht besser, das nicht! Nur eben anders.« Auch dass seine Eltern öfter in Sorge waren deswegen, hat er mitgekriegt. »Aber man macht sich als Kind keine Gedanken darüber, man wächst da so hinein. Trotzdem muss ich sagen: Meine Eltern haben mich immer gefördert in dem, was ich wollte.« Eine glückliche Komponistenkindheit also, alles in allem.

Es ging los mit dem Wort: mit Gedichten und Geschichten. Der kleine Wolfgang, kaum dass er laufen konnte, erfand Reime, die die Mutter aufschreiben musste. Der Vierjährige zeichnete, malte und wünschte sich einen Ölmalkasten, den er prompt bekam. Verlangte nach Musik und erhielt zum fünften Geburtstag die Blockflöte, mit acht Jahren dann ein Klavier, das budgetsprengend hundert Mark kostete und von der Großmutter finanziert wurde. Kaum hatte er gelernt, einen Ton an den nächsten zu reihen, dachte er sich eigne Musikstücke aus, kaum kannte er die Notenschrift, schrieb er die Stücke auf. Noch war das nichts weiter als »die Äußerung eines ganz normalen knäbischen Expansionsdranges, alles selbst zu machen« (Rihm).[3] Im Rückblick, seitens der Universal Edition, die das riesige Œuvre Rihms heute verlegt und verwaltet, liest sich das anders: »Wolfgang Rihm hätte Dichter oder Maler werden können. Er ist Komponist geworden, er teilt sich durch Töne mit.«[4]

Ja, er hätte vielleicht auch Filmemacher werden können oder 4-Sterne-Koch oder Karikaturist, Sommelier, Architekt oder Philosoph oder auch nichts von alledem. Sogar Priester zu werden hatte Rihm eine Zeitlang vorgehabt: Irgendwann, »so mit dreizehn, ach, eigentlich noch davor, zwischen acht und elf Jahren«, damals habe er den Seinen daheim die Messe gelesen, »was sicherlich viele Buben tun oder damals zumindest sicherlich viele taten«.[5] Rihm erinnert sich zurück, in einem langen biographischen Gespräch mit Rudolf Frisius, im Jahr 1985 – es ist das Jahr, in dem er seine Professur antritt, in Karlsruhe, er ist dreiunddreißig. Und, ein andermal, im Gespräch mit Max Nyffeler, da ist er fünfundsechzig: »Das erste größere Stück, das ich als Kind schreiben wollte, war eine Messe. Mit zwölf kam ich in den Karlsruher Oratorien-Chor und habe da all diese Sachen kennengelernt. Und da wollte ich gleich so etwas schreiben.«[6] Der Priester-Plan hatte sich dann rasch wieder verlaufen, vermutlich, weil die Eltern dem Sohn ausnahmsweise mal einen Wunsch abschlugen: Er durfte nicht Ministrant werden, es hätte ihn, meinte der Vater, abgelenkt von seinen ohnehin schon vernachlässigten Schulpflichten.

Später, im Gymnasium, als sich ringsherum die Mitschüler politisierten und das Thema Kirchenaustritt aktuell wurde, hielt sich Rihm zwar zunächst heraus. Seine damalige Freundin

Andrea Schellinger, die ihn offenbar gut kannte, sagte dazu: »Gell, du willst es dir am Ende nicht mal mit dem lieben Gott verderben?« Doch als Student, wiederum ein paar Jahre später, trat er dann ganz offiziell aus der katholischen Kirche aus. »Wenn etwas religionsfähig an mir war«, so sein lässiger Kommentar, 1985, in besagtem Gespräch mit Rudolf Frisius, »dann war es eine gewisse Anfälligkeit für Inszenierung oder Aufnahmefähigkeit von inszenierter Erhebung. Aber sicherlich nicht die Auseinandersetzung mit einem als persönlich erfahrenen Gott.«[7] Womit die Glaubensfrage nicht ein für alle Mal erledigt gewesen war. Was sich ablesen lässt an einer Fülle von religiösen und spirituellen Musiken, die Wolfgang Rihm komponiert, und Debatten darüber, auf die er sich eingelassen hat, zeit seines Lebens. Es sind echte Kirchenmusiken darunter, kleine und größere Chorstücke. Die meisten sind allerdings für den Konzertsaal bestimmt, den Sakralbau der Moderne.

Einige der Rihmschen Kirchenmusiken beziehen sich auf die Heilige Schrift, andere auf die katholische Liturgie. Doch hat er, seit er 1984 sein erstes größeres Oratorium komponierte, diese Texte immer wieder um weltliche ergänzt beziehungsweise erweitert, in denen Glaubensfragen kommentiert oder gar Zweifel angemeldet werden in Bezug auf die Dogmen der Kirche. Christliche Kernthemen wie Passion und Auferstehung werden hinterfragt, Trostrituale überprüft. Es geht in Rihms geistlichen Werken allemal um die Rolle des tätigen Menschen, den »Homo politicus«, jetzt und heute. 2017 wurde er für dieses »besondere Schaffen im Horizont geistlicher Musik« mit dem Preis der Europäischen Kirchenmusik ausgezeichnet. Die Preisverleihungsfeier im Heilig-Kreuz-Münster in Schwäbisch Gmünd wurde mit Musik von Bach und Mozart gerahmt, außerdem gab es drei Kirchenmusiken Rihms zu hören: ein Jugendwerk für Orgel, eine politische Auftragskomposition aus mittleren Jahren sowie eine späte Kantate, in der es um den Gottesbegriff geht. Zwei davon haben einen nachweisbar biographischen Bezug: In »Toccata, Fuge und Postludium« verarbeitete der zwanzigjährige Rihm ein Thema seines verehrten Kompositionslehrers Eugen Werner Velte. In den 2005 zur Einweihung des Berliner Holocaust-Denkmals entstandenen »Memoria. 3 Requiem-Bruchstücke« tritt er dann selbst auf, in Gestalt einer Knabenstimme: In diesem Auftragswerk rahmen Verse der ins Exil entkommenen jüdischen Dichterin Nelly Sachs, vertont für Altstimme, Chor und Orchester, einen Mittelsatz, in dem zu der Frauenstimme noch eine helle Knabenstimme hinzutritt. Alle miteinander singen, mit geöffnetem Mund, textlose Vokalisen: ein zerbrechliches Klagelied, das eingekreist und bedroht wird von vier in Entfernung (»sehr fern – weit weg – von allen Seiten«) aufgestellten Schlagzeuggruppen und sich zu einem blechbläserverstärkten Geschrei steigert. Diesen Satz hatte Rihm ursprünglich zehn Jahre vorher komponiert, »Communio – Lux aeterna« genannt und als solches beigesteuert zu dem Stuttgarter »Requiem der Versöhnung zum Gedenken an die Opfer des Zweiten Weltkriegs«. Vom Dirigent der Uraufführung, Helmuth Rilling, befragt, ob nicht statt der Knabenstimme auch eine weitere solistische Frauenstimme verwendet werden könne, erwiderte Rihm: »Nein. Ich selbst habe den Krieg nicht erlebt, aber meine Mutter – und ich bin der Knabe.«[8]

Das dritte Kirchenmusikwerk schließlich, das zur besagten Preisverleihung in Schwäbisch Gmünd aufgeführt wurde, heißt »Maximum est unum«. Im Jahresbericht des an dieser Feier beteiligten Bachchores Stuttgart heißt es dazu: In diesem Werk aus dem Jahr 1995, von dem gleich noch die Rede sein wird, habe Wolfgang Rihm überhaupt zum ersten Mal das Wort »Gott« (Deus) vertont. Das ist nicht ganz richtig.

Die ersten fünf Motetten zum Thema Passion schrieb Rihm schon mit sechzehn: »Fragmenta passionis«. Auch Teile der katholischen Totenmesse hatte er bereits wiederholt verarbeitet.

Gleich dreimal verkomponierte er die Klage der Mutter Gottes am Fuße des Kreuzes, eine Sequenz, die auf ein mittelalterliches Fürbitten-Strophenlied zurückgeht. Das erste dieser »Stabat Mater« entstand noch in der Pubertät, das zweite komponierte er als Mann in den besten Jahren, achtunddreißigjährig, zur Jahrtausendwende, für eine eingedunkelte Pergolesi-Besetzung, Mezzosopran und Alt, die einander schwesterlich umschlingen, in langen Melodiebögen, plus tiefen Streichern und Harfe. Ein drittes »Stabat mater« widmete er dann im zweiten Coronajahr 2020 dem Bariton Christian Gerhaher und der Violavirtuosin Tabea Zimmermann. In dieser Duo-Version, die alle zehn Strophen der Sequenz in Musik setzt, sind deutliche Erinnerungen an die jahrhundertealte Renaissance-Tradition eingeschlossen. Vertraute rhetorische Formeln der Exklamatio, der Klage, Angst und Trauer tauchen in beiden Stimmen auf. Sie werden jedoch nicht einträchtig parallel geführt, sie arbeiten auf verstörende Weise gegeneinander. Anfangs noch Stützakkorde für die Singstimme liefernd, verfolgt die Viola die weit ausgreifende Suada des Sängers zugleich rhythmisch versetzt, mit komplex verhakten Doppelgriff-Melodienlinien, wie ein Schatten. Oder: wie ein Fluch. »Es ist sehr viel ICH in diesem von einem Mann gesprochenen Text«, sagte Gerhaher dazu vorab im Interview: »Und das hört man bei Rihm sehr stark.«[9]

1984 beginnt Rihm mit der Arbeit an seinem ersten großen Requiem-Projekt – ein Auftragswerk des Landes Rheinland-Pfalz. Er widmet das Stück Luigi Nono, die Uraufführung findet in Wien statt, Lothar Zagrosek dirigiert. Verarbeitet werden Texte sowohl aus der Vulgata als auch aus dem Graduale, Rihm hat sie freilich, wie er es nennt, »entgottet«, das heißt: »vom Gottesbegriff befreit«. Die Leerstellen werden mit Worten von Leonardo da Vinci gefüllt, entnommen der Schrift »De metallis«, in der da Vinci vor einem der ältesten Götzen warnt, dem die Menschheit jemals Sinn und Verstand geopfert hatte: dem Gold. Auch aus dem Titel dieses luxuriös mit Solistenquartett, zwei Sprechern, Chor, Kinderchor und Orchester besetzten Oratoriums entfernte Rihm den Verweis auf Gott: Statt »Dies Irae« – »Tag des Zorns« nennt er die berühmte Requiem-Sequenz über den Tag des Jüngsten Gerichts schlicht »DIES« – »jener Tag« oder vielmehr »jener Termin«, an dem »nur noch der Mensch schuld« sei: »Deswegen auch kein Richter, der von oben kommt, um zu richten.«[10] Allerdings: In den Versalien ist die Erinnerung an IHN wohl doch noch anwesend.

Mitte der Achtziger nahm Rihm den Jüngsten Tag abermals ins Visier. Grundlage dieses Werks, das den Titel »Andere Schatten« erhält, ist die bizarr-romantische, bitter-zynische »Rede des toten Christus vom Weltgebäude herab, dass kein Gott sei« aus dem *Siebenkäs*-Roman von Jean Paul – und der Name des Herrn taucht darin mannigfach auf. Auch dieses Stück ist oratorienreif reich besetzt. Doch ist es, zwischen zwei großen Opernwerken entstanden, ganz anders angelegt als die vorhergegangenen Sakralwerke, nämlich opernhaft. Rihm selbst hatte im Autograph vorgeschlagen, dieses Stück könne man auch für die Bühne adaptieren. Zehn Jahre später, Mitte der Neunziger, schreibt er dann die bereits erwähnte Kantate »Maximum est unum« im Auftrag der Neuen Bachgesellschaft. Turnusmäßig feierte die ihr 71. Bachfest in Freiburg im Breisgau, die Uraufführung im November 1996 im Münster wurde dirigiert von Hans Michael Beuerle, Silke Marchfeld sang das Alt-Solo, es begleitete das Freiburger Barockorchester nebst dem Freiburger Anton-Webern-Chor – eine damals immer noch ungewöhnliche Zusammenarbeit zwischen zwei Spezialensembles für Alte und Neue Musik. Und der *ZEIT*-Kritiker Heinz Josef Herbort, ein studierter katholischer Theologe, der sich zu diesem Zeitpunkt bereits vom Saulus zum Paulus gewandelt hatte, was Rihmsche Kompositionen anging, schrieb dazu eine erstaunlich einvernehmliche Kritik, in der unter anderem die Rede davon war, dass die »Sicherheit des Glaubensfundaments« in Klang umgesetzt worden sei. Grundlage des Werkes ist die Meister Eckhart zugeschriebene Dichtung vom Senfkorn: »In dem begin/ho uber sin/ist ie daz wort« – »Am Anfang (zu hoch, um es zu begreifen), ist das Wort«. Dieses ins Hochmittelalterliche transportierte Genesis-Zitat wird von Rihm weder fragmentiert noch klanglich übermalt. Es ist vielmehr frei, mit einem langen Atem und in schön und hoch geschwungenem Melodiebogen, von der Altstimme vorzutragen, der zwei gemischte Chöre mit Vokalisen gegenüberstehen, dazu eine Gruppe aus vier Sopranstimmen, die gemeinsam mit vier Flöten und drei Trompeten von der Orgelempore aus agieren. So lautet jedenfalls die Empfehlung des Komponisten; aber auch alle anderen Stimmgruppen, so der Vorschlag Rihms, können optional räumlich gestaffelt werden, was bei der Aufführung im Kirchenraum des Freiburger Münsters auch realisiert wurde und einige Rezensenten der Uraufführung auf die Idee brachte, von venezianischen »Fernchören« zu schreiben, à la Nono.

In den Chorpartien von »Maximum est unum« trifft die Mystik Meister Eckharts auf lateinische Texte des Theologen Nicolaus Cusanus, die, obgleich nur wenig später entstanden, von neuzeitlichem Denken geprägt sind. Von diesem Widerspruch lebt die Musik. Wolfgang Rihm seinerseits hatte im Programmbuch der Uraufführung nicht nur bereitwillig Auskunft über die Textexegese gegeben, er sprach auch über persönliche Motive im Umgang mit den biblischen Texten: »In diesem Text ließ ich wie Intarsien diese monolithischen Sätze aus Cusanus und Meister Eckharts lateinischen Schriften ein. Da aber das Granum Sinapis eine ganz aus dem Einverständnis heraus artikulierte Aussage von ganz anderer Haltung als das Buch Hiob ist, gab es für mich nun keine Rechtfertigung mehr, den Passus Duriusculus, die Chiffre für Leid, persönliche Wirrsal, Kampfsituationen, in meine Komposition zu integrieren. Durch die

Arbeit an diesem Stück habe ich Erfahrungen gemacht, die ich nicht erwartet habe, die mich auch überrascht haben, auch in Bereiche geführt haben, die ich, wie ich jetzt weiß, bisher verschlossen hielt, aus welchen Gründen auch immer.«[11]

Zur Jahrtausendwende komponierte Rihm eine veritable Passion, wiederum im Auftrag Helmuth Rillings und der Gächinger Kantorei. Rilling hatte ein Vier-Passionen-Projekt ins Leben gerufen, neben Rihm beteiligten sich daran die Komponistin Sofia Gubaidulina sowie Osvaldo Golijov und Tan Dun. Rihm wählte für seinen Beitrag, das Oratorium »Deus Passus«, als Vorlage die protestantische Lutherübersetzung des Evangeliums nach Lukas, weil es, wie er sagte, der am wenigsten antisemitisch eingefärbte Text sei: »Die anderen Evangelien wären für mich, als deutscher Komponist, niemals gestaltbar gewesen.«[12] Dieser Text wird außerdem erweitert. Wiederum kreuzt Rihm in seinem selbst zusammengestellten Libretto andere biblische und liturgische Texte ein und überblendet sie mit heutiger Dichtung. Auszüge aus dem Buch Jesaja und Messtexte der Karwoche – darunter das »Stabat Mater« – werden, in einem quasi offenen Schluss, konfrontiert mit der scharfen Anklage des »Tenebrae« aus dem *Sprachgitter* von Paul Celan von 1959. In dialektischer Volte wird die Passionsgeschichte Christi so mit den Verbrechen und Leiden konfrontiert, die sich die Menschheit selbst zufügte im zwanzigsten Jahrhundert. Ein schleppendes, zäh und langsam verlöschendes Lamento. Celans Verse vollziehen einen Rollentausch zwischen Gott und Mensch: »Bete, Herr, bete zu uns, wir sind nah.« Ein Choral im A-cappella-Stil, grundiert nur von punktuellen Echos von Flöte oder tiefen Streichern oder dem Donnergrollen der Pauke. Und wieder ganz neu und anders fällt der vielgesungene, ja allseits bei Chören und Publikum beliebte Motettenzyklus der »Sieben Passions-Texte« aus. Rihm schreibt ihn nach und nach, Stück für Stück, ab 2001, er lässt darin die Satzkünste der alten Meister noch einmal lebendig werden und überführt sie in die Gegenwart, in sieben meditativ-subjektiven Nachtwachen-Texten zur Karwoche. 2006 erweitert Rihm diesen Zyklus, er ergänzt die Motetten durch instrumentale Espressivo-Zwischenspiele. Orgel, Schlagwerk und Posaunen melden sich zu Wort, Horn und Klarinette mischen sich ein aus der Ferne, postiert im Raum. Und ein neu hinzugefügtes viertelstündiges Miserere beendet diese »Vigilia«, auf der Stelle schwebend, schmerzvoll, pausendurchweht.

Und noch drei weitere Kirchenmusikwerke Rihms sollten in diesem vorauseilenden Exkurs unbedingt erwähnt werden. 2007 schreibt er erneut eine große, dunkel verschattete Chorkantate, komponiert im Auftrag der Freiburger Albert-Ludwigs-Universität, die damit ihr Bestehen seit 550 Jahren zu feiern gedachte. Rihm hatte in der *Süddeutschen Zeitung* den Hinweis auf Kurt Flaschs Übersetzung der Gottesdefinitionen aus dem *Buch der vierundzwanzig Philosophen* des obskuren spätantiken Hermes Trismegistos gefunden: Auf vierundzwanzigfach verschiedene Weise wird die Frage beantwortet: »Quid est Deus?« – »Was ist Gott?« Rihm vertont die Definitionen, dazu vierundzwanzig Incipits. Er habe, schreibt Rihm im Werkkommentar zu dieser seiner »Cantata Hermetica«, die Klangsphäre diesmal »nicht primär subjektiv« angelegt. Ein schattiges Stück, freitonal, das von den Bratschen angeführt wird. Es fehlen aber nicht nur die Violinen, es fehlen auch die Klarinetten und Hörner, die »Garanten schimmernder Klangweichheit« (Rihm). Solistisch tritt die spitzige Oboe aus den Schatten dieses Diskurses hervor, Blechbläserflächen breiten sich aus, dazu Schlagzeug, Harfe und Klavier, klangmalerisch stellt sich die Musik wiederum in die Tradition der barocken Figurenlehre. Der Dirigent Sylvain Cambreling, der das Werk in Freiburg zur Uraufführung brachte, bemerkte über das auffallend ungeschmeidige Klangbild (»ohne Brahmsklang«) hinaus eine irritierende Ambivalenz der mit

Konsonanz und Dissonanz spielenden Harmonik: »Für mich war der Gedanke relativ früh da, dass das Stück in sich eine Frage ist, und zwar, was harmonisch und was unharmonisch ist, bis zum letzten Ton. Es fängt doch an mit einer reinen Oktave. Aber es endet nicht mit einer reinen Oktave, es endet auf einem Ton mit verschiedenen Nebentönen.«[13] Die Instrumente stellen die Fragen, der Text, vom Chor skandiert, antwortet: »Gott, das ist die Monade, die eine Monade erzeugt und sie als einen einzigen Gluthauch auf sich zurückbeugt« – so lautet die erste Antwort. »Gott, das ist die Finsternis in der Seele, die zurückbleibt nach allem Licht«, lautet die einundzwanzigste. Auf das Stichwort »Licht« hin baut sich aus einem Crescendo heraus ein gewaltiges zwölfstimmiges Cluster auf, ein spektakulärer Effekt, der an Haydns Schöpfung erinnert. Und die letzte, vierundzwanzigste Antwort der Philosophen in »Quid est Deus« lautet: »Deus est lux quae fractione non clarescit, transit, sed deiformitas in re« – zu Deutsch: »Gott, das ist das Licht, das ohne Brechung leuchtet. Es kommt herüber. Aber in den Dingen ist Gottförmigkeit.«

Heute antwortet Rihm auf die Frage, wie er es mit der Religion halte, immer noch ausweichend, mit einem Wortspiel: »Bin ausgetreten. Aber ich stehe der Sache nicht fern.« Er wird ja auch jedes Mal wieder, wenn er ein neues kirchenmusikalisches Stück vorlegt, zum biographischen Kontext und den persönlichen Motiven interviewt. Im Kontext der Uraufführung von »Deus Passus« antwortete er auf die Gretchenfrage, unwirsch: »In dem Maße, wie sich die Frage zeitlebens stellt und niemals beantwortet werden kann, bin ich gläubig.« In Bezug auf die im November 2009 in der Kölner Philharmonie uraufgeführte Requiem-Vertonung »Et Lux« zog er sich zurück auf einen objektivierbaren Prozess der Anamnese: Er habe sich dieser Splitter aus der Liturgie der Totenmessen fragmentarisch beim Komponieren erinnert, weil er in seiner Kindheit und Jugend nun einmal viele Requien im Chor mitgesungen habe. Jedoch: Der »musikalische Klangstrom« sei die eigentliche Hauptidee gewesen beim Komponieren, oder vielmehr die Bewegung des »vokalen und instrumentalen Melos«.[14] Kein »Vorstoß ins Jenseits« also ist diese, vielmehr ein musikalischer Rückblick. Keine Reproduktion, auch keine Imitation der Musik der Alten. Und doch gemahnt die Linienführung der Streicher an den Sound eines Gambenconsorts, die kontrapunktisch verwobenen Stimmen der Sänger an versunkene Motettenkunst. Schließlich, als Wolfgang Rihm dann im März 2017 seine »Requiem-Strophen« herausbrachte, an deren Uraufführung er selbst krankheitshalber nicht teilnehmen konnte, spitzten die Reporter die Gretchenfrage abermals zu. Dieses Werk ist ein großer, romantisch-theatralischer Wurf, ganz anders geartet als das intime »Et lux«. Rihm wendet sich an die Öffentlichkeit, er stellt sich geradezu bekenntnishaft repräsentativ in die Tradition des großen romantischen Requiem-Repertoires. Man könnte ein Suchspiel veranstalten: Wo erinnert die Musik an Mozart, wo folgt sie textlich Brahms, wo ergänzt sie ihn, wie spielt sie mit Verdi, was lässt sie aus von Berlioz, was borgt sie sich von Fauré? Und wo schließt Rihm, in der meisterhaften kontrapunktischen Linienführung, der unerschöpflichen Melodieerfindungskunst, direkt an Rihm an? Die Sopran-Soli sind zwei tollen, erfahrenen Rihm-Sängerinnen, Mojca Erdmann und Anna Prohaska, direkt auf die luxuriösen Stimmen komponiert, sie beginnen mit dem Jesaja-Text vom welkenden Gras. Bariton Hanno Müller-Brachmann singt drei in die Requiem-Fragmente interpolierte Michelangelo-Sonette. Wunderlich zärtlich und zuversichtlich singt der Chor des Bayerischen Rundfunks das choralartige Finale nach Versen von Hans Sahl. Die Uraufführung der »Requiem-Strophen« unter Leitung von Mariss Jansons im Herkules-Saal der Residenz wurde im März 2017 beinahe zu einem gesellschaftlichen Ereignis. Die *Münchner Abendzeitung* ärgerte sich darüber, wie der »saubere Krankenhaustod als Staatsbegräbnis« zelebriert worden sei: »Die Frage nach dem Absoluten und Jenseitigen mutete der rücksichtsvolle Komponist sich und den Zuhörern nicht zu. Den wahren Rihm hinter den vielen Masken werden wir nie kennenlernen.« Die *Süddeutsche Zeitung* dagegen raunte: »So führte Wolfgang Rihm seine Hörer an die Geheimnisse des Todes heran. Um ganz am Ende den Tod als Freund zu begrüßen.« Rihm nahm es gelassen. Er hatte jedem, der es hören wollte, geduldig schon im Vorfeld erklärt, dass er dieses Requiem nicht für sich selbst komponiert habe, vielmehr sei es als ein Auftragswerk der Münchner BR-Serie »Musica Viva« schon lange vorher konzipiert und geschrieben worden, bevor er sich seines Tumors wegen unters Messer legen musste und ins Krankenhaus kam. Und gab, vom *Schweizer Tagblatt* nach diesem »persönlichen Schicksalsschlag« befragt, zu Protokoll: »Ich erfreue mich, trotz Einschränkungen, einer guten Lebensqualität. Der Mensch ist ein Wunder! Bei mir war es vor allem eine Art Ergebung. Aber das ist etwas sehr Privates, das ich nicht als Regel oder Lebenshilfe herausposaunen kann. Da muss jeder selbst entscheiden, wie er damit umgehen will. Was Gott betrifft: Man schließt ja jeden Tag fünfzigmal mit ihm oder mit dem Göttlichen ab, dann fängt man wieder an – und er macht es wahrscheinlich genauso.«[15]

Auch von Karlheinz Stockhausen, bei dem er nach dem Abitur und nach Abschluss des Karlsruher Hochschulexamens noch einmal zwei Semester lang in Köln studierte, von 1972 bis 1973, hatte sich Rihm wiederholt fragen lassen müssen, wie er es mit der Metaphysik halte: »Alles, was ich von Ihnen, über Sie gelesen habe, zeigt mir ein gebrochenes Verhältnis zu Gott. Das spürt man auch deutlich in Ihrer Musik. Vielleicht wollen Sie zuviel? Zuviel Sich-Selbst?«, schreibt Stockhausen an Rihm. Dass ein guter Komponist nicht gottlos sein könne und dürfe, war eine der Stockhausenschen Grundgewissheiten, sie zieht sich als stiller Vorwurf durch den Briefwechsel der beiden. Was Rihm jeweils antwortete, ist nicht aktenkundig.[16]

Als er noch ein Knabe war und Priester werden wollte, war es zunächst die Kirchenorgel gewesen, die ihn gefangen genommen hatte, mit den farbenreichen Möglichkeiten ihrer Klangfülle. Eine Orgel ist vielstimmig, prächtig, mächtig, überwältigend und nicht transportabel. Sie gilt deshalb, landläufig, als die »Königin der Instrumente«. Weniger bekannt ist, dass sie auch das »Instrument der Jugend« ist.[17] Viele große Komponisten vor Wolfgang Rihm, von Mozart bis Janáček, Beethoven bis Bruckner, hatten ebenfalls als Kind schon auf der Orgelbank gesessen, selbst wenn sie mit den Füßen noch nicht an die Pedale reichten. Wolfgang Rihm war immerhin elf, als er erstmals bei einem Pfarrhaus klingelte und um den Kirchenschlüssel bat, um auf der Orgel spielen zu dürfen. Das wurde ihm zuerst in den Sommerferien erlaubt, in dem kleinen Schwarzwaldort Bernbach bei Herrenalb, wo Familie Rihm öfter urlaubte. Er hat dann in den Folgejahren noch andere Kirchenorgeln der Bernbacher Umgebung ausprobiert, hat phantasiert und improvisiert. Einmal, so erinnert er sich, wiederum in Bernbach sei es gewesen, wurde ihm der Strom abgestellt, weil sich Nachbarn über den Lärm beschwerten. Ein andermal, in Baiersbronn, schenkt ihm ein Kurgast, dem das Orgelspiel des Knaben gefallen hat, zwei Mark. »Das war das erste Geld, das ich mit Musik verdient habe!«

Die ersten Kompositionen Rihms sind überliefert aus seinem elften, die ersten Werke für Orgel aus seinem vierzehnten Lebensjahr. Da war er längst auch daheim in Karlsruhe schon in diversen Kirchen unterwegs. Er verbrachte viel Zeit in Sankt Konrad in der Hertzstraße, wo er improvisieren konnte, solange er wollte. Er spielte öfter in der Herz-Jesu-Kirche in der Grenadierstraße sowie in Durlach in Sankt Peter und Paul, und, seltener, aber besonders gerne, in Sankt Stephan auf der schönen neuen Klais-Orgel. Auch wenn er später vor allem das Ungezähmte, Autodidaktische an diesen »Orgeleien« hervorhob und betonte, er sei hauptsächlich nächtens mit sich und dem Instrument in der Kirche allein gewesen, so gibt es doch eine Reihe von Stücken, beispielsweise tonal orientierte Choralvorspiele, die entstanden sind, weil er gelegentlich auch an Gottesdiensten mitwirkte. Er hat sich also auf der Orgel rundum erprobt, hat Erfahrungen gesammelt, experimentiert. In der Erinnerung spielt Rihm die Ergebnisse ein bisschen herunter, er sprach, dazu befragt, von »Jugendsünden«: Es sei »wenig Frommes« dabei gewesen, dafür viel »dröhnend Freies, kinderhaft pompig. Orgel hatte immer etwas Lustvolles für mich, etwas tränenfroh Wildes ... schulversäumnisreich.« Andererseits war gerade die Orgel für ihn ein »Ermöglichungsinstrument« für den »großen Klang«. Die Orgel ersetzte ihm das Orchester. Denn: »Wer will schon ein Orchesterwerk eines Fünfzehnjährigen aufführen? Also musste ich an der Walze drehen, bis es kracht. Mit ernsthaftem Instrumentalstudium hat das nichts zu tun. Eher mit Obsessions-Seancen.«[18] Der Stephanskantor Andreas Schröder war es, zugleich sein Musik- und Erdkundelehrer am Bismarck-Gymnasium, der ihn dabei förderte und mit der symphonisch-orchestralen Wucht der französischen Orgelkomponisten bekannt machte, mit Olivier Messiaen, Maurice Duruflé und Charles Widor, aber auch mit Jehan Alain, was sich in Rihms eignen frühen Orgelstücken, zumal in den als Tondokument überlieferten Improvisationen, widerspiegelt. Er hat Schröder »in Dankbarkeit und Verehrung« auch etliche seiner frühen Choralvorspiele, Phantasien und Tokkaten gewidmet. Und der wiederum bedankte sich, indem er Rihm zum fünfzehnten Geburtstag eine Ausgabe von Schumanns »Arabeske« schenkte.

Insgesamt sind vierunddreißig komponierte Orgelwerke Rihms bekannt. Zweiunddreißig davon schrieb er im Alter von vierzehn bis achtzehn. Erst vor Kurzem wurde dieses Notenkonvolut vom Leipziger Organisten Martin Schmeding aus dem Dornröschenschlaf im Basler Rihm-Archiv der Sacher Stiftung erlöst und erstmals eingespielt. Blockhaft schroff steht da Zartes neben Wildem, schon in der »1. Phantasie in e-moll« von 1966. Sie beginnt mit einer kraftvoll punktierten Intrada-Fanfare, trumpft auf mit irrem Passagenwerk, greift chromatisch weit aus und landet unverhofft in knallhartem Dur. Kaum ein musikalischer Gedanke, der nicht mit einem Ausrufezeichen daherkäme. Eine Prise Reger blitzt darin auf. Seine »3 Fantasien« von 1967 widmete Rihm dem Gedenken an Jehan Alain, der ihn beeindruckte mit exzentrischen Klangideen, modal inspirierter Harmonik. Die »Aria variata I«, Jahre später entstanden, spricht von der Beschäftigung mit Schönberg. In »Parusie für große Orgel op. 5«, einer malerischen Erdbebenmusik, die von der Wiederkunft Christi am Jüngsten Tag berichtet, erprobte Rihm dann 1970 heftig auffahrende Espressivo-Gesten, krachende Cluster, knurrende Klangmixturen und Töne wie von zersplitterndem Glas, an György Ligeti erinnernd. Als das Stück am 23. Mai 1971 in der Auferstehungskirche Freiburg-Littenweiler öffentlich aufgeführt wurde, verfasste Rihm dafür eine seiner ersten Programmheftnotizen. Er schrieb: Der »Tenor des Stückes« sei zwar »religiös angelegt«. Jedoch: »Am besten, man löst sich von all diesem Ballast und hört ein Stück, bewusst aus der großen, spätromantischen Orgeltradition und dem Vorbild besonders Messiaens entstanden. Ich glaube, dass diese Angabe der Inspirationsquellen am besten zum Verständnis der Expressivität dieses Stückes führen – und Expressivität, fast um ihrer selbst willen, ist doch das Hauptanliegen dieses Orgelstücks.« Und fügte später, im Gespräch, hinzu: »Da wusste ich, wie Komponieren geht.«[19]

Martin Schmeding, der im Sommer 2019 eine Record-Release-Party bestritten hat, live am Originalschauplatz in

Karlsruhe, in Sankt Stephan, hat diesen Satz überliefert. Schmeding ist, als Organist, zutiefst überzeugt davon, dass die Grundlagen zu Rihms Personalstil hier gelegt worden sind. Die Orgel ist für ihn der Ursprung: das A und O. Hier, in seinen nächtlichen Exzessen, aus der Improvisation heraus, habe Rihm sich das »freie Komponieren« erobert, frei von Systemen und Vorschriften. »Hier klingen«, schreibt Schmeding, »schon viele Dinge an, die den späteren Komponisten ausmachen: das Ausloten von Extremen, die besondere Intensität und Expressivität, das Suchen nach Klängen, durchaus greifbar und sich sowohl prozessartig als auch eruptiv umwandelnd.«[20] Ohne Zweifel ist damit einer der wichtigen Aspekte des Rihmschen Komponierens benannt, wenn auch nicht alle. Die Melodie, die Transzendenz der Menschenstimme und die der Instrumente, das Überschreiten der Linie, das Übermalen der Bilder, die Kontrapunktik – es gibt noch viele andere Momente, die eine Rolle spielen in seiner Musik. Schmedings Initiative ist es übrigens auch zu danken, dass ein Tonband mit Orgelimprovisationen Rihms aus dem Archiv ans Licht fand und digital aufbereitet werden konnte. So kamen 2019 zu den vierunddreißig schriftlich fixierten, aus der Improvisation heraus entstandenen Orgelwerken noch einmal vierzehn nicht notierte Improvisationen hinzu, die ebenfalls auf CD veröffentlicht wurden. Und die lassen einige Rückschlüsse darauf zu, wie »das Komponieren« geht.

Rihm ist achtzehn, als er beim Improvisieren an der Scherpf-Orgel in Sankt Peter und Paul ein Tonband mitlaufen lässt. Er benutzt dazu ein Monogerät und spricht kurze Ansagen zwischen den Stücken, die er spielt. Er sagt: »Variationen über ein Barock-Thema«, zum Beispiel, worauf eine Variationenfolge über das bewährte Follia-Thema anhebt, mit wunderlichen Mixturen und abrupten Registerwechseln. Oder: »Toccata über BACH«. Die erschließt sich gewaltsam den gesamten Tonraum, aus schwarzen Bassregionen bis in höchste Sphären, zerklüftet von im Fortissississimo gehämmerten Dissonanzen, und flüchtet sich am Ende, nach sechsminütigem wüstem Toben, in eine ferne, kleine, in Einzeltöne sich auflösende Melodie. Die Länge der Improvisationen variiert zwischen dreieinhalb und knapp sechzehn Minuten. Extrem ausgestellte Brillanz wechselt mit extrem zurückgenommener Innerlichkeit. Tonales weicht Atonalem, Bitonales taucht auf, Zwölftöniges, Serielles. Starke dynamische Kontraste, wild dreinschlagende Akkordballungen und irisierende Pianissimopassagen wirken aufrührerisch und empfindsam zugleich. Und ganz erstaunlich virtuos spielt dieser junge Organist, in seinem Sturm und Drang.

Die Leidenschaft für die Orgel verblasste allmählich, als Wolfgang Rihm Abitur gemacht und zeitgleich sein Examen an der Karlsruher Musikhochschule abgelegt hatte. Anfang der Siebziger war die Zeit reif geworden für öffentliche Auftritte und das Aufmischen großer Symphonieorchester, für »Trakt« und »Magma«, »Morphonie« und »Dis-Kontur«. Nach 1980 hat Wolfgang Rihm kein neues Stück mehr für Orgel geschrieben – sieht man ab von dem Umstand, dass einige seiner Oratorien auf das kirchenmusikalische Idiom der Orgel nicht verzichten.

Er improvisierte allerdings nach wie vor weiter auf der Orgel, bis in die Achtzigerjahre hinein, wo immer ein Instrument verfügbar war und es seine Zeit erlaubte. In Freiburg zum Beispiel, während des Studiums, spielte er regelmäßig auf der Orgel der Universitätskirche. Das letzte Stück für Orgel-Solo, das er komponierte, ist ein musikalischer Spaß. Es erzählt mit musikmalerischen Mitteln und in bester Spötterlaune, wie es ihm einst mit dem Lieblingsinstrument seiner Kindheit in den nächtlich leeren Kirchen ergangen war. Fünfzehn Minuten dauert dieses Stück namens »Bann, Nachtschwärmerei«, das Spuk-Programm dazu wird mit den Noten mitgeliefert: »Einer erstarrten Suite gleich folgen folgende frierende Skelette: ein eintöniges, einleitendes Viertonstück, ein Misterioso (Klagerufe aus der Krypta; war da nicht eben etwas, oder habe ich mich verhört? ... weiterspielen ... da war doch ...), eine Aria (streng und gelahrt (sic), ein Rezitativ zu einer Sarabande (stockend; wieder knarren unten im Kirchenschiff Bänke, Knochen oder ...), eine Toccata (... und das war immer das Schönste: Wenn die Messe aus ist, ›erhebt sich‹ die Orgel, als wollte sie sich fürs lange Sitzenmüssen rächen – aber jetzt ist ja keiner da, es ist Dunkel in Dunkel ... es hat doch etwas geknarrt ... und plötzlich noch zwei Takte Sarabande. Eine Suite also. Züchtig.«[21]

Und damit zurück zum Klavier. Bevor er an die Orgel ging, hatte er natürlich erst einmal das Klavierspiel erlernt. Er hat es nie wirklich geliebt. Zwar war das Instrument, als er etwa acht war, sein innigster Wunsch gewesen. Die Eltern erfüllten ihn, wie wir schon wissen. Die erste Klavierlehrerin, Annemarie Wanner, wohnt zwei Straßen weiter. Der zweite Klavierlehrer heißt Theo Braun, er ist Pianist. Der dritte, Reinhold Weber, ebenfalls Pianist, komponiert außerdem und lehrt, als einer der Ersten dieses Spezialfachs, elektronisches Komponieren am Badischen Konservatorium in Karlsruhe. Das Unterrichten betreibt Herr Weber streng nach der sogenannten »Martienssen Technik«, die er von seinem Lehrer Max Martin Stein, einem Patensohn Max Regers, übernommen hatte. Da sich aber erwies, dass das Üben, zumal das methodisch-technische, nicht eben Rihms Lieblingsbeschäftigung werden konnte, wurde diese Schüler-Lehrer-Beziehung alsbald wieder beendet. Auch die Mutter fing, da nun mal wieder ein Klavier in der Wohnung stand, wieder an, zu klimpern, am liebsten Filmschlager aus den Vierzigern, zum Beispiel von Zarah Leander: »Davon geht die Welt nicht unter«. Der Sohn dagegen übte, wie gesagt, viel zu wenig, improvisierte viel – und er komponierte. Immerhin, Klavierlehrer Weber hat ein paar fragwürdige Spuren hinterlassen in den Korrekturen, die er diesen Kompositionsversuchen angedeihen ließ.

Mit zwölf kommt Wolfgang Rihm in den Stimmbruch, zu seinem Glück. Ab jetzt darf er mitsingen im Karlsruher Oratorien-Chor, der von Erich Werner geleitet wird, einem seiner Musiklehrer am Bismarck-Gymnasium. Werner, der auch nebenbei komponierte, organisierte Opernaufführungen an der Schule. Außerhalb der Schule hatte er sich mit den ehrgeizigen Programmen seines Chors auch überregional einen Ruf erworben. Das erste Werk, bei dem Rihm mitsingt, im zweiten Bass, ist das Magnificat BWV 243 von Johann Sebastian Bach – damit geht es dann gleich auf Konzertreise nach Paris. Am 11. Mai 1966 findet im Pariser Salle Pleyel ein Benefizkonzert für das Krankenhaus in Lambarene statt, im Gedenken an Albert Schweitzer, Charles Munch dirigiert. Der Chor aus Karlsruhe reist einen Tag zuvor mit dem Zug an, die jüngsten Chormitglieder luxuriöserweise in familiärer Begleitung. Beide Eltern Rihm fahren mit. Man wohnt im Hotel d'Armaillé in der Rue d'Armaillé, das Probenprogramm ist dicht, Erich Werner beeindruckt Rihm mit seiner dirigentischen Umsicht (»Bitte höchste Disziplin … Bitte auch nicht flüstern. Nehmen Sie die Gelegenheit wahr, den Dirigenten sofort zu beobachten, um schnellstens auf ihn eingehen zu können. Der Oratorienchor legt größten Wert darauf, mit Herrn Charles Munch in gutem Kontakt zu bleiben« und so fort). Zweihundert Mitwirkende stehen am Abend auf der Bühne, mittendrin Rihm. Er lernte in diesem Chor dann die gesamte große Chorliteratur quasi von innen kennen. Sang alle großen Requiems mit, aber auch Mendelssohns »Elias«, Beethovens »Missa Solemnis« oder »Le Martyre de Saint-Sébastien« von Debussy. Er lernte: »Wie klingt ein großer Apparat, wenn man drin steht? Das ist eine Erfahrung, die hat man dann jedem voraus. Es ist etwas ganz anderes, wenn man da mitten in einer Klangmasse sich bewegt und das Orchester vor sich sieht, man steht als Chor immer so, dass man alles sieht, man weiß ganz genau, aus welcher Gruppe welche Töne herauskommen und kennt die …«[22]

Mit dreizehn trifft er dann auf dem Weg zur Schule einen Mitschüler aus der Parallelklasse in der Straßenbahn, Thomas Rübenacker, die beiden kommen ins Gespräch, es ist der Beginn einer fast lebenslangen Freundschaft. Rübenacker, aus dem ein Film- und Radiomacher wurde, erinnert sich heute noch aufs Wort genau, was Rihm ihm damals in der Straßenbahn sagte, als es ums Kennenlernen ging und darum, die Murmeln in der Hosentasche zu zählen und das Terrain abzustecken, so wie kleine Jungens das nun mal nötig haben. Rihm sagte: »Und ich werde mal ein weltbekannter Komponist.« Se non è vero, è ben trovato.

Keine zehn Jahre vergehen, dann ist es so weit. Da wurde Wolfgang Rihm über Nacht berühmt, zwar nicht auf der ganzen Welt, aber doch immerhin innerhalb der neuen Musikszene. Stichtag war der 19. Oktober 1974. An diesem Tag wurde ein großes Orchesterstück von ihm bei den Donaueschinger Musiktagen uraufgeführt: »Morphonie, Sektor IV«. Er hatte zu diesem Zeitpunkt schon mehr als zweihundert Kompositionen zu Papier gebracht, Groß- und Kleinbesetztes, lange und kurze Stücke, wenn auch die meisten nur für die Schublade. Er hatte auch schon, nachdem er zunächst beim Verlag Schott abgelehnt worden war, in Breitkopf & Härtel einen namhaften Musikverleger gefunden. Und er konnte bereits auf ein rundes Dutzend Uraufführungen verweisen, die von der Fachkritik beachtet worden waren. Nicht nur daheim in Karlsruhe, auch, zum Beispiel, in München, wo im Dezember 1972 das Kammermusikstück »Hekton« als Auftragswerk der Musica Viva im Lenbachhaus aus der Taufe gehoben worden war, von dem Geiger János Négyesy und dem Pianisten und Komponisten Cornelius Cardew. An diesem Tag kam Rihm zur Uraufführung zu spät. Das Auto seines Studienfreundes Norbert Krupp blieb auf der Autobahn wegen Altersschwäche liegen, und als Krupp, Rihm und Rihms Freundin Andrea Schellinger endlich im Lenbachhaus eintreffen, kriegen sie nur noch eines zu hören: Alles sei gut gelaufen, sagte Cardew.

Wenige Monate vor der Donaueschinger Uraufführung von »Morphonie« wird Rihm der Stuttgarter Kompositionspreis 1974 verliehen, dotiert mit 2500 Mark. Er hatte dort die »Morphonie«-Erstfassung eingereicht. Dieser Stuttgarter Preis ist unter den Musikpreisen einer der renommiertesten und für das Fortkommen junger Komponisten damals wohl der bedeutendste. Vor Rihm wurde er unter anderen Aribert Reimann, Wilhelm Killmayer, Hans-Joachim Hespos und Helmut Lachenmann zuerkannt und neben Rihm werden, im gleichen Jahr, auch Manfred Trojahn, Ulrich Stranz und Horst Lohse ausgezeichnet. Weitere Stufen auf der Karriereleiter, die Rihm zu diesem Zeitpunkt bereits erklommen hat, sind ein Stipendium der Studienstiftung des deutschen Volkes sowie ein Lehrauftrag an der Karlsruher Musikhochschule. Besser kann ein zweiundzwanzigjähriger Musikwissenschaftsstudent im fünften Semester, der bereits sein Kompositionsdiplom in der Tasche hat, kaum vernetzt und aufgestellt sein. Wolfgang Rihm ist also kein unbeschriebenes Blatt mehr, als er 1974 nach Donaueschingen fährt.

Diesmal kommt Rihm pünktlich an. Natürlich ist Andrea Schellinger mitgefahren, auch einige seiner Freiburger Studienfreunde, Stephan Hoffmann, Angelika Bierbaum, Brian Ferneyhough, am 18. Oktober sitzen sie gemeinsam im Publikum bei der Uraufführung von »Inori«, dem neuen Stück von Karlheinz Stockhausen, Rihms Ex-Lehrer. Tags drauf spielt das SWF-Orchester die Uraufführung von »Morphonie Sektor IV«, Rihms neuem Stück. Gemeinsam geht man im Anschluss in den Schützen und Stockhausen lässt sich zu einer Art Lob hinreißen, ja, doch, diese Bassklarinettenstelle sei wirklich sehr gut gelungen. Oder war das ironisch gemeint und eher eine Art Schmäh? Rihms »Morphonie« ist ja doch, im Unterschied zu

Stockhausens Urformel-Gebets-Tanz-Zyklus »Inori« oder auch zu Dieter Schnebels »Maulwerke«, die am nächstfolgenden Donaueschingen-Tag »dran« sein sollten, unüberhörbar ein mit traditionellem Orchester-Besteck gearbeitetes Stück. Der *Schwarzwälder Bote*, ein lokales Blatt, titelte am übernächsten Morgen mit der Frage: »Kommt die Welt der Neuen Musik wieder in Ordnung?« Und der Rezensent, der nichts wusste oder auch nichts wissen wollte von den Streitigkeiten an Komponistenstammtischen, erklärte, nun endlich werde wieder »Musik gemacht« in Donaueschingen: »Musik, in der sich die vielfältigen Möglichkeiten des Ausdrucks spiegeln. Musik, die aus dem Nichts zu kommen scheint und sich im Unendlichen verströmt.«[23]

Auch Rolf Urs Ringger war damals bei der »Morphonie«-Uraufführung dabei, er erinnert sich: »Das war ein starkes Stück – im doppelten Wortsinn. Füllig, ausgreifend, angriffig – es blieb als einziges Werk jener Veranstaltungstage im Gedächtnis haften.« Letzteres darf verstanden werden als Spitze gegen Stockhausen und Schnebel. Ganz anders sah das, ebenfalls in der Retrospektive, Rudolf Frisius: »Stockhausen als Exponent der detailliert erklärbaren ›Struktur‹ – Rihm als Exponent einer zumindest im ersten Höreindruck weitgehend rätselhaft bleibenden Form: Dieser Kontrast warf 1974 ein charakteristisches Licht auf eine musikalische Situation, die sich nachhaltig zu ändern begann nach 1968 – hier ablesbar in der Gegenüberstellung eines in spirituelle Botschaften transformierten Konstruktivismus (Stockhausen) und eines teilweise un-avantgardistischen Ansatzes neuer Ausdrucksmusik (Rihm). Rihms ausgedehnte, rund vierzigminütige Komposition wurde interessiert, aber auch etwas ratlos aufgenommen: als Talentprobe eines jungen, morphologisch und instrumentationstechnisch versierten Komponisten, die allerdings in vielen komplexen Details und in vielen größeren Zusammenhängen der (mit vielen

Zäsuren und Satzgliederungen zerklüfteten) musikalischen Form rätselhaft erscheinen konnte.«[24]

»Morphonie« wurde zur Legende. Es war die erste Komposition Rihms, die öffentlich so kontrovers diskutiert wurde. Die ihm neue Freunde schaffte, aber auch treue Feinde, bizarre Zukunftsprognosen einbrachte, aber auch vergiftete Komplimente. Kontroverse Ratlosigkeit spiegelte sich sehr schön bereits in den ersten Pressereaktionen. Selten haben Musikkritiker einander so ratlos und vehement widersprochen, wie in diesem Fall. Man verglich Rihm mit Paul Hindemith oder mit Richard Strauss oder mit Alban Berg oder mit Gustav Mahler. Die *Stuttgarter Nachrichten* nannten ihn gönnerhaft »eine zweite Henze-Begabung«. Die *Neue Zürcher Zeitung* erklärte »Morphonie« zu einer stümperhaften Schülerarbeit, der Berliner *Tagesspiegel* fand das Stück einfach »genialisch« und der Rezensent der *Thurgauer Zeitung* schrieb, es sei, wenn auch kein Meisterwerk, so doch immerhin ein »ganz erstaunliches Gesellenstück«. Allerdings empfahl er, bei der nächsten Aufführung möge der junge Komponist doch bitte die letzten dreieinhalb Minuten weglassen: dieser romantische Streicher-Abgesang, dieser »tonale Ausklang« mit seinen allzu deutlichen Mahler-Erinnerungen, der sei von gar zu »unerhörter Schönheit«. Im Übrigen: »Auf die weitere Entwicklung Wolfgang Rihms sind wir gespannt.«[25]

Zur Legende gehört auch, dass Wucht und Wirkung von »Morphonie« ungebrochen sind. Das Stück hat keinen Staub angesammelt, es ist immer noch frisch. Ja, man meint, man könne dieser Musik den Nachhall des Skandals, den sie vor rund einem halben Jahrhundert verursachte, heute noch anhören. Nicht nur wegen des romantischen Finales. Ein Streichquartett tritt an gegen ein Symphonieorchester, fast vierzig Minuten lang: Allein im kombinierten Aufgebot zweier klassischer Klangkörper steckte Sprengkraft. Es gibt freilich für die Besetzung nur wenige Vorbilder: Louis Spohr hatte damit experimentiert, Arnold Schönberg bearbeitete, dem Kolisch-Quartett zulieb, Anfang der Dreißigerjahre ein Händelsches Concerto Grosso für Quartett und Orchester. Doch für eine Concertino-Idee aus Licht und Schatten hat sich Rihm eher weniger interessiert. »Morphonie« ist ein ungestümes Achtundsechziger-Stück, voller Pathos. Ähnlich emotional gewaltsam wie in seinen Orgelimprovisationen sind hier kontrastreiche Wechsel zu erleben zwischen düster-aggressiven Klangballungen und Fortissimostürmen einerseits und flächigen, lyrisch-kontemplativen Passagen andererseits. Fest umrissene Gesten der rhetorischen Quartett-Klangrede werden in »Morphonie« dynamisch unter Feuer genommen von heftigen Bläser- und Schlagwerk-Attacken. Wutausbrüche explodieren, daneben liegen Inseln des Stillstands aus Liegetönen, Streicherglissandi, lyrischen Klavier- oder Harfensoli. Das alles wirkt nicht wie ein Kontinuum, eine Entwicklung von A nach B nach C. Vielmehr wie ein musikalisches Relief, eine Landschaft mit Höhen und Tiefen. Und dahinter verbirgt sich im Übrigen eine vorab entworfene Struktur: Melodie und Harmonie von »Morphonie« gehen zurück auf eine All-Intervallreihe sowie auf ein »Haupt-Intervall«, etwas so Altmodischem wie dem Tritonus, der traditionellen »Diabolus in Musica«-Dissonanz – schärfstes Gewürz der Harmonik seit Monteverdi. Im Programmheft der Donaueschinger Musiktage gab Rihm dazu die Parole aus: »Musik muss voller Emotion sein, die Emotion voller Komplexität.«

Es sind Skizzen aufbewahrt worden zu »Morphonie«. Sie zeigen an: »Morphonie« war, ungewöhnlich für Wolfgang Rihm, so etwas wie ein Schmerzenskind. Mehrere Fassungen hatte das Werk durchlaufen müssen, es blieb zwischendurch auch mal eine Weile liegen. Angefangen hatte Rihm damit noch zu Schülerzeiten, 1971. Als er 1972 am Bismarck-Gymnasium Abitur macht, ist »Morphonie« erst zu einem Viertel fertig. Er will unbedingt bei Karlheinz Stockhausen studieren, schreibt sich deshalb in Köln an der Musikhochschule ein, nimmt »Morphonie« unvollendet mit. Aber auch als er Stockhausen ein Jahr später wieder verlässt, ist das Stück noch nicht fertig. Es ist gewachsen, das schon, etwa drei Viertel sind nun präsentabel. Rihm zeigt das Stück »in diesem Dreiviertelszustand« Otto Tomek, dem Musikredakteur des Südwestfunks, der für das Programm der Donaueschinger Musiktage zuständig ist. Tomek wiederum zeigt es Ernest Bour, dem Dirigenten des Südwestfunk-Sinfonieorchesters, und beide ermutigen Rihm, »Morphonie« zu vollenden. Ohne diesen Zuspruch von außen wäre »Morphonie« vielleicht nie fertiggestellt worden. Schon in einer der frühen Skizzen taufte Rihm das Werk »Ein Fragment ...«. In einer anderen Skizze nennt er es, in kalligraphischer Schönschrift notiert, »Die Unvollendete«. Und bei der Uraufführung schließlich deutete er durch die Hinzufügung des Untertitels »Sektor IV« an, dass »Morphonie« nur das vorläufige Teilstück eines noch unvollendeten Ganzen sei. Es sei, schreibt er, wiederum im Programmheft, nur »Mittelteil und bisher einzig vollendeter Teil eines siebengliedrigen Zyklus. Ob ich jedoch die restlichen Sektoren von ›Morphonie‹ fertig komponiere, weiß ich noch nicht. Die anderen Sektoren müssten Gegenpositionen einnehmen ...«[26] Und noch ein weiterer Titel taucht in den Skizzen zu »Morphonie« auf, den er dann wieder verworfen hat: »Lysis op. 13«. Diese Opuszahl wäre die letzte gewesen, die Rihm überhaupt je an eines seiner Werke vergeben hätte.

Während er an »Morphonie« arbeitet, vollendet Wolfgang Rihm nebenbei ein anderes anarchisch-eruptives Sturm-und-Drang-Stück für den großen symphonischen Orchesterapparat, fünfzehn Minuten lang: »Magma«. Niemand hat das bestellt. Es bleibt vierzehn Jahre lang in der Schublade liegen, bis es 1987 endlich aufgeführt wird. Ein Jahr nach den Donaueschinger Aufregungen um »Morphonie« vollendet er ein neues Orchesterstück vergleichbaren Kalibers: »Dis-Kontur«. Er widmet es seinem damaligen Freiburger Kompositionslehrer Klaus Huber, der Dirigent Michael Gielen sorgt für die Uraufführung mit dem Radio-Sinfonieorchester Stuttgart, im Oktober 1975.

Im Herbst 1976, als er sein Studium in Freiburg zwar beendet, wenn auch nicht abgeschlossen hat, tritt Rihm zum zweiten Mal in Donaueschingen an. Wieder gilt der Auftrag einem symphonischen Orchesterstück. Rihm hat es diesmal »hauptsächlich in tiefe Instrumente hineinkomponiert«. Flöten und Klarinetten fehlen, dafür gibt es reichlich Schlagzeug. Das Stück heißt »Sub-Kontur«, gewidmet ist es Karlheinz Stockhausen. Die Uraufführung am 23. Oktober mit dem SWR Sinfonieorchester wird dirigiert von Ernest Bour. Inzwischen ist freilich die Welpenschutzfrist, wenn es je eine gegeben hat, abgelaufen. Die Erwartungen sind hoch, man ist auf allerhand gefasst, wieder gibt es Streit. Für einige wenige Donaueschinger Schlachtenbummler, etwa Rudolf Frisius, steht »Sub-Kontur« beispielhaft da als ein Leuchtturm für eine »wieder neu entstehende expressiv-symphonische Ausdrucksmusik«. Für andere, etwa Erich Limmert, ist Rihms Musik nichts weiter als »unbewältigtes 19. Jahrhundert«, worauf er dankend verzichten möchte. Koch zieht in der *Frankfurter Allgemeinen* erstmals die Richard-Strauss-Karte: »Da wird Mittel auf Mittel, Effekt auf Effekt gehäuft und der Quintsextakkord süffig ausgekostet. Da schreibt einer mit vierundzwanzig Jahren schon sein ›Heldenleben‹.« Und Heinz Josef Herbort, Musikredakteur der *ZEIT*, ist vor allem der »brutale Lärm« aufgefallen; von dem stillen paradiesischen Adagio, das als tonales Herzstück in »Sub-Kontur« mehrfach interpoliert wird, nimmt er keine Notiz; sein Urteil: »Fast eine halbe Stunde lang dröhnende Wirbel auf vier Pauken, fettes Blechbläser-Geschrei, tiefes Schnarchen von Kontrafagotten und sich aufplusternde Munterkeit. Ein Fäkalienstück. Da hilft nur anschließend ein Schnaps.«[27]

Rihm wurde von diesen Reaktionen überrumpelt. Er hat sich verteidigt, auch noch Jahre später: »Natürlich habe ich die Musik geschrieben, die ich schreiben wollte, und habe Musik geliebt, die ich lieben konnte. Als das aber dann in eine Öffentlichkeit hinaus kam, kommentiert und wiedergegeben wurde, da habe ich bemerkt, dass es doch viel strenger gezogene Grenzen gibt als die, die sich mir, der ich ja die Dinge mehr erarbeitet, erlebt, erliebt habe, gezeigt haben. Ich bin ja nicht in eine Welt hinein geboren, wo mir die Kriterien sofort mitgeteilt wurden, sondern ich stamme aus ganz ›normalen‹ Verhältnissen, wo Musik ist, was aus dem Radio kommt, und ich habe mir da eine Liebe ermöglicht. Jetzt kamen die ersten Stücke, die ich geschrieben habe, und wurden als ästhetische Gegenposition interpretiert, als die ich sie beim Schreiben aber nicht empfunden hatte. Ich habe jedenfalls meine Musik, die ich damals geschrieben habe, als diese Musik geschrieben, und nicht als Aussage gegen etwas.«[28]

»Dis-Kontur« und »Sub-Kontur« sprechen in gewaltigen Klängen von Überwältigung. Zu beiden Stücken gibt es kaum Skizzen, sie sind schnell entstanden, jeweils innerhalb eines halben Jahres. Danach war noch ein drittes Werk geplant, »Kontra-Kontur«, das hat Rihm dann nicht mehr geschrieben. Er selbst spricht von einer »krisenhaften Situation«, von Befreiung und Exorzismus. Beide Musiken, »Dis-Kontur« und »Sub-Kontur«, werden von den Attacken der Schlagzeuggruppen angetrieben, in beiden spreizt sich der Kontrast zwischen laut und leise aufs Äußerste, zumindest dynamisch betrachtet werden keine Gefangenen gemacht. »Sub-Kontur« beginnt signalhaft, mit einer Folge von Paukenwirbeln, von Pausen unterbrochen, die sich, nach und nach, mit flächig-zarten Streicherakkorden auffüllen. »Dis-Kontur« beginnt mit einem Hammerschlag, dem vier weitere Hammerschläge folgen, flankiert und ergänzt von andersgefärbtem Schlagwerk: der großen Trommel, der Pauke, des

Tamtams. Die Hammerschläge folgen einem bestimmten rhythmischen Muster: 5:7:2:9 – Proportionen, die auch auf Harmonik und Melodik übertragen werden, etwa als Intervallfolge Quint / Sept / Sekund / None; was man allerdings nicht wissen muss, um sich davon in den Sitz drücken zu lassen und zu begreifen, dass schon der erste Hammerschlag an Mahlers Sechste gemahnt, ebenso wie der Marschrhythmus eine aus der Mahlerschen Symphonik vertraute Chiffre ist. In »Sub-Kontur«, dem sogenannten »Schnaps-Stück«, taucht dagegen, etwa auf Halbzeit, ein tonales Motiv von fast schlagermäßig bestürzender Schönheit auf, einfach und einprägsam, ebenfalls an Mahler erinnernd: eine Adagio-Melodie, resignativ absteigend und immer wieder in Gefahr, von den Fortissimo-Attacken der Blechbläser zermalmt zu werden. Es geht also in diesen großen Orchesterwerken um zwei symphonische Chiffren: um Marsch und Adagio.

Eine ausgeliehene Retro-Schönheit wie diese ist gefährdet, aber zugleich auch gefährlich. Rihm schrieb dies explizit in die Programmnotiz zur Uraufführung von »Sub-Kontur« hinein, er hat diesen subversiven Gedanken auch später öfter noch in verschiedenen Formulierungen wiederholt: Just dieses Adagio habe er sich, im Prozess des Komponierens, vorgestellt als etwas von unten Heraufdrängendes, etwas Unreines, Falsches: »›Sub-Kontur‹ ist eine Musik, die auch nicht haltmacht vor dem Schlamm, den sie von unten mitführt.«[29]

Es gibt verschiedene Theorien zu der so offen ausgelebten Kontrastfreudigkeit und Kompromisslosigkeit Wolfgang Rihms in den Orchesterwerken seines Durchbruchs, zu Beginn der Siebziger. Reinhard Schulz begründet sie psychologisch-biographisch in der Notwendigkeit des Vatermords: Rihm habe wie in einem Befreiungsakt agiert, er habe sich gegen die Verdikte der seriellen Vätergeneration positioniert, die Rädelsführer der musikalischen Avantgarde, mit Luigi Nono, Karlheinz Stockhausen und Pierre Boulez an der Spitze. »Morphonie«, aber auch »Sub-Kontur« seien »Musik aus den Reflexzonen unmittelbar erlebten Seins, Musik, die keine kritische Distanz kennt oder zulässt. Ein Kind, das gegen nicht eingesehene Gebote mit Händen und Füßen antrommelt.« Ulrich Mosch, Rihm-Spezialist der Sacher Stiftung, sieht das ganz anders. Er erkennt eine Kontinuität affektgeladener Subjektivität in der Rihmschen »Komponierpoetik«, die nur jeweils unterschiedliche Formen annehme. Aber was besagt das: Subjektivität? Rihm selbst, der sich so häufig hatte von seinen Altersgenossen vorhalten lassen müssen, er sei ein Unpolitischer, hat sie eindeutig als eine gesellschaftliche Kraft definiert: »Ich komponiere seismographisch. Dadurch bin ich, wenn man so will, auf das Beben angewiesen.«[30]

»Die Atmosphäre ist voller Gewalt«, heißt es in einer Musiksendung, die der Süddeutsche Rundfunk produziert, ausgestrahlt zum Jahresende 1979. Rihm blickt zurück auf den Anfang dieses Jahrzehnts, er unterlegt seiner Rede Musikausschnitte aus »Dis-Kontur« und erklärt: »Alles zittert von verhaltener oder ertragener Gewalttätigkeit. Das ist es, was ich spüre, auch schon 1974, als ich diese Musik aufgeschrieben habe. Die Luft ist zu mild. Die Ausgewogenheit steht allen bis zum Hals, sie zerstört das Gleichgewicht. Kann ich machen, was ich will? Es sieht so aus, und zwar so, dass selbst das, was ich nicht will, aussieht, als ob ich es wollte. Nichts schneidet, nichts schmerzt, nichts dringt zurück, wenn ich in Watte schreie. Lange Zeit ohne Widerstand – und du produzierst den Widerstand selbst.« Ein paar Jahre später, als dann doch endlich die »Magma«-Uraufführung stattfindet, kommt er noch einmal darauf zurück und gibt zu Protokoll: »Vielleicht haben diese frühen Stücke (Trakt …, Magma …, Dis-Kontur …) mehr mit mir zu tun – wie ich jetzt bin – als manches dazwischen Entstandene.«[31]

Mit dem Durchbruch Rihms im »Morphonie«-Jahr ging etwas zu Ende, vielleicht die Kindheit. Etwas Neues fing an. Banales Indiz dafür: Ab nun tragen die Kompositionen nur noch Eigennamen. Rihm tauft seine Musiken, als seien sie lebende Wesen, was an die festliche Quintett-Taufe der »Morgentraumdeutweise« in Wagners »Meistersingern« erinnert. Es kommt aber auch vor, dass Rihm sich an die klassische Tradition hält, Gattungsbezeichnungen einfach nüchtern durchzunummerieren: »Erste Symphonie« oder »Drittes Streichquartett«. Auf jeden Fall gehört das Namengeben nunmehr zum Prozess der Komposition dazu, nomen est omen, die Überschrift gibt dem Stück eine Botschaft mit auf den Weg, selbst Stücken, die gar keine haben: »Musik ist wirklich nur Musik, nicht eine Erscheinung von etwas anderem«, schreibt er in seiner Erläuterung zur Titelgebung des achten Streichquartetts, das ursprünglich »Zeichen. Seiten« heißen sollte, aber am Ende keinen Titel bekommen hat. Manchmal werden künstliche Wortgebilde kreiert, wie im Fall von »Hekton« (zusammengesetzt aus einer Form- und einer Ausdrucksvokabel: »Tektonik« und »Hektik«), manchmal Gedichtfragmente verwendet, und wieder andere Titel verweisen auf musikalische Familienzugehörigkeit: So ist die »Chiffre«-Serie zum Beispiel, als Werkgruppe »in progress«, miteinander vernetzt, ebenso wie die »Séraphin«-Familie. Deutung und Bedeutung werden übereinander kopiert. Sind es anfangs noch ambitionierte Phantasietitel, Akronyme oder Wortneuschöpfungen, so entlehnt Rihm seine Titelideen später aus der Literatur oder Kunst, sie verweisen auf die Quelle der Inspiration (»Vers une symphonie fleuve«) oder auf die Architektur des Stückes (»Über die Linie«) oder auf andere schöne Künste (»Kolchis«). Oder sie sind enigmatisch gemeint, als ein Rätsel, das nicht gelöst werden möchte, im Schumannschen Sinne.[32]

Der Name für »Morphonie«, erstes Werk ohne Opuszahl, verrät etwas Persönliches darüber, wie das Werk entstanden ist: Er verschränkt »Morphé« (Gestalt) mit »Phoné« (Klang). Und es gibt noch einen biographischen Hinweis, die mit der

Widmung zu tun hat. In einer der Skizzen steht vermerkt: »Für A.S.«. Der bereits erwähnte Tritonus, einer der Hauptbausteine des Stücks, setzt diese Buchstaben in Töne um, in das Intervall a-es. Es sind dies die Initialen von Andrea Schellinger, die schon öfter durch das erste Kapitel dieses Buches spaziert ist. Sie war Rihms erste große Liebe. Er lernte sie kennen am Bismarck-Gymnasium, als er in der Obersekunda zum zweiten Mal sitzen blieb. Geriet so in ihre Klasse, wurde mehr oder weniger zufällig ihr Banknachbar. Sie war sechzehn, er siebzehn. Diese Liebe erwies sich, für eine Schülerliebe, als erstaunlich haltbar, sie überlebte auch noch das halbe Studium und dauert bis zur Uraufführung von »Morphonie«. In diesem Jahr trennen sich die beiden. Freunde sind sie geblieben.

Zum Bildungsweg Wolfgang Rihms muss noch nachgetragen werden, dass er sich, zum Kummer des Vaters, alles andere als stolpersteinfrei gestaltete. Rihm hatte von klein auf immer lieber komponiert, als etwas anderes zu tun. Darunter litt die Schuldisziplin. Bestimmte Fächer, etwa Physik, Mathematik oder Sport, waren Rihm ganz besonders egal. Dafür liebte er seinen Griechischlehrer Günter Dietz, und er liebte die Literatur. Er schwänzte also die Schule, er ging spazieren oder in die Badische Landesbibliothek, um in Ruhe zu komponieren, und er warf auch daheim seinen Ehrgeiz statt auf die Hausaufgaben lieber in die Noten. Auf seinem eignen Terrain, der Musik, da arbeitete er diszipliniert und ausdauernd. Ja, beim Komponieren ist Rihm die Gewissenhaftigkeit selbst. Alle Reinschriften der frühen Werke, die er ab seinem dreizehnten Lebensjahr beginnt aufzubewahren, werden sauber mit Tinte in einer eleganten, dünnstrichigen Handschrift notiert, die fast identisch ist mit Rihms heutiger Notenschrift. Auch ist jedes Musikstück mit dem vollen Namen signiert, als wäre es für die Nachwelt bestimmt. Und jedes Mal steht das exakte Entstehungsdatum mit dabei. Selten wird geschmiert oder gekleckst, wie, zum Beispiel, im folgenden Fall: Auf der Rückseite eines kleinen, mit einem h-moll-Akkord beginnenden Prélude für Klavier, komponiert 1967, finden sich Spuren für den Entwurf eines gefälschten Entschuldigungsbriefs: Verschiedene Schriftarten des »M« oder »W« werden ausprobiert, Fragmente von Sätzen wie: »Mein Sohn Wolfgang war das letzte Mal leider wegen Krankheit ...« Da ist Rihm fünfzehn. Er kann zu diesem Zeitpunkt schon ein stattliches Werkverzeichnis vorweisen und hat bereits erste öffentliche Erfolge mit seiner Musik erzielt, bei diversen Auftritten in der Schule.

In dieser ersten autodidaktischen Schaffensphase sind, neben einigen Klavier- und vielen Kirchenmusikstücken, vor allem Kammermusiken entstanden, die, zum Beispiel, Sonate oder Suite heißen, oder auch Nocturne, Humoreske, Ballade. Besonders viel komponierte Rihm für die Besetzung Violoncello und Klavier. Das liegt daran, dass sein Freund Thomas Rübenacker Cello spielte, er hatte Unterricht bei dem Solocellisten des Südwestfunkorchesters, Martin Ostertag, und etliche Stücke entstehen, die Rihm eigens für sich und den Freund komponiert. Unter anderem eine Suite, mit Prélude, Walzer, Menuett, Intermezzo und Sarabande, vollendet am 31. März 1967. Auf der Rückseite des Notenblatts hat Rihm, etwas großspurig, vermerkt: »Alle Rechte beim Komponisten«. Im Jahr 1968 treten die beiden dann mit einer von Rihm komponierten Cellosonate beim Wettbewerb »Jugend musiziert« an, sie schaffen es bis in die dritte Runde, nach Erlangen. Auch bei Feiern am humanistischen Bismarck-Gymnasium machen Rihm und Rübenacker Musik, sie veranstalten eine Zeit lang sogar halböffentliche »Hausmusikabende«, die sie selbst planen und organisieren. Rübenacker und Rihm bilden ein auffallend pittoreskes Gespann. Beide groß, größer als die Mitschüler. Beide nie ums Wort verlegen und beide voll alberner, brillanter Einfälle. Auch Rübenacker hatte ebenfalls früh damit angefangen, bereits als Fünfzehnjähriger schrieb er regelmäßig Musik- und vor allem Filmkritiken für die *Badischen Neuesten Nachrichten*, gegen Honorar, was die beiden dann, nach dem gemeinsamen Konzertbesuch, in feineren Restaurants gleich wieder zu verprassen pflegten. Und wo immer sie auftraten, standen Thomas Rübenacker und Wolfgang Rihm sofort im Mittelpunkt des Schwarms. Ein jüngerer Schulkamerad am Bismarck, Andreas Rossmann, später Journalist und Feuilletonkorrespondent der *Frankfurter Allgemeinen*, damals zwei Klassen tiefer, erinnert sich, dass die beiden an der gesamten Schule in dem Ruf »junger Genies« standen und ihm vorkamen wie ein Zwillingsgespann, allerdings ein janusköpfiges, mit zwei komplementär verschiedenen Physiognomien: Rihm, mit seinem Pathos und seiner klassischen Musik, verkörperte eher die Tragödie, Rübenacker die Komödie.

Für eine seiner Darbietungen in den Rihm-Rübenackerschen »Hausmusikabenden« kassiert Rihm, fünfzehnjährig, seine erste Rezension. Der entsprechende Zeitungsausschnitt klebt in den Skizzen, der Autor und aus welcher Zeitung der Text stammt, kann nicht mehr ermittelt werden. Unter der Überschrift »Hausmusikabend am Bismarck-Gymnasium – Ansprechendes Programm mit Klassik und Moderne« heißt es: »Mit seinen ›Vier Elegien für Klavier‹ ist dem 15-jährigen Wolfgang Rihm eine von musikalischer Begabung zeugende Komposition gelungen, die zu Recht begeisterten Beifall des Publikums erntete. Vor allem nahm die geschickte Mischung von Klangbildern der einzelnen Musikepochen, verbunden mit gekonnten Klangkombinationen bis an die Grenze der Atonalität, die ausdrucksstarke Tongestaltung sowie die ansprechende und enthusiastische Wiedergabe des eignen Werkes gefangen. Sie wurden zweifellos zum Höhepunkt des Abends, zumal sie der jugendliche Komponist selbst mit hohem Maß an Musikalität interpretierte.«[33] In diesem Jahr beschließt die Lehrerkonferenz im

Bismarck-Gymnasium, Rihm zum ersten Mal sitzen zu lassen. Es muss zu dieser Zeit gewesen sein, dass er seinen Mut zusammennimmt und den stadtbekannten Karlsruher Musikkritiker und Musikhochschulprofessor Eugen Werner Velte anspricht.

Wiederum geschieht dies in der Straßenbahn (»man fuhr viel Straßenbahn, damals, in Karlsruhe«). Rihm erklärt Velte, er wolle Komponist werden. Velte, der bereits von der Cellosonate und den Erfolgen bei »Jugend musiziert« gehört hatte, lädt ihn ein, er möge ihn besuchen und ihm weitere Kompositionen zeigen, was geschieht. Velte spricht daraufhin mit Walter Kolneder, damals Rektor der Karlsruher Musikhochschule. Es kommt zu einer Art von privater Aufnahmeprüfung, und das Ergebnis ist, dass Rihm ab 1968 an der Hochschule eingeschrieben wird als Student der Komposition und Musiktheorie. Auch sein Klavierunterricht wird intensiviert, dafür ist fortan Professorin Irene Slavin zuständig. Während also seine Mitschüler auf Demos gehen, geht Rihm unterdessen zu Veltes Analysekursen und Beethoven-Seminaren in die Hochschule. Insgesamt studiert er nur vier Jahre bei Velte. Doch die sind wichtig. Eugen Werner Velte ist der Einzige der Mentoren, Präzeptoren und Förderer Rihms, die er mit Inbrunst später »mein Lehrer« zu nennen pflegt.

2
Mit Blut geschrieben

Zusammen mit der Komposition »Gruß aus Karlsruhe« bewahrt Wolfgang Rihm einen Zeitungsausriss aus den *Badischen Neuesten Nachrichten* vom 4. November 1959 auf. Berichtet wird darin von einem Konzert, in dem, neben einem Operettenpotpourri aus Fred Raymonds »Maske in Blau«, auch eben dieses Werk seines Großvaters Friedrich Häußer zu Gehör gebracht worden war. Gezeichnet ist der Text mit »-lt.-« – nicht auszuschließen, dass sich hinter dem Autorenkürzel Eugen Werner Velte verbirgt. Velte hatte sich früh schon mit dem Schreiben von Zeitungsartikeln durchgeschlagen sowie mit Gelegenheitsjobs als Bar- und Jazzpianist. Ersteres setzte er gelegentlich auch noch fort, als er an der Hochschule lehrte. Velte schrieb ebenso über einen Auftritt von Miles Davis wie über die Bundesgartenschau, warum nicht auch über ein Wunschkonzert open air? Auffallend jedenfalls ist, dass sich besagter Artikel mit der musikalischen Leistung der Knielinger Kapelle so ernsthaft auseinandersetzt, als ginge es um eine Symphonie von Beethoven. Verschiedene Aspekte der Interpretation werden ins Visier genommen: Intonation, Klangbalance und Homogenität des Blechbläsersatzes, aber auch das »rhythmische Empfinden«. Die Klarinetten bekommen einen Rüffel für unsauberes Spiel in den chromatisch modulierenden Passagen. Abschließend zieht der Autor ein konstruktives Fazit: »Doch glauben wir, dass es Friedrich Häußer gelingen wird, die Leistung der Kapelle weiter zu verbessern …«[34]

Velte war, so erinnert sich Wolfgang Rihm, »eine auffallende Erscheinung«: ein »kleiner Mann mit wirrer Frisur«, der ein bisschen hinkte, vermutlich wegen einer nicht ausgeheilten Kinderlähmung. Er war, wie Rihm selbst, ein Karlsruher Gewächs: Er hat diese Stadt nie wirklich verlassen. Sohn eines Profigeigers und selbst früh musikalisch gefördert, lernte Velte zunächst Geige, dann Klavier. Als Hitler an die Macht kam, war er zehn. Zwanzigjährig machte er, im November 1943, in einem Konzert des Kolisch-Quartetts erstmals Bekanntschaft mit Stücken, die unter das Verdikt der »Entarteten Musik« fielen. Anton Weberns »Bagatellen op. 9« für Streichquartett wurden für Velte, in ihrer strengen Floskellosigkeit, zu einem Schlüsselerlebnis, sie beeinflussten seinen Weg als Komponist. Und nicht nur musikalisch, auch menschlich, politisch, moralisch hielt es Velte mit der Denkweise Weberns und der zweiten Wiener Schule. Ein Bekenntnis, das er Jahrzehnte später, aus Anlass des hundertsten Geburtstags Weberns in einem Vortrag für den Karlsruher Kunstverein bekräftigte: »Radikalhumanes Denken, auch radikal theologisch-christliches Denken ist a priori links angesiedelt. Der überzeugte Sozialist Anton Webern verband seine politische Gesinnung mit durchaus strenggläubiger Katholizität und sah eben zwischen marxistischer Philosophie und christlicher Moraltheologie keinen typischen Widerspruch.« Man darf das entsprechend verstehen als eine »confessio des Autors«.[35]

Velte ist vierunddreißig, als er seinen ersten Lehrauftrag an der Karlsruher Musikhochschule bekommt. Er unterrichtet Musiktheorie und Komposition, die Fächer, die er selbst zuvor an dieser Hochschule studiert hatte. 1968 wird er Stellvertreter des Rektors, vier Jahre später selbst berufen zum Leiter der Hochschule. Wolfgang Rihm seinerseits war zu dem Zeitpunkt, als er nach Veltes Tod dessen Lehrstuhl übernahm, ebenfalls vierunddreißig Jahre alt. Einige Musiker, die erst bei dem einen in die Lehre gingen, lernten danach bei dem anderen. Eine »Karlsruher Schule« lässt sich daraus nicht ableiten, das wäre eine Konstruktion, die dem Selbstverständnis, aber auch der Arbeitsweise beider Komponisten streng zuwiderläuft. Rihm erinnert sich: »Velte lehnte alles Schulmäßige, alles ›Verschulte‹, wie er sagte, zutiefst ab.« Auch diesen Satz darf man verstehen als eine »confessio« des Autors.[36] Trotz alledem hat Rihm seinen Lehrer Velte immer wieder als eben jene Persönlichkeit bezeichnet, die ihn am nachhaltigsten in seinem Komponieren beeinflusst habe. Das muss kein Widerspruch sein, bei allen Unterschieden.

Velte schrieb vorwiegend Solistisches, Klavier- und Kammermusiken, auch etliche Lieder und geistliche Chor- und Orgelstücke. Anders als Rihm komponierte er ungern für große Formate. Eine Schauspielmusik für Puppentheater ist überliefert, außerdem eine Missa Brevis für Chor und Streicher, ein Doppelkonzert namens »Vision I« für Klavier, Violine und Kammerorchester sowie ein Streichquartett, das zwar in den Erinnerungen der Velte-Schüler öfter hervorgehoben wird, doch bis heute ungespielt und ungehört im Archiv der Karlsruher Hochschule liegt. »Nachtstück I« für Klavier scheint die einzige Veltesche Komposition zu sein, die überhaupt je im Druck herauskam. Aber auch dazu gibt es keine Einspielung, keine Aufführungsdaten. Musik von Velte sei, so heißt es in einer Rezension zu einem Gedenkkonzert ein Jahr nach Veltes Tod, »in den vergangenen Jahren in Karlsruhe selten genug zu hören gewesen«.[37] Heute ist sein Werk so gut wie vergessen. Immerhin, wenn schon nicht die Musik, so blieb doch der Name in Karlsruhe lebendig. Der neue Kammermusiksaal der Musikhochschule, für deren Wiederverstaatlichung und Ausbau er als Rektor hartnäckig gekämpft hatte, erhielt nach Eröffnung des Campus Schloß Gottesaue den Namen »Velte-Saal«. Rihm, der zu diesem Anlass wie auch bei späteren Velte-Feiern die Gedächtnisrede hielt, würdigte Velte in erster Linie als Mentor, er sprach dabei vor allem über sich selbst: Velte habe ihn machen lassen, angeregt. In Veltes Kompositionen, die wesentlich beeinflusst seien von Webern und spätem Beethoven, erkennt Rihm einen eignen Tonfall, zwischen »überfallartiger Attacke und verharrend-abwesendem Innehalten«. Ein andermal charakterisiert er sie, wie folgt: »In ihrer charakteristischen Mischung aus Introversion und ausfahrender Gestik entspricht Veltes Musik dem Denken und Wesen ihres Autors. Er war auch ein Meister der Abschweifung, der oft paradoxen Dialektik, so dass kein gesicherter Aufenthalt kein gemütliches Einrichten in die erreichte Position aufbauen half. Alles blieb in Bewegung, im Fluss.«[38] Als sich Veltes Todestag zum zehnten Mal jährt, kommt mit Unterstützung einer Karlsruher Brauerei eine CD-Edition zustande, die je ein Werk Rihms und anderer Schüler Veltes präsentiert, aber auch sechs Werke von Velte selbst, darunter »Vision I«, aus dem Jahr 1975.[39]

Dieses Doppelkonzert beginnt mit einem freitonalen Solo-Gesang der Violine. Sie schreitet in zackigen Intervallsprüngen den weiten Raum einer Undezime aus und gibt so ein Espressivo-Thema vor, das in zartes Pizzikato einmündet. Das Klavier dagegen tritt zuerst auf wie ein Schlaginstrument, dann mit Virtuosenfutter, mit vollgriffigem Donner und Nachhall sowie mit Passagenwerk. Doch wirken diese klassischen Gesten isoliert, wie Zitate. Pausendurchweht ist dieses Konzertstück, der Orchesterpart wirkt wie ein farbig-polyphon verzweigtes Echo einzelner Stimmen. Kurz vor Schluss, nach einem wiederholt weit ausgespannten Violinensolo, bricht die Pianistin in kaskadenhaftes Gelächter aus. Hier, wie auch in dem Klavierstück »Nachtstück IV«, verfremdet Velte scheinbar planvoll erfüllte Formen mit theatralischen Aktionen nach der Art, wie sie die Dada-Komponisten in den Zwanzigern geliebt hatten und wie sie dann erst wieder von den bilderstürmerischen Avantgardisten der Achtundsechziger – also aus Rihms Generation – aufgegriffen und weiterentwickelt worden sind, beispielsweise von Dieter Schnebel oder Mauricio Kagel. In »Nachtstück IV« lässt Velte sogar in den letzten Takten wieder tonale Zusammenhänge zu, was nach all dem Vorangegangenen wie Ironie aufblitzt. Dem Klavier wird zunächst rüde in die Eingeweide gegriffen, es wird wiederum als ein Schlaginstrument traktiert, dann beginnt der Pianist zu sprechen. Er ruft: »Der Marsch durch die Institutionen … wurde durch die Koalition vereitelt … Nehmen Sie Vernunft an!« Diese Wortfolge, wiederholt, zerpflückt, verdreht, dazu die skandierten Begriffe »Koalition« und »Institution« werden schließlich in Glissandi-Gesänge überführt. Und nachdem der Pianist mehrfach an die Vernunft seines Publikums appelliert hat, lacht er es aus.

Anlass zu diesem Agitprop-Stück war die Glaubwürdigkeitskrise der sozialliberalen Koalition aus dem Jahr 1981, bei der, unter anderem, Helmut Schmidts neuer Kurs der Atompolitik diskutiert worden war. Die offenkundige Botschaft dieser Musik ist freilich zeitlos. Der Aufruf zur Vernunft entspringt ja der lebenslangen Grundhaltung Veltes, die er selbst emphatisch »Menschsein« genannt hat: eine praktizierte Humanitas, in deren Dienst er sein Komponieren stellen wollte, aber auch seine Lehrtätigkeit. Das »ganze pädagogische Denken (Veltes) zielte auf diesen werdenden Menschen hin«, schwärmt sein Kompositionsschüler Peter-Michael Riehm, der dazu einen flammenden Halbsatz als Beleg anführt, aus Veltes Schrift »Ein Wort zur musikalischen Kreativität«. Er lautet: »Gipfelnd in der Erkenntnis, mitten hineingestellt zu sein in die maschinelle Perfektion einer gnadenlosen und letztlich inhumanen Industriegesellschaft, um hier zusammen mit der Bildenden Kunst und der Literatur jenes Fleckchen Humanität zu verteidigen, von dem aus eine Wiederbesinnung auf das Menschsein vielleicht noch möglich ist.«[40] Politische Äußerungen mit dieser

Verbindlichkeit findet man bei Veltes Schüler Rihm nicht, zu keiner Zeit.

Velte, der die eigne Jugend in der Nazizeit verbracht hatte, begegnete dem Aufbruch der Schüler und Studenten um 1968 mit Empathie. Er mischte sich ein in die Diskussion um den Erhalt der Verfassten Studentenschaft. Ende der Sechziger, als Rihm zu seinem Schülerkreis stieß, war auch Veltes Leidenschaft für den Jazz noch nicht erkaltet. Rihm kann sich zwar nicht explizit daran erinnern; doch von anderen Velte-Schülern, etwa von Joachim Krebs, zeitweise Mitglied der Rocktheatergruppe Checkpoint Charlie, oder von Helmut Bieler-Wendt, Konzeptkünstler, Geiger und langjähriges Mitglied der Gruppe The Blech, ist überliefert, dass Improvisation im Unterricht Veltes eine wichtige Rolle gespielt hat. Velte gründete die Gruppe Kreative Musik, in der Studenten und Dozenten gemeinsam improvisieren und damit auch öffentlich auftreten konnten, in variabler Besetzung, unter anderem in Karlsruher Jazzclubs.[41] Dafür gab es damals noch keine akademische Tradition. Andreas Raseghi, wie Bieler-Wendt einer jener Studenten, die erst bei Velte, später bei Rihm im Kompositionsunterricht saßen, war Mitglied dieser Gruppe: »Wir haben da alles ausprobiert und die Instrumente im Spiel quasi neu erforscht. Die immense dramatische und kommunikative Spannung war ein ganz primäres Schlüsselerlebnis, das sich auch auf alle meine Stücke ausgewirkt hat.«[42]

Rihm, der auf Jazz genau so wenig Lust hatte wie auf angelsächsische Rock- und Popmusik, wie sie schon vor 1968 zur Erkennungsmelodie der politischen Jugendbewegung geworden war, beteiligte sich nicht an Veltes experimenteller Gruppe Kreative Musik. Er schloss sich Anfang der Siebziger einer anderen Formation an, die sich mit komponierter Musik befasste und an der Karlsruher Hochschule um den Dozenten Walther Erbacher gebildet hatte: der Gruppe Informell. Dieses Ensemble trat auch bei den Darmstädter Ferienkursen in Erscheinung. Im Rahmen der Ferienkurse geschah es denn auch, dass eines Tages zwei Kompositionen Veltes vor größerem Publikum zur Aufführung kamen: ein nicht näher bezeichnetes Klavierstück, gespielt von Krebs, sowie das 1982 entstandene Streichtrio »Musik und Stille«. In einer Rezension dazu heißt es, das Stück spiegele »den Kampf zwischen Ausdruckswillen und Resignation wider. Immer wieder von langen Pausen durchbrochen und in weiten Teilen einstimmig gesetzt, bekamen jäh aufbrechende, stark komprimierte Motive dramatische Bedeutung.«[43] Diese Beschreibung, verfasst von dem jungen Journalisten Thomas Garms – der später, in den Achtzigern, zum Chefredakteur der *Hörzu* aufstieg –, deckt sich mit dem, was auch Wolfgang Rihm an Veltes Musik als Erstes aufgefallen war: »Gespanntheit, Stille, Ausbruch, Versunkenheit – das waren die Haupteindrücke, die von ihr ausgingen, als ich als fünfzehnjähriger dieser Musik in Karlsruher Konzerten mehr und mehr begegnete. Die Melodiezüge aufs Äußerste gestrafft und gespannt, eigentlich stets ›auf dem Sprung‹, beantwortet von zeichenhaften Klangaktionen, die, in Stille gesetzt, eigentümlich beleuchtet, wie Objekte sprachen.«[44]

Eugen Werner Velte muss, das verbindet ihn mit Rihm und es unterscheidet ihn von den meisten seiner eigenen Altersgenossen, ein Undogmatischer gewesen sein. Er war zugleich ein altmodischer »Ausdrucksmusiker«. Und blieb insofern Außenseiter, als er mit dem für andere Nachkriegskomponisten prägenden Abstraktionswillen, verbunden mit dem Bedürfnis nach einer fixier- und objektivierbaren Materialordnung, überhaupt nichts anfangen konnte. Alles ist für Velte möglich gewesen, im Augenblick der Erfindung. Er hat diese Gewissheit weitergereicht an seine Schüler. Isabel Herzfeld, später Musikkritikerin des Berliner *Tagesspiegel*, die in den Analysekursen Veltes wie auch in seinen sogenannten »Presse-Seminaren« saß, erklärt: »Ich lernte von Velte das Zuhören. Und außerdem verdanke ich Velte so etwas wie diese nie verlöschende Neugier, darauf, wie es weitergeht, auf den Fortschritt in der Musik.« Etwas anders sagt Raseghi: »Besonders schön war seine Art, Fragen zu suggerieren, ohne sie explizit auszusprechen. Das sogenannte Ich hat sich dann seine Fragen selbst gestellt, alleine mit sich selbst.« Und noch einmal Rihm über Velte: »Wer hören konnte, konnte hören, wer nicht hören konnte, verhielt sich ablehnend. Ich glaube, viele Leute konnten damit auch wenig umgehen, mit seiner (Veltes) großzügigen Art. Die waren zwar darin aufgehoben, auf ihrem Platz, aber sie wollten an die Hand genommen werden, den Griffel wollten sie geführt bekommen. Er lehrte Eigenverantwortung und keine Delegationsansprüche.«[45]

Diese Worte sind wie ein Spiegel: Rihm, der an seiner Berufung, Komponist zu sein, schon seit früher Kindheit nie gezweifelt hat, beschreibt sich damit selbst. Er gehörte ja zu eben jener Generation, die nicht mehr »an die Hand« genommen werden wollte. »Was ich mir erobert habe«, erklärt er einmal, wie, um sich zu verteidigen, in einem Streitgespräch gegenüber Hartmut Lück, »ist das freie Komponieren ohne jegliche Systematisierung.«[46] Mehr als einmal gelangte Wolfgang Rihm, über seine Beschreibung der Denkweise Veltes, zu sich selbst und zur Reflexion seines eigenen Standpunkts. Drei Jahre nach Veltes Tod gibt er zu Protokoll: »Velte hat mir nicht einen Weg gezeigt, mich selbst zu entdecken, sondern er hat mich in dem Gestrüpp weiter nach mir selber suchen lassen. Er hat mir also nicht durch Vorgabe eines Weges irgendwelche Dinge abgenommen. Ich muss ehrlich sagen: Das stärkt am meisten … Ich bin nicht mit dem Naturell behaftet, jemandes anderen Anhänger zu sein. Das ist schon ein physisches Problem. Ich bin ein sehr großer, breiter Mensch. Ich bin zur Anhängerschaft nicht geschaffen. Ich bin aber auch nicht zur Führerfigur geschaffen. Auch als Führer ist man nicht groß und breit, sondern klein und drahtig. Anhänger und Führer sind beide gleich groß. Gleiche Zoologie!«[47]

In seinen letzten Gymnasialjahren, während er bereits parallel an der Hochschule eingeschrieben war, komponierte Wolfgang Rihm fast dreißig neue Werke. Etwa ein Drittel davon, darunter »Morphonie«, taucht nicht im Katalog der Universal Edition auf. Der Grund: Die ersten Rihm-Stücke, die überhaupt gedruckt wurden, kamen noch bei Breitkopf & Härtel heraus. Wenn man dieses zwischen Pubertät und Abitur entstandene Konvolut sichtet, könnte man auf den ersten Blick meinen, es handele sich, wie schon bei dem Kessel Buntes aus Rihms autodidaktischer Wunderkindphase, um eine Sammlung von Gesellenstücken, die sich wechselnden Einflüssen verdanken. Da werden die unterschiedlichsten Besetzungen und Gattungen ausprobiert: Musik für Orgel steht neben Chorsätzen a cappella, Kirchliches und Weltliches entsteht, Vokales und Instrumentales. Und doch zeichnet sich eine gewisse Planmäßigkeit ab. In dieser Phase häufen sich plötzlich Skizzen. Erstmals tauchen zwölftönig durchgearbeitete Stücke auf. Außerdem vollendet Rihm einen Zyklus von Gedichtvertonungen, den er als Vierzehnjähriger begonnen und dann liegen gelassen hatte. Das ambitionierte Projekt, zwölftönig, nach Texten von unter anderem Friedrich Hölderlin und August Stramm, Stefan George und Georg Trakl, wächst sich am Ende von vier Liedern aus auf fünfzehn. Die Fertigstellung dieser Liedersammlung – Jahre später spricht Rihm selbstironisch von der »Schönberg-Geisterbahn« – gehört zu den ersten Früchten des Kompositionsstudiums bei Eugen Werner Velte, sie bekommt eine Opuszahl: »Gesänge op. 1«.[48]

Und auf das kleine Lied folgt die erhabenste klassische Gattung: Rihm schreibt sein erstes Streichquartett. Er gibt ihm die Opuszahl 2 – die zunächst freilich eine 1 ist, wie ein Eintrag in der Skizze zeigt. Acht Minuten kurz, in einem Satz komponiert, beginnt das Stück mit einer harmonischen Setzung: kleine

Sept plus Tritonus, vorgetragen in dramatischen Melodiesprüngen von der Primgeige. Das gleiche Motiv taucht einen Takt später in Umkehrung auf, es durchwuchert schul- und planmäßig den Satz, der einerseits in seiner Linearität und Ausgespartheit auf das Vorbild Webern verweist, andererseits – wiederum mit großer Geste – am Ende in erst einfachem, dann doppeltem, schließlich dreifachem Piano verlischt. Allerdings ist, was da anfangs tönt wie eine Zwölftonreihe, nicht als solche durchgeführt. Rihm liebt die Ausnahmen von den Regeln. Auch kommt die Hitze des Espressivo, das sich, schon recht unüberhörbar rihmtypisch, alsbald Bahn bricht und sich aufbäumt in flächig breiten, aggressiven Tremolo-Passagen, schon in den ersten Takten vor, nämlich unten, versteckt im Cello. Dieses Quartett hatte Rihm 1970 für die Schublade komponiert, uraufgeführt wurde es erst siebzehn Jahre später. Auch seine erste Symphonie von 1969, versehen mit der Opuszahl 3, musste fünfzehn Jahre darauf warten, bis jemand sie endlich zum Klingen brachte. Es handelt sich um ein kammermusikalisch aufgefächertes Werk, mit einem tumultuösen Auftakt, in nur zwei Sätzen: »Appassionato« und »Adagio«. Dauert nur circa zehn Minuten und ist, »in memoriam«, Karl Amadeus Hartmann gewidmet, der zu diesem Zeitpunkt bereits als ein Klassiker der Moderne firmiert und an der Auflösung der symphonischen Tradition gearbeitet hatte.[49] Als diese Erstlingssymphonie endlich verspätet zur Uraufführung kommt, dirigiert von George Alexander Albrecht, im Februar 1984 in Hannover, liefert Wolfgang Rihm eine Programmnotiz dazu, in der er sich nachträglich über sich selbst und seinen Anspruch lustig zu machen scheint: Er spricht von Pickeln, Verliebtheit und Zwölftönigkeit in einem Atemzug, als sei Letzteres nur eine pubertäre Anwandlung gewesen, die er inzwischen überwunden habe. Aber er erwähnt auch, schonungslos subjektiv, den »ungeheuren Druck«, unter dem er als Siebzehnjähriger gestanden habe, vor dem großen Erbe, das er ehrgeizig antreten wollte. Eine Opuszahl, ein Gattungsbegriff – das sind »Namen und Zeichen, die in den siebziger Jahren des vergangenen Jahrhunderts eher verabscheut und diskreditiert wurden. Dieses Spiel mit dem Bewährten ist eine bewusste Provokation des Zeitgeistes …«, so erinnerte sich später der Musikjournalist Hans-Peter Jahn, das »hämmert und meißelt Wolfgang Rihm mit der Vitalität des jugendlich stürmenden Veränderers in die historischen Klangwände hinein«.[50]

Die Opuszahl 4 verleiht Rihm, etwa zur gleichen Zeit, an eine »Fantasia« für Streichorchester und obligates Klavier – ein Quasi-Klavierkonzert, dessen Uraufführung sogar erst einundvierzig Jahre später stattfand: am 15. Dezember 2010 in Bottrop. Außerdem entsteht in der Studienzeit bei Velte noch ein weiteres kurzes Klavierkonzert sowie eine verkappte Sonate mit Namen »Klavierstück Nr. 1 op. 8a«, später ergänzt durch die Klavierstücke op. 8b und op. 8c. Doch kommen die Opuszahlen diesen Stücken, wie gesagt, später wieder abhanden.

An dem Klavierstück op. 8a hat Rihm ganze drei Monate lang gearbeitet, vom 9. September bis 15. November 1970 – für seine Begriffe eine Ewigkeit. Das spiegelsymmetrisch angelegte Form-Modell, das er dazu skizzierte (und später durchgekritzelt hat), unterteilt das Stück in sieben »Bezirke« mit einem »Durchführung« betitelten Mittelteil. Im Planvollen dieses Entwurfs ist sicherlich der Einfluss Veltes abzulesen, mag sein, auch die Inspiration der ersten Begegnung mit dem konstruktiven Denken Karlheinz Stockhausens, dessen Darmstädter Ferienkurs Rihm in diesem Jahr besuchte. Mit dem Serialismus befasste er sich in dieser Zeit systematisch, zugleich setzte er sich mit klassisch-romantischen Großformaten, den »historischen Klangwänden«, auseinander: mit dem Streichquartett, der Symphonie, der Sonate. In allen Stücken, die in dieser Phase entstehen, ist zu beobachten, wie sich gerade aus dem Abarbeiten an vorbildhaften Form- und Denkmodellen anderer die Frage nach einem eigenen Weg auftut für diesen Jungkomponisten – der sich dann bald darauf, unmittelbar nach seinen ersten Erfolgen in Darmstadt und Donaueschingen, mit dem Vorwurf konfrontiert sehen wird, er komponiere allzu schnell, allzu viel, allzu traditionell und letztlich reaktionär, weil systemimmanent. Versatzstücke dieser Kritik werden Rihm sein Leben lang gebetsmühlenartig begleiten.

Dabei gibt es bereits in der ersten Symphonie, ebenso wie im ersten Streichquartett, Spuren, die aus den Systematiken wegführen. Es werden Vorbilder herbeizitiert, nur um sie wieder zu verlassen, es werden Modelle erprobt, um sie zu verwerfen. So auch im Klavierstück op. 8a: Rihm hält sich darin zwar exemplarisch an seinen vorfixierten Kompositionsplan, doch er weicht, in Umwandlung der Planung, auch exemplarisch immer wieder davon ab. Das beginnt mit einem spektakulären Pianississimo in fast unhörbar tiefer Lage und breitet bereits in den ersten zehn Adagiotakten verschiedene musikalische Bausteine (Pedalton, Cluster, Triller, Pause, Sforzato-Schlag) aus, die auf die vorausstrukturierende Disposition zurückgehen. Die sieben aufeinanderfolgenden »Bezirke« gliedern sich in jeweils bis zu elf »Ebenen« und werden von Akkordballungen beherrscht, die Rihm in der Skizze »Klumpen« nennt – Klang-Klumpen, die sich auflösen in Figuration, was wiederum nicht streng durchgehalten wird. Es gibt keine Fixierung der Tonhöhen oder -dauern. Dass sich die eindeutig klappsymmetrische Anordnung der »Bezirke« in der Skizze an den klassischen Da-capo-Gedanken anlehnt, wurde bereits erwähnt. Der sechste Bezirk (»Adagio«) bezieht sich auf den ersten »Bezirk« (»Adagio«) sogar direkt thematisch (wie eine klassische Reprise auf eine klassische Exposition). »Somit wird klar, dass innerhalb der Spiegelsymmetrie der Verarbeitungstypus des dreiteiligen Sonatensatzes zumindest Modell stand«, schreibt Siegfried Mauser in seinem Begleittext zur Ersteinspielung des Werkes im Jahr 1986.[51]

Mauser, Pianist und Musikwissenschaftler, rechnet zu den ältesten Freunden Rihms.[52] Er ist einer der wenigen seiner Zunft, die auf beiden Feldern, in der musikalischen Praxis und in der Theorie, bewandert sind. Viele der solistischen Klavierwerke Rihms wurden von Mauser auf Schallplatte verewigt. Einige hat er initiiert, die meisten uraufgeführt und in Gesprächskonzerten vorgestellt und erläutert. Rihms Klavierstück op. 8a von 1970 bezeichnet Mauser als ein Schlüsselwerk. Einerseits sei es das »Dokument eines noch unentwickelten Frühstadiums«, andererseits habe es für spätere Werke als ein »lange nachwirkender Steinbruch« gedient. In dieser Sonate sei »eine radikale Tendenz zur Formulierung frei sich entfaltender Einzel-Klangereignisse« zu beobachten, »deren figurative Wucherungen allein den Gesetzen einer von jeglichem Modellhaften gelösten Phantasie« gehorchen. So gerate das Werk »fast notwendig in gefährlichen Konflikt mit klassizistischen Formvorstellungen, die auf architektonischen Außenhalt durch Korrespondenzen und Symmetrien zielen.«[53] Ganz am Schluss dieses Werks, das vom ersten Septimensprung an so seltsam kristallin nach Zwölftönigkeit klingt, obgleich ihm keine vollständige Reihe zugrunde liegt, kommt die Musik dann wieder nach Hause. Die Sonate endet, wie sie anfing: mit einer von Pedaltönen und Pausen geprägten »Adagio«-Phrase, die gekrönt wird von einer sich auflösenden Figuration. Dieser Konflikt zwischen fixierter Form und spontaner Idee ist ein grundsätzlicher: Wolfgang Rihm ist nicht der erste und einzige Komponist, der immer wieder mit diesem Problem umgeht. Er ist auch nicht der erste Künstler, der die Erfahrung gemacht hat, dass man, um voranzukommen, »Vatermorde« begehen, sich von Vorbildern lösen muss.

Der klassische Formenkanon der abendländischen Kunstmusik, mit dem er sich in seiner ersten Studienzeit auseinanderzusetzen hatte – in Veltes Analyseseminaren bevorzugt exemplifiziert an Werken Beethovens –, ist historisch determiniert und in Entstehung und Ausformung an die Dur-Moll-Tonalität gebunden. Diese »formbildenden Tendenzen der Harmonik« (wie Schönberg es nannte) gründen sich auf Tonartenkontraste, eine Bedingung, die durch die Zwölftonmusik schon nicht mehr erfüllt wurde. Als Rihm 1969 den britischen Komponisten und Zwölftonexperten Humphrey Searle kennenlernt, der an der Hochschule eintraf zu Gastvorlesungen, zeigt er ihm sofort seine erste Symphonie. Searle schien ihm genau der Richtige zu sein, um behilflich zu sein fürs eigne Weiterkommen: ein Zwölftonkomponist, der selbst vor nicht allzu langer Zeit eine Handvoll großer Symphonien vollendet hat, in denen er sich mit den nämlichen Formfragen herumschlug.[54] Als Searle die Reinschrift der ersten Symphonie op. 3 von Rihm vorgelegt bekommt, mit ihrem explosiven ersten Satz, einem »Appassionato«, vollständig aus einer Zwölftonreihe abgeleitet, aber zerklüftet von Blechbläserclustern und Schlagzeugdonner, und mit diesem ätherisch zart aus weiter Ferne hereinschwebenden zweiten Satz, einem »Adagio« in sparsam solistischer, gesanglicher Linienführung, einer zwölftönigen Idylle von Vorgestern, die immer wieder geräuschvoll zertrümmert wird, da sagt er, nach dem ersten Durchblättern: »Das ist mit Blut geschrieben!«

Als Siebzehnjähriger, meint Rihm, finde man so etwas natürlich toll. Jeder junge Komponist hört es gern, wenn die eigenen Stücke, in ihrem Ehrgeiz, nach den Sternen zu greifen, andere an einen Teufelspakt erinnern. Aber auch wenn er heute darüber lacht, so hat Rihm diesen Ausruf Searles doch nie vergessen und oft zitiert. Es steckt ja auch ein wahrer Kern darin. Und was umgekehrt Searle anbelangt, so bricht Rihm bis heute immer wieder für seine Musik eine Lanze: Dies sei ein zu Unrecht vergessener Komponist. Searles Gastspiel als Dozent an der Karlsruher Musikhochschule beschränkte sich auf nur wenige

Monate. Da Searle sich immer nur wenige Tage in Karlsruhe aufhielt, schickte Rihm ihm Briefe nach London. Wenn sie einander trafen, diskutierten sie die neuesten Arbeiten Rihms durch, oder aber Searle zeigte vor, was er selbst so gerade komponiert hatte. Diese quasi gleichberechtigte Arbeitsweise im Kompositionsunterricht war durchaus nicht die allgemein übliche. 1970 brach der Kontakt ab.

Auch mit Velte hat Rihm über seine Arbeiten korrespondiert. Und nicht nur darüber. Lange Briefe entstehen. Rihm befindet sich, zum Beispiel, im August 1968 wieder mit den Eltern in Obertal in den Ferien, Velte schreibt ihm: »Lieber Wolfgang, für drei Briefe und eine Postkarte möchte ich Dir herzlich danken, brachten sie mir doch die Gewissheit, dass es Dir im schönen Schwarzwald gut geht, Dein Eifer, zu Komponieren, nicht nur ungebrochen ist, sondern sich durch Tannenduft und Ozon noch intensiviert hat … Ich bin also gespannt, Deine Entwürfe zu sehen, unbeschadet dessen, ob sie ganz zu Ende gedacht und geschrieben sind, oder nicht. Während ich Dir schreibe, wird von RIAS Berlin eine Sendung mit und über Leonard Bernstein gesendet …« Dann lässt sich Velte, als gelte es, eine Univorlesung zu halten, seitenweise über Bernstein und den musikalischen Eklektizismus aus. Er mag Bernsteins Ästhetik gar nicht. Anerkennt aber dessen prinzipiell liberale Haltung: »Gustav Mahler, so meinte er, sei er besonders verbunden; er liebe Krise und Abschied der deutschen Musik besonders. Was ich an ihm schätze, ist, dass er Musik in vielen Bereichen gemacht hat; er scheut sich nicht, auch Arrangements in der Unterhaltungsbranche zu verfertigen. Seine Kenntnisse im Jazz sind vielleicht besser als vieler der bekannten Jazzmatadoren, und dass er kein Sektierer ist, gefällt mir auch sehr – bei aller wirklich großen Distanz, die ich zu etlichen seiner Ansichten über die Musik der Gegenwart habe. Er meint, Musik müsse gefallen – ich weiß nicht, ob dies das Primum Movens des Komponierens sein darf. Er findet zum Beispiel Stockhausen sehr interessant, mehr nicht.« Nachdem er so kursorisch einen weiten Horizont zeitgenössischen Komponierens aufgerissen hat, gibt Velte seinem Schüler noch fernschriftlich ein paar Hausaufgaben auf. Er möge sich zunächst Kolneders Webern-Biographie kaufen und lesen, denn »ich habe ja vor, mit Dir exakte und gründliche Webern-Analysen zu machen, da sie für die Gewandtheit in modernen Kompositionstechniken unentbehrlich sind.« Außerdem findet sich auf der Literaturliste, die Velte für seinen Schüler aufstellt, die Kontrapunktlehre von Knud Jeppesen. Und: Paul Hindemiths *Aufgaben für Harmonieschüler* sowie die *Generalbaßübungen* von Hermann Grabner und die von Heinrich Lemacher / Hermann Schroeder, schließlich das Choralbuch von Christhard Mahrenholz.[55]

Und Rihm schwärmt aus. Nach einem guten Jahr Unterricht bei Velte und Searle reist er nach Heidelberg und klopft bei dem dreiundsechzigjährigen Wolfgang Fortner an, dem Mitbegründer der Kranichstädter Ferienkurse. Längst hatte sich Fortner schon wieder aus Darmstadt zurückgezogen. Kompositorisch hielt er so wenig von den jüngeren Bilderstürmern Boulez, Nono, Stockhausen oder Cage wie die umgekehrt von ihm. Ende der Sechziger wurde dann endlich auch Fortners Mitläufertum während der Zeit des Nationalsozialismus diskutiert. Er hatte sich als solcher im Heidelberger Kirchenmusikinstitut, das er leitete, hervorgetan, hatte unter anderem ein HJ-Orchesters gegründet. Das änderte freilich nichts daran, dass Fortner nach wie vor als eine erstklassige, vielleicht gar als die wichtigste Anlaufadresse überhaupt galt, für viele junge Komponisten. Sein Einfluss war groß, sein Schülerkreis heterogen. Henze gehörte ebenso dazu wie Nam June Paik, Rudolf Kelterborn ebenso wie Hans Wollschläger, aber auch so unterschiedliche Musiker wie Hans Peter Haller, Bernd Alois Zimmermann und Hans Zender. Nicht umsonst hatte der Berliner Musikkritiker Hans

Heinz Stuckenschmidt die Villa Kohlhof auf dem Königstuhl, wo Fortner wohnte und Privatstunden gab, einmal einen »Rangierbahnhof der Moderne« genannt. Zugleich galt Fortner als ein kulturpolitisch bestens vernetzter Mann im Musikleben der Bundesrepublik, der auch etwas tat für das Fortkommen seiner Schüler. Das blieb auch noch so, als Fortner umzog in den Heidelberger Stadtteil Handschuhsheim: »Wer bei Fortner studierte, hatte Zugang zu allen für eine Karriere als Komponist wichtigen Schaltstellen der Neuen Musik«, erläutert Matthias Roth im Vorwort seines Fortner-Buchs, das akribisch die Hintergründe des Fortnerschen Schülerkreises ausleuchtet.[56] Rihm, auf die Frage, was ihn bewogen habe, diesen »schon recht betagten Komponisten, der sicher nicht mehr zur vordersten Avantgarde zählte«, aufzusuchen, antwortet: »So habe ich das nie gesehen. Auch heute nicht. Mir ist nach wie vor der Rat so genannter ›Betagter‹ wichtig. Und ›vorderste Avantgarde‹ war für mich nie Berufsziel. Wichtig ist der Rat und das, was man selber daraus macht. Ich frage auch Grünschnäbel und -innen.«[57]

Rihm ist achtzehn, als er erstmals bei Fortner aufkreuzt und ihm Arbeitsproben unterbreitet. Heidelberg liegt nahe, mit dem Zug ist die Stadt nur eine gute halbe Stunde von Karlsruhe entfernt. Fortan kommt er regelmäßig zu Privatstunden. Dabei geht es nie um musiktheoretische oder ästhetische Diskussionen, nur um das tonsetzerische Handwerk, um »praktische Ratschläge wie »›Posaune zu laut‹, ›Dieser Griff: unmöglich‹« und so fort. Fortner gibt ihm auch eigne Werke zu lesen, zum Beispiel die Partitur zu seiner letzten Oper »Elisabeth Tudor«, die 1972 an der Deutschen Oper Berlin uraufgeführt wird, mit Helga Dernesch in der Titelrolle. Im letzten Semester, das Fortner als Dozent an der Musikhochschule in Freiburg verbringt, gehört Rihm endlich zu den bei ihm ordentlich eingeschriebenen Studenten. Dann endet dieses Schüler-Lehrer-Verhältnis, nach immerhin fast drei Jahren. Es soll unterschwellig auch Animositäten gegeben haben, wie Roth schreibt: »Hinter vorgehaltener Hand wird von mehreren Intimi Fortners kolportiert, dass dieser nicht allzu viel von den Stücken seines jungen Schülers gehalten habe.« Gleichwohl kommt er zu dem Schluss: »In seinem individuellen Stil schien gerade Wolfgang Rihm das pädagogische Ziel Fortners von der eignen, selbstbewussten Handschrift, die unabhängig von ›Schulen‹ oder ›modernen‹ Richtungen ganz der eigenen Persönlichkeit vertraut, besonders beherzigt zu haben.«[58]

Was Fortner tatsächlich von dem Talent und den »Stücken seines jungen Schülers« hielt, das hat er, in einem Brief an Rihm im Dezember 1969, unmittelbar nach der ersten Begegnung zu Papier gebracht, und zwar in einer fast schon unpädagogisch schonungslosen Ehrlichkeit: »Lieber Herr Rihm, damit Ihnen nichts verloren geht, sende ich Ihnen Ihre Kompositionen, die ich mir gestern gründlich angesehen habe, gleich zurück. Ich darf Ihnen offen sagen, dass ich direkt betroffen war, von einem schon so perfekten Können eines jungen Menschen. Die Webernsche Facette ist mit sehr viel persönlicher Fantasie weiterentwickelt. Gewiss, man kann sich über diese oder jene Stelle unterhalten, auch im Instrumentatorischen, aber insgesamt ist der Eindruck sehr gut, ja beachtlich. Es würde mir Vergnügen machen, mich mit Ihnen einmal zu unterhalten. Ich gehe jetzt allerdings in die Ferien, bin aber um den 6. Januar zurück. Wenn Sie wollen, rufen Sie mich dann einmal an: Heidelberg 40706. Sagen Sie aber am Telefon Ihren Vornamen und Karlsruhe, denn ich habe einen Schüler Rolf Riehm, und den Namensunterschied mit dem E kann man am Telefon ja nicht hören. Herzliche Grüße Ihr Wolfgang Fortner.«[59]

Es liegt noch ein weiterer Brief Fortners an Rihm im Sacher-Archiv, der sieben Jahre später entstand. Fortner gratuliert Rihm darin zur Uraufführung der Oper »Faust und Yorick« in Mannheim am 29. April 1977, die er leider persönlich nicht habe erleben können, von der er aber nur das Allerbeste gehört habe, und schlägt vor, als nächstes ein Auftragswerk für Münchens Konzertreihe »Musica Viva« zu schreiben: »Wie ist es mit einem virtuosen etwa Zehn-Minutenstück für Orchester?«[60] Zu diesem Zeitpunkt ist Rihm bereits arriviert im schönsten Sinne dieses Wortes, er bekommt so viele Aufträge, dass er das Neinsagen lernen muss. Wiederum ein Jahrzehnt später, in den Achtzigern, ist Rihm selbst eine Institution für junge Musiker geworden, so wie einst Fortner dies war. Was, unter anderem, daran abzulesen ist, dass die Ensembles dazu übergehen, auch Frühwerke dieses noch recht jungen Meisters auszugraben und aufzuführen. Rihm verfasst nachträglich Programmnotizen zu einigen dieser frühen Stücke, in denen er wortgewandt die eignen Spuren verwischt. Diese Notizen sind nicht nur anekdotisch aufschlussreich. So berichtet er, zum Beispiel, zur Entstehung seines ersten Streichquartetts op. 2, dass ihm ein älterer Komponistenkollege in Karlsruhe beim Schreiben über die Schulter geschaut und entschieden abgeraten habe: »Er teilte mir mit, so gehe das nicht, das könne man jetzt nimmer machen. Ich sei ja vielleicht begabt für derlei, aber wahrscheinlich deshalb umso gefährdeter für die Anfeindung respektive Verführung solch reaktionären Tuns.« Über »Parusie« op. 5 (1970) schreibt Rihm, das Hauptanliegen dieses Werkes sei wohl die »Expressivität« gewesen, es ranke sich am Vorbild Olivier Messiaens empor. Von seiner Vertonung der fünf Antikriegsgedichte August Stramms – Mittelteil und Herzstück des Zyklus »Gesänge op. 1« – distanziert er sich sogar, nur um sie (und sich) dann doch nachträglich in Schutz zu nehmen: »Nichts ahnt. Platt. Das Gymnasiale bricht hervor. Als Gymnasiast vertonte ich rasend unzählig Stramm. Sicher geraten auch Gedichte im schulischen Umkreis so …« Und zu dem Lied »Abend« heißt es: »Hier fühlte ich mich das erste Mal als Komponist. Ich meine diese un(ver)mittelbare physische Gewissheit, die aus dem Umgang mit einem zur Gestalt zu bringenden Klangmaterial für den, der da umgeht, erwächst. In diesem Lied hatte ich erstmals das Gefühl, nun auch Komponist zu bleiben. Ganze sieben Takte lang glaube ich heute noch an das Gelingen hier.« Dass er sich an den Text »Hälfte des Lebens« (1969) von Hölderlin gewagt hatte, bedarf offenbar nachträglicher Rechtfertigung: »Ich schreibe darüber wie über fremdes Gebiet … selbstverständlich ist dieser an sich unvertonbare Text so nicht vertonbar, aber im Werden, am Anfang: nur so. Ein Kompositionsschüler, der mir mit siebzehn Jahren Abgeklärtes durchs Ohr schleimen würde, ich könnte ihn nicht ertragen. Er würde mit achtzehn Jahren Turner sein, oder ein Präsident. Niemals mehr Komponieren. Aber das weiß keiner, was er ist, was aber wird, wenn er wird und ist. Jeder würde heute alles anders machen, genauso, wie jeder das Morgen tun würde.«[61]

3
»ES« passiert

1968 ist ein Jahr voller Erschütterungen. Die Truppen des Warschauer Paktes ersticken den Prager Frühling. In Memphis wird Martin Luther King ermordet, im südvietnamesischen My Lai bringt eine Einheit der US Army mehr als vierhundert unbewaffnete Zivilisten um. Die Notstandsgesetze werden verabschiedet, Andreas Baader, Gudrun Ensslin und andere zünden Brandsätze in zwei Frankfurter Kaufhäusern, Kubricks *2001: Odyssee im Weltraum* kommt in die Kinos, am Broadway das Hippie-Musical *Hair* heraus. Die Jugend der westlichen Welt ist in Bewegung. Das gilt auch für das Bismarck-Gymnasium in Karlsruhe. Es gibt Diskussionen, Demonstrationen, Sit-ins. Rund um Rihm politisieren sich die Mitschüler. Eine ist Juliane Plambeck, sie geht in die Parallelklasse, später wird sie Mitglied der Bewegung 2. Juni, dann der RAF, sie stirbt mit achtundzwanzig Jahren bei einem Verkehrsunfall. Auch Tommy Weisbecker, der später, dreiundzwanzigjährig, auf der Flucht vor der Polizei erschossen wird, ist Schüler am Bismarck-Gymnasium. In dieser Zeit steht fast alles auf dem Prüfstand für eine Generation, die sich gegen die Verdrängungslügen der Eltern auflehnt. Alles muss hinterfragt, alles neu definiert werden: die Vergangenheit, die Zukunft, Staat und Schule sowieso, aber auch Essen, Trinken, Redensarten und Umgangsformen, die Mode, die Liebe und natürlich die Musik. Wolfgang Rihm schließt sich von all diesen Debatten aus. Er setzt sich absichtsvoll in Widerspruch zum Zeitgeist. Dass er die Schuhsenkel nachlässig zubindet und den schlaffen alten Tuchmantel seines Vaters aufträgt, ist vielleicht die einzige Konzession an den Geist der Achtundsechziger.

Rihm geht nicht demonstrieren, er bleibt zu Hause und komponiert. Er geht abends nicht mit auf die Party, sondern mit Freund Rübenacker erst ins Kino und danach fein essen. Für Rihms Freundin Andrea Schellinger ist es manchmal, wie sie sich erinnert, nicht eben leicht gewesen, dass sie ihres Freundes wegen ebenfalls ausgegrenzt wurde aus der Clique, deren oberster Grundsatz, wie bei Cliquenbildungen üblich, einfach und brutal lautet: Wer nicht für uns ist, ist gegen uns. Darüber kann sich Rihm heute noch aufregen. Dazu befragt, explodiert er: »Es gab plötzlich dieses Kommissarverhalten von den Klassenkameraden, gesinnungsschnüffeleiartig, die mich und andere sofort dem Feindeslager zuordnen wollten. Das fing ja schon früher an, 1967, permanent wurde diskutiert, es gab diesen Republikanischen Club, man trug sich als ein vernichtend dreinschauender Wutmensch, so was hat bei mir einen fast körperlichen Widerwillen erzeugt. Plötzlich war es so, dass Leute, die bis dahin ganz normale Mitschüler gewesen waren, als Revolutionäre auftraten und die Verurteilung des anderen für sich in Anspruch nahmen: ›Alles, was du machst, ist sowieso Scheiße, jetzt regiert das Volk und da zählt nur noch Popmusik.‹ Alles wegzufegen, was anders ist, dieses ›Wenn ich mal dran bin, dann rollen eure Köpfe‹, das kann man ja durch alle Revolutionen in der Geschichte wunderbar beobachten. Ein Vernichtungswille, der immer wieder begründet wird mit moralischen Grundsatzerklärungen. Aber ich frage dich: Wer hätte denn etwas dagegen einzuwenden, dass alle Menschen gleich sind? Dass es allen Menschen gut gehen soll? Nein. Dass jetzt der da oder die da im Namen dieser Moral verachtet und umgebracht werden soll, dagegen hatte ich damals schon etwas! Und das ging dann sehr schnell: Ja, wenn ich nicht mitmache, dann muss ich ja wohl rechts sein … Aber das war ich genauso wenig. Ich habe nie in meinem Leben zu einer Schule gehört. Und ich habe auch nie zu einer Marschierrichtung gehören wollen, das war mir immer suspekt. Ich rede wahrscheinlich so heftig darüber, weil da doch irgendwo noch ein Schmerzrest ist. Es war einfach fürchterlich mit anzusehen, wie die Menschen sich veränderten.«[62]

1968 im Herbst fährt Wolfgang Rihm zum ersten Mal nach Donaueschingen zu den Musiktagen. Eine Gruppenreise mit dem Bus, organisiert von der Musikhochschule. Gleich das erste Konzert ist komplett der »Musica Viva Pragensis« gewidmet, neuen Stücken slowakischer und tschechischer Musiker, mit Uraufführungen von Ladislas Kupkovič, Marek Kopelent, Vladimir Šrámek und Zbyněk Vostřák. Rihm tankt Atmosphäre. Außerdem lernt er Musik von Luciano Berio und von Róbert Wittinger kennen, er hört Cathy Berberian singen und Hans Otte Klavier spielen. Wittinger, dessen Cellokonzert »Irreversibilitazione« op. 10 in diesem Jahr von Siegfried Palm, Ernest Bour und dem SWF-Orchester uraufgeführt wird, ist sieben Jahre älter als Rihm, er stammt aus Österreich, aufgewachsen in Budapest, lehrt in Stuttgart. Die beiden begegnen einander bald darauf zufällig bei einem Konzert in Straßburg wieder, im Treppenhaus des Palais des Fêtes, man schließt Freundschaft. In den folgenden Jahren wird Wittinger zu einem wichtigen Ermutiger für Rihm. Er hilft ihm, beim Verlag Breitkopf & Härtel unterzukommen. Rihm widmet ihm – »dessen Zuspruch mir damals mithalf, mich selbst zu finden« – eines der ersten Werke, die Breitkopf verlegt: »Trakt«, komponiert für eine bläserlastig besetzte Orchesterformation mit Klavier und Harfe, zehn Minuten kurz. Er selbst sagt später über dieses Stück, es sei die »in meine Jugendpoetik übernommene Idee der Momentform. Jeder Einzelraum ist auch Einzelgeste, Ausdruck meist geballter, hervorgeschleuderter Unordnung.« Den Begriff »Momentform« übernimmt Rihm von Karlheinz Stockhausen. Er besagt, dass charakteristische musikalische Gedanken vorab fixiert werden, als jeweils Einzelnes, welches jeweils in sich aber schon das Ganze ist, mithin unteilbar. Diese Elemente der Komposition stehen gleichberechtigt nebeneinander, sie sind im Prozess variabel. Stockhausen entwickelte diese Idee aus der Gruppenform, er hatte sie beispielsweise in seinen Kompositionen »Kontakte« und »Momente« Anfang der Sechziger realisiert. Für ihn bezeichnete die »Momentform« eine Übergangsphase von der seriellen zur Formel-Komposition. Für Wolfgang Rihm dagegen begannen damit »zunächst einmal nur die siebziger Jahre«.[63]

Als Rihm im Herbst 1970 erstmals zu den Darmstädter Ferienkursen reist, beeindrucken ihn vor allem die Vorlesungen Stockhausens. Der bringt in diesem Jahr keine neue Komposition mit, er analysiert auch nicht die Werke anderer; er tritt an mit einem Manifest zeitgenössischen Komponierens, einer Art grundstürzender Standortbestimmung. Die Vortragsreihe verteilt sich über ganze sechs Tage, eine Sequenz daraus – Stockhausen wählt den Titel »Seminar« – dauerte drei oder mehr Stunden. Wie kam es zu diesem Kraftakt? Es gibt dafür zunächst äußere Gründe. Stockhausen hatte unmittelbar zuvor zu tun gehabt in Osaka, wo er den deutschen EXPO-Pavillon bespielt hatte. Ständig waren in diesem kugelförmigen Auditorium über fünfzig Lautsprecher in Betrieb, sie strahlten deutsche Musik aus von Johann Sebastian Bach bis Bernd Alois Zimmermann, zusätzlich gab es täglich bis zu fünfeinhalb Stunden Live-Konzerte mit Stockhausens Musiken. Dieses spektakuläre Weltausstellungsprogramm entpuppte sich rasch als Publikumserfolg, was zwar mit einen Grundstein legte für den Mythos Stockhausen, aber auch für das gesamte Stockhausen-Ensemble eine gewaltige organisatorische Anstrengung bedeutete. Es kam zum Streit, zu Zweifeln und Kritik und zu einem Zerwürfnis, das nicht mehr gekittet werden konnte. Die sich zeitlich unmittelbar anschließenden Darmstädter Vorträge, die Stockhausen in freier Rede und mit nur einem Minimum an Skizzen und Notizen abhielt, sind davon geprägt – sie hatten die Funktion einer neuen Selbstvergewisserung. Dazu kommt: Die berühmten Ferienkurse waren, wie viele Kurse in den späten Sechzigern, einer politischen Polemik von innen wie von außen ausgesetzt. Bereits in den Vorjahren waren in den Vollversammlungen immer wieder unangenehme Grundsatzfragen gestellt worden. Stockhausen wollte das aufgreifen und darauf reagieren, wie aus einem Brief an Ernst Thomas hervorgeht, den Leiter der Ferienkurse: »Vergessen Sie meinen Vorschlag ›Höranalyse von Werken junger Komponisten‹, ich werde das nicht machen. Sondern folgendes: Sechs Seminare von je drei Stunden über heiße Themen der gegenwärtigen musikalischen Situation.« Als er einen Ankündigungstext schreiben soll, zur Veröffentlichung bestimmt, pimpt Stockhausen seinen Vorlesungszyklus dann auf zu einem historischen Ereignis: »1970 werde ich in sechs Seminaren und einem ›Abend Expo 70‹ einige fundamentale Kriterien der Neuen Musik aus den letzten zehn Jahren zusammenfassen: Kriterien, die – mit größerem Abstand aus der Zukunft gesehen – alles Modische hinter sich lassen und eines Tages in den trockenen historischen Berichten als charakteristisch für die Entwicklung der Musik dieses Jahrzehnts genannt werden.«[64]

Die erste Vorlesung findet am 27. August 1970 statt, die letzte am 2. September. Stockhausen spricht über Harmonik, Rhythmik, Klangfarbe, Form und Dynamik sowie Fragen der Räumlichkeit neuer Musik. Im Detail geht es um Themen wie Kontinuum und Prozess, Collage und Metacollage, Spektralharmonik, Formantmodulation, Spatialität, Mikrophonie, Erfundenes und Gefundenes. Wolfgang Rihm ist elektrisiert. Er schreibt alles mit. Für ihn öffnen sich in diesen Tagen neue Türen. Zufällig erfährt er in Darmstadt auch, dass drei Wochen zuvor der Kölner Komponist Bernd Alois Zimmermanns gestorben war: »Ich wollte immer zu Bernd Alois Zimmermann. Das konnte ich mir gut vorstellen, den als Lehrer. Ich weiß noch genau, ich saß in Darmstadt in diesem Bierzelt, es waren auch andere dabei, und da las ich seinen Namen und ›in memoriam‹ auf dem Programm, und sagte: ›Oh, ein neues Stück!‹ Clarence Barlow, der neben mir saß, sagte: ›Nee du, der ist doch tot, er hat sich umgebracht.‹ Das hatte ich nicht realisiert.« Ein Jahr später übernimmt Karlheinz Stockhausen als Nachfolger Zimmermanns die Professur für Komposition an der Kölner Musikhochschule. Als Rihm kurz darauf sein Abitur macht und zeitgleich sein Staatsexamen in Komposition und Musiktheorie an der Hochschule ablegt, verliert er keine Zeit. Er kehrt Karlsruhe den Rücken und geht nach Köln, um bei Stockhausen zu studieren.

Rihm bewirbt sich nicht im Immatrikulationsbüro, er schreibt dem Meister persönlich. Stockhausen antwortet postwendend, mit grüner Tinte: »Lieber Herr Rihm, heute bekam ich Ihren burschikosen Brief, und ich kann zwischen den Zeilen lesen. Kommen Sie also vorbei … Es gibt eine Formalität, der Sie sich unterziehen müssen: Bitte melden Sie sich an der Hochschule für das Sommersemester an. Allerdings schicken Sie eine Partitur mit der Anmeldung und bitten Sie um die Mitteilung, wann die Aufnahmeprüfung ist. Die Aufnahmeprüfung besteht aus dem Vorspielen, -singen, -was-auch-immer eines eigenen Werkes. Anschließend möchte ich eine kleine Klausur mit den Anmeldenden machen. Ich gebe eine Formel als Material, und die Anmeldenden schreiben ein Stück damit. Wenn Sie aber mit mir arbeiten wollen, so muss es klar sein, dass Sie wenigstens zwei Jahre nichts anderes vorhaben. Sonst gehen Sie besser woanders oder nirgendwohin. Freundlich grüßt Sie K. Stockhausen.«

Bei den Partituren, die Rihm daraufhin nach Köln schickt, handelt es sich um die fertigen Teile von »Morphonie« sowie um drei Klavierstücke. Wiederum reagiert Stockhausen postwendend. Er lehnt Rihm ab, verbunden mit einer Ermutigung:

»Ihre Partituren habe ich gelesen und ich sage Ihnen, lieber Herr Rihm, dass es besser für Sie ist, wenn Sie nicht mehr an einem Kompositionsseminar teilnehmen. Wenn Sie die Ohren und Augen weit aufmachen, können Sie alles selber lernen. Wenn Sie Aufführungen dieser Stücke hören, werden Sie auch sofort herausfinden, womit Sie nicht einverstanden sind, und an welchen Stellen ES passiert ist. Meine Kritik kann an diesen Stücken nichts ändern. Alles hängt davon ab, ob die Struktur Ihres Wesens rein ist und sich im weitesten Maße intuitiv bestimmen lässt. An beidem habe ich meine Zweifel. Aber diese Hauptarbeit müssen Sie jetzt selber an sich leisten. Machen Sie ein gutes Abitur! Alles Liebe von Ihrem Stockhausen.«[65] Versteht sich, dass Rihm sich nicht abschrecken lässt. Wer würde denn nicht gern genauer wissen, was »ES« ist und an welchen Stellen »ES passiert«?

Im Sommer des Jahres zieht Rihm um nach Köln. Die Aufnahmeprüfung hat er mit Bravour bestanden, seine erste eigne Wohnung liegt in Köln-Kalk, rechtsrheinisch, also auf der domabgewandt »falschen« Rheinseite, der sogenannten ›Schäl Sick‹. Der Vater überweist ihm monatlich vierhundert Mark, die in aller Regel nach drei Tagen aufgebraucht sind, weil damit immer zuerst die Schulden des Vormonats beglichen werden müssen. Zum Jobben, wie es andere Studenten tun, findet Rihm keine Zeit. Er muss komponieren. In Köln gewöhnt er sich an, alles zu Fuß zu erledigen. Es bleibt dies übrigens die einzige Sportart, die er, neben dem gelegentlichen Schwimmen in Kies- oder Bergseen und anderen gratis und chlorfrei begehbaren Gewässern, bis heute betreibt. Nur der Unterricht bei Stockhausen, der muss auf jeden Fall mit öffentlichen Verkehrsmitteln erreicht werden. Er findet beim Meister zu Hause statt, fünfundzwanzig Kilometer außerhalb Kölns, in Kürten.

Stockhausen unterrichtet nicht in der Hochschule, er empfängt seine Schüler bei sich daheim, in seinem Fluxus-Künstlerhaus aus Glas, Holz, Stahl und Beton, das ihm der Architekt Erich Schneider-Wessling in den Sechzigern entworfen hatte. Er erzählt etwas über seine Werke, die Schüler lauschen, die Haushälterin macht Tee und Brote für alle, vor dem Abendessen wird gebetet. Es ist dies eine völlig andere Form von Unterricht, als ihn Rihm bisher erfahren hat. Fast ein Dutzend Musikstudenten aus aller Herren Länder sind in Kürten versammelt. Rihm lernt hier die neuseeländische Komponistin Gillian Bibby kennen, aber auch den späteren Musikwissenschaftler Wolfgang Grandjean und den kanadischen Komponisten Claude Vivier, der so früh und tragisch zehn Jahre später sterben sollte, ermordet von einem Pariser Strichjungen. Rihm erinnert sich, dass es immer lustig zuging, wenn er mit Vivier gemeinsam unterwegs war und sie über das sprachen, was sie gerade selbst in Arbeit hatten. Vivier erklärte einmal in einer seiner skurrilen Selbstauskünfte, er, Vivier, sei dank Stockhausens kosmischer Kräfte überhaupt erst in diesem Jahr in Kürten neu geboren worden. Er war freilich nicht der Einzige unter den Kürtener Studenten, für den Stockhausen längst aufgestiegen war zu einer Art Guru, einem Heiligen.

Der eigentliche Unterrichtsstoff in Kürten ist das Œuvre Karlheinz Stockhausens, insbesondere das Stück, dessen Uraufführung er gerade vorbereitet: die sogenannte »Europa-Version« von »Momente«, vielmehr die um gut eine halbe Stunde erweiterte Version dieses Werkes, die dann am 8. Dezember 1972 in Bonn zur Aufführung kam. Stockhausens Schüler hatten freien Zugang zu allen Proben im Funkhaus des WDR, wovon Rihm fleißig Gebrauch machte, Stockhausen beim Selbstdirigieren von soeben fertig Komponiertem beobachtend, wobei ihm klar wurde, dass er selbst, Rihm, das Dirigieren gar nicht erst anfangen wollte. »Wann immer wir wollten, konnten wir dabei sein. Da hat man enorm viel gelernt, über das Stück, über die Technik des Ablaufs, wie sich das alles zusammensetzt, und dann natürlich die Aufführung, die sehr eindrücklich war. Das Stück fand ich wunderbar, ich liebe es immer noch sehr. Bis heute habe ich sozusagen Momente aus den »Momenten« auswendig im Ohr präsent, bestimmte Einsätze, ich höre so eine gespreizte Sext, ein hohes Trompeten-Des und ein tiefes Posaunen-F, vielleicht irre ich mich in den exakten Tönen …«

Auch vom nächsten Großprojekt, welches Stockhausen in Angriff nahm, bekam Rihm noch einiges mit: »Inori«, Stockhausens zweite groß ausgeführte Formelkomposition, ein Auftragswerk für Donaueschingen. Was indes seine Schüler arbeiteten, dafür hat sich Stockhausen selten interessiert, und er pflegte nichts dazu zu sagen. Eigentlich habe er keinen so richtig ernst genommen, meint Rihm: »Mich hielt er sowieso für ein verlorenes Schaf. So gerne, wie ich dabei war damals, hatte ich doch immer das Gefühl, dass er mich nachsichtig betrachtet hat, mitleidig fast, als denke er: ›Bei dem ist ja Hopfen und Malz verloren, da kann ich reden, was ich will, der macht, was er will.‹«

Und so wird es wohl auch gewesen sein. Die meisten Schüler kamen ohnehin nicht zu Stockhausen in der Absicht, sich handwerkliches Rüstzeug abzuholen. Das galt auch für Rihm. Seines Handwerks war er sich, zu diesem Zeitpunkt, längst sicher. Er war aber auch nicht nach Köln gekommen, um sich an einem Idol emporzuranken. An Stockhausen faszinierte ihn eher die von der seinen so offenbar verschiedene Denk- und Arbeitsweise: das Andere, Fremde. Dazu kam eventuell auch noch das Interesse, das ein Kraftmensch für einen anderen Kraftmenschen empfindet. Stockhausen bezeichnete sich selbst gelegentlich als den Beethoven der Moderne.[66] Sein Charisma gründete auf der Idee der Unabhängigkeit, auf seinen Esprit, seine Egomanie und auf eine gewisse damit verbundene Aggressivität, die man vielleicht besser rücksichtslose Ehrlichkeit nennen sollte. Rihm ist da von ganz anderem Temperament. Er, der Wohlbehütete, das Glückskind, ausgestattet mit einem im Grunde versöhnlichen

Naturell, begegnet der Außenwelt nicht mit Schärfe, er kommt ihr neugierig und freundlich entgegen. Unter dem Strich mag ihm seine Zeit bei Stockhausen also nicht viel gebracht haben, jedenfalls nichts, was er nicht ebenso gut auch aus der Ferne und aus eigner Anschauung hätte erwerben können. Ein Blick ins Werkverzeichnis lehrt sogar, dass der zuverlässige Kreativitätsfluss seines Komponierens in diesen Monaten ins Stocken kommt. Nach zwei Semestern ist Schluss. Rihm geht zurück in den Süden, nach Freiburg, der Freundin Andrea Schellinger zulieb, die dort Kunstgeschichte studiert.

Später hat sich Wolfgang Rihm immer wieder dankbar an die Kölner Zeit erinnert. Er hat Stockhausen anfangs noch ab und zu besucht, man traf sich bei Aufführungen. Später wurde die Verbindung dünner. In den Achtzigern, als Rihm bereits etliche Ehrenämter im Musikleben zufielen und er selbst zu einer Art Netzwerkadresse für andere zu werden drohte, nahm die Beziehung sogar geschäftliche Züge an. Rihm hielt eine emphatische Laudatio auf Stockhausen, als der 1986 in München den Ernst von Siemens Musikpreis bekam – eine Rede, die das distanzierte Verhältnis der beiden sehr schön spiegelt, aber sich doch tief einlässt auf einige Stockhausensche Stücke, von »Licht« und »Mantra« erzählt, von »Momente« und von »Tierkreis«.[67] Der Briefwechsel der beiden, wie er im Rihm-Archiv der Basler Sacher Stiftung aufbewahrt wird, zeigt, dass Stockhausen verschiedentlich bei seinem Ex-Schüler angeklopft hat, in der Annahme, er könne ihm nützlich sein. Es kam auch vor, dass Stockhausen die Beunruhigung, die ihn angesichts der Publikumserfolge Rihms erfasste, nicht verbergen wollte und sich über die bequemen Orchester beklagte, die nichts anderes mehr aufführen wollten als die »einfachen Sachen« von Rihm oder Arvo Pärt – nicht mehr seine, Stockhausens Stücke. Für die futterneidischen unter den Komponisten, deren es ja stets viele gab und gibt, was in Anbetracht der traditionellen Brotlosigkeit dieses Metiers sogar verständlich ist, wurde diese Rihmschelte Stockhausens zu einer gern zitierten Referenz.

Bezeichnenderweise hat Rihm seinerseits im Gespräch mit anderen Komponisten immer wieder Stockhausens Partei ergriffen, zu unterschiedlichen Zeiten seiner Karriere. Vehement widerspricht er, zum Beispiel, Luca Lombardi, als der 1979 in einem Gespräch in der Villa Massimo darauf beharrt, Rihms heuristische Klangsinnlichkeit und Stockhausens prädisponierte Serialität kämen von völlig verschiedenen, fremden Sternen, die nichts miteinander zu tun hätten. Rihm antwortet: Ja, gewiss, er, Rihm, mache vielleicht die »schmutzigere Musik, wenn Du so willst ... ich bin als Person vielen Unsicherheiten ausgesetzt«; doch habe er von Stockhausen viel gelernt: »Ich habe nicht nur Stücke geschrieben, in denen die Artikulation der Makroform von Anfang an determiniert war, sondern auch Stücke, wo der einzelne Moment wichtig wurde, von dem aus sich dann die vollständige Form erst entfaltete. Der Sinn für die Proportionen und die Dauern ist bei Stockhausen mehr als bei jedem anderen entwickelt. Auf der anderen Seite gibt es bei ihm immer ein Moment von Künstlichkeit, das Probleme auch für das Verständnis seiner Musik birgt. Wenn ich allerdings Stücke wie ›Gruppen‹ oder ›Inori‹ höre, bin ich tief berührt von der Kraft, die diese Musik hat, und die, glaube ich, jeden erreicht.«[68] Ähnlich äußert sich Rihm später, Mitte der Achtziger, gegenüber Konrad Boehmer bei einem Gespräch in Hamburg. Als Boehmer, ebenfalls Stockhausen-Schüler, seine persönlichen Erfahrungen verallgemeinert und meint, jeder junge Komponist müsse vor Stockhausen und dessen Ordnungsprinzipien fliehen, er »könne nur abhauen«, wolle er zu einem eignen Ausdruck finden, entgegnet Rihm: »Abgehauen bin ich nicht, weil ich auch nicht gepilgert bin. Ich war einfach dort und konnte die riesige Anstrengung in mich aufnehmen, die für mich darin bestand, daß es also weniger dieses Ordnungsstreben, sondern Stockhausens

›Einschübe‹ waren, die mich in Bewegung setzten. Also genau jene Stellen, wo er merkt: ›Da muss noch etwas hinein. Erlaubt es die Ordnung? Mir egal, ich setze da etwas hinein!‹, und er das auch tut. Da habe ich gesehen: Dieser Mann schaltet und waltet im Material und in den Gegebenheiten des musikalischen Kosmos zwar nach einem Entwurf, aber er wirft den Entwurf dann auch um, wenn er selbst gefordert ist als der künstlerische Setzer.«[69]

Es gibt eine Stockhausen-Reliquie, die Rihm aufbewahrt hat aus jener Zeit, ein Autogramm mit persönlicher Widmung. Mit Datum vom 30. April 1972 (also kurz vor oder nach der Aufnahmeprüfung) schickte Stockhausen an Rihm das Programmheft eines RAI-Konzerts, welches er kurz zuvor in Rom gegeben hatte (nicht mit eigner Musik, vielmehr mit Stücken von Sylvano Bussotti), und notiert darauf den Merksatz: »Lieber Wolfgang Rihm, bitte folgen Sie ganz Ihrer inneren Stimme. Ihr Stockhausen.« Diese Worte sind eine Wucht. Allerdings wäre kein Künstler, wohl auch kaum ein Mensch denkbar, dem so ein Satz nicht ins Stammbuch geschrieben werden sollte. Rihm verstand ihn als Nornenspruch: »Sowohl im Hinblick auf die Poiesis als auch auf die Lebensführung …« Jahrzehntelang hing der Zettel, mit einer Reißzwecke befestigt, über seinem Schreibtisch an der Wand.[70]

Während seines knappen Kölner Jahres komponiert Rihm nichts fertig, doch er arbeitete an großen Brocken. »Morphonie« wächst und kommt ein wesentliches Stück voran. Daneben entsteht ein etwa zwanzigminütiges Trio für Klavier, Cello und Schlagzeug namens »Paraphrase«. Ein irreführend harmloser Titel, zumindest wenn man den Begriff »paraphrasieren« so auffasst, wie er in der Musikgeschichte bis dato verwendet worden war: als Kommentar zu etwas bereits Vorhandenem, als Weiterverarbeitung von oder auch Variation zu einem gegebenen (Fremd-)Thema, als komponierte Improvisation. Liszt beispielsweise paraphrasierte Arien aus Opern von Verdi,

Donizetti oder Wagner für Klavier, im Glanze seines vollendeten Virtuosentums. Tatsächlich geht es glitzernd zu in Rihms komplexem Stück. Passagenweise kann es luftig und witzig werden, durchpulst von einem Rhythmus, als gelte es ein Tänzchen zu wagen: einen »Pas de trois« oder »ein abstraktes Ballett« (Rihm). Dahinter steckt freilich planvolle Konstruktivität. Schon mit den ersten Tönen wird das Spannungsverhältnis zwischen Punkt und Linie gesetzt, Pizzikato und Liegeton, Klopfmotiv und Melodie. In jedem der sechs Sätze ändert sich die Physiognomie. Wenn hier etwas, im landläufigen Sinne, »paraphrasiert« wird, so ist dies erkennbar eben die anfangs exponierte Reihe – keine aus zwölf Tönen gebaute, vielmehr eine sogenannte »Atmungsreihe«. Diesen Begriff benutzt Rihm. Und fügt hinzu, sich ins Paradox flüchtend: »Wenn man es frei auffasst: eine serielle Komposition.«

Man könnte dieses Variationenwerk, das er unmittelbar unter dem Eindruck der Stockhausenschen Vorlesungen entwarf, als eine Art Selbstversuch verstehen. In dem Kommentar, den er dann 1976 für das Programmheft der Uraufführung von »Paraphrase« verfasst hat, findet sich sogar ein Satz, der von dem runenhaft geraunten Bekenntnis Claude Viviers nicht allzu weit entfernt ist: »Wurde ich doch«, schreibt Rihm, »bei der Arbeit an dem Stück eigentlich erst zum Komponisten …«[71] Später, aus Anlass der österreichischen Erstaufführung in Graz, spricht er von einem »Stück der freiwilligen Systemzwänge« und von einem »Stück der Selbstfindung«. Und noch später, aus Anlass der Platteneinspielung befragt von Wolfgang Hofer, hat Rihm bekannt: »›Paraphrase‹ war als durchgängiger Prozess geplant, als durchgehaltene Komponier-Anstrengung, als durchgestandene Selbst-Prüfung. So gesehen: mein ›Gesellenstück‹, selbst ›gemeistert‹. Noch heute: Stolz darauf / daran / darüber.«[72]

Die Uraufführung bei den Tagen für Neue Musik in Witten wurde gespielt von der Cellistin Gaby Schumacher, dem Pianisten Herbert Henck und dem Schlagzeuger Christoph Caskel. Seither taucht »Paraphrase« immer wieder auf. Es ist eines der wenigen frühen Werke Rihms, die sich etabliert haben im Konzertleben, ein sogenanntes »dankbares« Stück. Es hört sich gut an. Es ist durchsichtig, klein besetzt, nicht allzu lang, auch nicht zu kurz – und doch steckt viel darin. Zum Beispiel gibt es darin etliche geheime Botschaften, etwa in der dritten Variation ein relativ eindeutiges Zitat aus Rudi Stephans »Musik für Orchester« von 1912 oder, im letzten Abschnitt, einen Gruß an den Anfang des »Klavierstücks IX« von Stockhausen.[73] Man könnte bei diesen mechanisch gehämmerten Akkordrepetitionen des Klaviers, der insistierenden Endlos-Cellolinie in nervös hoher Lage ebenso gut auch an György Ligeti denken. Wahrscheinlich handelt es sich letztlich doch wieder nur um Botschaften von Rihm an sich selbst. Jedenfalls wirkt diese Eruption wie eine finale Aufgipfelung. Sie leitet kraftvoll, nach Rihmscher Art, eine von tiefen Tönen verschattete Coda ein, wie sie nach all den ziselierten Schönheiten dieser lichten Kammermusik notwendig und angemessen ist.

Die letzten seiner Gesellenjahre verbringt Wolfgang Rihm in Freiburg, auf drei verschiedenen Baustellen. Im Sommersemester 1973 schließt er sich der soeben an der Freiburger Musikhochschule eröffneten Kompositionsklasse von Klaus Huber an. Darüber hinaus besucht er als Gasthörer die Heidegger-Vorlesungen von Werner Marx an der Albrecht-Ludwigs-Universität, und er schreibt sich ein als Student der Musikwissenschaft. Das Studentenleben in Freiburg ist ein anderes, als er es aus Köln oder Karlsruhe kennt. Die Reize sind vielfältiger, der Freundeszirkel weitet sich. Man kann zwar nicht gerade behaupten, dass es die studentische Linke ist, die sich um Hans Heinrich Eggebrecht, Ordinarius der historischen Musikwissenschaft, versammelt. Die zieht es zu diesem Zeitpunkt eher in die Inselstadt Westberlin, wo die beiden anderen Galionsfiguren des Fachs, Carl Dahlhaus und Rudolf Stephan, lehren. Doch auch in Freiburg rumort es im Elfenbeinturm, hinterfragt man die gesellschaftspolitische Relevanz des eignen Tuns. Wozu überhaupt Musikwissenschaft? Was bringt die Erforschung der Musikgeschichte für die Erkenntnis der Musik der Gegenwart? Was ist Musik? Für einen jungen Komponisten, der sein Diplom bereits in der Tasche und erste Erfolge vorzuweisen hat, der sich aber nun auch dem Publikum und der Kritik ausgesetzt sieht, sind das essentielle Fragen. Rihm, der mit seiner Freundin Andrea Schellinger zusammengezogen ist und etwas außerhalb Freiburgs wohnt, in Merzhausen, hält sich nicht mehr aus alledem heraus. Er sei, als er nach Freiburg kam, verdutzt gewesen, wie abstrakt und weltfremd ihm viele der Musikwissenschaftler erschienen seien, erinnert er sich: »Ich kam (nach Freiburg) und habe gedacht: ›Gottseidank, jetzt bin ich an einem Ort, wo man ganz viel Musik hört, wo man sich wahnsinnig viel mit Musik beschäftigt.‹ Aber mitnichten! Ich sage das jetzt einmal böse: Die Leute (...) kannten kaum Musik und sie waren verwundert, wenn ich auf Werke oder Namen zu sprechen kam. Der Praxisbezug stand, für mich schockhaft, überhaupt nicht im Mittelpunkt.« Ausgenommen: der Chef des Instituts. Hans Heinrich Eggebrecht ist einer der Ersten seiner Zunft, die auch die Gegenwart als geschichtlichen Ort auffassten. Rihm beschreibt ihn als eine »Person, die genau diese Reflexionsbewegung beherrschte und eigentlich die Musik noch gar nicht brauchte. Zunächst. Wie selbstverständlich hat er seine Gedankenbohrung am Gegenstand vollzogen, der nur irgendwann und während dieser Bohrung auch gar nicht mehr Musik sein musste. Aber kam dann sehr geordnet auf die Musik zurück.«[74]

Hans Heinrich Eggebrecht wehrte sich gegen die positivistischen Tendenzen der deutschen Nachkriegs-Musikwissenschaft mit dem Entwurf einer Hermeneutik, die auf der Autonomie des musikalischen Werks beharrt. Sein eigentliches

Spezialgebiet war zwar die Alte Musik, doch suchte er auch den Kontakt zu lebenden Komponisten. Mit einigen schloss er fast Freundschaften, dazu gehörten, neben Rihm, auch Ligeti, Stockhausen oder Huber sowie, später, Mathias Spahlinger. Eggebrecht mischte sich ein in die Beethoven-Debatte und in die Diskussion um Gustav Mahler. Einige seiner Schüler, darunter Elmar Budde und Reinhold Brinkmann, sind unter den ersten, die mit Analysen über Stücke von Schönberg und Webern promoviert werden.[75]

Seine Freiburger Mahler-Vorlesungen beginnt Eggebrecht mit einer legendär gewordenen langsamen Einleitung: Fünf Mal fängt er wieder von vorn an, sich dem Objekt seiner Begierde aus verschiedenen Perspektiven annähernd – Abend für Abend ein neuer Versuch. Rihm ist begeistert. Als Eggebrecht zehn Jahre später bei Recherchen für sein Buch *Was ist Musik?* einen Briefwechsel mit Rihm beginnt – die beiden sind inzwischen längst beim Du angekommen –, scheinen sie fast wie aus einem Munde zu sprechen. Sie werfen einander Ideen zu wie Bälle, einvernehmlich, spielerisch, tänzerisch. Rihm führt Argumente ins Feld, die sich aus der Lage zeitgenössischen Komponierens ableiten, nebst Selbstauskunft über den kreativen Prozess. Eggebrecht holt seinerseits zum Exkurs aus, um letztendlich seine Ausgangsfrage wieder zurückzunehmen (»Kunst sollte nicht wissen wollen, was sie heute ist«). Darauf Rihm: »Dein Text spricht mir aus der Seele.«[76] Diese alles andere als ergebnisorientierten Diskurse, bei denen am Ende buchstäblich nichts getrost nach Hause getragen werden konnte, allerdings viele Fragen auseinandergefaltet und manch ein weiterführender Umweg genommen wurde, sind typisch für Eggebrecht. Rihm kommt dieses heuristische Verfahren der Problemlösung sehr entgegen. Man kann sagen: Seine Begegnung mit der Eggebrechtschen Denk- und Arbeitsweise kam genau zum richtigen Zeitpunkt. Neugierig, vielbelesen, ja von einer regelrechten Leseleidenschaft erfasst war er seit jeher. Der

Lust am Wortspiel hatte er sich schon als Schüler hingegeben und es früh zu einer gewissen sprachkünstlerischen Virtuosität gebracht, etwa in Gedichten und Tagebuchnotaten. Jetzt, in der Freiburger Zeit, entwickelt sich Rihm zu einem brillanten Musikessayisten, Festredner, Diskussionspartner und Laudator, der zu allen aktuellen Themen und musikalischen Fragestellungen Originelles zu sagen hat und nebenbei auch seine eigenen musikalischen Werke erklärt. Dabei wird er nicht müde, zu betonen, wie lästig doch dieses ständige Auskunft-geben-Müssen sei für einen Komponisten, der eigentlich nur komponieren möchte. Über Musik zu schreiben sei an sich unmöglich: »Erklärung von Kunst ist Anti-Aufklärung der reinsten Art.« Trotz alledem schreibt er. Sprachkünstlerisch virtuos, ironisch souverän, auf hohem Reflexionsniveau. Wer in den zwei Bänden mit den Schriften Rihms blättert oder in der stark reduzierten Textauswahl der Paperback-Ausgabe, wird sich nicht nur festlesen, sondern auch bemerken, dass an diesem Autor ein Musikwissenschaftler verloren ging oder, besser gesagt: ein Eggebrecht-Schüler.

Einmal hat Rihm sogar behauptet, die Denk- und Arbeitsweise seines Lehrers habe ihn auch musikalisch beeinflusst: »Dieses erst einmal sich dem Gegenstand von verschiedenen Seiten Annähern, dann sich von ihm Lösen und dann doch wieder zu ihm Zurückkehren, das hatte mit meinem Komponieren, wie ich es damals imaginierte, mehr zu tun, als ich es mir am Anfang eingestand. Und so ist Eggebrecht, wahrscheinlich ohne dass er es wusste, für mich eigentlich ein Kompositionslehrer geworden.« Als Eggebrecht starb, schrieb Wolfgang Rihm einen Nachruf für die *Frankfurter Allgemeine Zeitung*, in dem er ihn als einen »Bruder der Künstler« bezeichnete und als probaten Gegenspieler Adornos ehrt: »Alles Wissen entstand bei Eggebrecht aus Fragen. Diese aber, die Fragen, entstanden aus der Faszination. Vielleicht: aus der Sprachlosigkeit … Deshalb folgt daraus auch kein Formenspiel unverbindlicher Art, sondern die Kraft, Antwort zu wagen auf Adornos erschütterndes Diktum vom Unmöglich-Gewordensein einer Kunst (überhaupt irgendeiner) ›nach Auschwitz‹. Eggebrecht war der Einzige, der dieses Antwortenkönnen vermochte. Als behutsamen Versuch. Deshalb war – ist er ein Bruder der Künstler: Er fragt wie die Künstler aus der Sache heraus und nicht über diese hin.«[77]

Im Herbst 2009, zehn Jahre nach Eggebrechts Tod, wurde auf der Jahrestagung der Gesellschaft für Musikforschung in Tübingen der Vorwurf laut, dass dieser bestbeleumundete, führende deutsche Geisteswissenschaftler im Dezember 1941 als junger Soldat und dreiundzwanzigjähriger Fahrer einer Feldgendarmen-Einheit auf der Krim an der Erschießung von mehr als vierzehntausend Juden beteiligt gewesen sei. Im Verlauf der öffentlichen Debatte, an der sich auch etliche Schüler Eggebrechts beteiligten, kam es zu umfassenden Recherchen aller noch vorhandenen Dokumente zu diesem Massaker, mit dem Ergebnis, dass Eggebrecht nolens volens posthum rehabilitiert werden musste: Man könne, heißt es abschließend in dem Bericht, sein Mitwirken »weder mit hundertprozentiger Sicherheit ausschließen noch behaupten, denn es gibt weder Beweise für das eine, noch für das andere.«[78] Gleichwohl lastet seither ein Schatten auf seinem Namen. Rihm hat sich dazu nie geäußert. Er hatte aber, außer dem *FAZ*-Nachruf, auch noch einen Nachruf in Noten formuliert – eine debussyesk im atonalen Zwischenreich schwebende Komposition für Klavier, darin zarte Reibungsdissonanzen auftauchen und der Schatten eines Bach-Chorals, kurz vor Schluss. Das Stück heißt: »Hans Heinrich Eggebrecht in memoriam« und steht an vierter Stelle einer Serie von Erinnerungsstücken, gewidmet verstorbenen Förderern und Freunden, die Rihm 1999 zusammenfasste zu einem Klavierzyklus. Um eine Werkeinführung dazu gebeten, schrieb er: »Musik bedarf (zur Erklärung?) immer der Musik, die sie mit jedem Ton, der erklingt, weiter ermöglicht. Denn sie ist nicht der Tod.«[79]

Rihm fand neue Freunde am musikwissenschaftlichen Seminar in Freiburg. Mit ihm studierten dort Albrecht Riethmüller und Christoph von Blumröder (die der Wissenschaft treu blieben) neben angehenden Komponisten unterschiedlichster Prägung, wie Norbert Jürgen (genannt Enjott) Schneider und Ernst Helmuth Flammer, aber auch angehende Musikjournalisten wie Stephan Hoffmann und Lotte Thaler (die damals noch Lotte Übelacker hieß) sowie Angelika Bierbaum, die später eine Rundfunkkarriere machte, vom Saarländischen Rundfunk über den SWR bis zur Programmdirektion des Hessischen Rundfunks, Frankfurt. Bierbaum wurde für Rihm, nach der Trennung von Andrea Schellinger, zur neuen Liebe – für fast sieben Jahre. Man lebte und kochte zusammen, es wurde viel gelacht, musiziert, gereist, diskutiert. Auch Studenten der Kunstgeschichte, wie Daniela Lanzer, aber auch ältere Semester – Peter Andraschke, Wolfgang Ruf, Wolf Frobenius – gehörten zum Freundeskreis. Und auch unter den Komponisten, die er an der Musikhochschule im Unterricht bei Klaus Huber kennenlernte, machte Rihm Bekanntschaften, einige wurden Freunde fürs Leben. Der Brite Brian Ferneyhough, Hubers Assistent, gehörte zu diesem Netzwerk. Außerdem André Richard, Arturo Tamayo, Younghi Pagh-Paan, Dieter Mack, Wolfgang Motz, Lothar Jung und Ulrich Gasser.

Klaus Huber, der seine Freiburger Professur in Nachfolge Wolfgang Fortners eben erst angetreten hatte, eilte ein Ruf als Homo politicus voraus. Seine Maxime war: »Jeder lernt von jedem. (Der Lehrer muss da lediglich mitziehen und durchhalten, d.h., er lernt schließlich auch!)«[80] Bereits an der Musikakademie in Basel hatte er sich einen Namen gemacht als leidenschaftlicher Pädagoge, auch in Freiburg zieht Huber neue Saiten auf für das Curriculum. Seine Studenten arbeiten in Gruppen, klassische Kompositionslektionen unter vier Augen bleiben die Ausnahme, und was im Rahmen der Huberschen Kompositionsklasse diskutiert, analysiert und fertig komponiert wird, sollte möglichst auch erklingen und aufgeführt werden. So wird der Wirkungskreis des Instituts für Neue Musik tatkräftig erweitert. Huber öffnet konsequenterweise den Elfenbeinturm seines Instituts für die Interpreten, bezieht die Vokal- und Instrumentalklassen der Hochschule mit ein, sucht den Kontakt auch zum Experimentalstudio der Heinrich-Strobel-Stiftung in Freiburg-Günterstal. Und er sorgt mit der Erweiterung des »Ensembles für Neue Musik«, für das Arturo Tamayo als Dirigent zuständig wird, in sogenannten »Horizonte«-Konzerten dafür, dass nicht nur die eignen Studenten, sondern auch andere junge Komponisten die Chance bekommen, ihre Werke vor Publikum zu hören. Solche Kooperationen mögen, aus heutiger Sicht, zwar nur logisch erscheinen. Inzwischen gibt es wohl keine Musikhochschule mehr weit und breit, an der keine temporären Studentenensembles zusammenarbeiten. Aber damals, Anfang der Siebziger, war diese Idee Hubers noch neu, er musste sie durchsetzen gegen die Hochschuladministration. So stellte die Ära Huber in den Siebzigern die Weichen dafür, dass Freiburg sich zu einer »Hauptstadt der neuen Musik« entwickeln konnte, mit »überdurchschnittlich vielen Ensembles«. So formulierte es der schweizerische Musikjournalist Max Nyffeler in einem Gespräch mit Wolfgang Rihm, Jahrzehnte später, und der stimmte ihm begeistert zu: »Ja, das ist beispiellos in Deutschland. Man kann sagen: ›Klaus Hubers Saat‹.«

Freundlich zugewandt lesen sich die Erinnerungen Rihms an Huber in diesem Interview-Rückblick, anno 2007. Doch schwingt in der Harmonie der beiden Gesprächspartner, die gemeinsam Hubers Lob intonieren, etwas Unausgesprochenes mit. Es ließe sich sogar, aus der Wortwahl, eine Distanzierung herauslesen, beispielsweise wenn Rihm von den sorgenvollen Blicken berichtet, mit denen Huber sein drittes Streichquartett begutachtet habe: »Und da konnte man sich ins Gravitationsfeld hineinbegeben, und man konnte aber auch wieder hinausgehen.

Das war jetzt meine Art; wie es andere damit hielten, weiß ich nicht.«[81] Rihm gehörte nie zum engeren Huber-Zirkel. Möglicherweise war er dazu, als er nach Freiburg kam, schon zu gefestigt in seiner sehr persönlichen Arbeitsweise, zu »fertig«. Was er wirklich mitgenommen hat aus diesen letzten Lehrjahren, in denen er eigentlich schon flügge war und als Komponist längst Aufmerksamkeit und sogar Widerspruch erfuhr, lässt sich rückwirkend nur schwer sagen. Er selbst hat sich dazu nicht weiter geäußert.

Klaus Huber soll später erzählt haben, dass Rihm zum Kompositionsunterricht provozierenderweise im Nadelstreifenanzug aufgekreuzt sei, mit Zigarre. Er hat ihm das nicht untersagt, nicht einmal verübelt. Aber als ein Protestsignal gegen die Entindividualisierung, die sich Huber auf die Fahnen geschrieben hatte, darf man diese Maskerade schon werten. Nicht zuletzt betrachtete Huber das Komponieren von neuer Musik, anders als Rihm, in einem emphatischen Sinne als gesellschaftliche, wenn nicht gar politische Aufgabe – wie es übrigens auch andere Kollegen der Nachkriegsgeneration taten, mit unterschiedlichsten Ergebnissen.[82] Wieder einmal hatte Rihm es zu tun mit einem Mentor, dessen politisches Verständnis von Kunst ihn nicht weiter zu interessieren schien. Man kann aber wohl davon ausgehen, dass er von Hubers Empathie und seinen Kontakten letztlich profitierte. Unter anderem lernte er etliche für ihn wichtige Komponistenkollegen kennen, die Huber nach Freiburg einlud, darunter Luigi Nono. Und er befasste sich, auf Hubers Anregung hin, zwei Semester lang mit dem zu diesem Zeitpunkt in Europa noch weithin unbekannten Œuvre von Charles Ives, was sich später auch kompositorisch niederschlug, beispielsweise im Umgang mit indirekten Zitaten, Anspielungen und Übermalungen, aber auch mit Fernmusiken.[83]

Anfang der Siebziger hatte es Wolfgang Rihm für einen Studenten im dritten Semester weit gebracht: Seine Werke wurden verlegt, es gab Kompositionsaufträge, außerdem einen Lehrauftrag, für den er regelmäßig nach Karlsruhe pendeln musste. Seine Musik war nicht nur dort und in Freiburg, sondern längst auch in München, Stuttgart, Köln oder Hamburg zu hören, und sein Pressespiegel schon so umfangreich geworden, dass es sich lohnte, die Artikel abzuheften. Da mutmaßt, zum Beispiel, Hans Peter Krellmann 1971 in der *Welt*, dass Rihm es sich zum Ziel gesetzt habe, »mehr unbewußt als gezielt neue Hörgewohnheiten« einzuüben. Anlass war ein Konzert der Karlsruher Gruppe Informell bei der Reihe »Musik der Gegenwart« im Kölner Funkhaus, in dem unter anderem Rihms Ensemblestück »Concetti« uraufgeführt wurde, was den Kritiker auf die paradoxe Idee bringt, der junge Komponist setze »Aphorismen frei, die dank ihrer Ökonomie aufhorchen lassen«. Die *Frankfurter Allgemeine Zeitung* dagegen bemerkt 1972 einen Anflug von Revoluzzertum in Rihms Komposition »Clamatio«, uraufgeführt von dem Organisten Peter Schumann in Heidelberg. Das Stück ist mit elektronischen sowie analog-akustischen »Beiklängen« aller Art angereichert, mit Glocken, Schlagwerk, Sprechen, Schreien und Flüstern: »Eine in die Komposition eingebaute, gelesene Reger-Anekdote wirkt wie eine Art Publikumsbeschimpfung.« Diese beiden Stücke aus den Jahren 1971 und 1972 sind, ebenso wie das Orchesterstück »Magma« von 1973, gewissermaßen apokryph geblieben. Sie wurden *nicht mehr* von Breitkopf & Härtel gedruckt, aber sie wurden *noch nicht* gedruckt von der Universal Edition in Wien.

Die trat in Gestalt des Verlegers Alfred Schlee im Herbst 1974 an Rihm heran, direkt nach der Aufführung von »Morphonie« bei den Donaueschinger Musiktagen. Schlee macht sich bekannt, er wirbt Rihm erfolgreich ab, und fortan werden alle Werke Wolfgang Rihms zuverlässig von der Wiener UE betreut. Er wird zu einer der Galionsfiguren dieses renommierten Verlags, der, 1901 gegründet, von Anfang an auf die Moderne gesetzt hatte: Mahler, Bartók, Schönberg, Berg und Webern sind UE-Künstler, ebenso Krenek, Schreker und Zemlinsky, aber auch Milhaud, Berio, Boulez, Pousseur und sogar Stockhausen. Kein anderer Musikverlag hat sich im zwanzigsten Jahrhundert so konsequent auf Komponisten kapriziert, von denen man nicht wissen konnte, ob sie erfolgreich sein würden. Rihm war also in bester Gesellschaft. Doch hat die UE wohl auch manchmal etwas ächzen müssen unter der Last, die ihm die Produktivität ihres jüngst erworbenen Klienten auferlegte. »Sie meinen, es entsteht der Eindruck, dass Rihm schneller komponiert, als es der Verlag verlegen kann?«, wird Alfred Schlee einmal von Reinhard Kapp befragt. Schlee antwortet, lakonisch: »Ja« – und weiter, halb im Scherz, er wünsche sich zuweilen »eine schöpferische Pause«: Es sei »auch für die geschäftliche Entwicklung schlecht, wenn die Werke sich so drängen. Man braucht Zeit, die Stücke ordentlich durch die Organe zu bringen.«[84] Letzteres gelingt allerdings prächtig. Die ersten Preise flattern ins Haus, die Villa Massimo ruft. Und während Rihms Ruhm sich mehrt, spitzen sich die Kontroversen um ihn zu. Er wächst seinen Lehrern, und, was womöglich noch wichtiger ist, auch Freunden und Kritikern über den Kopf. Wächst, im Laufe der Siebziger, in Windeseile aus den Gesellenschuhen heraus und gleich in die Meisterschuhe hinein.

Dafür stehen die vier großen Orchesterstücke, die Mitte der Siebzigerjahre entstehen, und über deren Faktur, Wirkung und Bedeutung schon im ersten Kapitel ausführlicher berichtet wurde: »Morphonie«, »Magma«, »Dis-Kontur« und »Sub-Kontur«. Es sind, bei allen Unterschieden im Detail, Geschwisterstücke. Sie haben im Œuvre Rihms eine befreiende Funktion. Er verlässt damit die Welpenschutzzone, er behauptet sich gegenüber seinen Vorbildern, er definiert einen eigenen Standpunkt. Diese vier Werke legen quasi einen Schalter um. Es ist Musik, in der, mit Stockhausen zu reden, »ES« passiert. Seine erste Oper – eine

Kammeroper – schrieb Wolfgang Rihm dann mit vierundzwanzig Jahren für das Badische Staatstheater Karlsruhe: im schönsten Wortsinn ein »Heim«-Spiel. Doch fand die Uraufführung von »Faust und Yorick« anderswo statt, nämlich in Mannheim, als Karlsruher Beitrag zu den Baden-Württembergischen Theatertagen, am 29. April 1977. Regie führte Hans-Peter Knell, es dirigierte Frithjof Haas, der auch das Libretto eingerichtet hatte, in Zusammenarbeit mit Rihm. Es basiert auf dem gleichnamigen Theaterstück des französischen Schriftstellers Jean Tardieu, im Wortlaut der deutschen Übersetzung von Manfred Fusten, und zitiert bereits im Titel zwei große Paten der Weltliteratur herbei: Goethe und Shakespeare. Und Rihm fügte im Kopf der Partitur einen dritten Paten hinzu: »… an Busoni denkend …«

Ein großer Musik-Pate! Der Komponist und Pianist Ferruccio Busoni, auf dessen »Entwurf einer neuen Ästhetik der Tonkunst« von 1906 sich Rihm nach wie vor immer wieder gern beruft, hatte als letztes Werk eine grandiose abendfüllende Faust-Oper hinterlassen, ein Spät- und Meisterwerk, das schier alle Varianten des historisch überlieferten Fauststoffs und dazu etliche alte und neue Stilebenen und Satzformen pathetisch-ironisch verarbeitet. Am Ende dieser Tragikomödie wird Mephisto entmachtet und zu einem Nachtwächter degradiert. In Rihms Faust-Oper, die ein ähnlich tragikomisches, mit Ironie gespicktes Spiel mit Zitaten erprobt, tritt der Teufel gar nicht erst in Erscheinung. Er spielt keine Rolle in »Faust und Yorick«, ebenso wenig wie Hamlet. Auch Gretchen oder Helena kommen nicht vor. Nur die Faust-Figur ist übrig geblieben, und nicht mal die wird benannt, denn keine der fünf Hauptrollen in dem Stück hat einen Namen. Sie heißen: Der Gelehrte, Der Reporter, Die Mutter, Die Frau und Die Tochter, wobei Letztere in diesem Ensemble exemplarischer Typen als Einzige individuell identifiziert wird. Einmal taucht, wie zufällig, im Verlauf des Stücks ihr Name auf: Madeleine.[85]

Eine heilige Magdalena, sie singt Mezzosopran, wie ihre Mutter. Alle drei Frauen in dem Stück, eingeschlossen auch die Mutter der Mutter (Alt), haben lyrische Partien mit weit geschwungenen Melodien und ausdrucksstarken, großen Intervallsprüngen. Sie verkörpern die Stimmen des Lebens. Die Frauen sind es, die von Liebe singen und sich wehren gegen den Wahn irregeleiteter pseudowissenschaftlicher Rationalität – der übrigens in der Vorlage Tardieus, zeitbedingt, noch unmittelbar gemünzt war auf den nationalsozialistischen Rassenwahn. Bei Rihm bewegt sich der fanatisch den Schädel vermessende Gelehrte (Bariton) wie auch sein Echo, der Reporter (Tenor), über weite Strecken in einem begrenzten Tonraum. Der faustische Eröffnungsmonolog beginnt als skandierter Sprechgesang und steigert sich zu ekstatischen Ausbrüchen, sobald das Objekt der Begierde im Libretto auftaucht und Worte wie »Hirn« oder »Schädel« akzentuiert werden. Das Orchester, ausgestattet mit nur achtzehn Musikern, illuminiert diese schematische Darbietung mit musikalischen Anspielungen, ausdifferenziert in farbenstarke Einzelstimmen, mit tiefen und hohen Bläsern sowie Orgel, Celesta, Schlagwerk, Cembalo. Wie Karikaturen wirken die lehrstückhaften Chorensembles, wie Zitate die Tanzrhythmen in den von Zwischenspielen gegliederten sieben Szenen. Das Finale mündet in ein veritables Vaudeville, wie es im frühen französischen Singspiel üblich war und auch noch in Mozarts »Entführung« Verwendung fand: ein Schlusschor, den alle Figuren des Stücks gemeinsam gestalten, quasi als Moral von der Geschichte. Dazu passt es, dass Rihm aus Anlass der Uraufführung von einer »spielerisch-anspielerischen Divertimento-Musik« spricht. Er verweist dabei, mit einem gewissen Understatement, auf den dem Sujet von »Faust und Yorick« innewohnenden Unterhaltungswert.[86]

Und darum geht's: Ein Gelehrter, alias Faust, will das Geheimnis des menschlichen Hirns ergründen. Forschungsobjekt ist der Schädel des Hofnarren Yorick – ebenjener Schädel, der bei Shakespeare Auslöser des berühmten Hamlet-Monologs in der Friedhofsszene ist. Dieser Totenkopf wird dem Gelehrten zur fixen Idee, über der er das Leben vergisst: Ums Haar verpasst er die eigene Hochzeit, ignoriert Frau und Kinder, kümmert sich nicht um die Proteste seiner Studenten und verdrängt die gesamte Außenwelt. Als er am Ende stirbt, stellt sich heraus, dass das Objekt seiner lebenslangen Forschungsarbeit er selbst gewesen war: »Der Schädel, den er sein ganzes Leben gesucht (…), fähig, das gesamte Wissen in sich zu fassen, dieser wundervolle Schädel (…) es ist sein Schädel.« Diese Pointe ist zwar total absurd, aber auch vorhersehbar. Mit nur knapp fünfzig Minuten Dauer und ihrem rondoartig überschaubaren Aufbau ist Rihms Parabel über die Nichtigkeit menschlichen Ehrgeizes, wie gesagt, nicht abendfüllend. Aber sie ist reich instrumentiert. Außerdem: »Kammeroper heißt nicht: Operchen. Es ist vielmehr – ähnlich dem Verhältnis Kammermusik / Sinfonie – eine andere Art, musikalisch auf der Bühne zu reden.«[87]

Mit diesen Worten verteidigt Wolfgang Rihm drei Jahre später seine zweite Kammeroper: »Jakob Lenz«. Aus diesem Anlass befasst er sich erstmals grundsätzlich mit Fragen der Opernkomposition: Was fügt die Musik dem Text hinzu? Welchem Text? Vorläufig hat Rihm dazu noch mehr Fragen als Antworten. »Jakob Lenz« ist noch dem Genre der Literaturoper zuzurechnen, ist ebenfalls ein Auftragswerk, ebenfalls ein Einakter. Hatte sich Rihm, in seiner Programmnotiz zu »Faust und Yorick«, noch fast entschuldigt für die »kleine Form« und sich zugleich, was das »Ideal der Märchenhaftigkeit« des Sujets anbelangt, bei Busoni rückversichert, so erweitert er diese Idee in seiner Programmnotiz zu »Jakob Lenz« und formuliert ein eigenes Statement: »Die musikalische Bühne ist für mich der Ort des Sehr-Märchenhaften und des Sehr-Menschlichen. In Jakob Lenz schlägt das Menschliche oft ins Märchenhafte um, weil die Realistik einer sich selbst zuredenden, verstörten Seele irreale Züge annimmt, oder wir das einfach nicht anders verstehen können als nicht real. Eine Person wie Jakob Lenz auf der Bühne ist kompliziert allein dadurch, weil sie selbst mehrere Bühnen in sich birgt.«[88] Letzteres hat nicht nur Konsequenzen für die musikalische Komposition. Es ist zugleich Ausgangspunkt für weitergehende theatertheoretische Überlegungen, die Rihm über kurz oder lang zu seiner ersten abendfüllenden Oper führen, die er selbst gar nicht mehr Oper nennt. Von der »Hamletmaschine« an spricht er nur noch von »Musiktheater«. Denn das Theater mag zwar die Ebene sein, auf der Oper stattfindet. Ihr Ort aber, so lautet Rihms Operntheorie, ist allein die Musik, real und irreal: »Nichts sonst rechtfertigt, dass Menschen Töne aus dem Mund verlauten lassen. Sie müssen Teil eines Musikstromkreises sein, Lichter der musikalischen Energie. Auch die nicht abgetönte Äußerung, das gesprochene Wort, kommt hier in die Musik. Eine Figur spricht auf vielen Ebenen, aus vielen Schichten heraus.«[89]

Von der »Hamletmaschine« an schreibt sich Rihm seine Opernlibretti für eine Weile nur noch selbst. Das Textbuch zu »Jakob Lenz« stammt von Michael Fröhling, Rihm hat allerdings Teile davon nicht vertont, anderes selbst eingefügt. Das Material zu »Jakob Lenz« liefert Georg Büchners nachgelassene Novelle »Lenz«, dazu kommen Zitate aus Schriften des unglücklichen Sturm-und-Drang-Dichters Jakob Michael Reinhold Lenz, der fast zeitgleich mit Wolfgang Amadeus Mozart lebte: eine historische Figur, eine wahre Geschichte, doppelt gespiegelt. Ein Genie verzweifelt an der verspießerten Gegenwart seiner Zeit, es verfällt dem Wahnsinn. Für die Wahl dieses Stoffs gibt es allerdings keinerlei autobiographische Gründe.

Rihm selbst hat diese naheliegende Spekulation benannt und sie zugleich zurückgewiesen. Er schreibt: »Der kompositorische Prozess war identisch mit dem stufenweisen Verstehen einer Existenz wie der von Jakob Lenz. Die historische Figur trat, je genauer sie datisch und atmosphärisch in meinem Intellekt anwesend war, aber zurück zugunsten einer Chiffre von Verstörung, als die ich Lenz dann begriff. Von da aus erklären sich die Versuche, ihm zu nahen, als gescheitert, weil Lenz wesentlich der Scheiternde selbst ist. Darstellbar blieben nur noch die nackten Stadien dieses Scheiterns – also auch des Scheiterns derer, die Lenz ›helfen‹ wollen –, während Lenz selbst bereits in einem festgefahrenen Zustand der vollzogenen Verstörung verharrt. Ich komponierte mich in diesen Zustand, soweit wie mir möglich, hinein. Das Insistieren mancher rhythmischer und harmonischer Konstellationen ist der greifbare Ausdruck für die immer wieder eintretende Starre der Hauptperson. Ein Klang durchzieht das ganze Werk.«[90]

H-F-Ges heißt dieser Zusammenklang, der wie ein Motto am Anfang steht und zart-finster von drei mit Dämpfern versehenen, vibratolos spielenden Solo-Violoncelli im dreifachen Piano vorgetragen wird. Von diesen drei Tönen leitet sich der Aufbau der zwölf folgenden Tableaus ab mitsamt den fünf Zwischenspielen, in einer sich intensivierenden Verdichtung, die sich unmittelbar mitteilt. Dieser Klang soll »der Faden« sein, »an dem Jakob Lenz hängt«, und auch »der Strom ins Herz der Hörer«. Er besteht aus einem Tritonus und einer Quint, kombiniert also eine Dissonanz mit einer Konsonanz. Dazu tritt als drittes Intervall die kleine Sekund. Für sich genommen sollten diese drei Intervalle jedem, der im Publikum sitzt, ob bewusst oder unbewusst, eigentlich vertraut sein, es sind Chiffren aus der jahrhundertealten musikalischen Rhetorik: Tritonus, kleine Sekund und Quinte stehen für Bedrohung, Wehmut, Verzweiflung. Außerdem verweist dieses »Intervallarsenal«, wie Dörte Schmidt herausfand, zugleich auf Atonalität und auf ein »Grundprinzip der harmonischen Tonalität« sowie auf »die Möglichkeiten der chromatischen Skala«.[91] Auch im »Lenz« ist die Musiksprache der zweiten Wiener Schule präsent, mischen sich Anklänge an tradierte Formeln und Formen hinein, an Choral und Sarabandenrhythmus, Marsch und Schlager. Die Wurzeln der Tradition sind noch stark. Nicht zufällig widmete Rihm das Stück dem Andenken seines Lehrers Eugen Werner Velte. Und doch ist in dieser zweiten Kammeroper Rihms, anders als in der ersten, die narrative Linearität der Handlung bereits aufgehoben. Das äußere Geschehen – Lenz wird aufgenommen vom Pfarrer Oberlin, betreut vom Arzt Kaufmann, beides vergebens – wird überformt von einer mit pur musikalischen Mitteln erzählten inneren Handlung: dem Zerfall einer Persönlichkeit. Sechs Chorstimmen vertreten die Natur, es sind innere Stimmen, nur Lenz kann sie hören.

»Jakob Lenz« steht also entschieden nicht mehr in der Tradition einer klassischen Künstleroper. Uraufgeführt am 8. März 1979 an der Hamburgischen Staatsoper, inszeniert von Siegfried Schoenbohm in dem klinisch weiß ausgeschlagenen Raum der Opera stabile, dirigiert von Klauspeter Seibel, wird das Stück über Nacht zu einem Erfolg. Das Monatsmagazin *Opernwelt*, mit einem um zwei Monate verspäteten Drucktermin reagierend, wundert sich darüber ein bisschen, es streut eine Prise Publikumsbeschimpfung mit hinein in das allgemeine Lob. Rihm, so heißt es, komponiere eine Musik, die hauptsächlich geprägt sei von »stark emotional-unmittelbarer Wirkung«, sie ziele offenbar »nicht allein auf rationales Erfasstwerden. Und vielleicht liegt darin, dass er hier ein augenscheinlich vorhandenes Rezipientenbedürfnis entdeckte, das Geheimnis für Rihms Erfolge.« Zu diesem Zeitpunkt hatten die Großkritiker der musikalischen Zunft ihr Machtwort jedoch schon gesprochen. Hans-Klaus Jungheinrich, wider eigne Erwartung angetan von Rihms Ausdruckspotential, sitzt dabei einem Missverständnis auf. Er schreibt in der *Frankfurter Rundschau*: »Quasi distanzlos überlässt sich der Musikstrom der psychographischen Identifikation mit dem Helden.« Heinz Josef Herbort von der Wochenzeitung *DIE ZEIT* hat die vernichtenden Zeilen, die er zu »Faust und Yorick« schrieb, offenbar inzwischen vergessen: Schwamm drüber![92] Das gilt erst recht für den blutigen Verriss, mit dem er das Orchesterstück »Sub-Kontur« hatte versenken wollen, bei Rihms zweitem Auftritt in Donaueschingen. Diesmal jubelt Herbort. Schwärmt von der »diffizilen Architektur«, rühmt die »musikalisch-technischen Anforderungen« und prophezeit: Die Gattung habe hier ein »durchaus hochkarätiges Stück« bekommen, das »in der Lage sein könnte, manch eine Staats- und Stadttheaterroutine gewinnbringend zu durchbrechen«.[93] Genau so kam es. »Jakob Lenz« ist ein Klassiker der Moderne geworden.

Bereits 1984 kam eine Schallplatteneinspielung heraus, mit dem gefeierten Lenz der Hamburger Uraufführung, Bariton Richard Salter, sowie Freund Arturo Tamayo am Pult des Kammerorchesters der Deutschen Oper Berlin. Seither hat das Werk über fünfhundert Aufführungen erlebt, es gehört heute zu den meistgespielten zeitgenössischen Repertoire-Opern an deutschen Bühnen. Auch darin unterscheidet sich Rihms zweite Oper von seiner ersten. Wieso gelang mit »Jakob Lenz« der Durchbruch und warum verschwand »Faust und Yorick« nach der Uraufführung wieder in der Versenkung?

Bis heute gibt es von »Faust und Yorick« keine Aufnahme, keinen Mitschnitt. Bei dem Notenmaterial, welches die Universal Edition verleiht, handelt es sich, mangels Nachfrage, um Kopien des Autographs. Gewiss, mit »Faust und Yorick« muss ein Opernhaus einen gewissen musikalischen Aufwand betreiben für ein relativ kurzes Stück. Doch gilt das für viele neue Kammeropern, und für »Jakob Lenz« nicht minder. Auch sind die Themen der beiden Rihmschen Kammeropern vergleichbar geschichtsresistent und immer noch aktuell. Sogar musikalisch-stilistisch gibt es Gemeinsamkeiten, von der ironiegesättigten Zitierweise bis hin zur kommentierenden Funktion des Chores. Und doch hagelte es für »Faust und Yorick«, anders als für »Jakob Lenz«, nur negative Kritiken. Ein Rezensent schrieb beim anderen ab, in stereotypen Argumentationsketten, die entweder Rihms früh vollendetes Talent beklagten oder seine überbordende Klangphantasie oder seine virtuosen Instrumentationskünste oder seine Opposition zu Positionen der Darmstädter Avantgarde oder seine Nähe zur Tradition. Das zog sich von der Uraufführung von »Faust und Yorick« durch bis in die Neunzigerjahre, aus Anlass einer der seltenen Wiederausgrabungen dieses »ersten Öperchens«.[94] Dasselbe Schicksal erfuhren übrigens auch viele andere frühe Werke Rihms: Sie verschwanden, wie »Faust und Yorick«, nach der Uraufführung in der Schublade. Die große Ausnahme ist also »Jakob Lenz« – und die Frage sollte richtig lauten: Was geschah zwischen 1976 und 1979, dass die Kritiker der Neue-Musik-Szene in Deutschland plötzlich ihre Meinung änderten und dem »Jakob Lenz« einen so überwältigend großen Bahnhof bescherten?

Einen schönen Kommentar zu dieser Frage findet sich in der *New York Times*, eine Dekade später. John Rockwell kündigte dort im Dezember 1987 in einem vierspaltigen Artikel die New Yorker Erstaufführung von »Jakob Lenz« an. Das Goethe-Institut hatte dazu eingeladen, hatte Rihm in die Neue Welt transportiert, Gastgeber war die Juilliard School, die musikalische Leitung oblag Klauspeter Seibel, der schon die Uraufführung in Hamburg dirigiert hatte, und das Ganze wurde garniert von einem veritablen Rihm-Symposion. Rockwells Text heißt: »A Composer Eludes the Pigeonhole« – zu Deutsch, sinngemäß: »Ein Komponist lässt sich nicht einordnen.« Er schildert das Phänomen Rihm aus einer amerikanischen Perspektive, die Werte wie Individualismus und die Freiheit des Einzelnen hochhält. Als Rihm erstmals mit einem Orchesterstück am Horizont der deutschen Kritik aufgetaucht sei, habe ihn diese Kritik gleich in die Ecke der eklektizistischen Neoromantiker gestellt, wie sie wohl überall zu finden seien in der Kunstwelt. Doch habe sich dieser Komponist dann extrem anders weiterentwickelt, in unvorhersehbare Richtungen. Wann immer man glaubte, ihn stilistisch einordnen zu können, habe Rihm wieder ein neues Werk vorgelegt, das ganz anders ausfiel. Und Rockwell fügt hinzu: »Mr. Rihm is a Romantic not because his music sounds like that of Schumann or anyone else, but because of his emotional extremism and his refusal to be bound by any compositional system.«[95]

Glaubt man den Kritiken und dem, was Rihm selbst berichtet hat über seinen Ausflug in die Neue Welt, dann muss dieses kleine New Yorker Rihm-Festival qualitativ außerordentlich zufriedenstellend gelaufen sein, mit Musikdarbietungen auf höchstem Niveau und scharfen, aber auch lustigen Debatten. Rihm – der, wie Hans Heinsheimer, der Amerika-Korrespondent der *FAZ*, berichtet, »alles hat, nur kein Blatt vor dem Mund« – sprach sogar auf der Podiumsdiskussion öffentlich despektierlich über die Musik von John Adams (»vier Takte Gounod, auf drei Stunden gestreckt«), ohne dass gleich die diplomatischen Beziehungen abgebrochen wurden. Die amerikanische Erstaufführung von »Jakob Lenz« hatte übrigens bereits sechs Jahre zuvor stattgefunden, in Bloomington, an der Indiana University, gesungen in englischer Übersetzung. Dazu war Rihm nicht eigens angereist. Er flog nur ungern und eher selten. Seit 2005, als er in einem zweiten Ausflug nach New York zur Uraufführung von »Two Other Movements« anreiste, ist er dann überhaupt nicht mehr in ein Flugzeug gestiegen. Nicht aus Flugangst. Teils sicher auch aus ökologischen Gründen. Vor allem aber, weil es so wackelt und ungemütlich ist, stundenlang still zu sitzen in schlechten Sitzen. Rihm ist ohnehin ein Reisemuffel. Er hat nicht einmal einen Führerschein. Letztlich hat, wie er selbst vermutet, sein weitgehender Verzicht auf physische Präsenz in Übersee mit dazu beigetragen, dass die Verbreitung seiner Werke auf Europa beschränkt blieb. Noch wird er nicht weltweit gespielt, wie Wagner oder Verdi. Er spricht zwar fließend Englisch, liebt neben der französischen Küche auch die asiatische. Doch ist er, im Grunde seines musikalischen Herzens, bis heute ein deutscher Komponist aus Karlsruhe geblieben.

Zu Heinsheimer sagte Rihm damals, Anfang 1988, er habe seinen »Lenz«-Ausflug in die Neue Welt sehr genossen: »Es ist gut, wenigstens einmal ein paar Tage den heimatlichen Grabenkämpfen entschwebt zu sein. Hier in New York gibt es gewiss auch Grabenkämpfe, aber die sind nicht auf mich bezogen. Und die Leute fragen nicht so sehr nach der Legitimation einer Sache, sondern wollen die Sache kennenlernen – aber vielleicht irre ich mich.«[96] Dann stieg er wieder ins Flugzeug, weil man ihn in München erwartete zur Uraufführung seiner neuen Orchesterlieder, gesungen von Gabriele Schnaut, dirigiert von Wolfgang Sawallisch. Diese sogenannten »Lowry-Lieder«, langsam zu singen, üppig instrumentiert, erinnern in ihrer lustvollen Klangfarbenfülle an die »Vier letzten Lieder« von Richard Strauss – eine Analogie, die Rihm selbst einmal zog und beiläufig zu »Verletzte Lieder« verkalauerte. Sie vertonen sieben Gedichte aus dem Lyrikband *Die Einsamkeit der Männer. Mexikanische Sonette* von Wolf Wondratschek, mit dem ihn, seit sie einander 1981 in Karlsruhe kennengelernt hatten, eine Art Freundschaft verband. Wondratschek seinerseits hatte sich dazu inspirieren lassen von dem experimentellen Montage-Roman *Unter dem Vulkan* von Malcolm Lowry, der in den Dreißigerjahren zu einem Kultbuch geworden war. »Ebenmäßige, schöne Dichtungen« seien dies, schreibt Rihm, »über Unebenmäßiges, Unmäßiges. Über Auflösung, auch über die Auflösung der männlichen und weiblichen Versatzstücke in dieser sonnigen Landschaft des Verbranntseins.«[97] Sie stehen, wie unschwer zu erkennen, in enger Korrespondenz mit einer anderen Werkgruppe, die sich der Beschäftigung mit der Ästhetik Antonin Artauds verdankt.

1987/88 hatte Wolfgang Rihm, neben den »Lowry-Liedern«, einem Werk des Übergangs, von dem es bis heute immer noch keine Aufnahme gibt, gleich zwei große neue Opern herausgebracht: die »Hamletmaschine« in Mannheim, den »Oedipus« in Berlin. Außerdem das Orchesterstück »Klangbeschreibung« in Donaueschingen. Glückliche, kreative Jahre waren das, die Achtziger. Erntejahre.

4
Der geschockte Komponist

Ein Hans im Glück sei dieser Wolfgang Rihm, heißt es allenthalben. Einer, den die Götter lieben. »Der Erfolg wird schon beinahe unheimlich«, bemerkt Gerhard Rohde in der *FAZ*, als er schon wieder eine Rezension schreiben muss über den vielgespielten »Jakob Lenz«.[98] Ursprünglich hatte Rihm nur fünftausend Mark bekommen für dieses Stück, das ist nicht viel für eine Oper, selbst wenn man sich sämtliche künftigen GEMA-Gebühren dazu denkt. Gleich im Anschluss an die Hamburger Uraufführung hatte es die erste Folgeinszenierung in Gelsenkirchen gegeben, im Musiktheater im Revier. Rihms Schulfreund Thomas Rübenacker, der inzwischen in London das Filmemachen gelernt hatte, lieferte die Regie dazu, die Produktion wanderte weiter nach Frankfurt, München, Bonn und Rennes und ging von dort nach Lateinamerika auf Tournee. Ende der Achtziger hatte »Jakob Lenz« sich dann schon den Ruf eines Klassikers des zwanzigsten Jahrhunderts erworben, das Stück wurde gespielt in Wien und Kopenhagen, Montreal und Tokio.

Erfolgreiche Künstler sind verdächtig. Dieser Verdacht ist ein historischer, kein systematischer. Er kam auf erst um 1800. Vor 1800 galt es noch als seriös, ja es war selbstverständlich, dass ein Künstler für seine Zeitgenossen Kunst schuf, im Auftrag von kirchlichen und weltlichen Macht- und Würdenträgern. Musikstücke wurden bestellt, mehr oder weniger bezahlt, aufgeführt und mehr oder weniger goutiert. Erst zu Lebzeiten von Schubert und Beethoven sollte sich das ändern, nach und nach.

Mit Philosophie und Weltbild hatte sich nach der Französischen Revolution auch Bild und Selbstbild der schönen Künste gewandelt. Aus zünftigen Handwerkern wurden freie schöpferische Originalgenies. Seither ist die Kunst, im Prinzip, brotlos, sie muss sich ihr Publikum suchen, es unterhalten oder erschüttern, belehren oder erbauen, auch gilt sie nicht länger als, wie es heutzutage heißt, »systemrelevant«, allenfalls wird sie gewertschätzt als repräsentatives Schmuck- oder Anlageobjekt für den Markt. Die Dichter vereinsamten, als diese neuen Zeiten anbrachen, romantisch in kalten Dachstübchen à la Spitzweg oder sie wurden wahnsinnig, wie Lenz. Auch die Komponisten zogen in den Elfenbeinturm. Sie schrieben für die Schublade oder für die Kollegen, für Freunde und Förderer sowie für die Ohren der Nachwelt. Daran hat sich bis heute grundlegend nichts geändert. Fällt also eine außergewöhnliche Produktions- und Aufführungsdichte an, vielleicht sogar eine Akzeptanz beim Publikum, wie bei diesem umtriebigen »Jungkomponisten« oder »Jungmeister«, wie ihn die Presse nannte, dann müsse wohl, so lautete die Generalvermutung, etwas nicht in Ordnung sein mit seiner Musik. Was? Dazu gibt es verschiedene Antworten: zu leicht verständlich, zu traditionsgebunden, zu unfrei, zu konservativ. Was auf Anhieb bewegt und gefällt, das trägt, so will es das Klischee, den Keim des Kulinarischen bereits in sich. Folglich hat das Erfolgreiche, eben weil es erfolgreich ist, per se weniger Wert als das weniger Erfolgreiche. Lange vor Theodor W. Adorno hatte bereits Richard Wagner so argumentiert und dafür den Begriff »Wirkung ohne Ursache« erfunden, als er sich ärgerte über die Erfolgsopern Meyerbeers. Arnold Schönberg fand die Überproduktivität des Kollegen Gustav Mahler verdächtig. Und nicht zuletzt muss sich auch Luigi Nono so etwas Ähnliches gedacht haben, als er Wolfgang Rihm, unter dem frischen Eindruck des Uraufführungserfolgs von dessen Ballett »Tutuguri«, bei einem Spaziergang rund ums Opernhaus nach der Premiere dringend empfahl: »Wolfgang, du brauchst eine Krise.« Bis heute muss sich Rihm immer mal wieder die Frage gefallen lassen, warum er so rastlos Werk auf Werk häuft. Er pflegt sich zur Wehr zu setzen mit dem bewährten vorrevolutionären Argument des Handwerkers: »Ich schreibe viel. In keiner Berufssparte wird jemand, der viel arbeitet, denunziert, nur in der Kunst. Ich halte das für eine Unverschämtheit.«[99]

»Viel« oder »oft« sind freilich relative Begriffe, bedenkt man die vergleichsweise eher schüttere Aufführungsstatistik neuer Musik. Kaum ein Komponist heutzutage lebt, wenn er nicht gerade Pop- oder Filmmusik schreibt, von seiner Musik. Komponisten und Komponistinnen ernähren sich und ihre Familie von Nebentätigkeiten, vom Dirigieren, Klavierspielen, Unterrichten oder von Stipendien und Lehraufträgen. Und es kommt letzten Endes nicht nur darauf an, wie oft etwas aufgeführt wird, sondern auch, wo und von wem. Im Fall Rihm hatte bereits der Musikjournalist Rudolf Frisius früh, fast ohne Rankûne, bemerkt, dass seine Werke »in Konzertsälen und in Opernhäusern eigentlich besser aufgehoben wären als auf spezialisierten Festivals der Avantgarde«. Etwa ab Ende der Siebziger war es dann so weit, dass sich zunehmend konventionelle Klangkörper und Ensembles für Rihms Musik interessierten, die sonst vorwiegend mit dem Recyceln des historischen Kanons zu tun hatten, mit Beethoven, Brahms, Bruckner oder, neuerdings, auch mit Mahler oder Strawinsky. Noch bevor der Dirigent Christoph von Dohnányi für die Werkstattbühne der Staatsoper Hamburg den »Jakob Lenz« in Auftrag gab, hatte sich Wolfgang Stresemann bei Rihm gemeldet, der Intendant der Berliner Philharmoniker, um gleich drei Stücke auf einmal einzukaufen für die (unter Karajan noch übliche, unter Abbado dann abgeschaffte) philharmonische Abonnementsreihe »Musik des 20. Jahrhunderts«. Besonders interessierte sich Stresemann für das 1975/76 im Auftrag des RIAS Berlin entstandene Violinkonzert

»Lichtzwang – in memoriam Paul Celan«. Uraufgeführt hatte es im April 1977 Ernest Bour beim Musikfestival in Royan, mit dem SWR Sinfonieorchester und dem Solisten János Négyesy: eine »imaginäre Totenrede«. Viel Schlagzeug, eine elektronische Orgel, aber keine Violinen im Orchester, auch kein Text dazu. Allein der Titel ist bei Celan entliehen. Dem Musikkritiker Dietmar Polaczek entlockte diese Uraufführung erstmals so etwas Ähnliches wie Anerkennung: Er konstatierte einen »Qualitätssprung nach oben«.[100] Das muss Stresemann in der *FAZ* gelesen haben, er holte »Lichtzwang« nach Berlin, bei der Aufführung stand Hans Werner Henze am Pult, den Solopart übernahm Konzertmeister Léon Spierer. Falls es einen Mitschnitt davon gab seitens des RIAS, so blieb er unveröffentlicht im Archiv liegen. Als Nächstes führten die Berliner Philharmoniker unter Leitung von Václav Neumann die zweite Symphonie Rihms auf, die zweisätzige, komponiert bereits 1975. Rihm hatte sie seinen Freiburger Künstlerfreunden Eva und Armin Morat gewidmet. Nicht mehr serielle, vielmehr haptisch-bildliche Vorstellungen treten darin hervor, bis hin zum schwarzbrüllenden Marsch zum Beschluss. Rihm, so wunderte sich der Berliner *Tagesspiegel,* »sei so etwas wie das Glückskind der ganz jungen Komponistengeneration«. Und als dann im November 1979 Michael Gielen in der Berliner Philharmonie die dritte Symphonie Rihms zur Uraufführung brachte – eine großrahmige, groß besetzte Chorsymphonie mit Nietzsche- und Rimbaud-Gesängen im zweiten und im vierten Satz, mit der Sopranistin Inga Nielsen, dem Bariton Gerhard Faulstich und dem Kammerchor Ernst Senff; als das »relativ zahlreiche« Abo-Publikum in Scharouns lichtdurchfluteter Musiklandschaft lauschte, wie sich da ein gigantisches vierteiliges Adagio auseinanderfaltete, aufblühend aus der Espressivo-Einstimmigkeit zu üppig symphonischer Klangfarbenvielfalt, versinkend in ein vierfaches Piano-Verlöschen – »nicht schleppen«, hatte Rihm wiederholt zwischen die

Zeilen geschrieben, Mahler herbeizitierend –, da jubelte Sybill Mahlke anschließend im *Tagesspiegel* über »Könnerschaft«, »das Aufsuchen weißer Höhen« und eine »Märchen-Aura«. Ihr Fazit: »Über das Komponistsein Wolfgang Rihms hat mir die Partitur eine Menge erzählt.«[101] Nicht minder beeindruckt ist Klaus Geitel in der *Welt*: »Leicht ist es sicherlich, über Rihm die Nase zu rümpfen. Doch ihm ein Kolossalstück wie dieses nachzuschreiben, dürfte kaum einem anderen möglich sein.« Dass auch von dieser Aufführung kein Mitschnitt überliefert ist, mag zeitbedingt sein und ist vielleicht weniger erstaunlich als die Tatsache, dass sich bis heute kein Dirigent, kein Orchester eine Platteneinspielung dieser großen, dritten Symphonie zugetraut hat. Sie gehört zu Rihms vergessenen Stücken. Warum? Vier Jahre nach der Uraufführung lieferte der stets gut informierte Geitel in einem weiteren Artikel dazu einen interessanten Hinweis. Er schrieb, aus Anlass der Uraufführung des ersten Bratschenkonzerts durch das Rundfunk-Sinfonieorchester Berlin unter Lothar Zagrosek, mit Eckart Schloifer als Solist: »Berlins Philharmoniker wollten das Stück nicht haben. Sie fühlten sich durch die Uraufführung von Wolfgang Rihms 3. Sinfonie sozusagen Rihm-geschädigt. Sie zogen den schon erteilten Auftrag auf ein Bratschenkonzert für Wolfram Christ, ihren Solo-Bratscher, erteilt im Jubiläumsjahr des Orchesters, kurzerhand wieder zurück. Den Affront einigermaßen zu lindern, sprang der Sender Freies Berlin ein und übernahm den geplatzten Auftrag. Er kann jetzt lachen: Rihms Bratschenkonzert (…) erwies sich als handfest elegisches Stück, dem Instrument perfekt auf den Leib geschrieben.«[102]

Auch für die Wenigschreiber unter den deutschen Komponisten ist Anfang der Achtziger ein Wendepunkt erreicht. Der »Avantgarde-Mechanismus«[103], der nach wie vor die Debatten der Darmstädter Ferienkurse bestimmt, gilt nicht mehr als alleinseligmachender Index für die jüngere Komponistengeneration. Auch die auf neue Musik spezialisierten Festivals und

Konzertreihen bauen Stein für Stein alte Barrikaden ab. Die sogenannten Ressentiment-Hörer kommen in Bewegung, sie interessieren sich für vielerlei Wege experimentellen Musizierens, Improvisation oder Klangkunst, Minimalismus, Elektronik oder Jazz, allmählich verliert der Begriff der neuen Musik sein machtgeschütztes großes »N«. Dem Konzertalmanach des Deutschen Musikrats ist zu entnehmen, dass zu diesem Zeitpunkt auch für die zeitgenössische Musik ein neues Publikum entsteht. Es wird jünger, bunter, diverser. Neue Musikfestivals schießen »wie die Pilze« aus dem Boden, wie Gisela Gronemeyer erfreut feststellt.[104] Der Umstand, dass diese Hörerschaft einerseits musikalisch weniger festgelegt, andererseits schlechter vorinformiert ist, ruft die Konzertdramaturgen auf den Plan und ein neuer Maklerberuf zeichnet sich ab am Horizont, für den Hans Heinrich Eggebrecht anno 1981 erstmals einen Begriff liefert. Für Eggebrecht, als Musikwissenschaftler, setzt die »Musikvermittlung« allerdings noch »Musikanalyse« voraus. In den Neunzigern entstehen erste »Musikvermittlungs«-Studiengänge, die Analysen kleinschreiben, in den Nullerjahren wird daraus eine florierende Branche. Auch die Komponisten sind aufgefordert, sich und ihre Werke zu »vermitteln«. Wolfgang Rihm, beredt und belesen, tut dies anfangs noch in geradezu vorbildlicher Weise. Er versorgt die Veranstalter mit Programmheftnotizen, diskutiert auf Podien, streitet in Gremien, beteiligt sich an Umfragen, gibt Interviews, sogar ab und zu Autogramme. Ist freundlich, witzig, schlagfertig und außerdem ein sensationell guter Zuhörer, wenn es darum geht, Gegenpositionen rhetorisch zu entwaffnen. Es gibt letztlich keinen besseren Anwalt für Rihms Werke als Rihm selbst.

Die erste seiner berühmt gewordenen Selbstverteidigungsreden hält Wolfgang Rihm im August des »Lenz«-Jahres im Rahmen der Internationalen Ferienkurse. Der Vortrag hat den Titel »Der geschockte Komponist«. Gleich von mehreren

»schockartigen Erfahrungen« ist da die Rede, sie werden »Hörern und Komponisten« gleichermaßen zugemutet, sofern sie Rihms Einladung folgen und mit ihm durch die Türe gehen, die er mit diesem Grundsatztext aufstößt. An den Anfang, quasi über den Eingang, hat er ein von Ferruccio Busoni ausgeliehenes Schild genagelt. Ein Motto steht darauf, ein Mantra. Es taucht später immer wieder auf, wird überprüft, relativiert, auch teils zurückgenommen in etlichen Rihmschen Reden und Texten der Achtzigerjahre. Und doch ist dieser Grundsatz für Rihm allezeit verbindlich geblieben, so gibt er ihn seinen Schülern weiter, bis heute. Der Satz lautet: Die Kunst ist frei. »Keinem Künstler ist heute mehr geholfen, wenn ihm eine Methode angeboten wird. Komponieren ist unerlernbarer geworden denn je. Die Musik ist schwerelos geworden, sie hat sich emanzipiert von ihrer Herstellung.«[105]

Der seit Beethoven selbstverständlich im Musikdenken verankerte Fortschrittsglaube ist damit vom Tisch gefegt. Das ist der erste Erkenntnisschock: Alles Neue, so Rihm, müsse »zwangsläufig« früher oder später altern, das »Phänomen Innovation« sei eine Unmöglichkeit: »Experimentell kann nicht weiter der Umgang mit Material sein. Experimentell muss der Mensch selber werden, der mit dem Material umgeht. Er muss sich aufs Spiel setzen, um das, was er angeht, neu bestimmen zu können.« Der zweite Schock betrifft das Verhältnis zur Tradition. Nicht ihre Negation sei künftig gefragt, auch nicht das Überwinden von tradierten Werten, vielmehr ihr Einbezug und mithin das ganzheitliche Denken. Rihm fordert also vom kreativen Künstler, von sich und anderen, eine »unglaubliche synthetische Potenz«. Der dritte Schock bezieht sich auf die besagte Einsamkeit. Jeder Künstler sei, schreibt Rihm, subjektiv auf sich gestellt und »im schöpferischen Sinne hilflos«. Die Arbeitsweise, die er für sich daraus ableitet, nennt er »inklusives Komponieren«: Nur durch »Einbeziehung und Umschließung aller von Phantasie und Arbeitsökonomie berührten und geöffneten Bereiche« könne ein Komponist, unabhängig von Schulen und Regeln, »zu einem mit Gegenwart vollgesogenen Ergebnis« finden.[106] Inklusives Komponieren kann alles Mögliche meinen. Diese Definition ist so pathosgeladen wie allgemein. Jedoch: Rihm spricht in seinem Darmstädter Vortrag sehr konkret und persönlich über sich selbst. Er erfand den Begriff des »Inklusiven Komponierens«, den er später nicht mehr oft wiederverwendet, als Kontrapunkt zu jenem berühmten, ein halbes Jahr zuvor von einem Musikredakteur in Köln in die Welt gesetzten Schlagwort von der »Neuen Einfachheit«.

So hieß das Programm der WDR-Konzertreihe zur »Musik der Zeit« im Januar 1977. Als »neu« und »einfach« vorgestellt wurden Werke von so höchst unterschiedlichen Komponisten wie Michael von Biel und Frederic Rzewski, Steve Reich und Hans Zender, John Cage und Bernd Alois Zimmermann, aber auch Erik Satie, Morton Feldman, Ulrich Stranz, Marc Monnet, Walter Zimmermann und Mauricio Kagel. Die Herkunft des Begriffs »Neue Einfachheit« aus dem Amerikanischen ist zumindest in einigen wenigen dieser Namen noch präsent. Als »new simplicity« wurden in der Minimal Music die in Wiederholungsschleifen gelegten vereinfachten Patterns bezeichnet. Übertragen ins deutsche Musikfeuilleton verwandelte sich diese »simplicity« in ein Etikett für Musik minderer Güte. Weder war mit »Neuer Einfachheit« eine bestimmte Stilrichtung noch eine Schule bezeichnet. Erst recht gab es dafür keine kompositionsgeschichtliche Bezugsgröße. Zwar wurden jede Menge Kriterien verwendet dafür, was als »Neue Einfachheit« zu erkennen sei. Man nannte sie neokonservativ, neoromantisch. Man warf ihr Rückkehr zur Tonalität vor und zu den klassischen Formen, kritisierte die Verwendung herkömmlicher Besetzungen und Instrumente, die Abkehr vom Materialdenken, eine Affinität zur Popmusik, subjektivistische Gefühlsduselei und Anbiederung an das konservativ-klassische Klassik-Publikum. Von Anfang an erwies sich die Formel von der »Neuen Einfachheit« als ein ideologiegeschichtlicher Kampfbegriff, der die Kompositionsgeschichte beiseiteschiebt. Auch Hindemith und Henze, Honegger oder Hartmann, Britten oder Schostakowitsch schrieben schließlich Sonaten, Symphonien, Quartette, auf dem Boden einer erweiterten Tonalität. Eine »Neue Einfachheit«, würde man all die genannten Merkmale exklusiv nur ihr zuordnen, hat es also schon lange vor Rihm gegeben, bevor das Wort erfunden wurde, auch »ohne dass sie freilich jemals ernsthaft neu oder einfach« gewesen wäre.[107]

Als Vertreter der »Neuen Einfachheit« wurden, neben Rihm, neun weitere Komponisten seiner Generation gelabelt, nämlich Manfred Trojahn, Hans-Jürgen von Bose, Detlev Müller-Siemens, Peter Michael Hamel, Hans-Christian von Dadelsen, Peter Ruzicka, Jens-Peter Ostendorf, Helmut Cromm und Wolfgang von Schweinitz. Wenn es denn überhaupt Gemeinsamkeiten gibt unter den Genannten, dann die, dass sie sich dagegen vehement zur Wehr setzten. Jeder Einzelne von ihnen ist ein ausgeprägter Individualist, sie bildeten damals und bilden auch heute keine Schule, die auf ähnlichen Prinzipien gründet. Manfred Trojahn, der seine erste Symphonie, »Makramee« genannt, noch als Student geschrieben hatte, unter dem Einfluss György Ligetis, polemisierte. Er erläuterte, warum gerade das Einfache schwer zu machen sei und wies nach, nicht ohne einen Schuss Ironie, dass die Erfinder des Schlagworts ein Eigentor geschossen hatten: »Es scheint, daß Verstörung herrscht, wo eine Komposition mit dem vertrauten Handwerkzeug, dem Ohr ›betrachtet‹, schon eine runde Sache abgibt – und diese Verstörung wird gegen sich selbst gerichtet, wenn man sagt: Ich habe verstanden, also muss es einfach sein. Zu leicht wird dabei die Komplexität des Hintergrundes über dem Schein der Sache vergessen.« Von Bose erklärte: »Verbindend ist die Sehnsucht nach einer verlorengegangenen Schönheit und Inhaltlichkeit. Weiterhin die Ablehnung eines erheuchelten Fortschrittsglaubens und das Bedürfnis, der Situation möglichst realistisch gegenüberzutreten. Weiterhin der Glaube an Schönheit und Sinnlichkeit als Überträgersubstanz einer neu zu suchenden, für jeden neu und individuell zu formulierenden Inhaltlichkeit. Diese neue Inhaltlichkeit wird sich zunächst einmal zwangsläufig als Konsequenz des erschütterten Fortschrittsglaubens artikulieren.«[108] Schließlich, Wolfgang Rihm. Er ruft auf zum Gegenangriff. Die »Serienherstellung« habe schon begonnen: »Aus den rissigen Mauern der Ausbildungsinstitute, woraus eben noch Flieger aus Millimeterpapier segelten, glänzt schon die neue Putzigkeit. Nein, wir sind nicht verbittert. Aber wir haben keine Lust, in ein und demselben Topf zu garen, aus dem dann eine neue Volksküche beliefert wird. Ja, wir wollen das elitär verstanden wissen.«[109] Am Ende wurde das Thema historisch, die Debatte gebündelt und zusammengefasst. Abgeschlossen war sie damit freilich nicht. Das Modewort von der »Neuen Einfachheit« hatte zwar, als ein beliebtes »Vortrags- und Kongressthema«, alsbald wieder Moos angesetzt. Doch geriet es nie so richtig in Vergessenheit. Es wurde immer wieder zitiert und abgewandelt, fand Eingang in die Debatte über die Postmoderne in der Musik sowie in die Polemik um die sogenannte postmoderne »Polystilistik«. Bis heute dieselt das musikpublizistisch nach.[110]

Zur Klärung des Begriffs hatte die *Neue Musikzeitung* 1979 eine Artikelserie unter dem Stichwort »Junge Avantgarde« gestartet. Neben Rihm, der sich abermals zur Freiheit der Kunst bekennt, bat man auch von Bose und Trojahn um Stellungnahmen. Im Oktober des Jahres veranstaltete das Grazer Institut für Wertungsforschung ein Symposion zur »Neuen Einfachheit«. Wieder ist Rihm einer der Referenten. Er erklärt: »Allein, dass ich eingeladen bin, hier ›Zur Neuen Einfachheit in der Musik‹

zu sprechen – damit fängt das Problem schon für mich an.«[111] Er schreibt: »Um uns herum werden Attrappenprobleme aufgestellt. Profilneurotische Feldzüge werden geführt gegen Moden, Vergreisung, Tonalität, Nichttonalität, Verschleiß, das ungenaue Unisono, die Gefahr der Gruppenbildung … – alles Scheingefechte, Ersatzgefühle, Gängelkram! Nur ein ungebundener Geist, ein unbändiger, ist Komponist.« In diesem Kontext taucht auch erstmals eine von der bildenden Kunst inspirierte Metapher auf, Rihms Selbstverständnis betreffend. Er habe, schreibt er »die Vorstellung von einem großen Musikblock, der in mir ist. Jede Komposition ist zugleich ein Teil von ihm als auch eine in ihn gemeißelte Physiognomie.«[112]

Gewidmet hat Rihm diesen Text über das »Jungerkomponistsein« seinem letzten Kompositionslehrer, Klaus Huber, der ihm eigentlich, kompositorisch betrachtet, kein Lehrer mehr war. Aber er tritt hier noch einmal auf, als unsichtbares Gegenüber, wie im Zwiegespräch. Rihm schreibt (quasi *an* Huber): »Ich will bewegen und bewegt sein. Alles an Musik ist pathetisch. Ich will einer Bewegung auch eine Richtung geben, aber ich will auch gehen lassen – mich und andere. Dafür habe ich doch mein Können. Wir dürfen das nicht missverstehen als Ungebrochenheit. Ich will auch keinen pietistischen Klamauk fabrizieren. Musik ist ohne Moral; darin liegt ihr moralischer Wert.« Dieser Abschiedstext mündet in eine apodiktische, scharfe Absage an jedwede Zugehörigkeit zu neuen Schulen oder alten Avantgarde-Seilschaften: »Nichts ist so sehr physisch erlebbare Kraft und Energie, wie Musik. Und wir begeben uns ihrer Möglichkeiten und mauern uns ein in ängstlich gereinigte Interieurs. Ich bin dieser freiwilligen Kastration nicht gewachsen.«[113]

Auch wenn sie Kraft kostete und Nerven: Die Polemik um die »Neue Einfachheit« bescherte vermehrt Auftritte. Selbst in Darmstadt. Im Eröffnungskonzert der Ferienkurse 1978 gab es gleich drei neue Streichtrios zu hören. Eines hatte Hans-Jürgen von Bose komponiert und es Wolfgang Rihm gewidmet; das zweite stammte von Wolfgang von Schweinitz; das dritte schrieb Rihm. Schon die Besetzung dieser drei Uraufführungen wurde als Provokation aufgefasst: Violine, Viola, Violoncello – drei traditionelle Instrumente, wie zur Zeit Haydns oder Beethovens kombiniert. Rihm nennt sein Trio »Musik für 3 Streicher«, er notiert als Widmung aufs Vorblatt der Partitur »für Eva« – womit einmal mehr Eva Morat gemeint ist, Ehefrau von Rihms Freund und Förderer Franz Armin Morat, der das Freiburger Morat-Institut für Kunst und Kunstwissenschaft ins Leben gerufen hat. Hier hatte Rihm, unter anderem, den Maler und Bildhauer Kurt Kocherscheidt kennengelernt und dessen kraftvoll-abstrakte Landschaften, seine düsteren Stillleben.

Die »Musik für 3 Streicher« zählt, wie »Jakob Lenz«, aber auch das sechste Quartett »Im Innersten«, zu den im Kontext der »Einfachheit«-Debatte von den Musikkritikern als »jungmeisterlich« verspotteten, frühen Hauptwerken Rihms.[114] Es handelt sich um eine komplexe Kammermusik, in klassischer Besetzung. Und ist doch alles andere als intim oder gar stillvergnügt. Mit einer guten Stunde Dauer fast so lang wie Beethovens Neunte, werden in dieser gewaltigen Bekenntnismusik alle nur denkbaren rhetorischen Gesten und Ausdrucksmittel des vierstimmigen Streichersatzes herbeizitiert, um sie zu verdichten, zu zerlegen und ins Extrem zu treiben. Josef Häusler, dem langjährigen künstlerischen Leiter der Donaueschinger Musiktage, hat das Reflexionsniveau dieser Retrospektive schon beim ersten Hören sehr gut gefallen. Er schreibt, rückblickend: »Ich erinnere mich noch, wie ich kurz nach der Uraufführung die »Musik für 3 Streicher« vom Tonband hörte und den Eindruck hatte, hier liege das Opus eines jungen Komponisten vor – immerhin war Rihm damals kaum älter als fünfundzwanzig –, das seinem intellektuellen Anspruch und emotionellen Ernst wie der ästhetischen Haltung und dem handwerklichen Niveau nach eigentlich nur mit den Welten der letzten Beethoven-Quartette, der Lyrischen Suite Alban Bergs und mit Schönberg in Adäquanz zu setzen sei, und ich bin dieser Meinung immer noch.«[115] Von Berg, meint Häusler, habe dieses Rihmsche Streichtrio ein »zwischen Rausch und Konstruktion angesiedelte Klima« übernommen, von Schönberg dagegen die ästhetische Grundhaltung. Folglich nennt er Rihm fortan, wie Schönberg sich selbst bezeichnet hat: einen »konservativen Revolutionär«. Das ist, anders als das hämische Adjektiv »jungmeisterlich«, eindeutig gemeint als Anerkennung: eine Art Ritterschlag.

Beethoven ist als Bezugsgröße unüberhörbar in diesem Stück, das als eine »nicht-durchgeführte Durchführungsmusik« immer wieder unterbrochen wird und zu zerbröseln scheint. Es sind vor allem Beethovens späte Quartette, insbesondere das a-moll-Quartett op. 132 und das B-Dur-Quartett op. 130, die dafür die Blaupause abgeben. Ein typisch Beethovenscher Spätwerk-Tonfall ist darin zu finden, in Bezug auf Artikulation, Motiv und Streichergestik, schon vom ersten Takt an: Da platzt herausfordernd ein stark akzentuierter Akkord herein, angerissen im dreifachen Forte und »unter stärkstem Druck«, er wird ausgedehnt und stürzt über ein dreifaches Piano ab in eine ganztaktige Generalpause. Dieser Anfangsakkord stellt das zentrale Motiv e-f-a der »Musik für 3 Streicher« vor, wie es bereits im Streichquartett »Im Innersten« eine Rolle gespielt hatte. Es zieht sich zwar durch das gesamte Werk, ist aber kein Motivkeim und auch kein Motto; er habe vielmehr, so bekannte Rihm später, diesen Anfang erst ganz am Schluss geschrieben, seine »Musik für 3 Streicher« »gewissermaßen von innen nach außen« komponiert. Trotzdem sei nicht unterschlagen: Die durch die Musik vagabundierende Tonchiffre e-f-a steht wiederum für »Eva« (Morat). Eine weitere Parallele zum späten Beethoven: Es gibt noch mehr Motivverwandtschaften zwischen den Rihmschen Werken, die in diesem Zeitraum entstanden. Was hier noch als einmaliger Einfall erscheint, ein möglicherweise biographisch bedingtes Quasi-Zitat, daraus sollte in der Folgezeit ein kompositorisches Arbeitsprinzip werden. Rihm baut in den Achtzigerjahren die Kunst des Fortsetzens aus, er entwirft intertextuell miteinander verbundene Werkkomplexe, in denen musikalische Einfälle weiterwandern von einem Stück zum nächsten. Die »Chiffre«-Kompositionen sind so ein Komplex; auch der in sich abgeschlossene, vierfache Rückblick auf die Gattung Symphonie »Vers une symphonie fleuve I–IV«; oder die kammermusikalischen »Über die Linie«-Stücke. Das hat nichts zu tun mit Korrekturen oder einem Nicht-fertig-geworden-Sein. Auch nicht mit einem Konzept oder Entwurf von Zyklen. Und schon gar nicht taugen dafür Begriffe wie Variation oder Variante, Paraphrase oder Parodie. Jedes Werk steht für sich, es hat seine eigne Gestalt. Mal schreibt sich eine Fortschreitungsidee weiter, ein andermal macht sich eine Besetzung selbstständig. Einfälle werden weitergereicht, via Abzweigung oder Einspruch. Am ehesten passt der von Wolfgang Rihm selbst verwendete Begriff der Übermalung. Es ist dies eine seiner bevorzugten rastlosen Arbeitsweisen geworden, bis heute: Die Kunst des Weiterdenkens und des Abschweifens, ein Sich-Einlassen und Abtauchen in das Labyrinth möglicher Seitenwege.

In der »Musik für 3 Streicher« taucht später Beethoven nicht als Zitat auf. Er ist indirekt gegenwärtig. In den schnell wechselnden Zeitmodi, der kontrastreichen Dynamik und spezifischen Gesten, Streicherfiguren und Spielarten, etwa dem Ricochet. Nur ein einziges Mal zitiert Rihm eine Stelle so eindeutig, dass es jeder erkennt: Mitten im dritten Satz erklingt das Thema der Adagio-Fuge aus Beethovens cis-moll-Quartett op.131, zusammengesetzt aus zwei Sekundschritten mit dem charakterischen Abgang über den Leitton. Zuerst taucht diese Trauermelodie im Cello auf. Wie in Beethovens cis-moll-Quartett, so gliedert sich auch Rihms »Musik für 3 Streicher« in sieben Sätze. Er hat sie in drei Teile geordnet, zu einem Triptychon. Dabei rahmen die zwei dramatisch zerklüfteten Eckteile einen als Gesang (»Canzone«) bezeichneten lyrischen Mittelteil ein. Die vorklassische Dreisätzigkeit der Gattung Sonate spiegelt sich in dieser Großform. Auch die klassische Viersätzigkeit der Symphonie ließe sich darin wiederfinden, wenn man den ausladenden dritten Satz (»Double«) als ein Scherzo identifiziert und den noch längeren siebten Satz (»Energico-Lento-Con brio«) zum Finalsatz ernennt. Die ersten Zuhörer der »Musik für 3 Streicher« 1978 in Darmstadt bemerkten, wie sich in den fast durchweg begeisterten Kritiken spiegelt, wohl vor allem einen starken Energiestrom. Wolf-Eberhard von Lewinski, in der *Süddeutschen Zeitung*, spricht von einem Geniestreich: »Rihm gewann. Die Konsequenz des ›Beethoven-zu-Ende-Komponierens‹ fesselte – durch die Tragkraft eines hervorragend gearbeiteten, impulsiv-temperamentvollen Werkes, eine entschieden formende, große Bögen spannende Kraft; es war durchaus ein wenig nach Art eines Geniestreiches. Die Hörer, meist selber jung, zollten demonstrativ Beifall.«[116]

Was sie damals nicht haben hören können: Mitten im Finalsatz der »Musik für 3 Streicher« taucht eine Sentenz auf von Gustave Flaubert, aus einem der kryptischen Flaubertschen Briefwechsel. Dieses Zitat hat den Stellenwert einer Selbstauskunft Rihms. Der Tondichter spricht: »Je weiter ich komme, umso mehr finde ich mich unfähig, die Idee wiederzugeben.« Hineingeschrieben direkt in die Noten, in Takt 81, heben diese Worte die vorletzte der rondoartig wiederkehrenden Passagen hervor, in denen schnelle Achtel-Sextolen scharf akzentuiert werden, à la marcato ins Instrument hineingehämmert, seitenlang, von einem oder von allen drei Spielern. Das klingt nach Wut und Verzweiflung, so, wie die dazu komplementären Klangflächen aus dynamisch an- und abschwellenden Sforzato-

Akkorden, ebenfalls rondoartig wiederkehrend, eine Atmosphäre von Verunsicherung oder Bedrohung erzeugen. Hier geschieht dies durch Bratsche und Cello, im dreifachen Forte, mit der Vortragsbezeichnung »maniaco« (manisch), bevor das Stück langsam verlischt. Damit ist die »Musik für 3 Streicher« aber noch nicht an ihr Ende gelangt. Rihm hat den letzten Satz daraus später weiterverarbeitet und erweitert zu einem neuen Stück, einer Skizze für 13 Streicher, die er als Stillleben bezeichnet: »nature morte, still alive«. Er schreibt dazu, 1980, im Programmheft der Uraufführung: »Die angeschauten Objekte sind Bewegungs- und Energieverläufe meiner Musik für 3 Streicher (1977), genau genommen aus dem dritten Teil.« Und ergänzt später, in einem Brief an Hans-Peter Jahn, aus Anlass der Wiederaufführung 1983: »›Nature morte, still alive‹ ist ein Gedicht. Das sage ich heute, drei Jahre, nachdem ich es komponiert habe. Ein aufgefundener Musikzustand (ein Bewegungstypus aus meiner Musik für 3 Streicher) wird dicht gemacht. Das heißt: gepreßt, ineinandergeschoben, aber auch: verschlossen, zu, nicht mehr offen. Wie eine Natur wird der Musikfetzen ausgebeutet, bis er tot ist, das Leben still. Aber noch regt sich etwas … Man kann das auch ganz handwerklich sehen: Vergrösserung eines Musikpartikels, dieses wird an sich abgearbeitet, ein Rückstand bleibt.«[117]

Letzten Endes gehört die »Musik für 3 Streicher« zu den nachhaltigen Erfolgen Rihms. 1979 wird sie in Darmstadt ausgezeichnet mit dem Kranichsteiner Musikpreis. Die Universal Edition entschließt sich, dieses Werk als Taschenpartitur in der renommierten Philharmonia Reihe zu edieren. 1980 wird Rihm Mitglied der Darmstädter-Preis-Jury, außerdem leitet er bei den Ferienkursen ein Kompositionsstudio. 1981 kommt die erste LP mit Werken von Rihm heraus – Manfred Reichert hat das auf den Weg gebracht, mit seinem Ensemble 13 präsentiert er drei Werke: »Nature morte – still alive«, den »Ländler« in der

Orchesterfassung sowie »Erscheinung – Skizze über Schubert«. Ein Jahr später veranstaltet Manfred Reichert ein veritables Rihm-Festival in Karlsruhe. Das Ensemble 13 präsentiert drei Konzerte ausschließlich mit Kompositionen Wolfgang Rihms, alle entstanden im Lauf der letzten sieben Jahre. Rudolf Frisius nimmt dies zum Anlass, Rihms Werk in Perioden einzuteilen und zu evaluieren: Da sei erst das tumultuarische Frühwerk, mit der »Neigung zu Extremen«, dann der »neoromantische Ausdrucksüberschwang … mit historischen Kleinformen und Zitaten durchsetzt«, schließlich die Tendenz zum Fragment, zu »ästhetisch brüchigen, sprachlichen Vorlagen«.[118] Noch unter dreißig – und schon traut man diesem Komponisten zu, er müsste historisch einzuordnen sein.

Auch die *Bild*-Zeitung hatte etwas mitgekriegt. Während der Probenzeit zu »Jakob Lenz« wohnt Rihm für ein halbes Jahr im Rahmen des Förderprogramms »Auswärtige Künstler zu Gast in Hamburg« in einer schönen Parterrewohnung in Alsternähe, was die Boulevardpresse auf die Idee bringt, mit diesem Promi ein Interview zu führen. Das Foto zeigt einen wildgelockten Jüngling. Drei Fragen, drei Antworten. Eine lautet: »Ist die Opera stabile nicht zu klein?« Rihm: »Akustisch haben Sie recht!«

Von Hamburg aus reist er direkt weiter nach Rom, wo er eines der Künstlerstudios bezieht in der Villa Massimo, um sein nächstes Stipendium anzutreten. Manfred Trojahn und Wolfgang von Schweinitz sind dort gerade erst wieder ausgezogen, Peter Michael Hamel und Detlev Müller-Siemens wohnen ein paar Türen weiter, und zwei Jahre später folgt auch Hans-Jürgen von Bose dem Ruf dieser legendären Institution. Offenbar hatten die für die Auswahl der Stipendiaten zuständigen Juroren damals ein besonderes Faible für junge Leute, die man anderswo zu »einfach« fand. Zu Rihms Massimo-Jahrgang gehören außerdem: die Schriftsteller Uwe Herms und Gert-Peter Eigner, die

Architekten Gunhild Ober-Berg und Frank Huster sowie die bildenden Künstler Rolf-Gunter Dienst und Lienhard von Monkiewitsch.

Während des Rom-Aufenthalts arbeitete Wolfgang Rihm an seinen fünf Abgesangsszenen: zwei Orchesterstücke, drei Orchesterlieder. Letztere gründen sich auf Textfragmente von Novalis und Friedrich Nietzsche sowie zwei Gedichte von Peter Huchel. Diese »Szenen« entstanden jeweils als Auftragswerk, vier in einem Wurf innerhalb eines Jahres, das fünfte und letzte etwas später, in zwei Fassungen. Auch wenn die Uraufführungen zu unterschiedlichen Zeitpunkten an verschiedenen Orten stattfanden, in Kassel, Karlsruhe, Freiburg und Kiel sowie schlussendlich im September 1983 in Berlin, bilden sie einen Zyklus. Sie hängen miteinander zusammen, stofflich-gedanklich, textlich und musikalisch, und ergeben, in Gänze, »eine Art Vokal-Symphonie« (Rihm), mit instrumentalen Ecksätzen. Überraschend neu daran die melodischen Espressivo-Bögen, kantabel auch in den Instrumentalsätzen: Gesanglichkeit ist das Schlüsselwort zum Verständnis dieser Musiken. Es sei ihm, verriet Rihm, um eine Versuchsanordnung gegangen: darum, einen »Mischtypus« zu realisieren »aus Orchesterlied, Opernszene und Symphoniesatz«.[119] Ursprünglich hatte er die Abgesangsszenen als ein »Ineinander von Klangverbalisierung und Wortmusikalisierung« wie ein Triptychon geplant, ein Altarbild: mit einer Bariton-Orchesterballade als Zentrum, flankiert von zwei Orchesterliedern für Mezzosopran sowie je einem Instrumentalstück zu Beginn und Ende. Erst in zweiter Fassung wurde der Instrumental-Epilog umgewandelt in einen Schlussgesang, nach Friedrich Nietzsche, für beide Stimmen.

Nach »Jakob Lenz« hatte sich Wolfgang Rihm die Texte, die er vertonte, nur noch selbst zusammengestellt. Er bearbeitet, kürzt und stellt um, kombiniert. Dabei verwendet er verschiedenste Textsorten, Prosa oder Gereimtes, Abgeschlossenes oder

Aphoristisches. Es gibt eine gewisse Vorliebe für gefährdete Dichter der Romantik einerseits, für Außenseiter und Ausgegrenzte aus der Gegenwart andererseits. Und es gibt Lieblingstexte, die er mehr als einmal vertont. So tauchen, im zweiten Satz der 2. Abgesangsszene für Sopran und großes Orchester, die gleichen Verse aus den *Nachgelassenen Fragmenten* Nietzsches auf, die er drei Jahre zuvor schon einmal im zweiten Satz seiner dritten Symphonie verwendet hatte: »Fünf mal zog ich keinen Fisch herauf / Ich fragte / Keine Antwort lief mir ins Netz / Ich horchte mit dem Ohr meiner Liebe ... (Ich bin Du).« Ein mächtiges Tremolo tönt, ein Dröhnen der Pauke und der großen Trommel begleiten diesen zweiten Nicht-Fischfang. Doch die finale Wendung, das hohe Espressivo zu den Worten »Ich bin Du« hat Rihm neu hinzugefügt, diese Worte stammen von Friedrich von Hardenberg, genannt Novalis.

Die 1. Abgesangsszene, kurz zuvor im Auftrag der Stadtsparkasse Kassel entstanden, ist ein Lied ohne Worte. Uraufgeführt wird sie im Rahmen der Louis-Spohr-Tage in Kassel, aus Anlass des hundertzwanzigsten Todestages Spohrs. Die Musik beginnt stotternd, tastend mit einem fallenden Sekundschritt im Unisono der solistisch agierenden Celli und Kontrabässe. Ein Motiv, aus dem sich eine lange, lyrische, in großen Schritten aus der Tiefe über zwei Oktaven aufsteigende Streichermelodie entwickelt. Dunkle Holzbläser, zart »wie ein Hauch« schattieren diesen Melodiebildungsprozess, ein Fagott setzt die Gesangslinie fort. Eine ähnliche Idee realisiert Rihm in der 2. Abgesangsszene, die freilich anders beginnt, nämlich mit einem Schrei der Menschenstimme (des Soprans). Hier wird der melodische »Hauptstrang« vom Orchestertutti formuliert, wiederum in einer fließenden Melodie, die, mit einem Terzsprung beginnend, ebenfalls aus dem Pianissimo aufsteigt: »Als Ideal schwebte mir bei den Gesangsstücken eine Mischung aus Orchesterliedreflexion (Abgesang) und Bühnendramatik (Szene) vor. Ferner ist der ganze Zyklus von Anfang an symphonisch konzipiert (…). Eine Art Hauptgedanke durchzieht mehr oder weniger stark variiert alle fünf Abgesangsszenen. Aus dieser Gesanglichkeit ist alles entwickelt, wie ich überhaupt in den Abgesangsszenen versuchte, auch den Instrumentalklang aus dem Geist des Gesangs zu entwickeln.«[120]

Ein Instrumentalklang aus dem Geiste des Gesangs: Nicht zufällig steckt in diesem »Hauptgedanken« der Abgesangsszenen wiederum eine Nietzsche-Paraphrase. Sie zielt auf die Gattung Oper und ist, bedenkt man, dass Stockhausen zur gleichen Zeit mit seinem »Licht«-Zyklus begonnen hat und Nono ein Jahr zuvor »Al gran sole« herausbrachte, ein provozierendes Bekenntnis zur Tradition. Nicht zuletzt künden die Abgesangsszenen von Rihms Auseinandersetzung mit den Orchesterliedern Gustav Mahlers. Über das geradezu eklektizistische »Über-Mahlersche espressivo« und »wohlfeile Imitieren« regte sich die Musikkritik auf, ja sogar eine Anspielung an das »Violinkonzert in Form einer Gesangsszene« von Louis Spohr will der Rezensent der *FAZ* aus der 1. Abgesangsszene herausgehört haben. Letzteres ist natürlich einmal mehr kleinkarierte Polemik: Kleinmeister Spohr plus Klein-Sponsor Sparkasse – diese Begleitumstände der Kasseler Uraufführung bieten sich an als glatte Steilvorlage für einen Kritiker, der Rihms neuem Stück ohnehin wieder eine Provinzialität bescheinigen will, die »rasch verfügbar« und aus der »Not der Arbeitsökonomie geboren« sei. Was so viel heißt wie: Er schreibt zu schnell, er schreibt zu viel.[121]

Wirklich hatte sich Wolfgang Rihm, im Vorfeld der Uraufführung, mit einigen Werken Louis Spohrs auseinandergesetzt. Wie er es in den Eggebrechtschen Seminaren gelernt hat, nahm er die zeitgeschichtlichen Umstände mit in den Blick, die aus dem romantischen Geigenvirtuosen und Kapellmeister Spohr, einem experimentierfreudigen und erfolgreichen Zeitgenossen

Beethovens und Schumanns, posthum einen Kleinmeister gemacht haben. Spohr, so Rihm, sei in Schutz zu nehmen vor Auslegungen der Nachwelt, die auf historistisch begründeter Unkenntnis seiner Musik basieren. Er untersucht einige der Kompositionen Spohrs und kommt zu dem paradoxen Schluss, der sei wohl »akademischer Akademist« gewesen. Dieser Aufsatz, damals unveröffentlicht geblieben, schlägt einen Bogen von Spohr in die Gegenwart. Und ein bisschen spricht Rihm wieder einmal von sich selbst: »Wie kommt ein Komponist dazu, eine ›historische‹ Symphonie zu schreiben? Wohl hauptsächlich deshalb, weil er Vergangenheit aufarbeitet, weil er Musik über Musik komponiert. Das Zitat eines Stils ist ja etwas Grundverschiedenes vom Zitat einer Melodie. Schon rückt uns Spohr näher. Mit Allusionen zu arbeiten scheint ja gerade in unserem Jahrhundert mehr als nur eine Zeitkrankheit zu sein.«[122]

Zwar wurden auch schon in früheren Werken Rihms historische Zitate eingelassen. Doch die fünf Abgesangsszenen sind, bereits im Entwurf, von der ersten bis zur letzten zu verstehen als »Musik über Musik«. Wortmusik und Musiksprache werden zusammengeführt. Opernhaft expressiv, ausladend dramatisch die fünf Gesänge der Sopranistin in der zweiten Szene. Verhalten liedhaft, in vierteltönig schwebender Melodik und in schillernden Klangfarben mit weit aufgefächerten, räumlich wirkenden Holzbläserakkorden schalten sich die instrumentalen Intermezzi dazwischen. Die dritte Szene, mit den Huchel-Gedichten »Lear« und »Der Fremde«, ist eine erst chromatisch, dann, im zweiten Gedicht, lakonisch-diatonisch ausgeführte Orchesterballade. Die vierte, wiederum hochdramatisch, leuchtet malerisch im Licht der Nietzsche-Fragmente. Die fünfte wird, wie gesagt, zunächst und klappsymmetrisch zur ersten, nur für Instrumente geschrieben. Erst mit der Zweitfassung, die aus Anlass einer zyklischen Gesamtaufführung aller Abgesangsszenen im Rahmen der Berliner Festwochen 1983 entsteht, verwandelt sie sich in eine Gesangsszene, für Mezzosopran und Bariton. Auch dieser Orchesterliederzyklus aus Rihms Massimo-Jahr gehört heute zu den vergessenen Stücken, die nicht mehr aufgeführt werden. Das ist schade. Sie sind ja nicht unbedingt teurer zu besetzen, nicht minder subjektiv im Ausdruck, nicht weniger suchterregend klangvoll, als es die skandalauslösenden großen Orchesterstücke der frühen Siebziger gewesen waren.

Und auch dass von den Abgesangsszenen mannigfaltige Fährten weiterführen, etwa zu den Werkkomplexen der Achtziger, aber auch zu Rihms Suche nach alternativen Musiktheaterkonzepten, macht sie interessant. Es sei ihm in diesen Stücken, so Rihm, darauf angekommen, »eine Welt der Mischformen zu erzeugen, ein Zwischenreich. Während ich in anderen Stücken oft al-fresco-Darstellungen affektiver, emotionaler Situationen versuche, geht hier die Phantasie ins Detail.« Später, in einem Gespräch über Musik und Malerei, behauptet er dann beiläufig, seine Abgesangsszenen seien das Ergebnis »einer bewussten Zurücknahme« gewesen: als »Hauptwerke« einer Rückwärtsbewegung hafte ihnen »fast etwas Klassizistisches« an. Ist das Ironie? Selbstbezichtigung? Trotz? Eine Reaktion auf die Polemik um die »Neue Einfachheit«? Nichts davon sähe Rihm ähnlich, und er stellt das auch sofort mit dem folgenden Satz klar: »Gerade das ist ein Fundus des Könnens, den ich mir selbst gegönnt habe. Ich habe mir einfach erlaubt, mit Klängen in Grau umzugehen, praktisch eine Grisaille zu machen, nachdem ich vorher grelle Fresken entworfen habe.«[123]

Und dann kehrte Rihm in Rom zur Tonalität zurück. Besser gesagt: Er feierte ihre Auflösung. Ein feines, leises, neues Klavierstück entsteht im September seines ersten Massimo-Jahres, das allein von Aufwand und Pegel her einen Kontrast bildet zu den großformatigen Werken, die im Umfeld entstanden. Er hätte es einfach »Klavierstück 7« nennen können (wie er die sechs durchnummerierten Klavierstücke zuvor genannt hatte). Taufte es aber stattdessen »Ländler« – obgleich erst mittendrin, ab Takt 36, vorübergehend ein halbechter Ländler daraus wird, à la Schubert, im Dreivierteltakt, mit taktweise wechselnden Achtelgrüppchen. Lauter ländlertypische Formeln und Floskeln kommen darin vor, wie man sie kennt aus der Volksmusik sowie, als Kunstform im Salon, aus der Zeit des Wiener Biedermeier. Allerdings hört sich das schräg und gestört an: das ländlerische Idiom ist gebrochen, die Musik hat mindestens einen, wenn nicht mehrere doppelte Böden. Beginnt mit einem h-moll-Klang, endet in C-Dur. Dazwischen liegen jede Menge Mediantenbeziehungen, ausgebeulte Harmonien, falsche Fortschreitungen und verdrehte Vorhalte: lauter kleine Verstöße gegen die klassischen Tonsatzregeln, wie sie auch schon Beethoven und die Romantiker, Schubert und Schumann, geliebt und manchmal verwendet hatten. Auch in der Spätestromantik, bei so widersprüchlichen, unterschiedlichen Klangfetischisten wie Richard Strauss oder Claude Debussy, finden sich Mollterzbeziehungen, freilich immer noch vereinzelt, als ein starkes Gewürz beziehungsweise als ein Hinweis darauf, dass etwas nicht (mehr) in Ordnung oder, im wahrsten Wortsinn, »verrückt« ist.[124] Der Ländler Rihms dagegen ist damit überwürzt. Kaum ein Takt ohne im Pianissimo gewisperte Tonverbindungen, die keiner Tonart zuzuordnen sind. Nur einmal knallt ein dreifaches Forte heraus, diatonisch, dass Spieler und Hörer aufschrecken.

Das Stück beginnt im Duktus einer Sarabande: mit einem festlich punktierten Rhythmus, basslastig und sopranselig zugleich. Dieser Sarabanden-Teil kehrt in Varianten drei Mal wieder, wie der weiße Elefant in Rilkes »Karussell«, sich abwechselnd mit einem zweiten, dem Ländler-Teil, der sich an in Achtelketten durchlaufenden Ländlermelodien à la Schubert orientiert. Eine Coda bringt die beiden Idiome, Sarabande und Ländler, in Engführung, bevor die Bewegung abbricht, mitten in einer Phrase im 5/4-Takt, deren Ende man sich dazu denken muss, weil es nicht mehr zu hören ist – zumindest nicht in dieser Welt. In seiner Analyse zu Rihms »Klavierstück Nr. 6« sprach der Komponist Wilhelm Killmayer einmal in Bezug auf die »kalkulierten Fehler« in Rihms Romantikrezeption von einem »Fremdhalten gängiger Verbindungen«. Das trifft auch auf diesen Ländler zu. Rihm selbst wollte allerdings nichts von einer »Ruinen-Ästhetik« wissen, er wehrte sich: »Das Scheinbare, aufs Fragment hin Gequälte, geht insgeheim von einem klassizistischen Vollkommenheitsideal aus, das mir sehr zuwider ist.« Vielmehr seien es »verschiedene Vollkommenheitsgrade, verschiedene Dichtegrade, verschiedene Lesbarkeiten«, die in der Tradition eine Rolle spielen: Erst aus den »offenen Stellen« ergebe sich etwas Neues, könnten neue Kunstwerke entstehen, aus der Beschäftigung mit den alten.[125] Sein Ländler frei nach Franz Schubert sollte dann später eine gewisse Karriere machen. Er wurde so beliebt, dass er auch im Klavierunterricht benutzt wird. Außerdem hat Rihm ihn für die Streichergruppe des Ensemble 13 instrumentiert und dabei das Fortissississimo in Takt 117 hübsch herausknallen lassen. Ja, es gibt sogar davon eine Version für Zupforchester, die einer seiner Schüler angefertigt hat.

Vielleicht sind die vielfältig vermuteten Verwandtschaften zu Melodik und Harmonik, zu Stil und Gedanken der Schubertschen Musik einer der wichtigsten »hidden aspects« in Rihms Œuvre geblieben, wie der Musikwissenschaftler Yves Knockheart bemerkte, als er Rihms Schubert-Rezeption nachging. Er behauptet: Diese Beziehung spiele sich ab nur in Rihms Musik. In den Schriften Rihms tauche der Name Schubert nur in Aufzählungen auf, nicht einmal in der Werkeinführung zu »Chiffre VI« aus dem Jahr 1985 sei er erwähnt.[126] Auch zum Klavier-Ländler von 1979 gibt es, ebenso wie zu dem 1993 in Badenweiler uraufgeführten Quartettsatz, keine Programmnotiz. Die Einführung, welche Rihm für eine weitere Schubert-Hommage notierte, die kurz nach dem Ländler entstand, im Auftrag von Manfred Reichert und dem Ensemble 13, ist dann wiederum so übermäßig ausführlich, dass sie ins Enigmatische kippt. Das Stück heißt: »Erscheinung. Skizze über Schubert«. Rihm schreibt: »Erscheinung zitiert nicht Töne von Schubert, wohl aber Tonfall.« Oder: »Es war für mich wichtig, Schubertsche Sprachfetzen aus dem gegenwärtigen Moment heraus neuzustammeln.« Oder: »Das Stück hat zu tun mit den Stellen in Schuberts Kammermusik, die symphonisch insistieren.« Zwanzig Jahre später orchestrierte Rihm dann für Claudio Abbado und dessen Berliner Philharmoniker das Schubertlied »Der Wanderer« op.4/1 D 489. Solist in der Uraufführung im Februar 1997 war Bariton Peter Mattei. Das Konzert wurde nicht mitgeschnitten und dokumentiert.[127]

Rihm ist nicht der einzige heimliche Schubertfan seiner Generation. Vor, nach und neben ihm schrieben auch die Kollegen jede Menge Schubert-Hommagen. Dieter Schnebel, Detlev Müller-Siemens, Walter Zimmermann, Wolfgang von Schweinitz und viele andere mehr schrieben Schubertparaphrasen, was gewiss auch mit dem Gedenktagemarkt zu tun hatte – aber nicht nur. Vor allem unter den politischen Achtundsechzigern kam es im Vorfeld der Feiern zu Franz Schuberts hundertfünfzigstem Todestag zu einer erstaunlichen Welle von identifikationsmotivierten Schubertiaden, und dieser Trend hielt an bis zu Schuberts zweihundertstem Geburtstag. Bücher, Bilder, Konzertprogramme, Plattenaufnahmen und Filme entstanden, die das verkitschte Schubertbild der Deutschen reinigen wollten von reaktionären Klischees. Einer dieser Filme hieß: *Aber unvollendet.* Er wurde gezeigt im Rahmen jener Schubertiade in Baden-Baden, die, im Juni 1978, auch die Uraufführung von Rihms Skizze über Schubert präsentierte. Thomas Rübenacker hatte den Film gedreht, und Rihm tritt darin auf als Franz Schubert, mit Lockenkopf und Nickelbrille. Er diskutiert mit

Beethoven über die Kürze von Liedern und über die Länge der Unendlichkeit. Verzweifelt im Wirtshaus über seinem Weinglas und sprintet im Staffellauf durchs Olympiastadion, um den »Stab der Musikgeschichte« weiterzureichen an seine Nachfolger, unter anderem an Richard Wagner, der »siech, aber fröhlich vom Bayernkönig Ludwig über die Aschenbahn geschoben« wird. Eine Groteske aus Absurdistan, oder vielmehr: ein Avantgardefilm, »der zeigt, wie Schubert nicht war«. Am Ende spielen Mahler und Schönberg vierhändig alle Pausen von Schubert. Das war es dann mit Rihms Karriere als Filmstar, wenn auch nicht als Filmkomponist. Ein Jahr später schrieb er, ebenfalls für ein Projekt von Thomas Rübenacker, eine Folge von swingfunkelnden, mit Fehlern und Verspielern gesprenkelten Tanzstücken für Jazz-Combo im Stil britischer Music-Hall-Songs: die »Music-Hall-Suite«.[128]

Was das Klavierspiel anbelangt, so hat Rihm öfter bekannt, dass er zwar nicht am Klavier komponiere, vielmehr auf Papier; aber doch gerne ein bisschen improvisiere, bevor er sich an den Schreibtisch setzt. Und am liebsten spiele er vierhändig, mit jemandem, der es besser könne als er selbst. Dies geschah ausgiebig, als Wilhelm Killmayer, Widmungsträger des Ländlers, ihn in Rom besuchte. Die beiden hatten einander kennengelernt beim Stuttgarter Musikfest und waren im Handumdrehen Freunde geworden, trotz des Altersunterschieds von fünfundzwanzig Jahren. Killmayer gehörte, wie Aribert Reimann und Hans Werner Henze, zu den deutschen Komponisten der Nachkriegsgeneration, die sich nicht der Darmstädter Avantgarde hatten anschließen wollen. Er war ein Exterritorialer. Rihm erinnert sich an das erste Treffen: »Ich hatte sofort das Gefühl, jemandem zu begegnen, der eine Art Freiheit verkörpert, die ich woanders lange suchen musste. Das hat eine Angstfreiheit in mich hineingesenkt. Was und wie Wilhelm komponiert, ist immer von höchster Eigenart und so, dass man sagt: ›Ja, so macht es niemand sonst.‹« Und weiter: »Es scheint in dieser Zeit nur ihm zu gelingen: ein Stück in C-Dur, ohne ›C‹, ohne ›Dur‹, ohne ›Stück‹, ohne ›alles‹ zu erfinden und jeden Ton ereignishaft neu aufzufinden, ohne verdinglichte Form, ohne all die abgekarteten Objekte und Strategien einer nur sichtenden Kritik. Wilhelm Killmayer verkörpert für mich genuine Radikalität.«[129]

Während des Killmayerschen Besuchs in Rom komponierten die beiden um die Wette kurze Walzer, die sie gemeinsam vierhändig spielten. Rihm schrieb, zum Beispiel, einen »Ohr- und Wurmwalzer« und einen »Sehn- und Suchtwalzer«, Killmayer einen zweideutigen »Furcht- und Zitthernwalzer«. Lauter tonale Frechheiten, Camouflagen und Maskeraden: Diese Walzer klingen, als ob sie von Erik Satie sein könnten oder von Schostakowitsch. Einer steht in d-moll, der andere streift G-Dur, Rihm spielt unten im Bassregister, Killmayer spielt oben. Auch andere alte Freunde Rihms lassen sich in der Villa Massimo blicken und haben Teil an den Freuden der Tafel. Stephan Hoffmann, zum Beispiel, Mitstudent in Freiburg. Ihm ist Rihms »Valse Musette a kattre meng op. 4711 b Nr. 9« gewidmet, auch genannt »Geburtstagswalzer, in F-Dur«. Hoffmann war es dann, der später im Klavierduo mit Thorsten Lorenz sechzehn der vierhändigen Walzer Rihms und dazu weitere fünfzehn aus der Feder Killmayers zur öffentlichen Uraufführung brachte – im Musiktheater im Revier in Gelsenkirchen. Diese Walzer erfreuen sich seither anhaltender Beliebtheit – allein vier CD-Einspielungen davon stehen bereits im Plattenkatalog. Einige hat Rihm orchestriert und um den »Brahmsliebewalzer« herum gruppiert zu einer musikfestlichen Walzer-Trilogie. Andere, unter dem Titel »Mehrere kurze Walzer«, fanden auch Eingang in die Klavierunterrichtsliteratur. Dazu gehören auch die Zwei- oder Vierhändigkeiten im Dreivierteltakt, die Wolfgang Rihm danach immer mal wieder »zwischen Tür und Angel« komponierte, wenn sich die Gelegenheit dazu ergab. Einen dieser Walzer, einen »Valse nuptiale«, widmete er seiner Freundin Angelika Bierbaum, als die einen anderen heiratete, den Musikwissenschaftler und Dichter Joachim Schlichte. Rihm seinerseits hatte in Rom die erste Frau fürs Leben kennengelernt: Irmgard Johanna Feldhausen, geborene Groll. Sie ist Kunsthistorikerin, arbeitete als Restauratorin. Ein Jahr später wird in Freiburg geheiratet. Am 4. November 1981 kommt in Karlsruhe der Sohn Sebastian Matthias zur Welt.

Zwischen Hochzeit und Geburt fällt die Fertigstellung von »Tutuguri III«. Vier Wochen später wird dieses Stück für großes Orchester inklusive sechs Schlagzeugern uraufgeführt. So rumort rund um die Familiengründung der nächste künstlerische Aufbruch. Wieder dauert es nur wenige Wochen, bis Rihm »Tutuguri II« vollendet, alsbald gefolgt von »Tutuguri IV«, mit einem Sprecher ad libitum, darin die schwarze Sonne explodiert. Ersteres Werk wird uraufgeführt in Chicago, unter Leitung von Christoph von Dohnányi, letzteres in Saarbrücken, unter Cristóbal Halffter. Das Rundfunk-Sinfonieorchester Saarbrücken sträubt sich gegen die Anforderungen der Partitur und sabotiert die Proben, das gibt hämische Schlagzeilen. Aber kaum ist der kleine Sebastian ein Jahr alt und Rihm dreißig geworden, da erstrahlt der gesamte »Tutuguri«-Komplex auf großer Bühne, abendfüllend, als eine farbglühende, klangsatte, blech- und percussiondröhnende Ballettmusik in vier Teilen.

Ursprünglich waren sieben Teile geplant gewesen, entsprechend der Zahl von sechs Männern, die sich im Peyotl-Rausch dem Sonnenritual der Tarahumara-Indianer in Mexiko hingeben – plus einem siebten Mann auf einem apokalyptischen schwarzen Pferd, das den Kopf verliert: eine Art »Sonnen-Kentaur«. Das hätte dann wohl die ganze Nacht gedauert. So dauerte es nur knapp zwei Stunden. Moses Pendleton choreographierte, auf eine eher konventionelle, narrative Art, indem er eine Geschichte in Bildern dazu erfand. Die nicht narrative

Musik wurde dirigiert von Arturo Tamayo. Stichtag war der 16. November 1982, Ort des Geschehens die Deutsche Oper in Westberlin, Bismarckstraße. Ein historisches Datum: Rihms »Tutuguri«, bestehend aus nichts als Tönen und Geräusch, Symbolen und Farben, ohne Libretto oder Handlung, wurde zu einer Sensation.

Die Berliner Ballettkritikerin Hedwig Rohde zeigte sich tief beeindruckt von der archaisch-rituellen Wucht der Darbietung, die ihr wie ein Klang gewordener Drogenrausch erschien. Dagegen registrierten die aus allen Himmelsrichtungen angereisten Musikkritiker, von denen manch einer sich ausnahmsweise diesmal nicht an Richard Strauss, sondern, wegen der tumultuösen Schlagzeugpassagen, aber vielleicht auch wegen der Soloflöte zu Beginn, an Igor Strawinsky erinnert fühlte, mit Staunen, dass »das Publikum auf die gewiss rabiaten Attacken der Rihmschen Musik interessiert und zumindest weithin wohlwollend reagierte«.[130] Im Anschluss an diesen Abend, bei einem Spaziergang des glückseligen Komponisten rund ums Opernhaus, unter Freunden, fiel dann das gewiss nicht ganz neidfreie, inzwischen geflügelte Wort von der »Krise«, die Rihm nötig habe.

»Tutuguri« war, das hatte damals jeder mitbekommen, ein Erfolg. Nicht nur in den Annalen des Tanztheaters wurde dieses Stück ein Meilenstein. Auch im bis dato an Erschütterungen nicht gerade armen Œuvre Rihms nimmt es, rückblickend betrachtet, eine Sonderstellung ein. »Tutuguri« ist wie befreit von allen Vorbildern, Texten und Zeichen, es ist das Abenteuer eines neuen, rückhaltlos freien, musikalischen Ausdrucks. Das mag paradox scheinen, weil dieser Werkkomplex, entstanden innerhalb von nur eineinhalb Jahren, offensichtlich einen wichtigen neuen Textlieferanten feiert, der Rihm in den Folgejahren weiter beschäftigen wird. Doch liefert gerade die Ästhetik von Antonin Artaud, der die Literarisierung des Theaters leidenschaftlich bekämpfte, neue Impulse, sich von der herkömmlichen Textvertonungspraxis ab- und der Musik ganz zuzuwenden. Dass so ein Schritt grundsätzlich ist, aber auch etwas Gewaltsames hat, davon sprach Rihm schon früh, noch mitten im Kompositionsprozess befindlich, in einem Interview: »Das berührt jetzt nicht mehr den Habitus, das ist eine klangliche Realität. Das geht jetzt vom Habitus in das wirkliche Tun, dass ich in ›Tutuguri‹ zum ersten Mal für mich selbst einen Klang realisiert habe, der wie ein Skalpell, wie ein Messer durch die Luft zischt.« Was er dann später, aus Anlass der Uraufführung von »Schwarzer und roter Tanz«, notierte, gilt zweifellos für den gesamten »Tutuguri«-Komplex: »Der Klang kocht und stößt. Ruf, Kreatur. Erst Metrum, dann Magma. Riss. Und Schlag. Sehr physische Vorgänge, ausgedrückt vom spirituellsten Körper, der sich bietet (darbietet): der Musik. Das Unübersetzbare zwingt Musik heran.«[131]

Einerseits ist »Tutuguri« ein Musiktheater ohne Worte, andererseits eine Ballettmusik, mithin: angewandte Gelegenheitsmusik. Das Stück präsentiert sich, nicht ungewöhnlich für Ballettmusiken, als zusammengesetztes Puzzle aus unabhängig voneinander entstandenen Einzelstücken. Rihm hatte, als er sich im Februar 1982 dafür entschied, aus den fünf Einzelteilen, die bis dahin entstanden waren, ein Ganzes zu fügen, neue Verbindungsstücke hinzukomponiert. Hatte Musikpassagen verdoppelt, einiges umgestellt, den letztkomponierten Teil IV und den erstkomponierten Teil VI vertauscht sowie Details der Instrumentation verändert. Es existieren deshalb zwei »Tutuguri«-Fassungen: eine in den ursprünglich entworfenen Einzelteilen; und eine zweite, die in knapp zwei Stunden das Ganze präsentiert, umgeschrieben und dramaturgisch sortiert in sogenannte Bilder, mit Stichworten. Das ursprünglich erstkomponierte Stück, »Tutuguri VI« für Schlagzeug-Sextett, uraufgeführt in Köln im Hochzeitssommer 1981, bildet dazu den furios-rituellen Schlussstein, mit heftigen Hammerschlägen. Es trägt den Untertitel »Kreuze … das Hufeisen … die sechs Männer … der Siebte«.

Auch den anderen drei Teilen der Ballettmusik gab Rihm später Untertitel, zusammengesetzt aus Stichworten der Artaudschen Texte. Sein Wunsch: Sie sollten nicht als ein Handlungsfaden dienen für die Choreographie, nur Bildphantasien anregen. Pendleton, der Choreograph der Uraufführung, schuf sich also selbst einen Plot, er erzählte in fünf Szenen, wie ein Mensch namens Mômo sich aus einem Käfig befreit, sich auf Wanderschaft zu einem Berg begibt und hineingezogen wird in die archaischen Rituale indianischer Sonnenanbeter. Einen »mômo«, so nannte man in der Mundart von Antonin Artauds Heimatstadt Marseille einen Gottesnarren, Spinner oder Verrückten, der aus der Gesellschaft ausgeschlossen ist. Artaud selbst nannte sich so, nach neunjähriger Gefangenschaft in diversen Nervenheilanstalten, in seiner Schrift *Le Retour d'Artaud le Mômo* von 1947. Eine andere Quelle für Pendletons Geschichte ist die Broschüre »D'un voyage au Pays des Tarahumaras«, in der Artaud 1936 von seiner Expedition nach Mexiko und seinem Aufenthalt bei einem Indiostamm berichtet. Dieser Reisebericht, der im Untertitel bereits auf die Offenbarung des Johannes verweist, vor allem aber die von Artaud selbst kurz vor seinem Tod eingesprochene, die Apokalypse hervorbeschwörende Radiosendung »Pour en finir le jugement de Dieu« (zu Deutsch: »Schluß mit dem Gottesgericht«) war auch für Wolfgang Rihm die erste Inspiration gewesen. Die theatralisch-emphatische Sprechweise Artauds, seinen hohen Tonfall, hat er freilich erst später kennengelernt. Die Stichworte jedoch, für seine Musiken, bezog Rihm aus dem in diesem vor der Ursendung als blasphemisch verbotenen Hörspiel interpolierten Gedicht: »Tutuguri«.

Später und andernorts wurde das »Tutuguri«-Ballett nur noch konzertant uraufgeführt, was insofern gut funktionierte, zumal in magischen Räumen, wie der Salzburger Felsenreitschule, aber auch in der Berliner Philharmonie, weil die Musikinstrumentenfülle ohnehin für ein instrumentales Theaterspektakel sondergleichen sorgt. Auch »Tutuguri VI«, das halbstündige Schlagzeug-Sextett, führt im Konzert inzwischen ein Eigenleben. Aus »Tutuguri II« (»Schwarze und rote Tänze … das Pferd …«) entstand nachträglich das Orchesterstück »Schwarzer und Roter Tanz«, als weiterer komponierter Ableger. Oder vielmehr: Dieses im Untertitel »Fragment aus Tutuguri« getaufte Stück wurde aus dem Kontext des Komplexes nachträglich gewaltsam »herausgerissen« (Rihm). Das deckt sich zwar nicht vollends mit der Idee eines frei wuchernden »work in progress«; doch ist »Tutuguri« das erste Beispiel einer jener zusammenhängenden Zyklus-Kompositionen, wie sie dann im Lauf der Achtziger- und Neunzigerjahre zu Rihms Markenzeichen werden sollten. Schließlich: »Tutuguri« ist nicht die einzige Theatermusik Rihms, die sich auf die Texte und Theorien Antonin Artauds gründet. Sie ist nur die erste. Weitere Artaud-Musiken folgten. Nach den Werken der »Séraphin«-Gruppe führt dieser Weg letztlich zur Auflösung des Opernbegriffs in »Die Eroberung von Mexico«.

Wann genau Wolfgang Rihm zum ersten Mal auf die Schriften des radikalen französischen Theatermannes gestoßen war, ist nicht mehr auszumachen. Der Eindruck muss haptisch, unmittelbar gewesen sein. Rihm notiert, für das Berliner Programmheft der Uraufführung: »Beim ersten Lesen des Artaud-Textes: Musikstrom, Musik-Sturz. Wie um einen Magnet: Anlagerung von Musik …« Diese Worte lassen sich, auch wenn sie sich recht eigentlich nur auf die beiden »Tutuguri« benannten Artaud-Gedichte beziehen, übertragen auf die Rihmsche Artaud-Rezeption überhaupt. Ebenso gelten die Worte, mit denen Rihm den Schluss der Komposition umschreibt, recht eigentlich für das Ganze: »Gegen Ende: Auslöschung der Farbe, Aufhebung jeder Verbindlichkeit von Entwicklung, außer der innermusikalischen. Musikalisch bedeutet das: Die Hoffnung, im Niegehörten zu münden.«[132]

In Frankreich war die Theaterrevolution, die Artaud angezettelt hatte, bereits sehr viel früher, in den Fünfzigerjahren, heftig diskutiert worden. Einer der Ersten, die eine gemeinsame Oper mit Artaud planten, war Edgard Varèse, sein Projekt »L'Astronome« von 1934/35 blieb unvollendet. Man darf davon ausgehen, dass Rihm davon gewusst hat. Auch Pierre Boulez hatte sich schon früh in den Vierzigerjahren mit Artauds Theatertheorie befasst. Er arbeitete als Theaterkomponist für die Pariser Compagnie von Madeleine Renaud und Jean-Louis Barrault, schrieb unter anderem eine einstündige Bühnenmusik für die »Orestie«-Inszenierung Barraults und ging mit der Truppe auf eine Südamerika-Tournee, wo er die okkulten Zeremonien in Bahia und Rio kennenlernte. Unter diesem Einfluss entwarf Boulez 1962 ein Musiktheaterstück, das sich auf Texte von Rimbaud und Berichte von Artaud über die Peyotl-Rituale der Tarahumara-Indianer gründet. Das Stück trug den Namen »Marges« (zu Deutsch: »Ränder«), komponiert für einen Sprecher nebst Schlagzeugensemble. Es blieb Fragment und verschwand in der Schublade. Boulez hat zwar ungern gesprochen über eigene Werke, schon gar nicht über die nie vollendeten. Und doch hat Rihm, der Jahrzehnte später noch einmal zu tun bekam mit einem anderen Opernprojekt von Boulez, aus dem ebenfalls nichts wurde, von »Marges« gewusst.[133] Es gibt Parallelen in der Besetzung, notwendigerweise auch in der Verwendung der Textvorlagen. Neben den genannten »Tutuguri«-Gedichten aus Artauds Hörspiel verwendete Rihm auch noch, als Folie seiner Musik, wie vor ihm Boulez, Textstellen aus Antonin Artauds posthum veröffentlichen Buch *Les Tarahumaras*. Das betrifft die Figur des Sprechers, der entweder Artaud selbst verkörpert oder auch den »schreienden Mann« der Zeremonie.[134] Diese nachweisbaren Parallelen ändern aber nichts daran, dass das Wesentliche in Rihms wildwuchernder »Tutuguri«-Musik ihre Unabhängigkeit von jedweder nacherzählbaren, illustrierbaren

Handlung bleibt. Es gibt nur ein Tableaux: das Ritual der Tarahumara. Es gibt starke Bilder und Assoziationen dazu: Ahnungen, Erschütterungen, Affekte. Das ist es, was die Musik erzählt. Erst gegen Ende des Kompositionsprozesses taucht als Untertitel auf dem Autograph der zusammengesetzten Fassung die Genrebezeichnung »Poème dansé« auf. Damit zieht Rihm, schlussendlich, doch noch einmal den Hut, einen großen Kollegen aus der Vergangenheit grüßend. »Poème dansé«, so hatte Claude Debussy seine epochemachende Ballettmusik »Jeux« getauft – ein siebenteiliges Ballett, ohne Handlung, doch mit einem Sujet.

Ist es überfällig, eilt man den Ereignissen hinterher? Oder handelt es sich immer noch um ein Wagnis? Dies zu beurteilen ist von heutiger Warte aus kaum noch möglich. Damals wurde es jedenfalls als ein starkes Signal gewertet, als Dieter Rexroth, Leiter des Hindemith-Instituts in Frankfurt am Main und zugleich Dramaturg an der Alten Oper Frankfurt, mitten im Trubel des Bach-Händel-Schütz-Gedenkjahrs 1984 auf die Idee kam, quasi in Gegenbewegung ein Festival zu planen für einen einzigen lebenden Komponisten. Rexroth feierte Rihm. Und er stellte dafür eine so ansehnliche Leistungsschau zusammen, dass selbsterklärte »Nicht-Bewunderer« Wolfgang Rihms, wie der Frankfurter Kritiker Gerhard R. Koch, nicht mehr umhinkönnen, einzuräumen: Es sei nunmehr »sinnfällig, dass Rihm zu den Arrivierten und Etablierten zählt«.[135]

Rexroth seinerseits eröffnete die »Frankfurt Feste '85« mit den Worten: »Wolfgang Rihm ist heute – das darf man ohne Einschränkung sagen – ein Komponist, der in einem entscheidenden Maße für die gegenwärtige Situation prägend ist, gerade auch dadurch, dass er immer wieder zur Gegnerschaft herausfordert.«[136] Zum üppigen Programmbuch steuerte Rihm selbst einige seiner Originalzeichnungen bei, die Universal Edition dekorative Partitur-Ansichten. Außerdem enthält der hundertachtzig Seiten starke Band Essays, Interviews, Analysen und im Anhang ein Werkverzeichnis, das sogar einige (nicht alle) der unveröffentlichten Jugendwerke Rihms auflistet. Insgesamt sind es, zu diesem Zeitpunkt, summa summarum hundertsiebzehn Kompositionen. Live dargeboten werden davon: »Jakob Lenz«, halbszenisch; außerdem die »Gesänge« op. 1, die Hölderlin-Fragmente, die Alexander-Lieder, das Wölfli-Liederbuch, eine Aufführung des kompletten »Chiffre«-Zyklus; die Pianisten Bernhard Wambach und Volker Banfield tragen in zwei Recitals alle Kompositionen für Klavier vor, inklusive Ländler; das Arditti Quartet tritt auf mit dem 3. und dem 5. Streichquartett (»Im Innersten« und »Ohne Titel«). Und Ernest Bour dirigiert eine neue, eigens für diesen Anlass komponierte Kantate. Sie heißt »Andere Schatten«, beteiligt sind neben Chor und Orchester ein sehr hoher Sopran, ein Mezzosopran, ein Bariton sowie wiederum ein Sprecher. Chor und Solisten sprechen und singen, teils fragmentiert und in Silben zerlegt, teils geraunt, überlagert und verzerrt die *Rede des toten Christus vom Weltgebäude herab, dass kein Gott sei* von Jean Paul. Wiederum ein apokalyptischer, zugleich ein blasphemischer Text: Jean Paul beschrieb in diesem »Blumenstück« aus seinem Roman *Siebenkäs* anno 1796 den Traum von einem Jüngsten Gericht, in dem der Teufel obsiegt. Und wiederum betrachtet Rihm seine fragmentarische Vertonung als einen Musiktheater-Entwurf, er notierte auf das Titelblatt des Autographs: »Einer szenischen Realisierung steht nichts im Wege.« Bisher hat das noch keine Bühne versucht. Das Werk wird selten aufgeführt, es gibt bislang keine Aufnahme davon. Auch nicht, leider, von der Frankfurter Uraufführung, die konzertant verlief und an der so hervorragende Musiker beteiligt waren wie das Freiburger Vokalensemble und das junge Ensemble Modern, außerdem die Solisten Richard Salter, Mechthild Georg und Sonja Mancini.

Das Presseecho ist widersprüchlich. Koch, zum Beispiel, unterstellt der Jean-Paul-Kantate eine aktuelle politische Protesthaltung wider die atomare Bedrohung, er rückt das Stück, auch wohl der intensiven Text-Dekonstruktion halber, in die Nähe des »Canto Sospeso« von Luigi Nono, den er einen »großen« Komponisten nennt, Rihm dagegen firmiert als »eine Art Jung-Siegfried«, wenn auch immerhin mit »unverwechselbarer Handschrift«. Vera Lumpe dagegen erlebt die Kantate als das »zerstiebende Bild eines akustischen Trümmerhaufens, dessen Elemente einander ähneln und das trotz aller Diffusion wenig befremdlich wirkt«. Gleich zwei große Artikel schreibt Lumpe für die *Frankfurter Rundschau* über die Frankfurt Feste, sie schwärmt: Ein Ausnahmekomponist sei dieser Rihm, einer, »dessen markante Gestalt sich seit rund zehn Jahren aus vielerlei Stromlinien und Grauzonen hervorhebt«, allein das halbe Leben dieses »erst dreiunddreißigjährigen Komponisten« erscheine »wie ein traumtänzerischer Gewaltmarsch durch Extremgebiete«.[137]

Es dauert nicht lange, dann ist die »markante Gestalt« bald auch außerhalb der Klassik-Musikblase gefragt. Die Fotografin und Designerin Elfie Semotan, bekannt aus der *Vogue*, *Marie Claire* und *Harpers Bazar*, Ehefrau des Malers Kurt Kocherscheidt und Erfinderin der berühmten »Trau-Dich-Was«-Kampagne für die Dessous-Firma Palmers, lichtet Rihm in Wien beim Frühstück ab. Auf dem Bild, es macht die Runde, sieht er aus wie Beethoven. Hans-Klaus Jungheinrich fragt ihn im *Rundschau*-Interview, man ist schon beim Du: »Alle wollen was von dir. Wird das nicht allmählich lästig?« Und Rihm antwortet, beinahe beethovensch: »Alle wollen was. Das ist wahr. Weil ich alles von mir will, das ist der Grund. Schließlich bestimme ich den Grad des Interesses selbst, durch Maß und Unmaß meines Anspruchs an mich selbst.«[138] Soeben hat er, als Nachfolger Veltes, seine Lebensstellung als Professor für Komposition in Karlsruhe angetreten. Das Wissenschaftskolleg in Berlin-Grunewald nimmt ihn zum ersten Mal als Fellow auf. Er findet Anschluss an den Zirkel um den Kunstsoziologen und Kunstsammler Hermann

Wiesler, der ihm eine Zweitwohnung in Berlin verschafft. Eines der »Zwiesprache«-Klavierstücke ist dieser schillernden Figur gewidmet. Er ist Mitglied im Präsidium des deutschen Komponistenverbandes geworden. Außerdem Mitherausgeber der Zeitschrift *Melos*, Kuratoriumsmitglied der Heinrich-Strobel-Stiftung und Mitglied des Deutschen Nationalkomitees für das Europäische Jahr der Musik. Schließlich: Die Ersteinspielung seiner Oper »Jakob Lenz« gewinnt den Jahrespreis der Deutschen Schallplattenkritik. Rihm, der Repräsentative: Das ist der Ertrag seiner Jahre 1984/85.

Rihm, der Unmäßige, steht inzwischen längst wieder unter Termindruck. Er hatte das Neinsagen noch nicht gelernt. Mehrere Auftragswerke stehen auf seiner Agenda. Im Jahr 1986 finden allein sechs Uraufführungen großer Orchesterstücke und Streichquartette statt, in Berlin, München, Frankfurt, Kassel, Wien und Freiburg. Zugleich schreibt er an zwei abendfüllenden Opern mehr oder weniger parallel, nebenbei soll auch noch ein weiteres großes Orchesterstück fertig werden. Alle drei Stücke kommen 1987 im Abstand von wenigen Monaten ans Licht. Zwei Opern, innerhalb nur eines Jahres, das ist ein Output, wie es seit der Belcantozeit kein Komponist mehr vorweisen konnte. »Die Hamletmaschine«, ein »Musiktheater in fünf Teilen« nach Heiner Müller, wird Ende März 1987 vom Nationaltheater Mannheim uraufgeführt. Es inszeniert Friedrich Meyer-Oertel, der Dirigent ist Peter Schneider. »Oedipus«, ein »Musiktheater« in zwei Teilen, nach Sophokles, kommt Anfang Oktober 1987 in Berlin heraus, an der Deutschen Oper, inszeniert von Götz Friedrich, dirigiert von Christof Prick. Und Mitte Oktober dirigiert Michael Gielen bei den Donaueschinger Musiktagen die Uraufführung von Rihms »Klangbeschreibung I–III« – nach Nietzsche, »für drei Orchestergruppen«. Die Stimmung ist prächtig. Die Kritik ist beeindruckt. Alle zitieren die Parabel, die Rihm dazu im Programmbuch erzählt: »Gestern hatte ich einen lustigen Traum: Klangbeschreibung I, II und III liefen als Männer herum, von weitem sahen sie aus wie Boulez (I), Nono (II) und Stockhausen (III).«

Die beiden Musiktheaterstücke sind grundverschieden. Es gibt einige wenige verbindende Momente, an der Oberfläche sogar im jeweils klassischen Plot – »Mörder und Witwe ein Paar«, wie es gleich im ersten Monolog im »Hamlet«-Libretto heißt: Das passt auch auf den Inzest des Ödipus. Für das Libretto seines »Oedipus« hat Rihm außerdem mehrere Vorlagen miteinander verschachtelt, neben der Sophokles-Tragödie, in der Übersetzung von Hölderlin, sowie Fragmenten von Nietzsche war dies auch ein Text von Heiner Müller: Sein *Ödipuskommentar* ist eines der Vehikel, die den antiken Stoff in die Gegenwart katapultieren. Eine weitere Gemeinsamkeit liegt in der Natur der Besetzung. Beide Werke sind letzten Endes Künstleropern, in denen eine Figur, stellvertretend für die Menschheit, mit sich und dem Schicksal ringt. Beide Hauptpartien schrieb Rihm für einen strapazierfähigen Bariton, der sowohl flüstern als auch schreien und große Intervallsprünge, sehr hoch und sehr tief, über lange Strecken stemmen kann. Außerdem sind sowohl »Die Hamletmaschine« wie auch »Oedipus« eine Art Prüfstein für die Rihmschen Ideen zur Erneuerung der Gattung, wie er sie mehrfach in Reden und Aufsätzen thematisiert hatte. »Musik ist selbst schon Theater«, hatte er im Februar 1986 auf einem von Pierre Boulez organisierten Kolloquium an der Pariser Oper erklärt. Und weiter: »Ihre rituelle Energie müsste ein Theater hervorbringen, das nicht von Handlung und Dialogverwicklung bestimmt ist, sondern von Bild und Anrufung. Die Bedeutung des Musiktheaters (und damit seine Chance) liegt in seiner Nicht-Wirklichkeit, seiner Abstraktion, im Zauber seiner Ungebundenheit an Logik, seinem Ereignischarakter.«[139]

Wolfgang Rihm ist freilich zu diesem Zeitpunkt nicht der erste und einzige Komponist, der aus der Krise der sogenannten

Literaturoper seine Konsequenzen zieht. Erst recht hatten schon etliche andere Opernkomponisten, auch im zwanzigsten Jahrhundert, antike Stoffe in die Gegenwart geholt, mit dem Vorsatz, die ewig gültigen Lehren daraus zu ziehen, sie zu entstauben und zu aktualisieren. Was die Entwürfe zu einem neuen zeitgenössischen Musiktheater anbelangt, ist Rihm nicht einmal sonderlich originell. In Bezug auf die Einbeziehung des Raums, die Sichtbarmachung des Hörens, das Auseinanderfalten und Umschichten der Zeitebenen, die Auflösung linear-narrativer Erzählweisen oder die Fragmentierung der Texte sind ihm andere Kollegen voraus. 1977 hatte Stockhausen mit der Arbeit an seinem »Licht«-Opernzyklus begonnen, 1975 Luigi Nono ein »azione scenica« genanntes Choropernwerk »Al gran sole« herausgebracht, Nonos Raumopernmusik »Prometeo«, deklariert als »Tragödie des Hörens«, erlebte ihre Uraufführung 1985. Rihm erwähnt sie in diesem Vortrag, wie er auch eingeht auf seine eignen, mit der »Hamletmaschine« realisierten Vorstellungen. Doch er doziert nicht, er spricht von Wünschen und Möglichkeiten, von Intuition, vom Träumen: »Ein fremder Klang ist immer viel fremder als ein fremdes Wort. Deshalb muss unbedingt davon geträumt werden: von einem neuen Musiktheater mit einer wirklich neuen Musik. Es wird der einzige Weg sein, über die festgeklungene Musiksprache in den Ohren und Köpfen hinüberzugelangen: zu träumen … Ohne neue Klänge ist neues Musiktheater akademischer Staub, und sei es noch so ›zeitgenössisch‹.«[140]

Rihm neigt, das werden seine Kompositionsschüler bestätigen können, trotz der vielen und schönen Worte, die er manchmal macht, nicht zum Dozieren. Er belehrt ungern andere, er interessiert sich in erster Linie für sich selbst, getrieben von einem Erkenntnisinteresse und den Fragen und Problemen, die seine Arbeit aufwirft. Es geht ihm, zumal in den Musiktheaterstücken, um das Ertasten oder Erjagen einer sinnlich erfahrbaren

Ausdrucksfülle, eines, wie er es nennt, »Musikstromkreises«, der Puls und Atem der Handlung bestimmt und die handelnden Personen antreibt: »Eine Figur spricht auf vielen Ebenen, aus vielen Schichten heraus.« Dieser Satz, niedergeschrieben in einem Brief an Peter Oswald, einen Mitarbeiter der Universal Edition, bezieht sich natürlich zunächst ganz konkret auf die Vervielfältigung der Figuren in »Die Hamletmaschine«. Aber er trifft auch zu auf Rihms Figur des Lenz, der mit inneren Stimmen ringt, sowie auf die des Ödipus, der sich selbst auf den Arm nehmen kann, als Kind, in der Vergangenheit. Schließlich, in einem übertragenden Sinn, verweist dieser Schlüsselsatz zurück auf den kompositorischen Prozess: »Die Hamletgestalt ist nicht aufgespalten, weil das Theater seine Doubles braucht, sondern weil die Musik eine Zeitkunst ist und Gleichzeitigkeit mit einem Menschenkörper nicht darstellbar wäre.«[141]

Am »Oedipus« arbeitet Rihm eher zügig, die Vorarbeiten für »Die Hamletmaschine« reichen etliche Jahre zurück, bis 1983. Das zahlte sich aus. Für dieses Stück, oder, genauer gesagt: für Pläne und Skizzen dazu nebst einigen fertigen Teilen hatte Rihm bereits ein halbes Jahr vor der Uraufführung in Mannheim anderswo ein Preisgeld von 75.000 Mark erhalten, nämlich in Hamburg, den Rolf-Liebermann-Preis, ausgeschrieben für eine neu komponierte Oper. Die Jury dazu war international besetzt. Es gab über achtzig Einreichungen. Die Laudatio bei der Preisverleihung in Hamburg hielt Hans Mayer, wer in der Medienstadt Rang und Namen hatte, war vertreten bei der Zeremonie, und *ZEIT*-Redakteur Herbort sprach offen aus, was sich alle Welt dachte: Wie kann das angehen, dass einer allein mit Kostproben seiner Arbeit und »selbst noch in der Anonymität alle anderen Bewerbungen zweitrangig« gemacht hatte? Vielleicht hat das politische Sujet etwas nachhelfen können. Heiner Müller und sein ostdeutscher Weltverzweiflungsmonolog, Nebenprodukt einer Shakespeare-Übersetzung, waren zu diesem Zeitpunkt ohnehin gerade Stadtgespräch. Robert Wilson hatte das Stück soeben mit einer Handvoll Hamburger Schauspielstudenten für das Thalia-Theater inszeniert. Oder vielmehr: Er hatte die neun Seiten der Textvorlage durchchoreographiert, auf seine Art, das Dekonstruktive daran wiederum dekonstruierend, die scharfen Kanten geglättet. Uraufgeführt 1979 in Paris, waren einige Regisseure im Westen schon an diesem knappen, kryptischen, beißend ironischen Ost-Theatertext gescheitert (in der DDR durfte das Stück ohnehin nicht aufgeführt werden); jetzt aber machte Wilson ihn salonfähig, den Wortlaut teils ignorierend, teils übermalend, mit seinen mythenblauen Märchenbildern. Anders Rihm. Seine Vertonung ist weitgehend Müllertreu, sie folgt, nahezu ungekürzt, dessen Text. Ja, es handelt sich, wie Ulrich Schreiber verblüfft bemerkte, genau besehen um eine »Literaturoper strengster Observanz«, die paradoxerweise »das Gegenteil dessen erzeugt, was nach geläufiger Terminologie als Literaturoper firmiert«. Für Rihm indes war es gerade die knappe, lakonische Sprache Müllers, die »eine enorme Musikalisierung in Gang setzte«.[142] Ähnlich wie im Finale von »Tutuguri« sorgt reich besetztes Schlagzeugwerk, im Raum verteilt, für Überraschung und Erschütterung. Verfremdete Alte-Musik-Zitate aus dem Elisabethanischen Zeitalter sind eingelassen in das Daueresspressivo aus blechernen Dissonanzen: ein Choral für den Chor, eine Händelarie für Hamlet, eine Art Sarabande mit fallendem Bass für Horatio. Hamlet, der bereits bei Heiner Müller als Schauspieler aus seiner Rolle fällt, tritt bei Rihm als dreifach geteiltes Echo seiner selbst auf, mit der entsprechenden Fallhöhe verkörpert von zwei Schauspielern und einem Bariton. Die Sphäre der Ophelia, wird aufgewertet. Auch sie, vervielfältigt, hört auf zu sterben, verwandelt sich vom blumenbekränzten Opfer in eine Aufständische, von der Wasserleiche in eine Sirene, zugespitzt im Frauenklang des fünften Bildes, wenn hohe Streicher mit hohen Sopranen wetteifern. Ophelia ist die einzige am Ende halbwegs opernhafte Figur, mit einem Rest Utopiepotential. Ihr Schlussgesang, über einem chromatisch fallenden Lamentobass, wirke wie eine »ruckhaft einsetzende Passionsstimmung«, bemerkte Rihm in seinen Mannheimer Probennotizen: »sie singt, selbst in ihren Doubles, die reiner Frauenklang sind, die den Raum um sie auf- und weiterrücken … Musik der Frau – ihr Klang.«[143] Diese Sprengkraft der sexuellen Hierarchie ist übrigens in Müllers Text bereits angelegt, auch Hamlet will eine Frau werden. Rihm hat diese Idee weiterverfolgt und in seinem nächsten Bühnenwerk, nach Artaud, verarbeitet.

Müller, seinerseits, der Mauerwandler zwischen Ost und West, der im Herbst 1985 in Westdeutschland mit dem Büchnerpreis geehrt worden war und im Herbst 1986 mit dem Nationalpreis erster Klasse in der DDR, hielt, als er auf Rihm traf, eigentlich noch gar nichts von der Oper und ihren Utopien. Er sagte, in einem Filminterview, zu Alexander Kluge: »Wenn alles gesagt ist, werden die Stimmen süß, dann kommt die Oper.« Darauf Kluge: »Das ist also ein Betrugsunternehmen?« Müller bejaht. Auch Wolfgang Rihm ist von Kluge dazu interviewt worden, er erzählt, wie er Müller überredet habe, ihm den Text zur »Hamletmaschine« zu überlassen. Es sei ganz leicht gewesen. Erst habe er ihm einen Brief geschrieben, der blieb ohne Antwort. Dann habe er ihn zufällig in Berlin in einem Lokal getroffen. Die Sympathie stellte sich sofort her über das gemeinsame Zigarrerauchen. Ein Männerritual.

»Die Hamletmaschine« ist politisches Musiktheater. Rihms erste Komposition, in der er, expressis verbis, sein eigenes Zeitalter besichtigt. Die Uraufführung: ein Riesenerfolg. Wenige Buhrufe mischen sich unter die Bravi-Salven. Selbst die chronischen Rihm-Verächter unter den Musikkritikern sind beeindruckt. Gerhard R. Koch empfiehlt mehrfachen Theaterbesuch. Gerhard Rohde spricht von einer Vertonung als »Veränderung des Materials«, Rihm betreibe dies »mit faszinierender Konsequenz und

Radikalität«. Jungheinrich erkennt in dem Stück einen Meilenstein: »Aufbruch, Sprengung, Beginn. Ein Werk, das neue Dimensionen des unveralteten Phänomens Musiktheater aufreißt.«[144]

Und doch ist auch »Die Hamletmaschine« wiederum eines von den Rihm-Werken, die man, wie »Tutuguri« oder die »Abgesangsszenen«, erfolglos nennen kann. Oder vielmehr: legendär nennen muss. Sie seien, sagt die Legende, eine Zumutung, maßlos, nicht machbar. Darum werden sie nicht ins Repertoire aufgenommen. Sie teilen dieses Schicksal mit vielen anderen legendären »Meilensteinen«, die stecken bleiben in der Schwerfälligkeit des am klassischen Kanon orientierten Musikbetriebs. Die man aus Noten, vom Hörensagen, gegebenenfalls von einer Plattenaufnahme kennt. Was »Die Hamletmaschine« anbetrifft, so gibt es einen beeindruckenden Livemitschnitt der Mannheimer Uraufführung. Eine zweite Aufführung fand, ebenfalls 1987, in Freiburg statt, inszeniert von Andreas Prohaska, dirigiert von Gerhard Markson, eine dritte in Hamburg, 1989, inszeniert von John Dew, dirigiert von Lothar Zagrosek. Dann verschwand das Stück von der Bildfläche. Warum? Rihm vermutet, rückblickend: »Weil es zu hart ist. Es gab immer Buhrufe.« Dann, 2016, nach mehr als einem Vierteljahrhundert, tauchte »Die Hamletmaschine« in Zürich wieder auf, wo der Dirigent Gabriel Feltz den Beweis führte, dass diese Härte die Hörer in den Sitz drückt, dass komplexe Polyphonie dieser musikalisierten Zustände machbar ist, die Schlagzeuggewitter durchhörbar sind und effektvoll, die anspruchsvollen Sängerpartien singbar und verständlich, die im Glissando verebbende Lamentolyrik ergreifend. Kurzum: Dass diese pessimistisch-hoffnungsvolle Botschaft aus der deutsch-deutschen Wendezeit zeitlos aktuell ist und immer noch einen Kraftstrom entfesselt. Das bisschen Staub knirscht im Text, dem, wie Müller ihn nannte, »Schrumpfkopf« des Shakespeareschen Dramas. Die Musik dagegen: frisch wie am ersten Tag.

Befragt zu seinem Verhältnis zu Müller, erfand Rihm, im Rückblick, ein romantisch-biedermeierliches Bild: »Heiner Müller wuchs doppelgängerisch aus Artaud hervor.«[145] Wie genau das zutrifft, ist abzulesen auch an weiteren Werken nach Texten von Heiner Müller, die später entstanden sind, teils zeitgleich mit den großen Musiktheater-Entwürfen nach Artaud. Ein Tanzprojekt nach dem Medea-Stoff war geplant, das blieb in den Anfängen stecken. »Frau / Stimme« dagegen, ein großes Orchesterlied über den »Engel der Verzweiflung« aus Heiner Müllers Revolutionsstück *Der Auftrag*, kam 1989 als Uraufführung in Donaueschingen heraus. Michael Gielen dirigierte diese Raumkomposition, die karg und punktuell zusammengefügt schien aus musikalischen Einzelereignissen – Klangblöcken, Liegetönen, Fermaten. Erst in den letzten drei Minuten der Komposition fügen sich die Rufe der beiden Sopranstimmen, die eine vor dem Orchester, die andere mitten im Orchester postiert, zu Melodien und einem hochfliegenden, schwebenden Duett. Nach Müllers Tod komponierte Rihm dann zur Jahrtausendwende einen Liederzyklus in memoriam: »Ende der Handschrift – elf späte Gedichte von Heiner Müller«. Es sind stille lineare Klavierlieder, die vom Tod sprechen in dunklen Bildern, in denen Charon ohne Farbe malt, Ariel den Sturm besänftigt und ausnahmsweise einmal nicht, frei nach dem alten Lied im Volkston, der Mond aufgeht. Der Tenor Christoph Prégardien, begleitet von Siegfried Mauser, stemmte die Uraufführung im Rahmen der Römerbad-Musiktage im Kurort Badenweiler, wo die musikkundigen Hoteliers Klaus und Annette Lauer eine Insel der Seligen erschaffen hatten, für die zeitgenössische Musik, deren Produzenten und deren Liebhaber. Nicht nur Rihm, auch andere Komponistenkollegen hielten sich öfter länger auf in diesem Zauberberg. Aber vor allem: Rihm. Er hat hier, verwöhnt von guter Schwarzwaldluft, einem Quentchen Luxus und vor allem von der Bewunderung eines zugewandten musikkundigen Publikums, viel und gut komponiert. Insgesamt sind im Hotel Römerbad über dreißig seiner Werke entstanden, zwölf wurden dort uraufgeführt.

Was »Oedipus« anbelangt, der Chronologie nach eigentlich das Schwesternstück zu »Die Hamletmaschine«, blieb der Erfolg aus. Wiederum spielt ein Theatertext Heiner Müllers darin eine wichtige Rolle. Sein *Ödipuskommentar,* 1966 für das Deutsche Theater entworfen, lieferte Rihm die Wortbausteine für eine der drei Deutungsebenen des Librettos, in die sich dieses Werk dramaturgisch aufteilt. Für die szenische Ebene bediente sich Rihm bei der Sophokles-Tragödie in der Übersetzung von Friedrich Hölderlin: *Ödipus Tyrann*. Für die Monologe des Ödipus, als dritte Deutungsebene, zog er das nachgelassene Nietzsche-Fragment *Ödipus. Reden des letzten Philosophen mit sich selbst* zurate. Dieser dreifachen Collage zum Trotz ergibt sich ein unzweideutiger narrativer Zusammenhang: Der antike Mythos wird, wie bekannt, nacherzählt, inklusive Orakel, Vatermord, Blutschande, Pest, Konkurrenz zu Kreon, Blendung und Vertreibung, ganz wie in einer klassischen Theateraufführung. Wozu als vierte Bedeutungsebene eine klar und kontrapunktisch durchkonstruierte Musik tritt, die, auch in den Generalpausen und ausgedünnten solistischen Stellen allezeit einen hohen Ton anschlägt und wie auf Kothurnen geht. Im Orchester hat Rihm die Mitte ausgespart: die Streicher. Die Bläser sind dafür vierfach besetzt, das Schlagzeug mehrfach, dazu treten Klavier und Harfe, Tonbandeinspielungen, Sprache, Generalpausen, Stille. Teils sind es sich auftürmende Klangmassen, teil bohrende Einzeltonereignisse, enorm hoch oder enorm tief, die den Eindruck des permanenten Außer-sich-Seins besiegeln. Wenn Ödipus in der Eröffnungsszene seine ersten Worte flüstert, in Kopfstimme: »Der Mensch« – es ist dies mehr Frage als Antwort auf das Rätsel einer vielstimmigen Nornen-Sphinx –, so wirkt das, als Auftakt zu dieser pathoserfüllten Partitur, wie ein Aufschrei.

Die Reaktionen auf diesen Overkill aus »gestaltetem Erschrecken«, wie die *Süddeutsche Zeitung* es nannte, blieben auch bei den Folgeaufführungen, konzertant in Wien, anno 1989, und im fernen Santa Fe, anno 1991, indifferent. Die *New York Times*, zum Beispiel, machte sich lustig über die gusseiserne Strenge dieser »Oedipus«-Version, sie sprach von typisch deutschem Kitsch: »Mr. Rihm's horrors are as absurd as the sweet excesses of Walt Disneys Bambi, and for the same reasons.« Der Berliner *Tagesspiegel* dagegen monierte ein Übermaß an »Sprachlichkeiten«, und Ulrich Schreiber fasste zusammen: »Die intellektuelle Ballung der Bedeutungsebenen führt weniger zu deren Vertiefung als zu ihrer Selbstaufhebung.«[146] Immerhin: Die ARD übertrug die Uraufführung aus der Deutschen Oper Berlin damals live in allen dritten Programmen, zur Primetime, in der raffinierten TV-Bildregie von Brian Large. Offenkundig nahm man es in öffentlich-rechtlichen Funkhäusern damals mit dem Kulturauftrag noch genauer als heute. Diesem Mitschnitt ist auch eine DVD zu danken, die aus Anlass von Rihms sechzigstem Geburtstag veröffentlicht und als das »Dokument einer großen Ära« gefeiert wurde. Selbst die Buh-Rufer am Ende wurden nicht wegretuschiert, nicht einmal der legendäre Zwischenrufer vom Rang, der, noch bevor der letzte Ton verhallt ist, sein »unerträglich« heruntergrölt vom Rang. Rihm quittiert all dies, in der Verbeugungsreihe, mit einem milden Lächeln. Dann verschwand auch dieses Opernwerk Rihms in der Versenkung. Nur einmal tauchte der »Oedipus« am Theater Krefeld-Mönchengladbach wieder auf, Anfang des Jahres 2003, kurz bevor Wolfgang Rihm mit dem sogenannten Nobelpreis der Musik ausgezeichnet wurde, dem Ernst von Siemens Musikpreis, in München.

5
Weder Goethe noch Guru

Der Ernst von Siemens Musikpreis gehört zu den drei bestdotierten Musikpreisen der Welt. Im Jahr 2003 wurden insgesamt 1,3 Millionen Euro ausgeschüttet, davon gingen hundertfünfzigtausend Euro an den Hauptpreisträger Wolfgang Rihm. Just ein Jahr zuvor war er fünfzig geworden. Perfekter Zeitpunkt für einen vorläufigen Schaffenskassensturz – der Siemens Musikpreis geht, wie der Nobelpreis, gewöhnlich nur an Menschen, die etwas Außerordentliches geleistet und die Hälfte des Lebens mindestens erreicht, wenn nicht überschritten haben. Schon lange vor dem eigentlichen Festakt der Preisverleihung im Münchner Cuvilliéstheater wurde der »Koloss aus Karlsruhe« entsprechend gefeiert. Zwei umfängliche Pressespiegel gab die Siemens Stiftung anschließend heraus, jeder davon wiegt, obgleich die meisten Texte nur kursorisch aufgelistet, die wenigsten in voller Länge abgedruckt sind, ein gutes Kilo.

Scharen von Journalisten, mit und ohne Kamerateam, hatten Rihm in seiner Karlsruher Komponierklause aufgesucht. Und nicht nur die Musikfachleute im Feuilleton berichteten, auch Nachrichten- und Boulevardjournalisten zeigten sich interessiert an diesem Event; Leute, die bei ihren Interviewfragen normalerweise ausgehen von einem, wie man es damals nannte, »erweiterten Kulturbegriff«, der auch quotenbegründete Medienphänomene als sogenanntes »weiches Thema« der Kulturberichterstattung zuschlägt (It-Girl-Outfits, Fürstenhochzeiten und dergleichen). Man wunderte sich, dass so viel Geld aufgewendet werden sollte für etwas, das so wenig einbringt. Man fragte Rihm, warum er diesen »seltsamen Beruf« überhaupt gewählt habe; ob er nicht traurig sei, dass er viel weniger Publikum habe als ein Popmusiker; wie zufrieden er sei in dieser »Nischenkunst«, in die es ihn verschlagen habe: dieser »Subventionskunst. Treffpunkt der Blasierten und Blamierten.«[147] Das Kuratorium der Stiftung hielt dagegen mit dem emphatischen Kulturbegriff der sogenannten Bildungsbürger. In der Jury-Begründung heißt es: »In Rihms Musik manifestiert sich der Glaube an die unzerstörbare Existenz des schöpferischen Individuums, das seine Kraft und Würde gegen alle äußeren Gefährdungen zu behaupten vermag.« Und Rihm? Er ist allen Fragen geduldig mehr oder weniger ausgewichen. In seiner Dankesrede, live im Cuvilliéstheater, erklärte er dann doch, warum er das Geld gut brauchen könne: »Ich wurde ja auch oft gefragt, ja, was machen Sie mit dem Geld? Ich sag's Ihnen offen: Ein Komponist lebt auf Pump. Ein Komponist muss am Anfang, wenn er beginnt zu komponieren, entweder ein Erbe sein, der ich nicht bin, oder er muss enorm viel vorschießen. Also, und dafür bin ich dankbar, habe ich jetzt die Möglichkeit, Schulden abzutragen.«[148]

Letzteres ist sicher wahr. Doch ganz so dramatisch wird die Rihmsche Finanzlage inzwischen auch nicht mehr gewesen sein. Er war weder damals ein armer Mann, noch ist er dies heute. Seit 1985 bezieht er ein Professorengehalt. Er hat regelmäßige Einkünfte durch die GEMA-Gebühren, die aus den Aufführungen seiner Kompositionen anfallen, auch pflegt er aufs Freundlichste alle möglichen Verbindungen, die neue Aufführungen und weitere Aufträge nach sich ziehen. Ein Wiener Musikverlag mit Weltruf ist ihm dabei behilflich. Außerdem wird sein Werk betreut von der Schweizer Paul Sacher Stiftung, die seinen gesamten Nachlass, alle Dokumente, Autographe, Skizzen und Notizen, bereits zu Lebzeiten archiviert. Auch als

Festredner, Podiumsgast und Laudator ist Rihm so allgegenwärtig wie als Musikfunktionär und Lobbyist. Rihm war damals und er ist nach wie vor ein leidenschaftlicher Netzwerker. Allerdings nicht nur im eigenen Interesse. Er setzt sich ein für die Komponistenkollegen. Mischt sich in die Verteilungskämpfe der Musikpolitik und widmet sich nebenbei auch immer wieder Ehrenämtern, die nichts einbringen, außer Ärger. Seit den frühen Siebzigern ist Rihm Mitglied im Deutschen Komponistenverband, wo er jahrelang im Vorstand arbeitete. Beim Deutschen Musikrat arbeitete er seit 1985 im Präsidium mit, bis heute ist er dort tätig als Beiratsvorsitzender der äußerst nützlichen Edition Zeitgenössische Musik. Über Jahre hinweg, von Juli 1987 bis Juni 2012 gehörte er dem Aufsichtsrat der GEMA an, in den er 2003, nach dem historischen Putsch der Werbekomponisten aus dem Composers Club, als einziger Vertreter der E-Musik wiedergewählt worden war. Sogar der kleinen, 1999 wieder neu gegründeten Internationalen Max-Reger-Gesellschaft in Durlach gelang es, ihn als Präsident des Beirats anzuwerben. Von den vielen Preisen, Titeln, Medaillen, Verdienstkreuzen und sonstigen Ehrbezeugungen, die ihm inzwischen zuteilwurden, seien nur zwei erwähnt, die ihn ganz besonders gefreut haben: 1998 wurde ihm ein Doktortitel ehrenhalber von der Freien Universität Berlin verliehen, 2012 wurde er aufgenommen in den Orden Pour le Mérite. Und natürlich wurde Rihm in diverse Akademien berufen: die der Schönen Künste in München, Berlin, Mannheim, Hamburg, die der Sprache und Dichtung in Darmstadt, der Darstellenden Künste in Frankfurt und der Wissenschaften in Mainz und Düsseldorf. Nicht zu vergessen: Im Mai 2009 nahm endlich auch die Königliche Musikakademie in Stockholm den verdienten »Tonsättaren« Wolfgang Rihm auf in den Kreis ihrer Mitglieder und im Mai 2016 zog die Académie royale des Sciences, des Lettres et des Beaux-Arts in Brüssel nach.

Die Bayerische Akademie der Schönen Künste entsendet ihn im Juni 1993 ins Kuratorium der Ernst von Siemens Musikstiftung, wo er im Dezember 1999 wieder austritt – und zwar, wie es damals vereinzelt in der Zeitung stand und es Lästerzungen in Münchner Biergärten und Berliner Kneipen manchmal heute noch zu später Stunde erzählen, allein zu dem Zweck, selbst Siemens-Preisträger werden zu können. Zur Ehre der Lästerer muss man hinzufügen: Keiner von ihnen kommt auf die Idee, zu behaupten, Rihm habe diesen Preis nicht verdient. Auch Rihms schärfste Kritiker wissen um die Strahlkraft seines Œuvres und die Bedeutung seines öffentlichen Wirkens. Die meisten wissen auch, aus eigner Anschauung, dass Wolfgang Rihm das Geld so leicht ausgibt, wie er es zu verdienen scheint. Immer ist er es, der einlädt. Schon immer hat Rihm seine Gegner und Neider durch eine fast sorglose Großzügigkeit zu entwaffnen gewusst, intellektuell und materiell. Besonders großzügig ist er gegenüber Jüngeren und all jenen, auf die er neugierig sein kann. Im Vorfeld der Preisverleihung 2003 schrieb Mirko Weber in der *ZEIT*: »Nicht nur Rihms Intellektualität, gepaart mit Sinnlichkeit, ist frappierend, sondern nebenbei, doch nicht zuletzt, seine Freundlichkeit und sein Humor. Kollegialität ist nicht nur ein Wort, wenn er in Donaueschingen als einer unter vielen sitzt, die ihren Horizont erweitern wollen (von Rihm lernen heißt: loben lernen), stets ein Ziegelsteinpaket an Zeitungen oder gleich eine halbe Bibliothek auf dem Schoß. Ein Guru ist Rihm nicht; man darf, soll, muss andere Götter neben ihm haben.«[149]

Geld schafft Macht. Die Kunst ist frei. In diesem Spannungsfeld bewegt sich der Umgang von Künstler und Kunstmäzen spätestens seit den Zeiten der Medici. Wolfgang Rihm hat das einmal sehr anschaulich auf den Punkt gebracht, in Bezug auf Paul Sacher, der zu den wirkungsmächtigsten Kunst- und Musikförderern des vorigen Jahrhunderts gehörte. Die beiden lernten einander kennen erst Anfang der Achtzigerjahre, da war Sacher, eine eigenwillige Figur, zugleich ausgebildeter Dirigent und Pharmaproduzent, bereits ein alter Mann, Rihm seinerseits schon einigermaßen etabliert in der kleinen Blase der zeitgenössischen Musik. Er erinnert sich – so erzählte er es in der 2001 von Edna Politis gedrehten TV-Dokumentation »Paul Sacher, der Musikmäzen« –, dass Sacher die Angewohnheit gehabt habe, im Gespräch seine Hand auf die Schulter des Gegenübers zu legen. Diese Geste bedeutete: »Du stehst unter meinem Schutz.« Sie zeigte aber zugleich auch an: »Du gehörst jetzt mir« – oder, in der etwas freundlicheren, weniger besitzergreifenden Variante: »Du gehörst zu mir.«

Insgesamt hat Rihm nur fünf Stücke im Auftrag Sachers komponiert, verteilt über einen Zeitraum von dreizehn Jahren. Ein sechstes Stück, das eigentlich das erste hätte sein sollen, kam nicht zustande, weil die Beziehung zwischen Künstler und Kunstförderer sich, aus Gründen künstlerischer Freiheit, gleich anfangs etwas abkühlte. Sacher wollte, gewiss unter dem Eindruck von »Tutuguri«, ein Werk für Schlagzeug bestellen, worauf Rihm ihm mitteilte, er sei leider momentan nicht perkussiv veranlagt. Erst im zweiten Anlauf wurde etwas daraus. Rihm schrieb also für Sacher 1982 ein kurzes, einsätziges Konzert für Trompete, zwei Perkussionisten und zwanzig Streicher. Er nannte es »Gebild«. Uraufgeführt wurde es vom Zürcher Collegium Musicum am 15. Mai 1983, mit dem Trompeter Marc Ullrich als Solist, der Dirigent war Paul Sacher.

Die Partie der Solo-Trompete liegt in diesem Konzertstück außerordentlich hoch, sie führt hinauf bis ins viergestrichene C. Es wird selten gespielt. Es gibt auch keine Aufnahme davon, obgleich »Gebild« nicht unspielbar ist. Der brillante Trompetenvirtuose Håkan Hardenberger hat diese Musik vierzehn Jahre später spektakulär zu einer zweiten Uraufführung gebracht, nämlich 1997, in der Von-Moos-Stahl-Halle in Luzern, mit dem

Stockholmer Kammerorchester und dem Dirigenten Joseph Swensen. Es handelt sich dabei um eine Neufassung, die im Rihm-Katalog der Universal Edition als identisch mit der Erstfassung aufgelistet wird, obgleich sie verändert und verlängert worden war – als wäre die Sacher gewidmete Erstfassung damit gegenstandslos geworden. Auch hierzu gibt es eine Geldgeschichte zu erzählen, die typisch ist für Rihm.

Er war im Herbst dieses Jahres als »Composer in Residence« zu den Internationalen Musikfestwochen in Luzern eingeladen worden. Siebzehn Werke von ihm standen auf dem Programm, in sechs hochkarätig besetzten Konzerten, darunter etliche Schweizer Erstaufführungen, außerdem gab es im Luzerner Theater eine Neuinszenierung von »Jakob Lenz« in der Regie von Andreas Baesler, und es sollte auch vereinbarungsgemäß eine Uraufführung stattfinden, ein Konzertstück war in Auftrag gegeben worden. Rihm, über die Maßen beschäftigt, wusste beizeiten, dass er nicht werde liefern können. So schlug er einen Deal vor. Es trafen sich dazu in der Zürcher Kronenhalle zum Essen: Rihm und Toni J. Krein (damals Leiter des künstlerischen Betriebs in Luzern) sowie der Dirigent und Festwochenintendant Matthias Bamert. Rihm gestand, er könne leider »nur« ein bereits vorhandenes Stück mitbringen, dies jedoch in einer neuen Luzerner Fassung. Für die Überarbeitung verlange er kein Honorar, stattdessen Naturalien: Unterbringung im Hotel Palace (dem ersten Haus am Platze, direkt an der Uferpromenade des Vierwaldstädter Sees) inklusive »freien Tisch« daselbst, damit er auch mal andere einladen könne, sowie: »jeden Tag in dem wunderbaren See schwimmen – und Du schwimmst mit«. Krein schlug ein. Er erinnert sich: »Wir sind dann auch wirklich ein paar Mal schwimmen gegangen in der Badi.« Und fügt hinzu: »Die paar Tage, die er da war: Hätte er ein normales Honorar genommen, wär das viel teurer geworden für uns.« Wolfgang Rihm hat dann das für Sacher gewidmete Trompeten-Schlagzeug-Konzert für Luzern um einiges verlängert. Leihmaterial gibt es heute bei der Universal Edition, wie gesagt, nur noch in dieser Zweitfassung. Doch die Erläuterungen, die er fürs Luzerner Programmbuch lieferte, blieben die nämlichen wie bei der Zürcher Uraufführung der Erstfassung: »Gebild ist ein Ausschnitt aus meiner Phantasiezeit«, heißt es da, kurz und knapp. Und weiter: »Gebildet ist ja auch doppelköpfig, als Wort: Ist da etwas gebildet worden oder hat es sich gebildet? Gesetzt oder gewachsen? Aus diesem Widerspruch heraus komponiere ich eigentlich immer.«[150]

Das zweite in Sachers Auftrag komponierte Werk heißt »Dunkles Spiel«: eine charmante Nachtmusik, die sich hereintastet auf einem Teppich aus hingetupften Einzeltönen. Wieder ist viel Schlagzeug mit im Spiel. Anfangs ist fast alles nur zarter Anschlag: Conga, Harfe, Klavier und so fort. Erst im Mittelteil, nach fanalartigen Posaunenstößen, sorgen Congas und Bongos für schnelle Rhythmen, minimalistisch swingend, wippend, schnaufend – eine »knappe Drängung von Tänzen«, und kurz vor Ende entwickelt sich eine aus Liegetönen gebaute, changierende Klangfarbenfläche, bevor das Spiel ausklingt, wie es anfing. Gänzlich fehlen die hellen, hohen Stimmen in diesem zwanzigköpfigen Ensemble, vor allem: die Violinen. Dunkle Holzbläser, Bassklarinette und Kontrafagott haben das Sagen, dazu zwei Hörner, zwei Posaunen. Rihm schreibt dazu eine szenische Aufstellung vor: »Vier Schlagzeugspieler umstehen ein Instrumentalensemble von sechzehn Spielern. Die beiden hinten stehenden geben den ›dunklen Grund‹: pulsartige, dumpfe, gedeckte Schläge der großen Trommeln.« Das gesamte Instrumentarium sei »klanglich perkussiv« gedacht: alles »akzentbetont, wie ein einziges großes Farbschlagzeug«. Fast zwei Jahre lang hatte Rihm die Arbeit an »Dunkles Spiel« ruhen lassen, eher ungewöhnlich für sein Workaholic-Temperament – dann »plötzlich schrieb sich das Stück fast von selbst«.[151]

Die Uraufführung fand im Juni 1990 in Zürich statt, wiederum mit dem Collegium Musicum, dirigiert von Sacher. Und fast wie von selbst hat auch dieses Werk dann drei Jahre später einen Ableger gezeitigt, der mit Paul Sacher nichts mehr zu tun hatte.

1993, als ein Auftragswerk fällig wird für die Brahmstage in Baden-Baden, wächst aus dem »Dunklen Spiel« eine Art Violinkonzert heraus. Zumindest wirkt das neue Stück, auf den ersten Blick, wie eine Übermalung. Nur sind es statt vier Schlagzeugern nun fünf, aus zwei Bratschen werden zehn, aus zwei Kontrabässen sechs, zur Conga-Bongo-Truppe gesellen sich TamTam und Marimbaphon, und auf der Hälfte der Strecke kommt noch ein Akkordeon hinzu, das die Farbkombination Klavier / Harfe um eine tänzerische Tango-Note bereichert. Wichtigste Neubesetzung aber ist die Solovioline, sie bringt etwas Licht hinein. Und doch handelt es sich in Wahrheit um eine Trauermusik. Am Anfang schlägt der Pianist neun eng beieinanderliegende Töne an im Bassregister, aber man hört sie nicht, denn er drückt nur die Tasten herunter, dazu das Sostenuto-Pedal, das die Dämpfung aufhebt. Der Effekt ist, dass die von anderen Instrumenten ringsum erzeugten Obertöne zum Klingen gebracht werden und ein Frequenzgemisch entsteht. Uraufgeführt im Mai 1993 vom SWF-Sinfonieorchester unter Leitung von Michael Gielen, mit Gottfried Schneider als Solist, trägt dieses Konzert den nüchternen Titel »Dritte Musik für Violine und Orchester«. Rihm widmete es, so steht es vermerkt auf dem zweiten Deckblatt der Partitur, dem Andenken seines Freundes Kurt Kocherscheidt, der kurz zuvor an einem Herzversagen gestorben war und dessen Malerei er »vom Grundklang bis zum Oberflächengeräusch viel ablauschte. (Vor Augen: Sein Bild ›Schwarze Schönheit‹ [1983])«. Dieses Bild hat Rihm erworben, es hängt in seinem Arbeitszimmer.[152]

Auch wenn es Verwandtschaften gibt in Bezug auf »Dunkles Spiel«: Letztlich ist ein ganz neues, anderes Werk daraus geworden. Oder vielmehr: Es hat sich verselbstständigt, auf Grundlage einer ähnlichen Grundidee, die Besetzung betreffend, die szenische Aufstellung und deren Dreiteiligkeit. Keine Übermalung fand statt, vielmehr ein Weiterwachsen von kompositorischen Einfällen in unvorhersehbar andere Richtung – ein Vorgang, den Rihm einmal, an anderer Stelle, als »vegetatives Komponieren« bezeichnet hat. Viele seiner Werke sind auf diese Weise entstanden, es gibt ganze Werkfamilien. Auffallend an der Titelei der »Dritten Musik« ist außerdem, dass der Begriff »Konzert« darin nicht auftaucht. Rihm vermeidet Gattungsbezeichnungen. Keines seiner insgesamt sechs Violinkonzerte trägt das Wort »Konzert« im Titel, nur zwei der fünf bislang entstandenen Cellokonzerte, kein einziges der Konzerte für Bläsersolisten. Stattdessen gibt es jeweils einen bildhaften Obertitel (zum Beispiel: »Lichtzwang« oder »Styx und Lethe«) und dazu dann den praktisch-sachlichen Untertitel (zum Beispiel »Musik für Violine und Orchester« oder »Musik für Violoncello und Orchester«). Das hat den Vorteil, dass der Titel des Werkes »den Hörer auf die klangliche Wirkung der Besetzung und damit auch ansatzweise auf den Charakter des Stücks« vorbereiten kann, ohne Erwartungen »hinsichtlich des Struktur- und Formverlaufs« zu wecken.[153] Auch der Komponist ist befreit von Ballast. Schließlich ist der Begriff des Konzertierens, selbst wenn man ihn nicht historisch im wörtlichen Sinne verwenden möchte, als Widerstreit von Tutti- und Soli-Passagen, allemal gebunden an die Besetzungsfrage: Das Orchesterkollektiv, hierarchisch gegliedert, trifft auf den Einzelkämpfer. Rihm indes, in seinen Solokonzerten, legt Wert auf die Melodie. Das mischt die alten Fronten auf: Alle Instrumente singen, nicht nur das des Solisten. Das gilt bereits für das erste Violinkonzert von 1975, »Lichtzwang«, das, als instrumentaler Teil eines unvollendet gebliebenen Celan-Zyklus, dem nicht vertonten Dichterwort nachspürt – so »›singt‹ das Werk vom einsamen Gesang«

(Rihm).[154] »Doppelgesang« heißen zwei Konzerte für zwei Soloinstrumente, komponiert Anfang der Achtziger. »Gesungen, also nicht ›gespielt‹«, hatte Wolfgang Rihm der Widmungsträgerin seines zweiten Violinkonzerts ins Stammbuch geschrieben, später ergänzt durch das Wortspiel: »Gesungen – gelungen!« Eine eigentlich »einstimmige Musik. Und immer Gesang, auch da, wo Schlag und Puls den Atem kurz fassen. Instrumentale Virtuosität ist mir eine gesteigerte Qualität gesanglicher Fähigkeiten.«

Es war abermals der Mäzen Paul Sacher, der zu diesem zweiten Violinkonzert, das ein Jahr vor der »Dritten Musik« entstand und im Haupttitel »Gesungene Zeit« heißt, Auftrag und Anlass lieferte. Er machte Rihm mit der Geigenvirtuosin Anne-Sophie Mutter bekannt, und Rihm schrieb ihr das Stück direkt auf den kostbaren hölzernen Leib ihrer Stradivari. Er erklärte, er habe, schon als Mutters Name erstmals fiel im Gespräch, eine präzise Klangvorstellung im Kopf gehabt, die sich vor allem auf die phänomenale Höhensicherheit dieser Geigerin bezog: »ungemein energetisch und belebt geführte, hohe Töne …« sowie »in der Höhenregion: entlegene Fülle und Lebenskraft«.[155] Sowohl das Soloinstrument »singt« wie aus einem Atem, in linearem Legato-Strom und so nahtlos durchgezogen, als hätte diese Musik kein Korsett mehr aus Taktstrichen; auch die siebenundzwanzig Instrumente des klein besetzten Orchesters in »Gesungene Zeit« singen, ihren jeweiligen Klangeigenschaften gemäß. *Sempre molto cantabile* lautet die Spielanweisung, das gilt nicht nur für die ersten Takte. Virtuose Spieltechniken spielen dabei weniger eine Rolle als das Auskosten verschieden kombinierter Klanglichkeit. Oft tönt das tonal, ohne tonalitätsgebunden zu sein. Zuweilen gewittert es in den Tuttiballungen, wie aus der Ferne. Der Komponist, Cellist und Musikjournalist Hans-Peter Jahn hat sich einmal den Spaß erlaubt, nur die ersten Takte der »Gesungenen Zeit« zu analysieren, darin die Solovioline in freiem Tempo aus dem Nichts aufsteigt bis in die viergestrichene Oktave hinauf. Er kommt zu dem Schluss, dass Rihms Musik grundsätzlich nicht analysierbar sei: »Keine Zwölftonreihe, keine Tonalität, keine Atonalität, keine Permutationen mit gesicherter Rotationsachse. Nichts trifft zu. Nichts lässt sich ab Takt 5 in den Fahrplänen der Musiktheorie wiederfinden, auswählen oder unter Beweis stellen. Alles stimmt nicht mehr. Alles klingt so einfach, alles ist irgendwie bekannt, alles ist trotz allem völlig anders als alles andere. Nichts lässt sich beweisen. Diese Musik ist der Analyse gegenüber resistent.«[156]

Die Uraufführung, am 15. Juni 1992, spielte Anne-Sophie Mutter in Zürich mit dem Collegium Musicum unter Leitung Paul Sachers. Die Platteneinspielung indes, die sie durchsetzte bei der Deutschen Grammophon und die noch im gleichen Jahr realisiert wurde, sollte um ein paar Klassen glamouröser werden, mit dem Chicago Symphony Orchestra und James Levine am Pult. Für Mutter, die zuvor bereits, auf Anregung Sachers, ein Werk von Witold Lutosławski mit den Zürchern zur Uraufführung gebracht hatte, war das Rihmsche Violinkonzert ein wichtiger Schritt auf ihrem Weg, sich einen »neuen musikalischen Kosmos« zu erobern. Sie entwickelte ein Faible für die Musik lebender Komponisten, sofern die ihre Geige zum »Singen« brachten. Später gab sie dann auch selbst neue Stücke in Auftrag. Rihms fünftes Violinkonzert ist so für Mutter entstanden, das er »Lichtes Spiel« taufte, als Pendant zum »Dunklen Spiel«; sowie eine hochvirtuose Spielerei für Violine und Kontrabass, genannt Dyade, zu Deutsch: »Die Zweiheit«, oder, mit Rihm zu reden: »eine Zweierbeziehung mit allem Drum und Dran«.

»Lichtes Spiel« ist ein »Sommerstück für Violine und kleines Orchester«, filigran, überschaubar. Freundlich beginnt das, tonal, mit einer Folge von Konsonanzen. Das Orchester ist klein, es entspricht, wie Mutter sich das gewünscht hatte, der Mozartzeit, mit paarweise hohen Holzbläsern und Streichern nebst zwei

Hörnern. Die Uraufführung richtete Anne-Sophie Mutter im Winter 2010 in der Avery Fisher Hall in New York aus, mit den New Yorker Philharmonikern unter Leitung von Michael Francis, ein Mitschnitt kam bei der Deutschen Grammophon im Folgejahr heraus. Die amerikanischen Kritiker bewunderten einerseits Mutters fabelhaftes Spiel in höchsten Sphären; sie wunderten sich andererseits über die »einschmeichelnde Schlichtheit« und »entwaffnende Kunstlosigkeit« der Rihmschen Musik. Hatten sie doch bislang ganz andere Erfahrungen gemacht mit diesem Komponisten, den sie für typisch teutonisch hielten und der just im Sommer dieses Jahres, in Salzburg, wo er seine wuchtige neue Nietzsche-Oper vorgestellt hatte, zu einem »Kontinent« erklärt worden war. Prägend für die Rihm-Rezeption in den Vereinigten Staaten war vor allem die Uraufführung eines Auftragswerks der New Yorker Philharmoniker unter Lorin Maazel im Oktober 2005 gewesen. Der Kritiker der *New York Times* diagnostizierte in dem hochkomplexen, immerhin vierzigminütigen Orchesterstück namens »Two Other Mouvements« eine gewisse »Richtungslosigkeit«.[157] Auch deutsche Kritiker registrierten eine Diskrepanz zwischen der vergleichsweise kulinarischen Kost der für Mutter komponierten Werke und dem, was Rihm ihnen ansonsten für Müh und Not bereitet hatte mit seinen Stücken. »Irgendwann ist es so weit«, erklärte Heinz W. Koch in der *Frankfurter Rundschau*, nachdem er Mutter mit der »Gesungenen Zeit« erlebt hatte, »irgendwann sind die arrivierten Avantgardisten den Avantgardezirkeln entwachsen, haben sie Marktwert. Irgendwann erreicht die Neue Musik das sogenannte große Publikum. Und nicht selten fügt es sich, dass sie sich entsprechend manierlich gab. Allerjüngstes Beispiel ... Wolfgang Rihms neues Violinkonzert. Ein Rihm mit allen Anzeichen längst und früh erworbener Meisterschaft, aber auch seltsam ›unrihmisch‹ – Konzession ans noble Ambiente, an den fürs strahlende Geigenspiel bekannten Superstar? Indes, und in aller Deutlichkeit: Rihms jüngstes Opus ist ein über die Maße schönes Stück.«[158] Sollte er diesen Zeitungsartikel gelesen haben – womit zu rechnen ist, er ist ein passionierter Zeitungsleser –, dann hat sich Wolfgang Rihm bestimmt gefreut darüber, dass er endlich wenigstens rhetorisch rückwirkend eingemeindet worden war in den Zirkel der arrivierten Avantgardisten.

Für Paul Sacher komponierte Rihm schließlich noch zwei Kammermusiken, eine im Auftrag, eine als Geschenk. Erstere entstand unmittelbar im Anschluss an »Gesungene Zeit«: eine romantische Spielmusik für Violine und Klavier namens »Phantom und Eskapade«, im Untertitel als »Stückphantasien« bezeichnet, die traditionelle Gesten eines dialogischen Zusammenspiels zitiert. Der Gedanke einer Verwandtschaft zu dem Violinkonzert liegt nahe, doch das Gegenteil ist der Fall. Statt Pathos herrscht ein gewisser Witz, statt um die schön gesungene Linie geht es um Entwicklungsthematik, Abwechslung und Verwandlung. Der Geige, die bei der Uraufführung am 1. Juli 1996 von Ulf Hoelscher gespielt wurde, kommt eine eher diskursive Rolle zu. Siegfried Mauser, der den Klavierpart übernahm, beschreibt das Stück als einen »Vollzug von sich ständig Änderndem, Verschleißendem, neu Anknüpfendem, Resignierendem und Aufbrechendem«; Rihms Tonsatz sei hier »durchdrungen von all diesen Elementen, die Verlaufsbildung und Gliederung der Musik resultiert aus ihrem zwingenden ›Timing‹«.[159] Im Mai dieses Jahres hatte Sacher seinen neunzigsten Geburtstag gefeiert, Wolfgang Rihm schenkte ihm an diesem Tag ein Sextett namens »Pol«, inklusive Schlagzeug, die anderen fünf Instrumente sind: Bassklarinette, Harfe sowie Bratsche, Cello und Kontrabass. Die Uraufführung besorgte das Ensemble der Internationalen Gesellschaft für Neue Musik unter Leitung von Jürg Henneberger. Zunächst gemahnt der Titel an die französische Aussprache des Sacherschen Vornamens: Paul. Zugleich bezieht er sich auf die wortwörtliche Bedeutung des

Pols als einem Achsenpunkt, von dem Energie ausgeht, dynamisch, elektrisch, aber durchaus auch im Sinne von Fortzeugen oder Widersprucherzeugen. Schon Jahre zuvor, in seinen Schriften zum »Chiffre«-Zyklus, hatte Rihm den Begriff eines »generativen Pols« für sein Komponieren reklamiert, als einem »Wachstumskeil, der immer mehr Musik nach sich zieht«. Darauf kommt er nun zurück. Es dauert kein halbes Jahr, da wächst aus »Pol I« ein neues Stück namens »Pol II«. Rihm instrumentiert das Sextett um auf dreizehn Instrumente, er verlängert es. Und »während des Schreibens dieses Werkes beschäftigte ihn bereits die Idee, aus oder mit diesem Werk ein größeres Werk zu gestalten. Pol ist gedacht als Anfang, als Keimzelle und Kern eines oder mehrerer Werke.«[160] Etwas später fügte er, für Klaus Lauer und seine Badenweiler Musiktage, »Pol« zusammen mit zwei anderen kurzen Stücken. So wurde wieder etwas Neues daraus: ein Triptychon, »übermalt« mit abermals anderen Instrumentalfarben: »Pol – Kolchis – Nucleus«. Das Mittelstück, »Kolchis«, ist eines der Bild-Musik-Werke, die Anfang der Neunziger unter dem Einfluss des Malers Kurt Kocherscheidt entstanden sind. Man könne die drei Teile, meinte Rihm, auch einzeln aufführen: »Selbstverständlich gibt es keine Fahrkarte von einem Pol über ein Kolchis zu einem Nucleus. Manchmal stehen im Atelier die Stücke (fertige, unfertige – wer weiß es?) nebeneinander, absichtslos, und geben für einen Augenblick preis, dass sie aufeinander bezogen sein könnten.«[161] Dazu später mehr.

Inzwischen hatten etliche Zeitzeugen sich angewöhnt, eine »neue Versöhnlichkeit« im Schaffen Wolfgang Rihms zu bemerken. Manch einer bemängelte sogar eine »neue Milde«. Dieser Topos kam zuerst auf im Zusammenhang mit den großen Solokonzerten, insbesondere den Violinwerken, die Anfang der Neunzigerjahre entstanden waren. Rihm verzichte, so heißt es etwa in einer der Uraufführungsrezensionen über die »Dritte

Musik«, neuerdings »auf Gewaltsamkeit« und »radikale Mittel«, dieses Stück hinterlasse einen schier »klassischen Eindruck«. Auch der *ZEIT*-Kritiker Heinz Josef Herbort besuchte diese Uraufführung in Baden Baden, seine Rezension der »Dritten Musik« läuft auf einen musikalischen Kassensturz hinaus.

Schließlich, Wolfgang Rihm ist nun vierzig, er ist arriviert und unter den deutschen Tonsetzern der meistaufgeführte und meistdiskutierte. Da gehört es zu den Aufgaben eines Großkritikers, diesen Komponisten einzuordnen und sein Werk in Perioden einzuteilen. Rihm, schreibt Herbort, habe jetzt offenbar abgeschlossen mit seiner »vordergründig-explosiven Phase«, um einzutreten in eine »kontemplative Phase«, die stärker »nach innen« hört. »Eine Violine zeigt, wie sie mit anderen Instrumenten korrespondiert, kommuniziert, um ein bisschen über ein Geheimnis nachzudenken – und dabei ein anderes zu finden: möglicherweise auch einen anderen Wolfgang Rihm.«[162] Joachim Kaiser, Kritiker der *Süddeutschen Zeitung* und gleichfalls anwesend bei besagter Uraufführung im Sommer 1993, gefiel dagegen gerade die Unberechenbarkeit Rihms. Vielleicht, weil er sich nicht sonderlich für zeitgenössische Musik interessierte, auch nie Schlachtenbummler in Darmstadt oder Donaueschingen gewesen war, womöglich nur aus Liebe zu Brahms teilnahm an den Brahmstagen in Baden Baden und sich auch nur Anne-Sophie Mutter zulieb immerhin das Stück »Gesungene Zeit« angehört hatte, brachte Kaiser keinen Erwartungshorizont mit, der zu enttäuschen gewesen wäre. Er zeigte sich angetan von Rihms Können in Sachen Tonsatz und Instrumentation, rühmte die Farbenintensität einiger Kombinationen, bemerkte aber auch den Verzicht auf alle »melodischen, schlicht tonalen, lyrischen Entwicklungen«, wie er sie in »Gesungene Zeit« kennengelernt hatte. Die »Dritte Musik« sei, so Kaiser, völlig anders geformt, nämlich eine freie Rhapsodie: »Rihm scheint unerschöpflich. Wie Sören Kierkegaard hasst er die Wiederholung.

Er versucht so unbeirrt wie unbewegt unbeirrt Neues … Und behauptet doch, er schreibe sein ›ganzes Leben lang ein einziges Stück‹. Vielleicht wirklich ein einziges Stück – aber keineswegs in einem einzigen Ton oder Tonfall oder Idiom.«[163]

Kaisers Worte sind schon deshalb bemerkenswert, weil er, zu einem relativ frühen Zeitpunkt, hochgemut einräumt, dass er Rihms Œuvre nicht einordnen könne oder wolle. Er beruft sich, stattdessen, auf die Selbstauskunft des Komponisten sowie auf eine simple Beobachtung, die sich seither immer wieder neu bestätigt hat: Jedes Werk, das Rihm seit seinem ersten öffentlichen Auftritt in die Welt entlassen hat, von »Morphonie« über »Klangbeschreibung« bis hin zu »Sostenuto«, von »Im Innersten« über die »Dritte Musik« bis zu »Coll'Arco«, verweigert sich einer Kategorisierung. Rihm schreibt für unterschiedlichste Besetzungen. Er bewegt sich dabei innerhalb des historisch gewachsenen Kanons der musikalischen Gattungen, kümmert sich aber nicht unbedingt um definierte Gattungsbegriffe. Auch Klanglichkeit, Linie und Zusammenklang, Rhythmus und Dynamik, Anfänge und Enden sind zugleich alt und neu. Rihm schreibt Durdreiklänge, Cluster, Vierteltöniges. Tonal, atonal, freitonal, mikrotonal. Choralsätze Note gegen Note, Ostinatobässe, Fugen, Pausen. Einige Stücke nehmen direkt Bezug auf das vorangegangene, selten im Sinne einer Korrektur und so gut wie nie als Vollendung von etwas Liegengebliebenem. Andere setzen Antithesen zum Vorangegangenen. Dabei ist kein Fortschritt zu verzeichnen, auch kein Rückschritt. Irgendjemand hat einmal gesagt, wer, das lässt sich heute nicht mehr feststellen: Dieser Komponist, in seinem elementaren und unaufhaltbaren Bedürfnis, Musik zu machen, wolle nicht nur seine Hörer, Freunde wie Feinde, sondern vor allem sich selbst mit jedem Stück überraschen. Oder hatte er das sinngemäß nicht doch wieder am besten selbst formuliert, zum Beispiel damals, in seinem Abschiedstext an Huber? »Ich will bewegen und bewegt sein …« – dieser Schlüsselsatz gilt für den jungen wie auch für den alten Wolfgang Rihm, gleichermaßen. Unabhängigkeit und Veränderlichkeit, das sind die einzigen Parameter, die sich dingfest machen lassen in seinem Werk. Ein Paradox: Das Variable als Konstante.

Was Rihms Selbstauskünfte angeht, die er in den Siebzigern, als noch der papiertigerne Streit um die Neue Einfachheit tobte, relativ freigebig austeilte, in den Achtzigern dann zunehmend in Rätsel einkleidete und Ende der Neunziger schließlich verweigerte, so waren diese Äußerungen, schwankend zwischen Lakonie, Ironie und Verzweiflung, oft nichts weiter als rhetorische Retourkutschen. Immer wieder hat Rihm in Vorträgen, Essays und Interviews seine subjektive Freiheit verteidigt und bestanden auf der Nichtreduzierbarkeit jedweder Musik auf a priori entworfene Kategorien. Gelegentliche Statements zeigen, dass sich dieses Problem im Lauf der Jahre nicht erledigt hat. Im Gespräch mit Stefan Fricke, anno 2002 – das war ein Jahr vor der großen Siemens-Musikpreis-Sause – erklärte Rihm: »Ich glaube, dass ich seit Anbeginn auf der Suche nach dem unanalysierbaren Kunstwerk bin. Gut, das ist eine Anregung, die ich von Claude Debussy in meine Gegenwart gerettet habe. Ich will mit dem, was ich mache, nicht auch gleichzeitig eine Analyseform offerieren.« 2016, auf die polemische Frage von Kai Luehrs-Kaiser, ob er, Rihm, sich, als ein immerhin weltbekannter Polystilist, nicht doch nach einem einheitlichen Stil sehne: »Die Vorstellung, Mozart habe im Mozart-Stil komponiert, während Brahms im Brahms-Stil komponiert habe und so weiter: Sie verstehen, dass ich gar keine andere Wahl habe, als im Rihm-Stil zu arbeiten. Nachher ist man immer klüger.« Schließlich 2019, gegenüber Reinhard J. Brembeck von der *Süddeutschen Zeitung*: »Ich würde mich nie vor einer erhellenden Erforschung fürchten. Ich würde sagen: Gut, macht das. Aber lasst mich damit in Ruhe. Das kann nicht die Aufgabe des Künstlers sein, dass er sich gleichzeitig noch erforscht und womöglich einordnet und mit Wertungen überzieht. Es kann sein, dass ich eine Projektionsfläche bin, wo sich viele Wunsch- oder Feindbilder realisieren lassen. Es gibt sehr viel von mir und es gibt sehr viel Verschiedenes, so dass jeder, der sich ein Bild machen will, etwas findet.«[164]

Was also ist das spezifisch Rihmsche an der Musik Rihms? Wie hat sich der »Rihm-Stil« entwickelt, verändert? Gibt es so etwas wie Brüche, Sprünge, ein Sich-neu-Erfinden, ein Überwinden von Standpunkten? Lassen sich Schaffensphasen eingrenzen? Erste Versuche, sein Œuvre zu sortieren, datieren aus der zweiten Hälfte der Achtziger, etwa zeitgleich mit den Erfolgen von »Jakob Lenz«, im Vorfeld der Premieren von »Hamletmaschine« und »Oedipus«. Das ist sicher kein Zufall. Die Oper, kostenintensivste aller musikalischen Gattungen, firmiert auch unter den Avantgardisten der zeitgenössischen Musik immer noch als Königsdisziplin, das heißt: Wer als Opernkomponist reüssiert, der wird zu einer Person öffentlichen Interesses.

Rudolf Frisius war der Erste, der Rihm diesbezüglich ins Verhör nahm. Ein mehrstündiges, leicht inquisitorisch gefärbtes Gespräch findet statt, kurz vor Rihms dreiunddreißigstem Geburtstag, es wird in voller Länge, ohne redaktionelle Glättung, im Programmbuch des Rihm-Festivals der Alten Oper Frankfurt abgedruckt. Frisius möchte den »Ausgangsimpuls« für Rihms Komponieren aufdecken, »von den Anfängen bis heute«. Er fragt nach »Einflüssen« und »Prägung«, nach »Standortbestimmung« und »Stilentwicklung«. Rihm weicht aus, oder er widerspricht. Die fraglichen Ordnungskriterien sind freilich im Wortlaut explizit. Es geht um den Begriff des musikalischen Materials, um die Überwindung der Tradition, um das Verhältnis zur Zweiten Wiener Schule und zum Serialismus. Frisius spricht Ausdruck, Gebärde und Bildhaftigkeit der Musik an, die Beeinflussung durch Mahler, Schönberg, Webern, er meldet aber auch Kritik an, spricht von Stillosigkeit und polystilistischer Beliebigkeit. Rihm, nach Vorbildern befragt, erklärt: »Luigi Nono ist für mich ja auch in einer ganz umfassenden Weise ein verehrtes Vorbild, weil er für mich der genuine Typus des suchenden, scheiternden, ganz sicheren, ganz unsicheren Künstlers ist.« Frisius wirft ein: »… der viel eher auch einen Stil hat, sogar haben will, als Sie.« Darauf Rihm: »Das ist etwas anderes. Ich muss mich ja nicht ständig in allem nach meinen Vorbildern richten … Ich versuche einmal, was zu erklären: Gemeinhin wird gedacht, wenn jemand jemanden verehrt, macht er das gleiche … Aber man muss einfach begreifen lernen, dass das eher die Art der Verachtung ist – das Nachsprechen.«[165] Drei Jahre später porträtiert der Komponist und Musikjournalist Reinhold Urmetzer den Kollegen Rihm als außerordentliche Künstlerpersönlichkeit, verpackt in einen erkenntnistheoretischen Essay, der auf Schopenhauers Musikdefinition als »einziges Abbild des Willens selbst« hinausläuft. Zur Beglaubigung wird Rihm, wieder einmal, ausführlich interviewt. Abermals widerspricht Rihm, wenn er nicht gerade gänzlich in Schweigen versinkt und aus dem Fenster schaut.

Vier »Markenzeichen« findet Urmetzer für die Musiksprache Rihms. Die frühe Auseinandersetzung mit der musikalischen Tradition sieht er als »neoromatisches Anrennen gegen ihre Denkmäler und Monolithe« an. Folgt zweitens: ein »kreatives Chaos« wilder, leidenschaftlicher Gesten, den »neoexpressionistischen Strömungen in der Malerei der letzten Jahre verwandt«. Drittens: ein »Abbiegen ins Andere«, in unbekannte »helle« oder »dunkle Stellen«, was einhergeht mit dem Eindringen in die Formenwelt anderer Komponisten und die »Verwendung gegensätzlicher Stilarten«. Viertens, schließlich: das Erreichen eines »Endes der Geschichte«, markiert als »Ende der Moderne«.[166] Auf eine biographische Fundierung dieser Thesen verzichtet Urmetzer, zum Beleg zieht er hauptsächlich Kammermusikstücke heran. Anders Josef Häusler. Er verfasste für das Programmbuch der Luzerner Festwochen 1997 ein Rihm-Porträt, in dem erstmals dessen »kaum noch überschaubares Œuvre« – ein »Œuvre von amazonashafter Mächtigkeit und Breite« – in drei voneinander scharf abgegrenzte Schaffensphasen gegliedert ist. Dieser Text wurde mehrfach nachgedruckt. Häusler belegt seine Drei-Perioden-Theorie – und widerlegt sie zugleich – mit einer beeindruckenden Fülle analytischer Werkbeschreibungen. Wie bei jeder A-priori-Theorie klemmen in diesem Praxistest die Schubladen. Etliche Aspekte der Rihmschen Musik fallen heraus, viele Stücke passen nicht hinein. Häusler hat das vermerkt. Er schreibt, einleitend, sich selbst einschränkend: »Verfestigung wäre für ihn (Rihm) der Tod der Erfindung. Daher mag es in seiner schöpferischen Bahn wohl je und je gewisse Kondensationspunkte geben, aber es kommt zu keiner eigentlich linearen Entwicklung …, die in überblickbarer Konsequenz von einem Startpunkt her sich auf ein Reifeziel richtete.«[167] Sechs Jahre später, in der verkürzten, überarbeiteten Fassung dieses Textes, liest sich das schon anders: »Eine lineare Entwicklung, bei der das jeweils Neue in bruchloser Konsequenz aus dem Voraufgegangenen entstehe, kennt Wolfgang Rihms schöpferische Laufbahn nicht. Trotz aller Kontrastfähigkeit in Konzeption und Sprache jedoch existieren übergeordnete Linienzüge, deren Verlauf sich grob mit der Folge der Dekaden deckt.«[168]

Die erste Periode begrenzt sich, nach Häusler, auf die Siebzigerjahre. Er nennt sie die »romantisierende Periode«, gekennzeichnet durch »eine Art Sturm und Drang«. In diesem Zeitraum habe sich Rihm an der deutsch-österreichischen Musiktradition Beethovens, Bruckners, Mahlers und Schönbergs orientiert, beseelt von subjektiv emotionalem Ausdruckswillen, gelenkt von einem narrativen Impuls. Die zweite Periode bricht an mit den Achtzigerjahren, in denen Rihm sich auf ein »Denken gleichsam in Klanginseln« zurückgezogen habe; Häusler spricht von einer reduzierten »spezifischen Punktklang-Ästhetik« der Rihmschen Musik in dieser Phase, bezogen beispielsweise auf den mehrteiligen »Chiffre«-Zyklus. Kennzeichnend für diese Phase sei auch eine »geistige Parallelität zu Luigi Nono«. Die dritte Periode betrifft die Neunzigerjahre, somit die für Häusler unmittelbare Gegenwart. Entsprechend wird seine Definition unscharf: Es seien nunmehr »Zeichen eines neuen Flusses« bemerkbar, »ohne dass darum die Errungenschaften der ›Punkt-Phase‹ gänzlich beiseite gesetzt würden, auch Reminiszenzen an die romantisierende Periode blitzen hin und wieder auf«.

Fast alle seither formulierten Würdigungen und Einzelstudien zum Schaffen Wolfgang Rihms beziehen sich auf diesen Häuslerschen Text, zitatweise oder paraphrasierend. Differenzierungen, die Häusler selbst in seiner Erstfassung geäußert hatte, fallen dabei unter den Tisch. Bis hinein in die jüngste Version des Wikipedia-Eintrags schreibt sich diese Rezeptionskonstante fort. Auch Wikipedianer teilen gerne in drei Stilperioden ein, sie rechnen, im Falle Rihms, wie einst Häusler, in Dekaden. Nur die letzte, dritte Periode verlängert sich quasi automatisch, sie franst aus, die Kriterien werden unscharf. Das liegt daran, dass inzwischen weitere Dekaden vergangen und mindestens vier, eigentlich schon fünf Rihmsche Schaffensperioden hätten definiert werden müssen. Gewiss gibt es jede Menge Veränderungen im Lauf eines Komponistenlebens, neue Erfahrungen und Begegnungen, wechselnde Affinitäten, wachsende Erkenntnisse und Interessen. Aber es gibt eben auch Kontinuität, der Mensch bleibt, das gilt auch für Musiker, mit sich identisch. Ein »Lebenswerk« in Schubladen zu sortieren, führt dazu, dass alle Aspekte außen vor bleiben, darunter auch Wichtiges oder Schönes, das nicht hineinpasst. Und wenn ein Gesamtwerk schon, zum besseren Verständnis, nach Perioden gerastert werden muss – wieso sind es nur immer drei? Das kann nur zahlenmystische Gründe haben. Die Drei steht für alle guten Dinge, seit der Spätantike, nicht erst seit Hegel. Auch Beethovens Werkkatalog hat sich einer Drei-Perioden-Theorie einpassen müssen.

By the way: Beethoven hat nie geheiratet. Rihm dagegen heiratete drei Mal. Zum Kapitel Rihm privat sind noch einige Eckdaten nachzutragen, die zum besseren Verständnis seiner Musik vielleicht nicht viel beitragen, aber teils wichtig sind, teils schön. Rihm ist ein geselliger Typ, er ist selten allein – und er isst auch ungern allein. Viele Geschichten, die über ihn erzählt werden, beginnen deshalb mit irgendeinem Restaurant-Tipp oder einem Weinkartenreferat. Auch war er nur für kurze Phasen in seinem Leben unbeweibt. Bereits zu Schulzeiten waren ihm die Herzen von allein zugeflogen, wie sein Freund Thomas Rübenacker flachst: »Ich sah, glaube ich, besser aus. Aber er hatte trotzdem, was mich manchmal geärgert hat, immer das schönere Mädchen.« So ist es dann auch wohl geblieben. Auf Schulfreundin Andrea folgte, wie bereits erwähnt, Studienfreundin Angelika, mit der er eine Zeit lang zusammenlebte, zwar noch ohne Kinder, aber sie hatten schon einen Hund, einen freundlichen, strubbeligen, schwarzen Mischling. Die Ehe mit der Kunstrestauratorin Johanna hält immerhin acht Jahre. Die Rede ist von ausgiebigen gemeinsamen Museumsgängen. Dann gehen die beiden wieder auseinander, Sohn Sebastian bleibt bei der Mutter. Anfang der Neunziger heiratet Rihm ein zweites Mal. Diesmal ist es Rübenacker, der ihn mit einer neuen großen Liebe zusammenbringt, sie heißt Uta Frank, ist Psychologin in Karlsruhe, man geht gemeinsam abends aus, geht getrennt nach Hause, da bleibt sie stehen vor einer großen Limousine in der Annahme, es sei die seine, weil ein solch wichtiger und bekannter Komponist auch ein stattliches Auto haben müsse. So geht das los. Rihm hat nie die Zeit gefunden, einen Führerschein zu machen. Er braucht keinen. Er lässt sich fahren, von seinen Freunden oder seinen Frauen, oder er nimmt ein Taxi oder er geht zu Fuß. Uta Frank ist die Einzige, der Rihm, in aller Öffentlichkeit und »in Liebe«, ein großes Stück widmet: das 1988 vollendete achte Streichquartett. Eigentlich war es längst anderweitig »verwidmet«, nämlich an das uraufführende Arditti Quartet. Wie auch immer, in einer öffentlichen Rede zu dieser Komposition, bei seinem Bilder-Vortrag 1990 im Kölner Museum Ludwig, sagt Rihm: »Vielleicht sind es sowieso nur Blicke, aus denen diese Musik besteht. Die nachgezeichneten Blickrichtungen – so bringt jeder Mensch sein tägliches Melodienquantum hervor; auch in der Nacht, in den Traumphasen, zeichnen sich seine Blicke als eine eigene Umschrift. Hörbar wird anderes. (für Uta).« Diese Quartettmusik ist eine Geräuschmusik, darin die praktische Arbeit des Komponierens hörbar gemacht wird: der Klang von zerknülltem Papier, das Kratzen des Stiftes. Mehrfach benützen die Musiker ihre Bögen wie lange Griffel, einmal heißt es ausdrücklich in der Vortragsanweisung: »alle schreiben mit der Spitze des Bogens auf das Notenpapier: con amore!« Am 3. Juli 1992 wird die Sache dann amtlich gemacht, in einer fröhlichen Hochzeit. Vier Jahre später, am 22. Februar 1996, schenkt Uta der gemeinsamen Tochter Katja Sophia das Leben. Dieses Familienglück ist von einer gewissen Dauer, einundzwanzig Jahre lang bleiben die beiden zusammen, auch wenn man ab irgendwann wieder eigne Wege geht, mit anderen Partnern. Aber sie lassen sich nicht scheiden, sie bleiben verheiratet, bis Uta stirbt, nach kurzer schwerer Krankheit, im Dezember 2013. Zu diesem Zeitpunkt gibt es längst eine neue, feste, treue Lebensgefährtin an Rihms Seite. Am 4. Oktober 2017 heiratete er zum dritten Mal. Verena Weber, geborene Speck, kommt ebenfalls aus der Kunstszene. Sie hat Kunst studiert, einen Kunstverein geleitet, zwischenzeitlich als Stewardess gearbeitet, nebenbei drei Kinder großgezogen, und zeichnet heute noch, ab und zu. Als Rihm sie kennenlernt, im Januar 2008, stellen beide sehr schnell fest, dass sie einander eigentlich schon kannten. Sie waren einander vor einer Ewigkeit einmal zufällig begegnet, in einem Zugabteil, auf der Fahrt von Karlsruhe nach Freiburg. Er weiß noch: Sie trug einen gelben Mantel. Sie weiß noch: Er roch gut. Dass sie damals viel geredet und heftig geflirtet haben, daran erinnern sich beide. Hatten es aber versäumt, Adressen auszutauschen, ein Fehler, der nun beim zweiten Zufallstreffen, auf einer Kunstveranstaltung im Karlsruher ZKM (Zentrum für Kunst und Medientechnologie), korrigiert wurde. »Wie wichtig sind Dir die Menschen, auch im Vergleich zur Kunst?« – das war eine der herrlich indiskreten Fragen, die Urmetzer Mitte der Achtzigerjahre in seinem Porträtgespräch mit Rihm gestellt hatte. Der antwortete zunächst ausweichend: »Du siehst, auch auf diesem Gebiet: verschiedene Vollkommenheitsgrade.« Urmetzer bohrt weiter: »Könntest Du auf die Liebe verzichten?« Rihm: »Ich glaube nicht.« Frage: »Kannst Du lieben?« Antwort: »Ich glaube ja.« Urmetzer: »Du glaubst also, zur Liebe gehören immer zwei?« Rihm: »Mindestens. Zur Annahme, zur Abwehr, polar.« Urmetzer: »Und die Ich-Liebe, sie gehört auch dazu?« Rihm: »Natürlich, du kannst nur befriedigen – jetzt nicht nur im reinen Gefühlsausdruck, sondern auch physisch –, wenn du dich selber in diesem Moment befriedigst. Ich weiß nicht, ob man durch reinen Altruismus Liebe vermitteln kann.«[169]

Rihm selbst hält überhaupt nichts vom Evaluieren der Lebens- und Schaffensphasen. Dies teilte er in einem Briefwechsel dem Musikwissenschaftler Klaus Kropfinger kategorisch mit. Kropfinger, Spezialist unter anderem für Beethovenrezeption, erkundigte sich bei ihm nach der Einschätzung von Arnold Schönbergs expressionistischer und zwölftöniger Phase. Rihm antwortet, ihm sei eine »Unterteilung eines Gesamtwerkes« grundsätzlich suspekt, denn es gebe »keine Note, die nicht gleichnah zur Mitte stünde«. Siehe »die irreführenden Reden vom ›neuen Nono‹ etc.«, siehe sogar auch das »Werk eines den

Wandel thematisierenden Komponisten, wie Strawinsky«. Er beendet den Brief mit den Worten: »Ich gehe jetzt ins Orchesterkonzert, um jene Figuren, Doppel und Prismen von Boulez zu hören, in denen Schönberg alles andere als ›mort‹ ist. Gerade da lebt er auf, falls er je tot war. Ich glaube auch, dass jeder Künstler, wenn er stirbt, erst einmal auf eine produktive Weise tot ist. Seine Gebote (ob von ihm errichtete oder von Exegeten ergangene) sterben sofort ab. Das Gegeneinander-ausgespielt-Werden ist der Preis der Zeitgenossenschaft.« Nachts, nach der Rückkehr aus dem Konzert, bevor er den Brief abschickt, hat Rihm noch ein versöhnliches Postscriptum hinzugefügt. Es lautet: »Lieber Herr Kropfinger, sicher habe ich ganz anderes sagen wollen; wie beim Abschluss einer Komposition habe ich auch jetzt das Gefühl, gar nicht an das, was ich eigentlich hätte sagen wollen, gerührt zu haben. Apropos: meine Oper ist vor fünf Tagen fertig geworden; ich begreife es noch gar nicht – «[170]

Das war knapp. Kaum drei Monate blieben dem Dirigenten Ingo Metzmacher, um das neue Werk mit Chor, Bewegungschor sowie acht Sänger- und Schauspielersolisten nebst rund hundert Statisten und einem Orchester aus achtundvierzig Einzelstimmen einzustudieren. »Die Eroberung von Mexico«, eine epische Parabel über Männer und Frauen, Krieg und Liebe, wurde uraufgeführt am Sonntag, den 2. Februar 1992, in der Hamburgischen Staatsoper. Regie führte Peter Mussbach. Die Hauptrollen, Cortez und Montezuma, wurden gesungen von Richard Salter und Renate Behle. Der Vollständigkeit halber sei erwähnt, dass dieser Termin zwei Mal hatte verschoben werden müssen. Offiziell arbeitete Rihm daran vier Jahre. Die Idee dazu verfolgte ihn aber schon seit »Tutuguri«, seinem ersten »Musiktheater nach Artaud«.

Die Uraufführung wurde zu einem fast ungetrübten Erfolg. Vier Rundfunkanstalten übertrugen das Ereignis live, rund hundertzwanzig Musikkritiker reisten zur Premiere an. Es gab nur gute Kritiken, teils rückhaltlos jubelnde. Einige Buhs sollen wohl doch vom Rang heruntergerufen worden sein, die, so schrieb Kläre Warnecke in der *Welt*, der »enthusiastische Beifall jedoch bald schluckte«. Hans-Klaus Jungheinrich erklärte in der *Frankfurter Rundschau*, Rihm habe sich »mit der ›Eroberung von Mexico‹ unwiderruflich in die Operngeschichte eingeschrieben«. Heinz Josef Herbort beschwerte sich in der *ZEIT*, dass von den nur sieben angesetzten Aufführungen dieser »seit langem wichtigsten Produktion« eine gestrichen worden sei. Und sogar Klaus Umbach vom *SPIEGEL*, der Meister ätzender Pointen, zeigte sich mild begeistert: »Moderne Musik erscheint selten so zart besaitet. Wolfgang Rihm, als Poltergeist der Avantgarde bestens in Verruf, hält sich diesmal zurück. Er lärmt berückend leise.«[171]

Das trifft sogar zu. Zwar nicht für alle Szenen, Bilder und Gestalten dieses knapp zweistündigen Einakters, der einen historischen Völkermord verhandelt und unaufhaltsam auf ein brüllend blutiges Schlachtengemälde zusteuert. Aber doch, zum Beispiel, für das finale Duett der beiden Hauptfiguren, Cortez und Montezuma, Mann und Weib, Eroberer und Besiegte, die beide untergehen. Als sie tot sind und alles aus ist, singen sie miteinander a cappella noch eine kurze, schwebende, schwerelose Hymne auf die »unerschöpfliche Liebe, die dem Tod entströmt« – ein Pedant zu dem epochemachend unmoralischen Finale aus Monteverdis »L'incoronazione di Poppea«, in dem das mörderische Liebespaar, Nero und Poppea, nachdem sie alle Gegner vernichtet haben, hinreißend sinnlich die Lust und das Leben feiert. Bei Rihm, in der »Eroberung«, geht es eher um Selbstvernichtung. Vor dem Liebestod-Finale hatte bereits, im dritten Bild, auf dem Höhepunkt des Massakers, ein surrealer Versuch zur Vereinigung der beiden Kontrahenten stattgefunden, fortississimo. Der besiegte Montezuma versteinert zur Statue, der Sieger Cortez wird wahnsinnig, ein »schreiender Mann« bricht aus ihm hervor, der in die Montezuma-Statue eindringt, wüste Glossolalien stammelnd, wie sie schon in »Tutuguri« zu hören gewesen waren.

Rund um Montezuma gibt es jedoch viele leise, lyrische Szenen. Auch der Anfang, die erste Viertelstunde der »Eroberung«, ist berückend »zart besaitet«. Von den vielen verrückten Ouvertüren der Operngeschichte, die entweder zu austauschbar sind oder zu unabhängig, banal oder wirr, ist die, welche Rihm für seine fünfte Oper schrieb (die keine Oper mehr sein will), nicht nur die längste, sondern auch die unheimlichste. Sie zieht den Hörer hinein ins Geschehen. Kreist uns ein, kriecht uns unter die Haut. Man kann zusehen, wie die Musik entsteht, aus Herzschlag und Atem. Zunächst lässt sich das nur erahnen. Bongos, TamTam und große Trommel grummeln, während das Publikum hereinströmt, sie sind, durchmischt mit dem Unruhepegel im Saal, anfangs kaum wahrnehmbar. »Ortlos« nennt Rihm diese unregelmäßigen Trommelrhythmen, die sich langsam ausweiten und verdichten zu minimalistischen Mustern, als »Melodie einer Landschaft, die das Gewitter kommen spürt«. Schräg schillernde Streicherflächen landen an, Chorstimmen vom Tonband, die einatmen und ausatmen, nervös hecheln, ängstlich ächzen, es formen sich Wortfragmente, kurz blitzt eine Frauenstimme auf, eine Violine glänzt. Und schließlich, nach zwölf Minuten wachsender Spannung, ist erstmals, »scharf akzentuiert, also ›heiß‹ geflüstert«, das von Antonin Artaud entliehene Mantra zu vernehmen: » männlich – weiblich – neutral«, das im Folgenden zu einem Leitmotiv werden soll.

Rihm hat Artauds 1936 geschriebenen Prosatext *Le Théâtre de Séraphin*, eine Vision über das Körpertheater, zur Grundlage seines surrealen Librettos gemacht. Zweite Textquelle ist Artauds Exposé zu einem Theaterstück in vier Akten namens *La Conquête du Mexique* von 1937, eine dritte liefert ein Gedicht aus dem Zyklus *Raíz del Hombre* (*Urgrund des Menschen*) von Octavio Paz. Außerdem tauchen, im letzten Bild, Textfragmente aus drei

Traueroden auf, in der Nahuatl-Sprache, die den Untergang des Aztekenreichs beklagen und 1523 entstanden sind, vier Jahre nach der ersten tödlichen Begegnung von Cortez und Montezuma. Hauptquelle dieser Collage-Oper aber ist die zupackende, klangredende Musik. Rihm wendet Mittel auf, die er vorher selten oder nie benutzt hat, er arbeitet mit Tonband, Mikrophonen und Raumeffekten. Er habe, das war ihm wichtig, zu erklären, in diversen Vorabinterviews, für die »Eroberung« keine Texte mehr »vertont« im opernüblichen Sinne, wonach erst ein Text vorhanden sein müsse, quasi als Grundlage der Komposition: »Dem war nicht so. Er (der Text) entstand *während* der Komposition.« Und weiter heißt es: »Beim Musiktheater stehen – für mich – die menschlichen Stimmen im Vordergrund der klanglichen Entscheide. Aber ich bin nicht ihr Schneidemeister. Sie sind gleichberechtigte, wahre und nackte Phänomene. Der Klangsatz ist Stimme. Meine Liebe zu virtuell einstimmiger Musik, zu ›polyphoner Monodie‹ leitete die Suche nach einem nicht allein horizontalen Melos. Jeder Akkord will als Melos ausgesungen sein.«[172]

Das »Eroberungs«-Orchester ist dreiteilig, es besteht aus vielen charakteristischen Einzelfarben, die kammermusikalisch wechselnde Allianzen eingehen. Zwei größere Musikergruppen sitzen sichtbar im halb hochgefahrenen Graben, drei kleinere, gemischt aus Trompete, Oboe und diversen Perkussionsinstrumenten, verteilt auf den Rängen. Wie bereits in der »Hamletmaschine« gibt es Figuren mit gespaltener Persönlichkeit. Cortez, der Sieger, ist gleich vierfach vorhanden. Als Bariton, dem zwei mikrophonierte Schauspieler-Sprecher im Orchester als Echo-Schatten folgen. Im dritten Bild vervielfältigt er sich, er wird zu Artauds »Schreiendem Mann«. Montezuma, der Verlierer, wird von einer Sopranistin gesungen: Er ist Frau. Ihm folgen mithin zwei weibliche Schatten: ein sehr hoher Sopran, ein tiefer Alt, beide singen, ebenfalls aus dem Orchestergraben herauf, fast

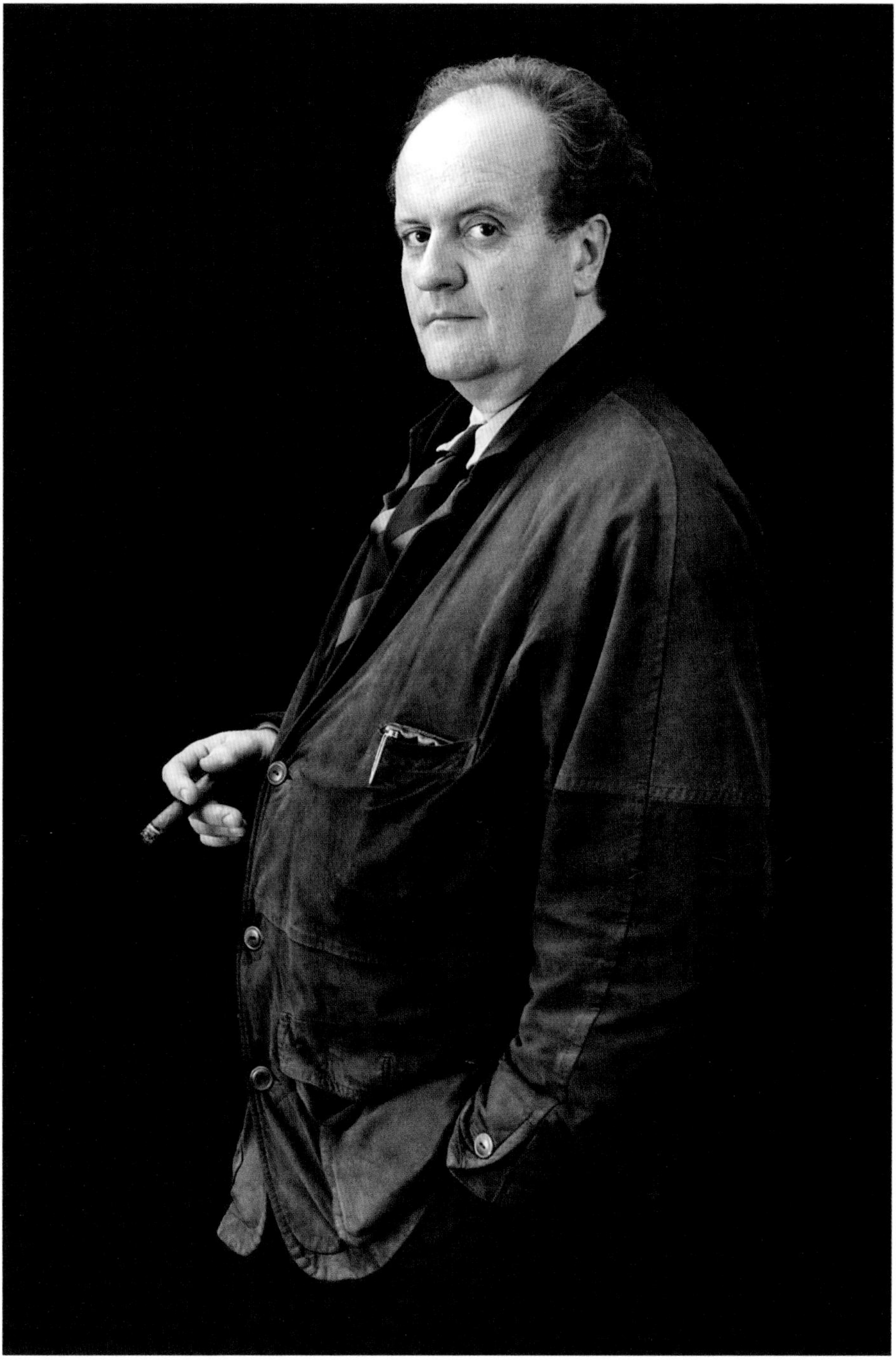

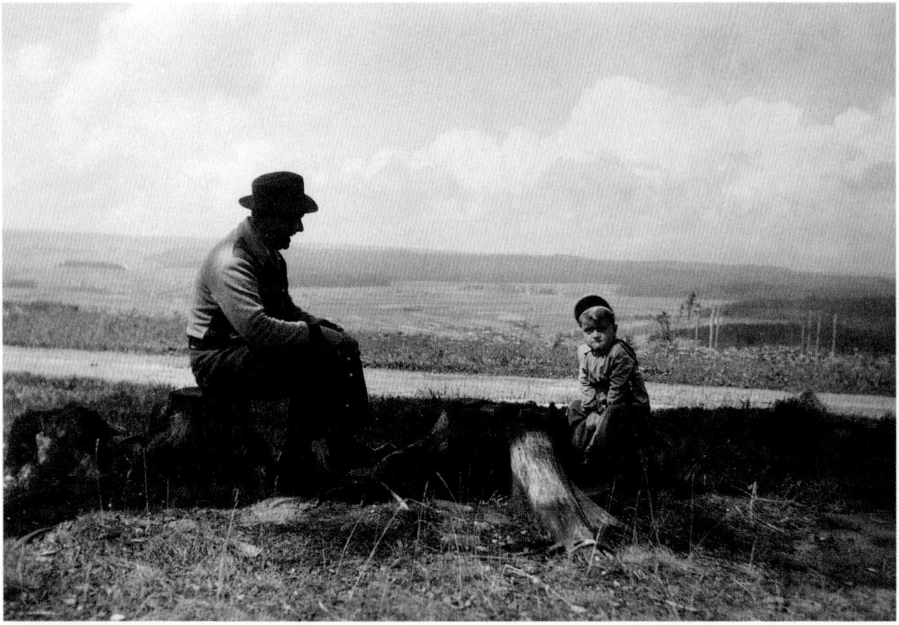

Mit Vater Julius Rihm auf Wanderung

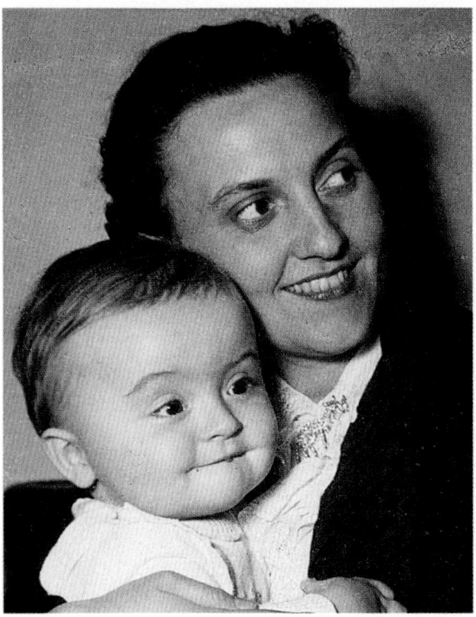

Mit Mutter Margarete Rihm

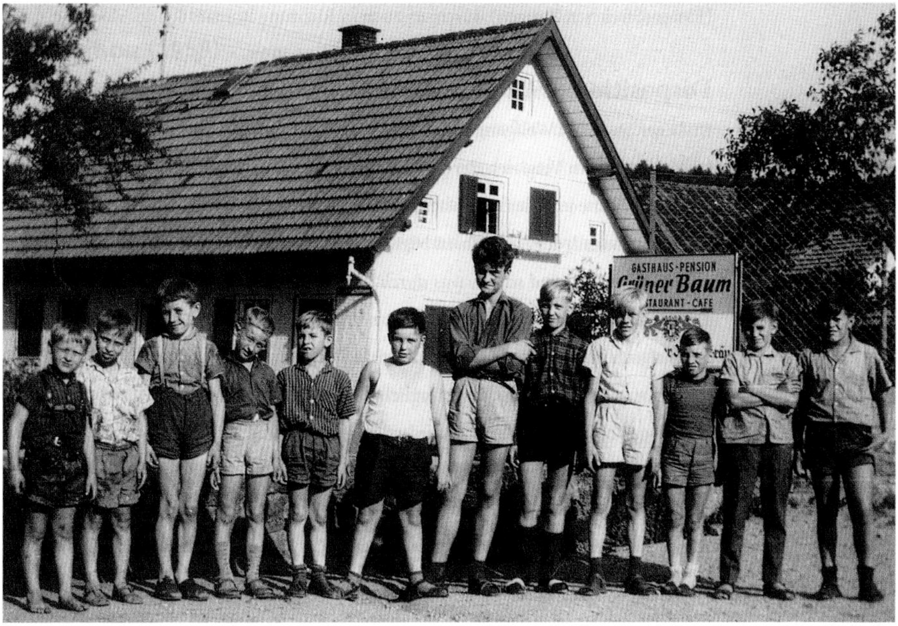

Im Alter von elf Jahren, mit Kindern der Fußballmannschaft Bernbach

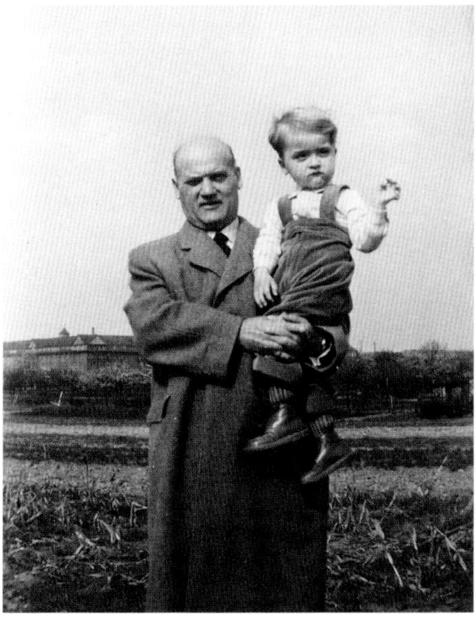

Mit Opa Friedrich Häussler

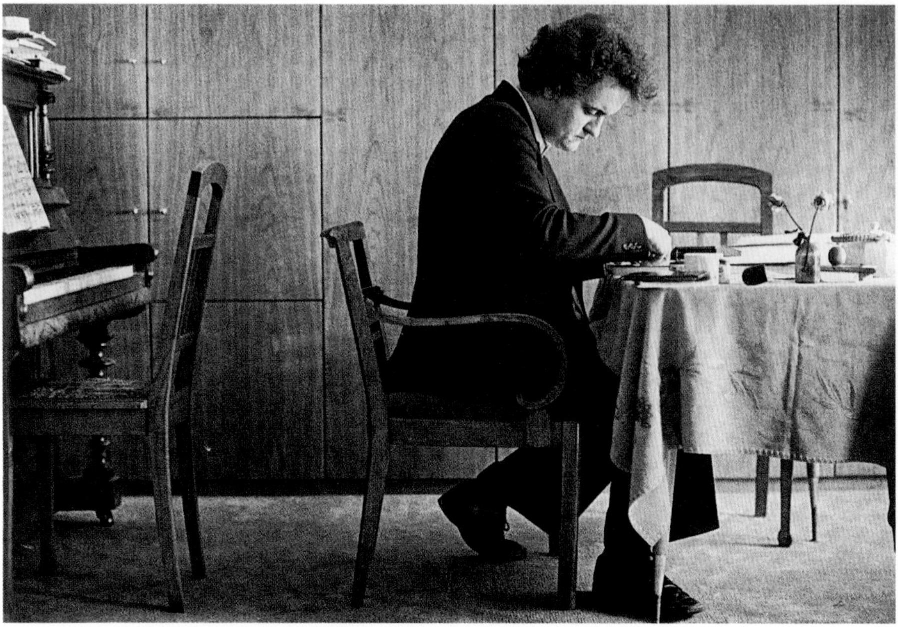

Wolfgang Rihm, 1980

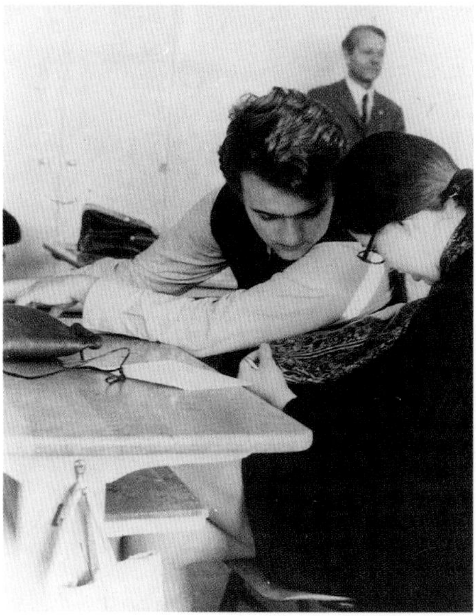

Mit Andrea Schellinger im Klassenraum des Bismarck-Gymnasiums, Karlsruhe, ca. 1969/70

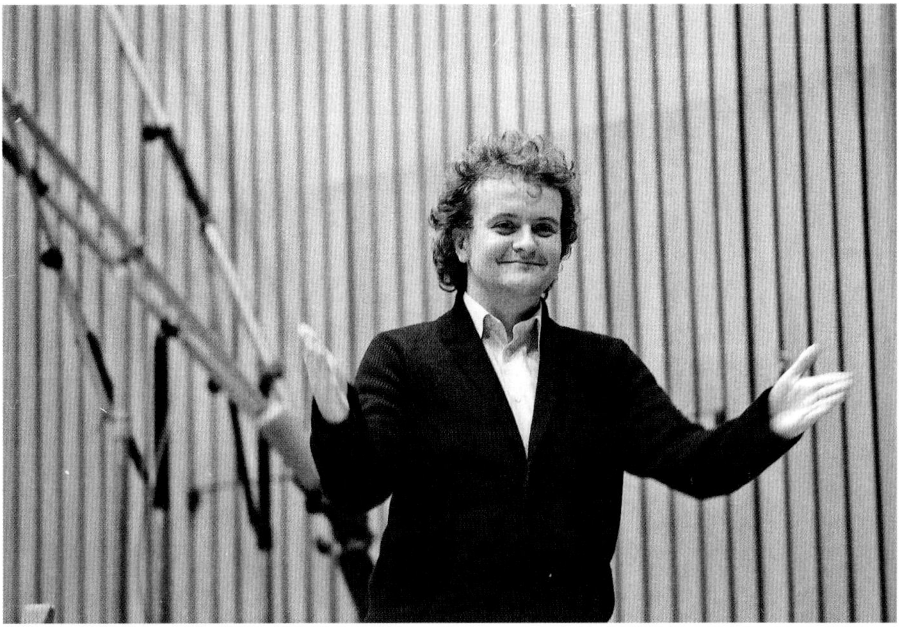

Im Studio, 1980

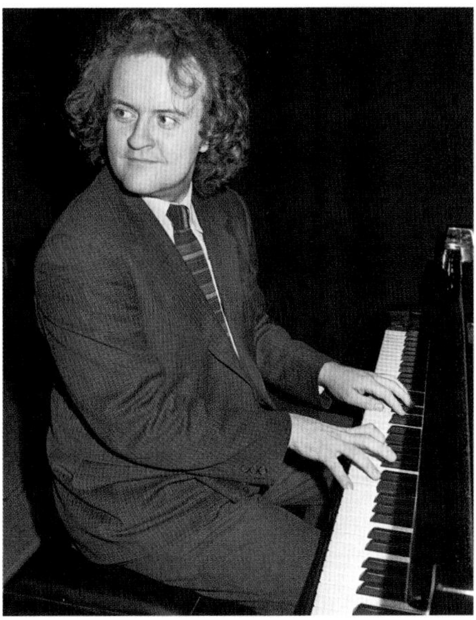

Im Steinwayhaus, Hamburg 1984

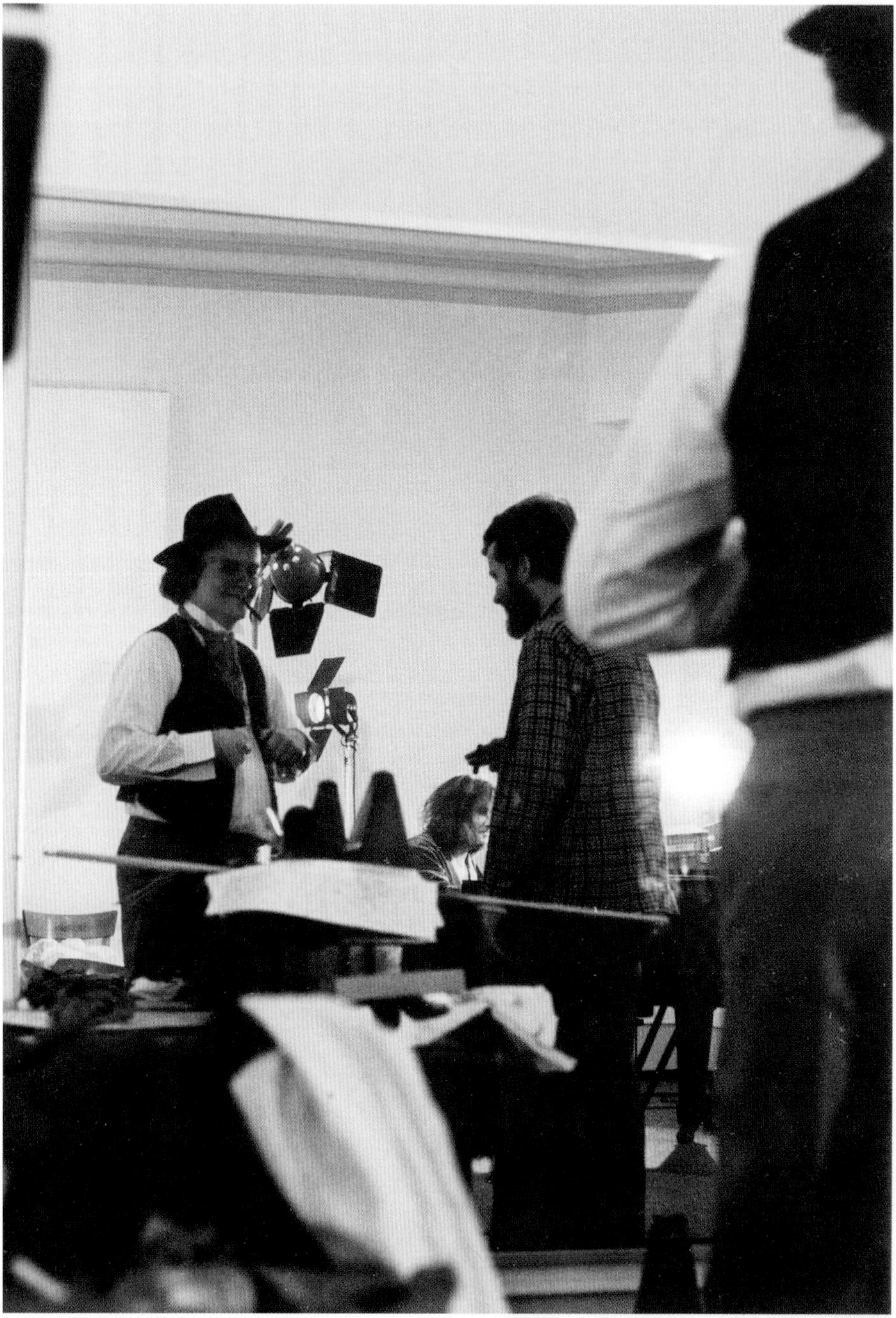

Bei den Dreharbeiten zu *Aber unvollendet* mit Thomas Rübenacker, 1978

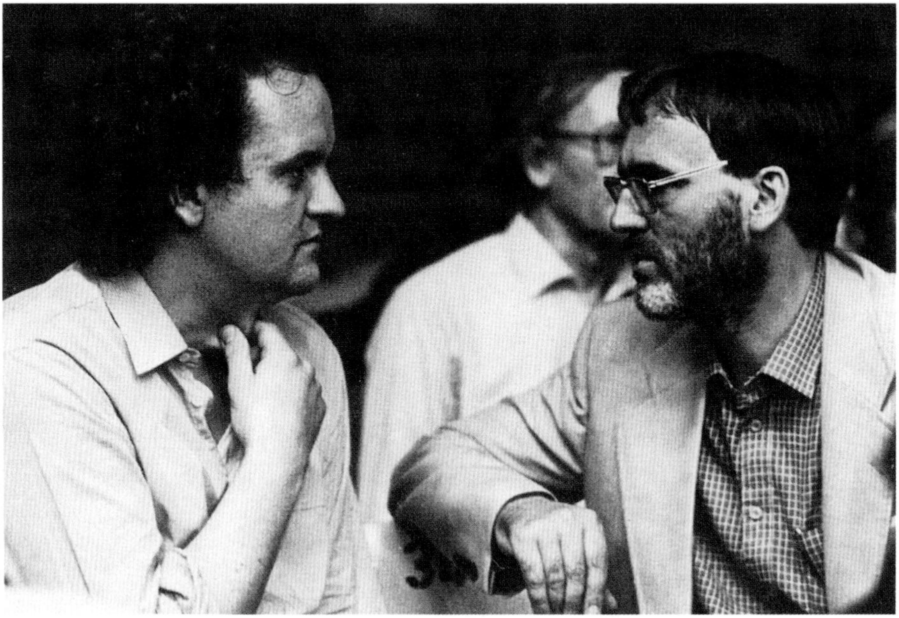

Mit Helmut Lachenmann, Darmstädter Ferienkurse 1982

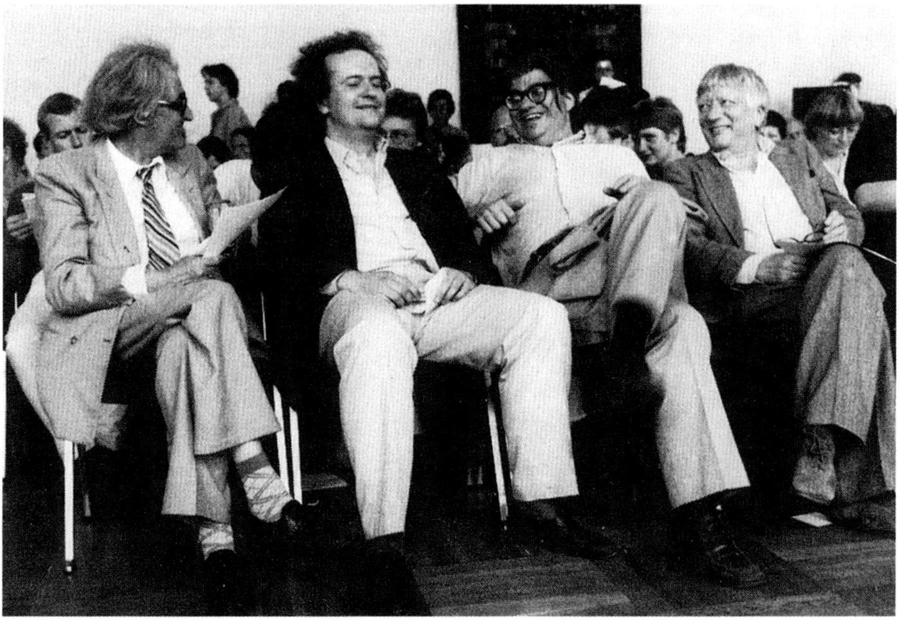

Mit Carl Dahlhaus, Morton Feldman und Heinz-Klaus Metzger, Darmstädter Ferienkurse 1984

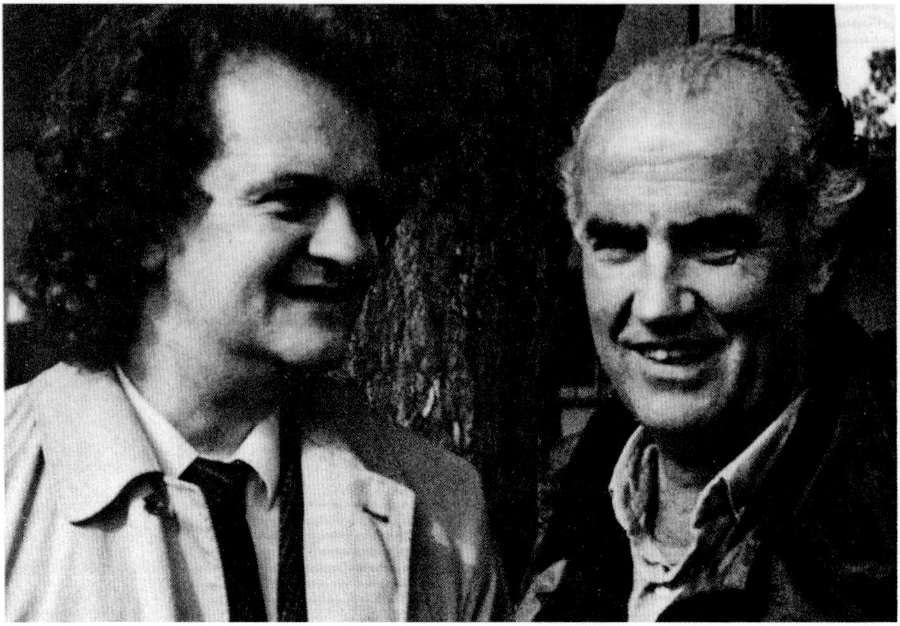

Mit Luigi Nono, Donaueschingen 1982

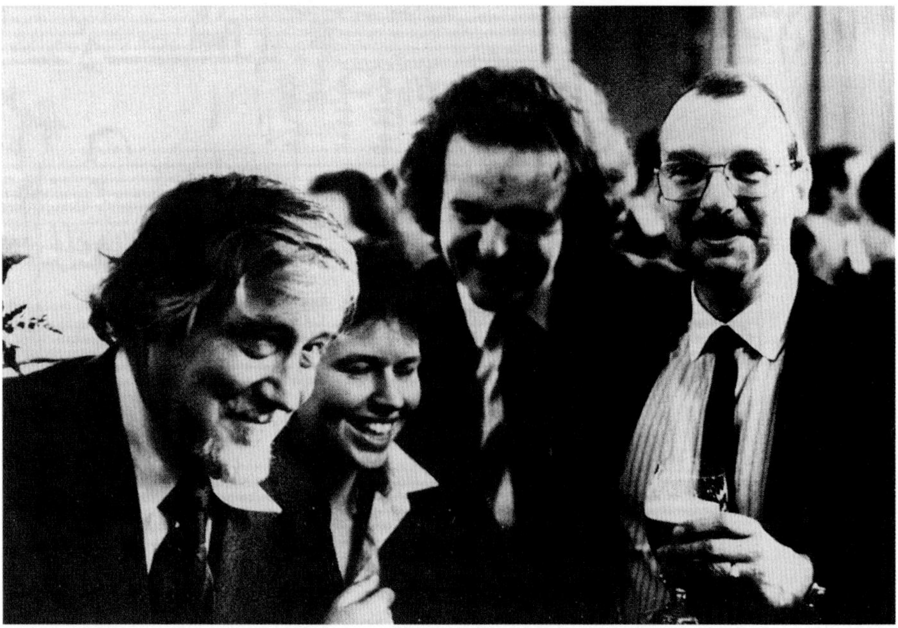

Mit Wilhelm Killmayer, Martina Soll und Aribert Reimann, Berlin 1982

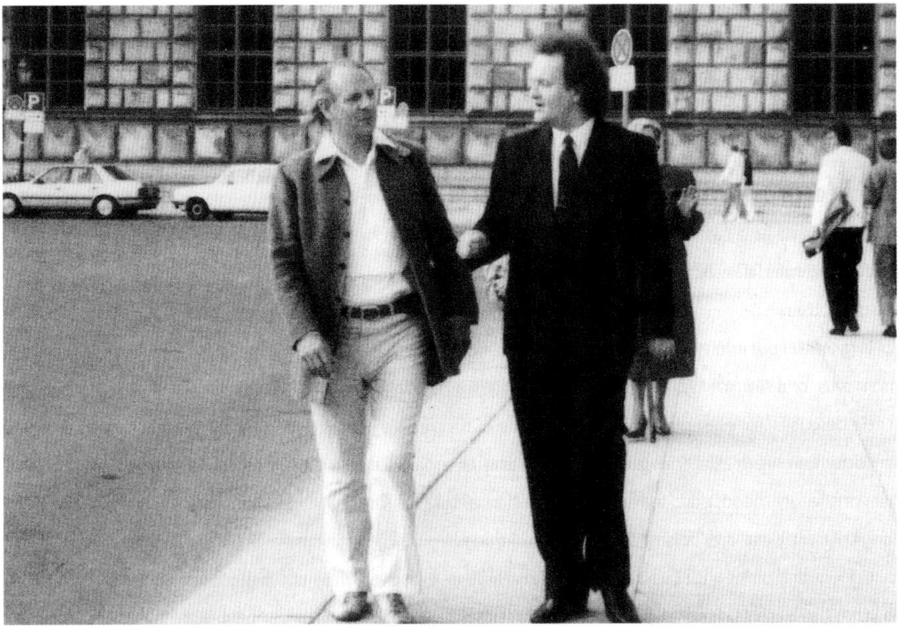

Mit Karlheinz Stockhausen, München 1986

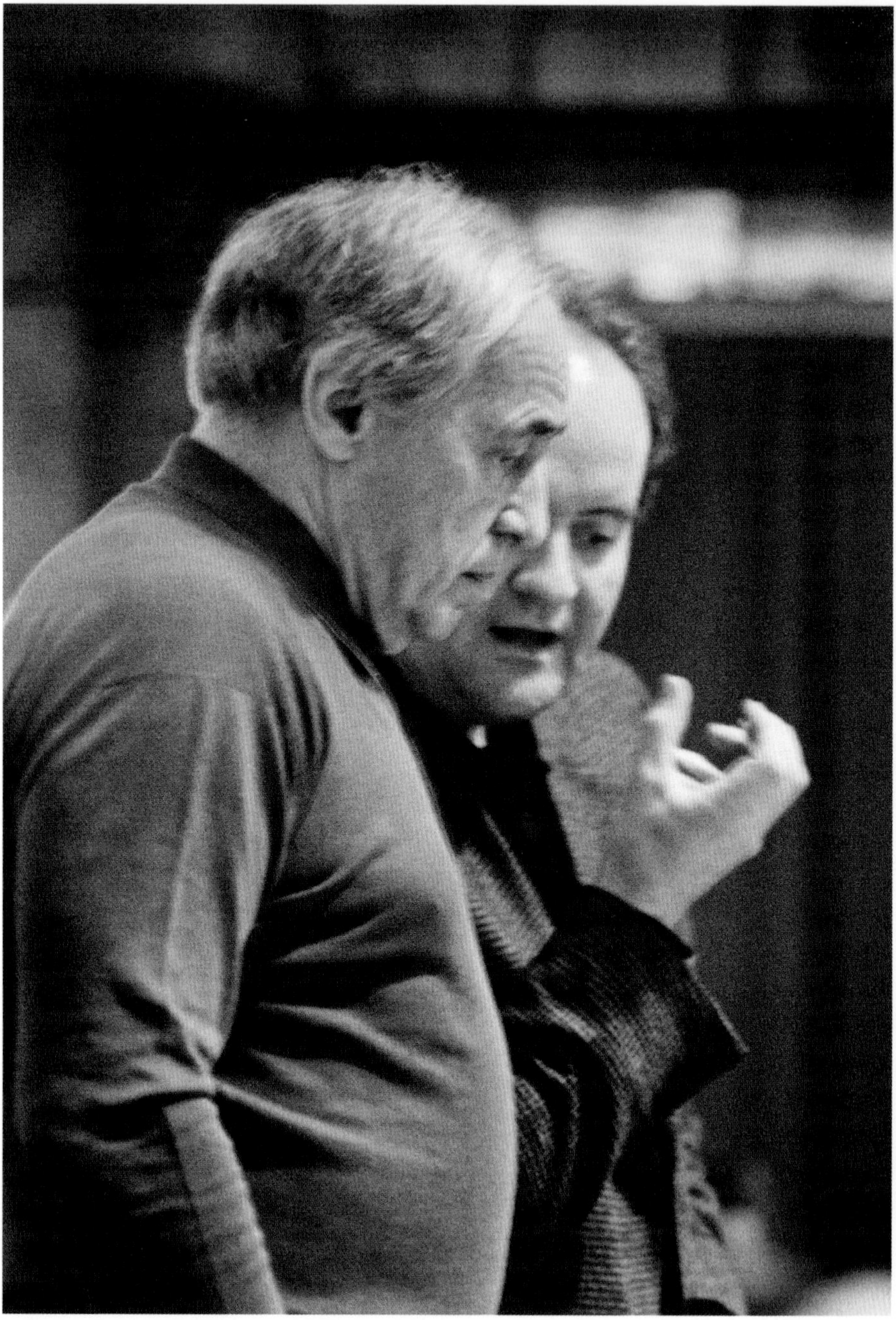

Mit Pierre Boulez, Hotel Römerbad, Badenweiler

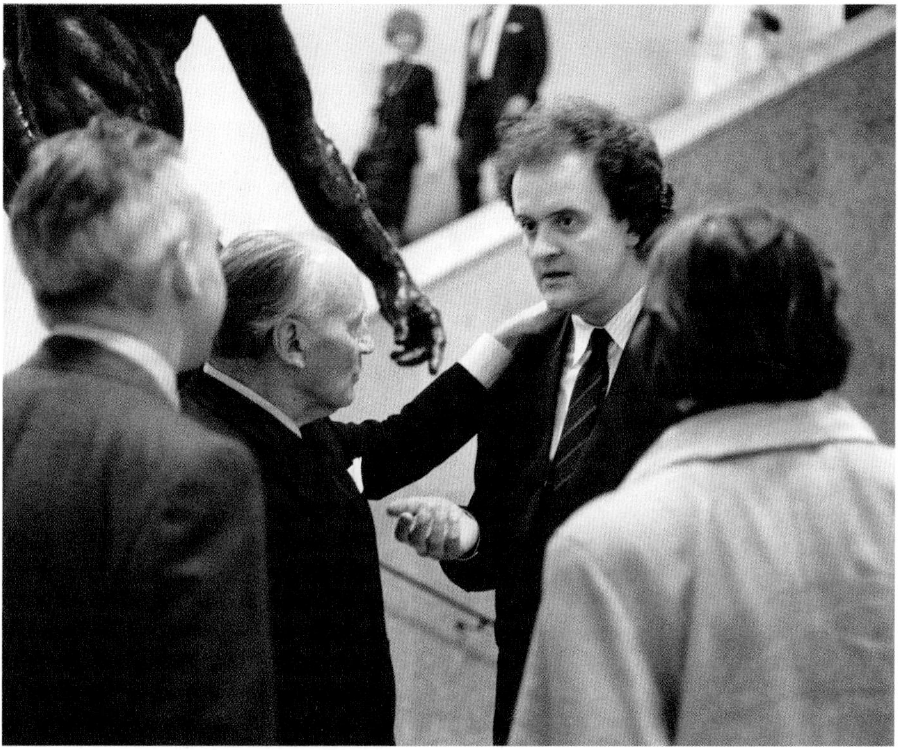

Mit Paul Sacher (2. v. li.) bei der Eröffnung der Ausstellung »Die Musik des 20. Jahrhunderts in der Paul Sacher Stiftung«, Kunstmuseum Basel, April 1986

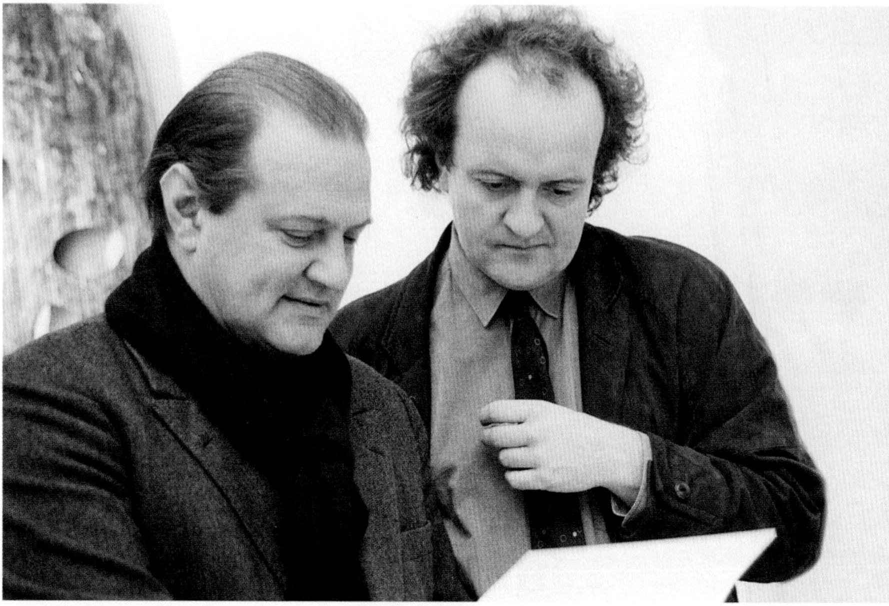

Mit Kurt Kocherscheidt in der Wiener Secession, 1992

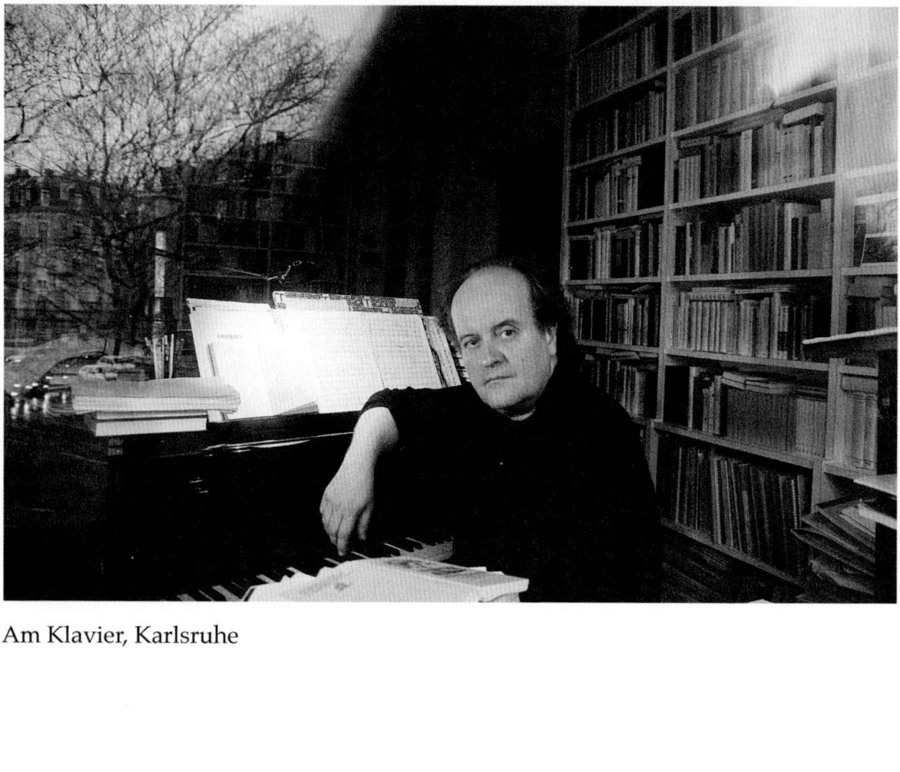

Am Klavier, Karlsruhe

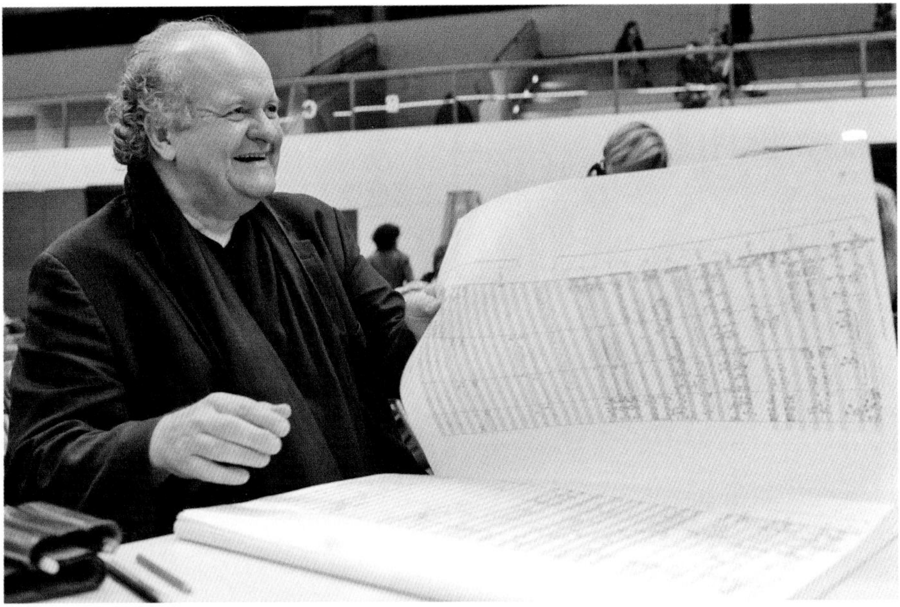

Bei der Generalprobe zur Uraufführung der »Séraphin-Symphonie« bei den Musiktagen Donaueschingen, Oktober 2011

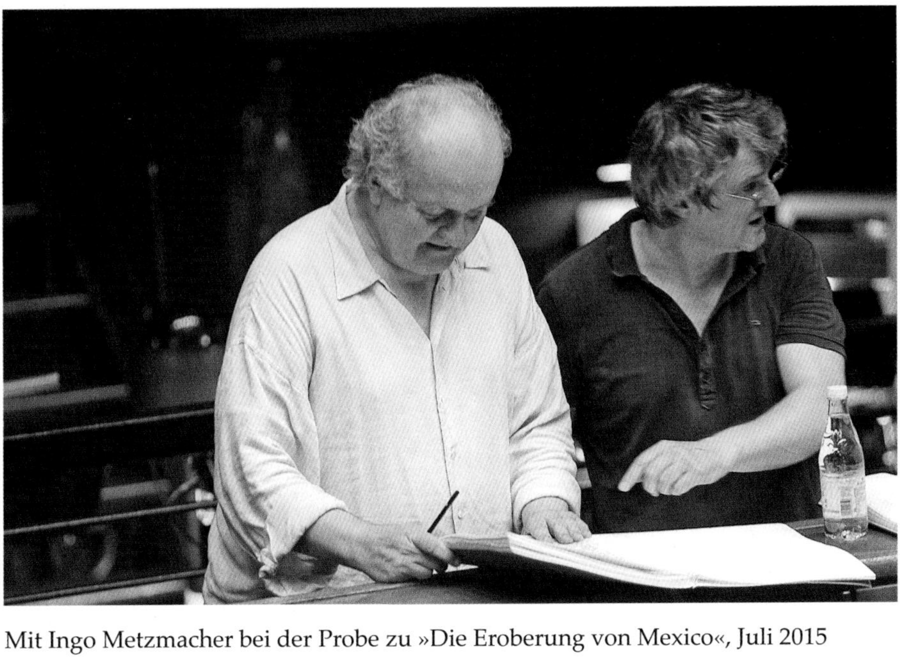

Mit Ingo Metzmacher bei der Probe zu »Die Eroberung von Mexico«, Juli 2015

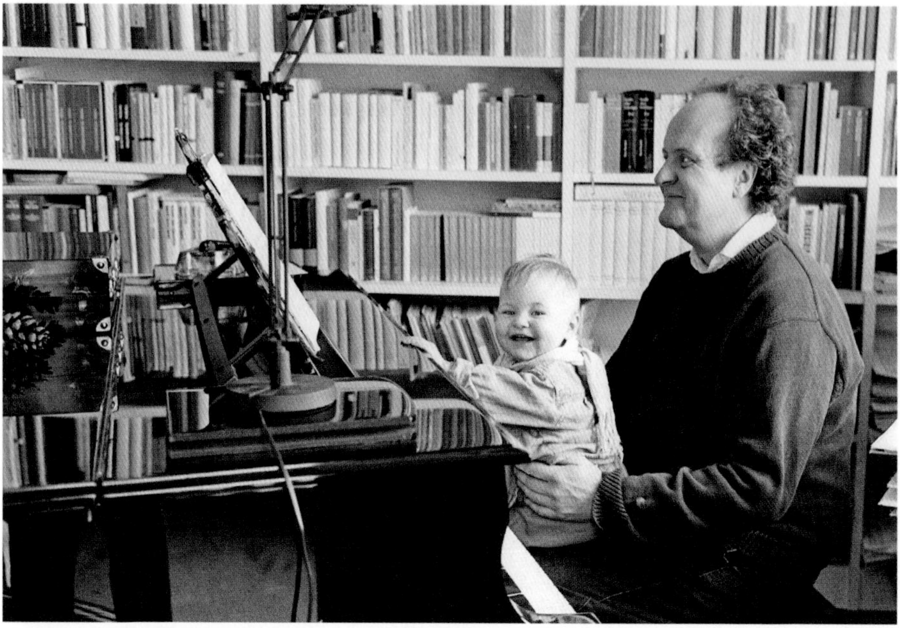

Mit Tochter Katja zu Hause in Karlsruhe

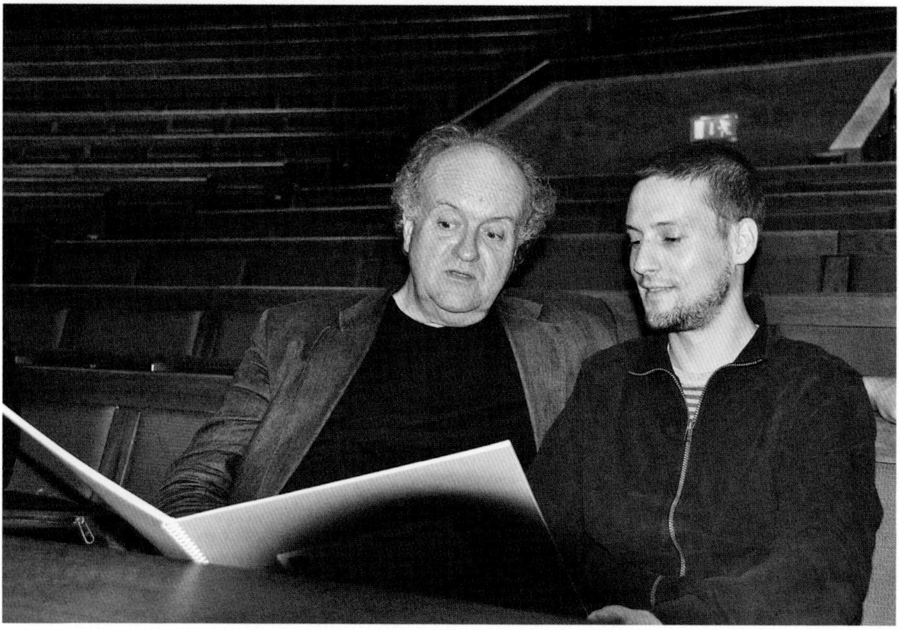

Mit Sohn Sebastian in der Felsenreitschule, Salzburg

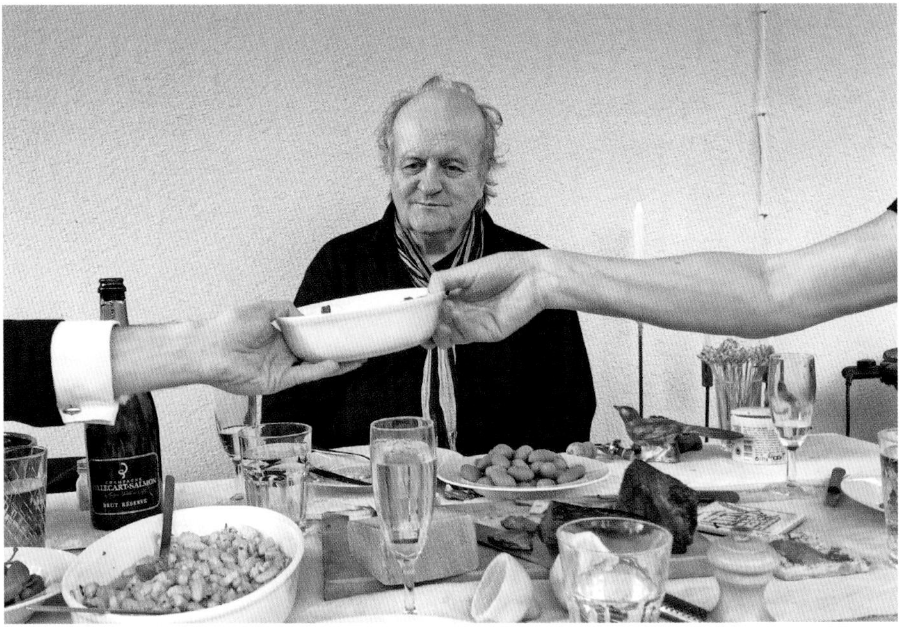

Wieder zu Hause in Karlsruhe, 2017

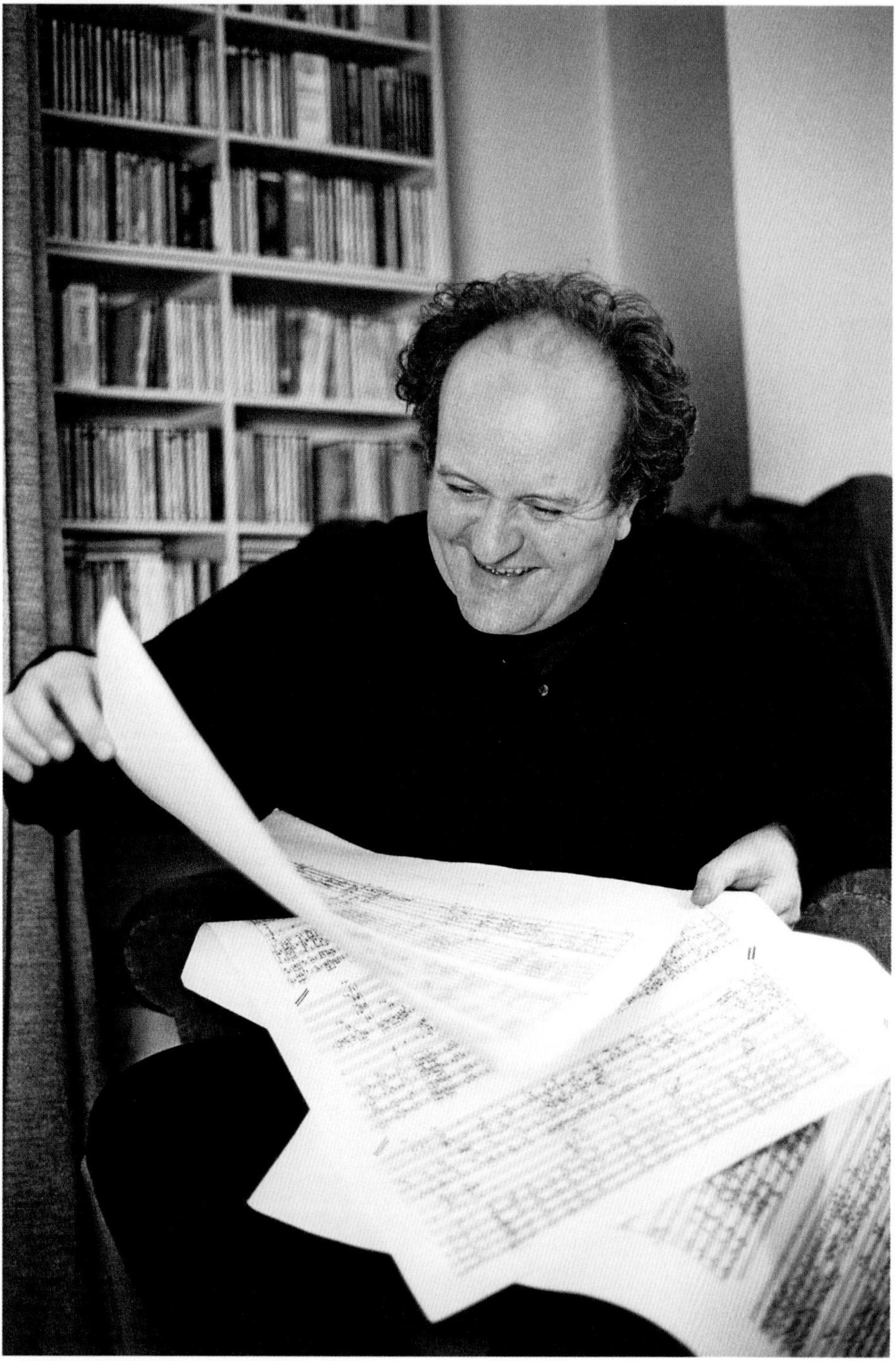

ausschließlich wortlose Vokalisen-Girlanden, »Ahh« oder »Uhh«. Am Ende des ersten Bildes, das »Die Vorzeichen« heißt, weil scheinbar noch Friede herrscht im Aztekenland, vereinigen sich diese drei Frauenstimmen zu einem polyphon eng verhäkelten Madrigal (nach den Versen von Octavio Paz), das von zwei Soloviolinen begleitet wird und wie aus der Zeit gefallen wirkt: eine Insel aus Licht und Schönheit. Typisch weiblich. Und Cortez, mit seinen rau bellenden Gefährten: typisch männlich – sollte man meinen. Doch erschöpft diese von Artaud übernommene Genderkonstellation in »Die Eroberung von Mexico« sich keineswegs in Klischees. Erst recht lässt sie sich nicht abhaken als Gegensatz von Gut und Böse, Unschuld und Schuld. Wobei die Rolle der Guten in diesem Fall dem unterworfenen indigenen Naturvolk zukäme, korrespondierend zur weiblichen Bereitschaft zur Selbstaufgabe, die Rolle der Bösen dagegen den durchwegs männlichen Conquistadores. Doch so einfach ist die Geschichte nicht. Die Azteken waren kein friedfertiges Volk. Man weiß längst, dass der gespenstisch schnelle Untergang dieser Hochkultur möglich wurde durch die innenpolitische Zersetzung des aztekischen Großreichs. Tatsächlich sind es (was den Kolonialismus weder rechtfertigt noch erklärt) nur eine Handvoll Spanier gewesen, etwa ein Prozent der riesigen Armee, die sich an der Eroberung, Plünderung und Zerstörung der Hauptstadt Tenochtitlán beteiligte. Den Rest stellten indianische Stämme. Als ihn ein spanischer Journalist aus Anlass der Aufführung der »Eroberung von Mexico« im Oktober 2013 fragte: »Sollte sich Spanien für die Eroberung entschuldigen?«, antwortete Wolfgang Rihm: »Für Geschichte kann man sich eigentlich nicht entschuldigen. Man kann allenfalls aus ihr lernen. Man muss sie ertragen, aushalten, womöglich an ihr leiden. Ich empfände es als einen Akt von Nachgeborenen-Hybris, für ein Ereignis der Geschichte Entschuldigung zu beanspruchen. Welche Un-Schuld, welche Schuldlosigkeit wäre denn zu erreichen?«[173]

Artaud, der sich seinen eignen Reim gemacht hatte auf die überlieferten Rituale der mexikanischen Ureinwohner, hatte in »Le Théâtre de Séraphin« seine körpertheatralische Vision des Weiblichen definiert als »den Schrei der Revolte«, die »man mit Füßen tritt«, einen Schrei, so »dröhnend und furchtbar, kompakt wie die Luft, die die gewaltigen unterirdischen Gewölbe zumauert«. Dieser starken Weiblichkeit steht die Ambivalenz der Schwäche des Männlichen entgegen: Es sei nur der »Seufzer eines geschlossenen Mundes im Augenblick, wo er sich schließt«. Rätselhaft bleibt auch die Rolle des Neutralen: Es sei einerseits »der Wille, der auf Krieg aus ist«, andererseits gibt es auch »ein Neutrales der Ruhe, des Lichts, kurz, des Raumes« und der »Leere«.[174] Rihm erfindet für die »Eroberung« eine stumme Rolle, die als neutrale Vermittlerin zwischen Montezuma und Cortez ebenfalls scheitert: Malinche, die Übersetzerin.

Im letzten Bild von Rihms »Die Eroberung von Mexico« wird Frau Montezuma durch die Wurfgeschosse der eigenen Landsleute umgebracht, danach verwandelt er / sie sich in eine steinerne Statue. Die Indianer massakrieren die Spanier. Der vervielfältigte Herr Cortez träumt seinen grässlichen, selbstzerstörerischen Traum. Letzteres übernimmt Rihm von Artaud, Ersteres ist seine eigene Lesart des Konflikts. Aber das Stück bildet weder exakte historische Ereignisse ab, noch will es eine Story zur Belehrung und Erbauung der Nachgeborenen erzählen, wie es andere »Montezuma«-Opern getan hatten, von Carl Heinrich Graun bis zu Roger Sessions, und auch die Kritik am Männlichkeitswahn aus feministischer Sicht ist wohl kaum das Kernthema.[175] Vielmehr handelt es sich um eine empathische Antikriegsparabel. Jeder Sieger ist ein Verlierer. Frieden unmöglich. Das ist die Botschaft. In einem Interview hatte Rihm bereits zu Beginn des Kompositionsprozesses geschwärmt: »Das ist ein Prosaentwurf von einem Bühnengeschehen. Ich habe sofort beim ersten Lesen an Artauds kurze Zusammenarbeit mit Varèse denken müssen. Musik, Musik, dieser Text ist Musik. Und trotzdem ist darin das Problem der Invasion, des importierten Kulturwillens, des Imperialismus präsent.«[176] Hat Rihm hier also, nach »Die Hamletmaschine« zum zweiten Mal in seinem Leben, eine politische Oper schreiben wollen, die unmittelbar Stellung bezieht, darin vergleichbar etwa Luigi Nonos »Intolleranza« oder Helmut Lachenmanns »Das Mädchen mit den Schwefelhölzern«? In den mehr als ein Dutzend Inszenierungen, die »Die Eroberung von Mexico« seit der Uraufführung erlebt hat, wurde sie stets so interpretiert. Sie wurde mit indianischen Folklorismen ausgestattet oder in die Nähe der Fluxusästhetik gerückt oder, im Falle der jüngsten Salzburger Produktion in der Regie von Peter Konwitschny, auf einen apokalyptischen Autofriedhof verlegt, auf dem ein aufgeklapptes Reihenhaus steht, in dem gewalttätige Szenen einer Ehe eskalieren, während auf den Videos draußen vor der Tür die Twin Towers in Feuer und Rauch aufgehen. Das alles ist möglich, ja, es bringt die »Eroberung« auch mehr oder weniger signifikant über die Rampe. Rihm selbst hat übrigens nie Einwände gegen Regietheatereinfälle geäußert, hatte er welche, so hat er sie für sich behalten. Direkt im Anschluss an »Die Eroberung von Mexico« aber arbeitete er weiter an einer freien, neuen Musiktheaterform, das, nach den Ideen Artauds, ein Theater ohne Text werden sollte, nur für Körper, Instrumente und Stimmen: eine Oper, die »nicht auf Handlung fußt, sondern selbst Handlung ist«.

In loser Folge und teils großen Zeitabständen entstand eine Werkfamilie von »Séraphin«-Kompositionen, im Untertitel deklariert als »Versuche« und »Zustände«. Immer neue, andere Varianten entstanden, durch Übermalung, Collagierung und Kontrafaktur. Dieses »Séraphin-Projekt« umfasst zehn Werke, weitere acht hängen damit zusammen. Das fing kammermusikalisch an mit einer »Étude pour Séraphin« für vierzehn Musiker – tiefe Posaunen, Kontrabasstuben und Schlaginstrumente, die dann als Zuspielband wiederverwendet wurde in zwei großen text- und handlungslosen Opern-»Zuständen«. Rihms experimentelles Séraphin-Theater ist freilich ein Phantom geblieben, bislang. Erst drei Häuser haben szenische Realisierungen gewagt, ergänzt durch Videos in Frankfurt (1994), episodisch-szenisch Stuttgart (1996) und choreographisch in Berlin (2003). Ein weiterer »Séraphin«-Zustand als »Tanz-Oper mit Text« entstand, unter dem Titel »Séraphin III – I am a Mistake« in Zusammenarbeit mit dem Choreographen Jan Fabre, dessen Truppe und dem ensemble recherche für das Megaron-Theater in Athen, uraufgeführt am 29. November 2007, verfilmt von Chantal Akerman. Im selben Jahr brachte die Künstlerin Rosalie in Karlsruhe die »Étude d'après Séraphin« als Ballettproduktion heraus. Da ging es, als das Zigarettenrauchen in der Öffentlichkeit politisch unkorrekt geworden war, um die Freiheit, sich falsch zu verhalten.[177] Für die Periodentheoretiker unter den Rihm-Exegeten begann damit gleichwohl bereits in den Neunzigern eine neue Schaffensphase. Sie endete vorerst mit einer großen Symphonie für Ensemble und Orchester, uraufgeführt 2011 in Donaueschingen.

Zur Einordnung des Œuvres von Wolfgang Rihm ist noch nachzutragen, dass es, zum Glück, auch andere Ansätze gibt. Für Musikwissenschaftler wie Ulrich Mosch oder Musikkritiker wie Max Nyffeler ist der wachsende Werkkatalog Rihms kein Fundus an Beweismitteln für Stilperioden, vielmehr ein »Kompendium an Möglichkeiten und Techniken zeitgenössischen Musikdenkens«. Nyffeler spricht von »Kraftlinien«, die Rihms Werk durchziehen und fortlaufend »untergründige Zusammenhänge« herstellen: ein Prozess, der vor dem Hintergrund der gesellschaftlichen und politischen Ereignisse zu sehen ist. Veränderte Schreibweisen, etwa der »Fleuve«-Werkreihe, zu Beginn der Neunziger, werden erklärt als »Ausdruck eines Lernprozesses, in dem innere und äußere Realitäten zusammenfließen«.[178]

Mosch, langjähriger Kurator bei der Sacher Stiftung und Herausgeber der Rihmschen Schriften, spricht vom »musikalischen Denken« Rihms und erfindet den Begriff einer spezifisch Rihmschen »Poietik«, die er definiert als »Poetik der Taktilität«. Schon begrifflich ist klar, dass es um die Querbezüge der Musik Rihms zu den Schwesternkünsten geht, zu Roman, Gedicht und Szene, Skulptur, Zeichnung oder Gemälde. Diese Impulse sind an keine bestimmte Lebens- oder Schaffensphase gebunden. Rihms Musiken entstehen, von seinen Anfängen bis ins gegenwärtige Spätwerk, fast immer als Antwort auf die konkrete Erfahrung mit dem Werk eines anderen, eines Dichters oder Malers. Das reicht von den ersten Klavierstücken über die Werkzyklen der Achtziger und Neunziger bis hin zum jüngst vollendeten Violinkonzert, das »Gedicht des Malers. Poème du Peintre« heißt und zu einer ganzen Serie von Max-Beckmann-Impressionen gehört. In diesem Falle »malte« sich der Komponist aus, wie es wäre, hätte der Maler Max Beckmann ein Porträt des Geigenvirtuosen Eugène Ysaÿe gemalt. Mit virtuosem Bogenstrich pinselte Renaud Capuçon bei der Uraufführung in Wien 2015 Linie, Licht und Fläche auf die bewegliche Orchesterleinwand der Wiener Symphoniker.

Haptische Begrifflichkeiten ziehen durch Rihms Schriften, auch da, wo es nicht um seine eignen Musiken geht. Dabei geht Hörbares wie Stimme, Sprache, Klang und Melodie über ins Sichtbare, in Linie und Farbe, Umriss, Wuchs und Gestalt, Schichtung und Übermalung. Im Jahr 1990 steuerte Wolfgang Rihm eine handschriftliche Notiz bei zu dem Katalog einer Berliner Ausstellung über den von ihm verehrten Komponisten Edgard Varèse, darin heißt es: »In jedem der wenigen Stücke dieselben Sätze, Situationen, Gebilde. Als entstammten sie einem immer wieder nachgesprochenen Schock. Das ist nicht Stil, auch nicht Personal-Stil. Es ist die sprechende Person selbst. In Varèses Musik geht es ja auch nicht um Verflechtungen und Übergänge.

Sondern: um Massen, Zustände, Körper und Gestalt. Um den Klang des Klingens als sichtbare, fühlbare, lautliche Skulptur. Das Ungeheuerliche: dass der Klang in die Hand genommen wird. Deshalb sind die Formen auch keine Plannachformungen, sondern … Lebewesen, Organe, aus Schnitten / Gegenschnitten gewonnene Abläufe, die ihren Antrieb aus sich selbst erhalten, eigengesetzlich. Für mich ist Varèses Musik, mit der Debussys, Schönbergs, Feldmans und Nonos, die freieste dieses Jahrhunderts.« Wie bei jedem aufrichtigen Bekenntnis spiegelt sich in diesen Sätzen zunächst das Selbstverständnis des Bekennenden. Wenn er über die Musik Varèses schreibt, dann schreibt Rihm zum Teil auch über sich selbst. Mosch bemerkt: »Wir haben hier alle Attribute versammelt, die Rihms Schaffen – vorsichtig gesagt, zumindest der Absicht nach – kennzeichnen: die Unmittelbarkeit des Sprechens, Musik als lautliche Skulptur, die Arbeit mit Masse und Körper, der direkte, sozusagen handgreifliche Zugriff auf das Material im Kompositionsprozess.«[179]

Einer der für Wolfgang Rihm wichtigsten Menschen, mit denen er sich über den Schaffensprozess austauschte, war der bereits mehrfach erwähnte österreichische Maler und Bildhauer Kurt Kocherscheidt, der sich den Künstlernamen Kappa zugelegt hatte. Diese Freundschaft wuchs sich aus zu einem Werkdialog, der fast zwanzig Jahre andauerte, bis zum frühen Herztod Kocherscheidts. Neun Jahre älter als Rihm, hatte Kocherscheidt zu dem Zeitpunkt, als die beiden einander kennenlernten, noch keinerlei Affinität zur zeitgenössischen Musik an sich bemerken können. Der Tag des ersten Zusammentreffens ist exakt datierbar, es war der 11. Mai 1973. Rihm, frisch zugezogen aus Köln, verschlug es in Freiburg auf eine Vernissage. Es handelte sich um die erste Freiburger Kocherscheidt-Ausstellung, sie wurde noch im Privathaus von Franz und Eva Morat in der Goethestraße veranstaltet. Auch die Morats schlossen Freundschaft mit Rihm. Franz Armin Morat stammt aus einer Unternehmerfamilie, er hatte sich früh als Kunstkenner und -mäzen einen Namen gemacht. Hatte zu diesem Zeitpunkt bereits eine Stiftung für Philosophie und Wissenschaft ins Leben gerufen, jedoch sein Lebenswerk, das Morat-Institut für Kunst und Kunstwissenschaft, wurde erst zehn Jahre später eröffnet. Kocherscheidt, kurz zuvor zurückgekehrt von einer Reise durchs Amazonasgebiet, stand damals gerade eher auf klassischem Tango. »Was passierte, als die auf den ersten Blick so verschiedenen Künstlerpersönlichkeiten aufeinandertrafen? Zunächst mal gar nichts«, so erinnert sich Eva Morat, »man aß, trank, redete, so, wie es bei anderen, die sich bei uns treffen, auch geschieht. Aber dann wurde doch alles ganz anders zwischen Kocherscheidt und Rihm. Bei aller Verschiedenheit hatten sie etwas gemeinsam, eine ungewöhnliche und frappierende Struktur ihres Naturells: eine Mischung aus latentem Jähzorn und hoher Sensibilität. Sie besaßen denselben Furor, gingen aber verschieden damit um. Rihm arbeitet schnell, wie besessen, Kocherscheidt langsam, skrupulös. Eine einmal gefundene Form behält für Rihm ihre Gültigkeit, Kocherscheidt verwirft sie und verwirft sie nochmal. Rihms Schaffen ist ein einziger Fluss. Kocherscheidt hatte immer wieder Angst, die Quelle könne versiegen.«[180]

Der Austausch zwischen Kocherscheidt und Rihm funktionierte auch über größere Entfernungen. Der gute Draht wird von ihnen beiden alsbald bemerkt und mit Staunen und Dankbarkeit quittiert. »Der traut sich was«, soll Kocherscheidt gesagt haben, als er zum ersten Mal eine Musik von Rihm hörte. Er selbst hatte sich, eher kleinmütig, zu jenem Zeitpunkt aufs Fotografieren verlegt und auf Zeichnungen. Zeichnete Pflanzen, Insekten, Landschaften, eine »paläontologische Waldlichtung«. Zeichnete für Rihm eine rund geschwungene, von wulstigen Hügeln gerahmte Klaviertastatur, die wie eine geschützte Bucht erscheint, sich öffnend zu einer weiten Meeresfläche. Er nennt das Bild: »Klavierküste III«. Dann fängt Kocherscheidt wieder damit an, in Öl zu malen, um der Materialität der Farben willen. In einer autobiographischen Skizze, die er 1991 verfasst, wenige Monate vor seinem Tod, erklärt er rückblickend, warum er in der Mitte der Siebziger, nach längerer Pause, wieder zurückgekehrt sei zu diesem größeren, pastosen, aber auch abstrakteren Format. Es sei ihm »ein wenig« so vorgekommen wie »die Wiedererfindung des Rades«, denn: »Die Bilder rücken in die Nähe von Musik ... Langsam begannen sich die Bilder zu verselbstständigen, von mir unabhängig zu werden. Die Gegenstände verloren sich, die Perspektive und die räumlich-körperliche Darstellung verschwanden, während der bislang noch nicht klar formulierte Gedanke, dass nämlich das Kunstwerk und sein Entwurf an getrennten Adressen wohnen, Gestalt annahm.«[181] So weit Kocherscheidt. Morat, als Galerist und Kunstkenner, diagnostizierte rückblickend darin einen zunehmenden Verzicht auf »jegliche Inhaltlichkeit«, er schrieb dies dem Einfluss von Rihms Musik zu.

Umgekehrt rücken die Musiken Wolfgang Rihms noch näher ans Bild. Es ist dies ein bewusster, reflektierter Prozess. Als er Kurt Kocherscheidt kennenlernt, entstehen gerade zwei kleinere Liederzyklen nach Paul Celan. Daneben hat er die großen, sowohl ruhelosen wie auch beunruhigenden Orchesterstücke »Magma«, »Sub-Kontur« und »Dis-Kontur« in Arbeit. Rückblickend spricht er vom »Geräusch der Oberflächen«, dem »Dröhnen der Bild- und Farbflächen«, dem »Tempo der Zeichen«. Diese Formulierung hat Kurt Kocherscheidt seinerseits zitiert und übernommen. Rihm wiederum bekennt sich mehrfach, in verschiedensten Zusammenhängen, dazu, dass er »der sinnlichen Ungefälligkeit und dunklen Schönheit« vieler der Arbeiten Kocherscheidts »enorme Impulse« verdankt.[182]

Anfang der Achtziger beginnt Rihm mit der Komposition des »Chiffre«-Zyklus. Es handelt sich um Kammermusiken in unterschiedlichen Besetzungen, für drei bis siebzehn Spieler, die sich um das obligate »Schlaginstrument« Klavier herum gruppieren und entsprechend vertikal gedacht sind. Nicht ausschließlich: Es kommen auch horizontale Linien vor, quasi Gesungenes, beispielsweise Liegetöne, die sich zu Melodiefetzen fügen. Oder, neben langen Pausen, bläsergetragene Figurationen, etwa in »Chiffre II« (mit dem Nebentitel: »Silence to be beaten«), oder wie ein Zitat wirkende Motive, in »Chiffre III« oder »Chiffre IV«. Doch eine aus der Linie sich ergebende Entwicklung findet nicht statt. Vielmehr geht es Schlag auf Schlag: auf Anschlag, Akkordschlag, Trommelschlag, Trillerpfeifenschrei und Signalruf, auf gehämmerte Tonrepetitionen und einzelne Zeichen, in scharf geschnittener Haptik. Der Kritiker Gerhard Rohde schreibt dazu: »Man darf das durchaus mit dem Schaffensakt eines Bildhauers vergleichen, der mit Hammer und Meißel dem ungeformten Steinblock ›hämmernd‹ zu Leibe rückt, aus diesem die Figur (abstrakt oder auch gegenständlich) hervortreibt. Rihms Steinblock ist der zunächst noch offene, leere Raum …«[183] Dieser Werkkomplex erweitert sich nach und nach auf acht Stücke. Dann schreibt Rihm eine Art Mittelachsen-Stück, genannt »Bild«, dem er erst nachträglich den Untertitel »Eine Chiffre« verleiht. Viele Jahre später fügt er »Nachschrift. Eine Chiffre« hinzu. Insgesamt sind es also zehn »Chiffre«-Kompositionen, die unabhängig voneinander entstehen. Sie sind für die Einzelaufführung gedacht, jedoch miteinander liiert. Man hört, dass sie zusammengehören. Das Klavier ist, mit einer Ausnahme (in »Chiffre VI«), immer dabei. Klarinetten fünf Mal, Schlaginstrumente und auch die Trompete immerhin drei Mal. Einige Stücke sind dabei, die latent literarisch imprägniert sind; etwa von Franz Kafka inspiriert wurden oder, indirekt, von Artaud. Auch das teilt sich beim Zuhören mit. Dem Musikwissenschaftler Richard McGregor, der übrigens auch noch das Paul Sacher gewidmete Trompetenkonzert »Gebild« – siehe oben – zum

»Chiffre«-Zyklus hinzurechnet, ist die Entdeckung zu danken, dass gleich zu Beginn, wenn auch maskiert, der von »Chiffre I« auf einem Tritonus gegründete Hauptakkord aus »Jakob Lenz« auftaucht und durchwegs eine tragende Rolle spielt, bis hin zu »Chiffre VI«. Vielleicht wird auch dies eines Tages, wenn unsere Ohren vertrauter sind mit dieser Musik, herauszuhören sein. Wesentlich aber für den gesamten »Chiffre«-Zyklus ist eine aus dem Austausch mit Kocherscheidt gewonnene Verbildlichung und Verkörperlichung der einzelnen Klänge: ein Klang zum Anfassen, der die Hörer »anfasst«.[184]

Das Wort »Chiffre« ist nicht zu verstehen im Sinne eines Codes, der entziffert werden will. Vielmehr als Stichwort für die zeichenhafte Aktion, als ein »Hinweis auf die Beziehung all dieser Musik zum Mal-Akt, dem Farbauftrag, der Setzung, Klanghieb, Spur, Schriftzug«.[185] Zu dem Mittelachsen-Stück »Bild« – später eingefügt zwischen »Chiffre IV« und »Chiffre V« – ist noch zu sagen, dass es bei der Uraufführung durch das Ensemble Modern im April 1984 bei den Tagen für Neue Kammermusik in Witten zunächst auftragsgemäß angekündigt wurde als Filmmusik zu *Un chien andalou* (*Ein andalusischer* Hund) von Luis Buñuel und Salvador Dalí. Diese Musik ist aber ebenfalls für den Konzertsaal bestimmt. Sie synchronisiert nicht das bewegte Bild – die Musik selbst ist Bild. Rihm stellt anheim: Sie könne auch »als Übermalung auf den Film treffen«; sie könne aber ebenso gut auch als »Klangplastik daneben stehen«, eine »Skulptur – man kann sie verrücken«. Ausdrücklich fordert er in seiner handschriftlichen Partiturnotiz nur eines, für den Fall, dass diese Filmmusik auch einmal als Musik zu diesem Film aufgeführt werden sollte: »Der Beginn des Films mit dem Augenschnitt und dem Wolkenkreuz darf auf keinen Fall unter Musik stehen.«[186] Was er, Jahre später, im Gespräch mit Eva Morat bekräftigte, bezieht sich insbesondere auf den »Chiffre«-Zyklus der Achtzigerjahre: »Das Setzen von

Einzelereignissen, von Ereignisgruppen ... das waren Kompositionseigenarten, die ich damals sehr pflegte, nein, die ich leidenschaftlich suchte und als Gegenposition zur bestehenden musikalischen Verbindlichkeits-Avantgarde begriff. Bei Kurt Kocherscheidt gibt es oft eine wunderbare Drift der Objekte auf der Bildfläche; sie scheinen einem außerhalb des Bildkörpers zentrierten, atmenden Sog, einer schwankenden Gravitation zu unterliegen. Wie früher das Licht, dessen verborgener Ort durch Schattenwurf auf sich schließen ließ, so ist es bei Kocherscheidt diese Gravitation, die die Statik der Objekte moduliert. So etwas Ähnliches in Musik zu versuchen, reizte mich damals außerordentlich.«[187]

Bereits in den Siebzigern, auch noch in den Neunzigern sind weitere Musiken unter Einfluss der Kunst Kurt »Kappa« Kocherscheidts entstanden. Sechs hat Rihm dem Freund direkt gewidmet, nur zwei davon zu dessen Lebzeiten. Zuerst schrieb er, im Austausch gegen die Zeichnung »Klavierküste III«, eine von Pausen fragmentierte Komposition, die er »Klavierstück Nr. 6« nannte, mit dem Untertitel: »Bagatellen«. Uraufgeführt wurde sie von Käte Wittlich im Oktober 1978 in Graz, im Rahmen des Musikprotokolls steirischer herbst. Zu Beginn tönt das nach d-moll, auch nach alten Bekannten. Diese Quasi-Zitate münden nach ungefähr fünf Minuten in eine Spukszene in Diskantlage: im dreifachen Piano erklingt die todtraurige Dies-Irae-Variante aus dem letzten Intermezzo op. 118 von Johannes Brahms. Wilhelm Killmayer hat zusätzlich auch noch Parallelen zu Hölderlins versteckter Wortmusik in »Klavierstück Nr. 6« aufgespürt, das Fazit seiner Analyse: »Der Wert einer Komposition besteht eben darin, wie reich die assoziative Kombinatorik in diesem Unterfeld ist.« Für Frisius passt das sechste Klavierstück perfekt in die Periodentheorie, es markiere, schreibt er, mit seinen Schnitten und Collagen »einen Neubeginn in Rihms kompositorischer Entwicklung«. Rihm selbst dagegen hat in seinem Bericht über die Entstehung des Werks einerseits auf sein Haustier, andererseits auf seinen Freund verwiesen: »Vier Tage lebte ich sehr isoliert, hatte nur meinen Hund bei mir. Ich improvisierte stundenlang über Harmonielagen und Melodien aus verschiedenen meiner Stücke. Der Klaviersatz gewann immer stärkeres Eigenleben ... Eine große Imaginationshilfe, besonders auch in Bezug der ungeheuer offenen und radikalen Sehweise, war mir Kurt Kocherscheidts Art, zu zeichnen.«[188] Das zweite Stück für Kocherscheidt entsteht Jahre später, es heißt »Kolchis« – benannt nach der Holzskulptur »The Boys from Kolchis«. Ist nur fünf Minuten kurz, sieht nur fünf Spieler vor: Klavier, Harfe, Schlagzeug, Violoncello und Kontrabass, und beginnt mit dunkel raunenden Beckenschlägen. Uraufgeführt wird »Kolchis« im Januar 1992 von Musikern des Klangforum Wien in der Wiener Secession. Anlass ist die Eröffnung einer großen Kocherscheidt-Ausstellung: An den Wänden sind Kocherscheidts kraftvolle »Bildkörper« zu sehen, im Programmbuch (der Wiederholungsaufführung, zwei Monate später) ist Rihms wie ins Papier gestanzte Bekenntnis zu lesen: »Auch in der Musik wiederholt sich nichts. Jedes Abbild tendiert zu einer Auslöschung des Originals. Einzige Antwort auf Kunst ist Kunst.«[189] Schließlich, drittens, beginnt Rihm kurz nach Kocherscheidts Tod mit der Komposition einer Trauermusik, genannt »Dritte Musik für Violine und Orchester«, wovon schon die Rede war. Und es entsteht, viertens, in diesen Tagen, im Andenken Kocherscheidts, eine »Zeichnung für Violine und Klavier«. Äußerst langsam aufstrebende Linien formen Umrisse, zerfallen in Einzelklänge. Rihm erklärt: »Es ist kein Visuelles gesucht, sondern der Klang ist das Gesuchte.« Er nennt diese Musik »Antlitz«. Später nimmt er sie sich nochmals vor und verwandelt »Antlitz« in eine Zweitfassung für Cello und Klavier, auch der Name ändert sich, das Stück heißt nun: »Von weit«.

Sechs Jahre nach dem Tod des Freundes beginnt Rihm damit, »Kolchis« weiter zu verarbeiten. Eine Werkreihe entsteht, die möglicherweise noch signifikanter ist für die künstlerische Verbindung der beiden als vorangegangene Einzelwerke oder Zyklen. Urzelle ist »Kolchis«, mit dem den Prozess in Gang setzenden, aktivierenden Gongschlag, mit den gezupften, getupften, gehämmerten und gehauenen Einzelklängen von Harfe und Klavier, Cello, TamTam und Kontrabass, stets stark akzentuiert, auch an den leisen Stellen, und oftmals an der Grenze zum Geräusch. Das geht vollständig ein in ein neues Werk, der Titel lautet »In Frage«, die Uraufführung bestreitet das Freiburger ensemble recherche in Wien. Ein Klaviersolo präludiert, perkussiv und frei, ohne Taktstriche. Dann folgt »Kolchis, reloaded«, nur: statt fünf sind es hier acht Spieler. Zwei dunkle Blasinstrumente kommen neu hinzu, Englischhorn und Bassklarinette, dazu eine Bratsche. Sie singen zu dritt eine feine, erst weit ausschweifende, in sich kreisende Gesangslinie, anfangs unisono, später sich auflösend. Sie prägt sich ein. »Elegisch« fand der Wiener Musikkritiker Lothar Knessl diese Melodie, Ulrich Mosch spricht von einem aufgemalten »Klangband«.[190] Rihm hat sie direkt in die gedruckte Partitur von »Kolchis« hineingeschrieben, auf ein mit Lineal gezeichnetes zusätzliches Notensystem: keine Übermalung also, vielmehr eine Inschrift. Klingt einfach, ändert aber alles, sowohl für den Kontext wie für Spieler und Hörer, da die angerissenen, immer wieder abreißenden Kolchis-Töne nunmehr, melodisch überwölbt, miteinander verbunden erscheinen und sich sozusagen in Begleitmusik verwandeln. Auch noch ein anderes, unveröffentlicht gebliebenes Stück – angeregt von dem Maler Georg Baselitz und dessen Zyklus von Radierungen – wird wiederverwendet in »In Frage«. Es heißt »Fluss und Schrift. Drei Phasen für 3 Spieler« und geht zurück auf ein weiteres ungedrucktes Stück von 1998, das ebenfalls von der Sacher Stiftung aufbewahrt wird: »Echo-Schrift und Schattenschlag. Komposition nach Seraphin«. Es stecken also in einem Werk, wie in einer Matrjoschkapuppe, mehrere andere. Aber die gehen nicht darin auf, sie bleiben auch in ihrer ursprünglichen Gestalt, als Einzelwerk, gültig. Und letztlich sind es, in allen Überarbeitungsstadien, unverkennbar die dunkel leuchtenden, kraftvoll braunschwarz-pastosen Landschaften der späten Kocherscheidt-Bilder, die diese Trauermusik prägen. Die Widmung zu »In Frage« lautet: »Kurt Kocherscheidt in memoriam I«.

Kurz darauf wächst »In Frage« weiter, ein neues fünfteiliges »Kolchis«-Werk entsteht. Rihm nennt es »Frage«, im Untertitel: »Kurt Kocherscheidt in memoriam II«. Gleich doppelt taucht die Originalgestalt von »Kolchis« darin auf. Im ersten Teil als Montage; im zweiten Teil, ebenfalls vollständig, in der von der Gesangslinie ergänzten, überarbeiteten Version: als Übermalung. Im dritten Teil tritt dann, als neues Instrument, die Menschenstimme hinzu. Schwindelerregend hoch ist diese Partie des Soprans, er singt Vokalisen, textlos, Salome Kammer stemmte das bei der Uraufführung im Oktober in Köln ganz fabelhaft. Und noch eine dritte, die vorläufig letzte Überarbeitung des »Kolchis«-Materials unternahm Wolfgang Rihm vier Jahre später, er widmete sie dem Basler Kunsthistoriker Gottfried Boehm als Geburtstagsgeschenk zum Sechzigsten: ein Ensemblestück für zehn Spieler namens »Blick auf Kolchis«. Neu darin ist die Farbe der Kontrabassflöte, uraufgeführt wurde es im Oktober 2002 vom ensemble recherche in den Museumsräumen der Fondation Beyeler. Rihm schlug später vor, »Blick« zusammen mit »Frage« und »In Frage« zu einem Zyklus zusammenzustellen, den nannte er: »Drei Stücke aus Kolchis«.[191]

Von Georg Baselitz ist der Satz überliefert: »Leider malt Wolfgang Rihm nicht.« Gut möglich, dass er das ein bisschen ironisch gemeint hat, schließlich: Wenn der Alleskönner Rihm etwas zeichnete – was er früher viel tat und heute nur noch selten tut –, so waren das in aller Regel Karikaturen. Baselitz, der mit Rihm auch die frühe Leidenschaft für Antonin Artaud teilte, kann diese Bemerkung aber ebenso gut auch ernst gemeint haben.[192] Kocherscheidt war ja nicht der einzige Künstlerkollege, mit dem sich Rihm austauschte über den kreativen Schaffensprozess – wenn auch wohl der für ihn wichtigste. Auch sind der »Chiffre«-Zyklus und die »Kolchis«-Verwandlungen nicht die einzigen, ja, nicht einmal die ersten labyrinthisch verschachtelten Werkreihen, die im »Atelier Rihm« entstanden sind. Rihm ist ein Kunstkenner, er sammelt Bilder, er pflegt Malerbekanntschaften. Manche blieben lose, andere entwickelten sich zu echten Freundschaften, einigen seiner Künstlerfreunde widmete er Werke, von allen holte er sich Inspiration. Ein Bündel Zeichnungen von Joseph Beuys, zum Beispiel, brachte Rihm auf die Idee zur Komposition »Geheimer Block«, einem Auftragswerk der Frankfurt Feste, uraufgeführt im Sommer 1989. Es handelt sich um eine üppig instrumentierte Kantate, wiederum ohne einen Text, aber geschrieben für ein anspruchsvolles Vokalsolistenquartett und einen Chor nebst vollem Orchester, mit nicht weniger als sechs Posaunen und vier Trompeten, plus Orgel und sieben im großen Saal der Alten Oper rund ums Publikum verteilten Schlagzeuggruppen. Ein halbes Jahr später wurde am gleichen Ort, in der Alten Oper Frankfurt, die Skulptur »Apollon aus Licht« von Markus Lüpertz enthüllt. Rihm kannte Lüpertz persönlich aus Karlsruhe, wo Letzterer an der Kunstakademie lehrte. Er widmete ihm, quasi von Professor zu Professor, eine trotz ihrer Kürze eindrucksvoll repräsentative Einweihungsmusik. Das Stück trägt den Titel »Figur«. Mit Licht hat es nicht viel zu tun. Vier wuchtige Kontrabassposaunen sorgen, milde umplinkert von Harfe und Percussion, für schwarzes Fafnir-Drachengrollen. Der Apoll von Lüpertz ist heute nicht mehr in der Alten Oper zu bewundern, er ist umgezogen in den Kurgarten von Bad Homburg.

Weiter zurück reicht Rihms Bekanntschaft mit dem dänischen Maler, Bildhauer, Dichter und Geologen Per Kirkeby. Im Sommer 1982 wird er, als er die Documenta in Kassel besucht, auf dessen großformatige und teils leuchtend farbige Arbeiten aufmerksam. Kirkeby lehrt zu diesem Zeitpunkt zwar schon seit vier Jahren an der Kunstakademie in Karlsruhe, doch ist man sich daheim nie über den Weg gelaufen. Erst auf dem Umweg über das Subventions- und Künstlerbiotop in Westberlin, wo sich Kirkeby als Gast des Deutschen Akademischen Austauschdienstes aufhält, Rihm seinerseits als Fellow des Wissenschaftskollegs, lernen die beiden einander kennen. Zufällig sitzen sie in demselben Lokal in der Fasanenstraße, Kirkeby kommt an Rihms Tisch, stellt sich vor und berichtet von seinen Eindrücken der Karlsruher »Wintermusik«-Konzerte. Rihm seinerseits erzählt von der Documenta. So geht das los, eine Freundschaft entsteht. Kirkeby erinnert sich an nächtliche Spaziergänge zwischen Rihms Wohnung und der Kunstakademie, wo er selbst in seinem Atelier wohnte, »zwischen Terpentindämpfen und Handwaschbecken« und sich »ziemlich einsam und schattenhaft« gefühlt habe, fern der Heimat: »Also waren die Abende bei der Familie Rihm eine Wohltat. Wolfgang komponierte ungestört weiter, sagte nur, dass ich einfach zuschauen möge. Später in der Nacht begleitete Wolfgang mich zurück zur Akademie, wo wir uns dann meine Strukturen ansahen.« An anderer Stelle wird Kirkeby geradezu poetisch: »Von meiner Werkstatt gingen Wellen aus, die sich mit denen aus der Komponistenstube in der Stephanienstraße trafen, und Interferenzphänomene breiteten sich über Karlsruhe aus. Eine Heerschar von Tropismen, die alles veränderten, auf unmerkliche Weise. Ich hatte in Karlsruhe eine neue Bühne betreten und endete im Orchestergraben.«[193] Kirkeby widmet Rihm sein Gemälde »Ohne Titel (Paloma-Bar)«. Rihm schreibt für Kirkeby eine groß besetzte Orchesterkomposition: »Schattenstück«. Anspielungen auf Sibelius spuken darin herum, tauchen auf in Zitat-Fenstern, die weiter hinausführen in die Landschaft spätromantischer Tonaliät. Er habe, schreibt Rihm, zu einer gewissen »nordischen Gestimmtheit dieser Musik« unter dem Eindruck der »Farn-Aura« von Kirkebys Bildern gefunden: »Bewegung und Gestik von Gestalt und Farbauftrag sind mit musikalischen Mitteln nachgedacht.« Auch wenn diese Komposition im Untertitel »Tongemälde für Orchester« heißt, handelt es sich nicht um eine symphonische Dichtung, ja, nicht einmal um das, was Hans Heinrich Eggebrecht »das Abbildliche, das Durchsichtige, das Unmoderne« nannte, in Bezug auf die auch in der zeitgenössischen Musik durchaus noch üblichen Strickmuster musikalischer Tonmalerei. Man hört weder Wind noch Wolken. Als es fertig ist, schneidet Rihm das »Schattenstück« in sieben Teile, die, so vermerkt er es ausdrücklich in der Partitur, auch in beliebig anderer Reihenfolge gespielt werden können: »Dadurch entstand so etwas wie eine Bilderserie.« Nur: Das siebte, das müsse unbedingt das siebte bleiben: als letzte Hängung.[194]

Ein andermal verwandelte sich das Museum Ludwig in Köln eigens für Rihm in einen Konzertsaal. Im November 1990 führte das Arditti Quartet in den Ausstellungsräumen, umringt von den Bildern von Lüpertz und Baselitz, aber auch Anselm Kiefer, A.R. Penck und anderen, sein drittes, fünftes und achtes Streichquartett auf. Er selbst hielt dazu den Einführungsvortrag – eine berühmt gewordene, kategorisch kurze Rede zum Thema »Musik vor Bildern«. Rihm besteht darauf, dass das eine mit dem anderen nichts zu tun habe: »Kein Bild braucht Klang. Keine Musik braucht Bild.« Doch die Entstehungsprozesse, der Akt des Komponierens oder des Malens, die seien vergleichbar. Weshalb letztlich die Kritik eines Kunstwerks nur von einem Künstler geleistet werden könne, Kunst antwortet auf Kunst: »Wer primär Kunst mit Kunst anspricht, kann im Bild das Echo des Klanges hören und im Klang die Zeichenrede des Bildes sehen. Aber beide berühren sich nicht. Vom einen springen Zeichen ins andere.«[195]

Exemplarisch hierfür steht das fünfte Streichquartett, ein Werk aus den frühen Achtzigern. Es wirkt wild und wie vom Himmel gefallen. Hat keinen Titel, keinen romantischen Erzählgestus. Martin Wilkening nennt es »eines der ausdrucksmäßig rohesten Stücke, die Rihm je schrieb«. Noch die Reinschrift, vollendet am 6. Oktober 1983, sieht wirklich wüst aus, im Vergleich zu den ansonsten auffallend sauberen Notenbildern in der Handschrift Rihms: Die Notenhälse schwanken, es gibt Durchstreichungen, Schwärzungen, wie auf den Bildern Arnulf Rainers. Hans-Klaus Jungheinrich zog daraus Rückschlüsse auf einen vermeintlich rauschhaften Kompositionsprozess, als sei diese Musik spontan und unter Druck, in großer Eile aufs Papier geworfen worden, aus dem Augenblick der Eingebung heraus: »Selten dürfte Musik der surrealistischen Maxime einer ›écriture automatique‹ so nahe gekommen sein.«[196] Allerdings gibt es Indizien genug für eine besonnene Gestaltung dieses knapp halbstündigen Quartettsatzes, an dem Rihm immerhin über fast zwei Jahre hinweg, mit Pausen, gearbeitet hat. Das Stück teilt sich nicht nur mit dem sechsten und dem siebten Streichquartett Rihms den Anfangston fis, die drei Werke bilden auch zusammen »im Grunde ein Quartett«, so Rihm, wobei das fis als ein »Zeichen dafür« genommen werden könne, »dass sie alle aus einer Quelle kommen«. Das fünfte Streichquartett zeichnet sich aus durch straffe Einsätzigkeit und einen ins Extrem getriebenen diskursiven Charakter. Platzt los mit aggressiv gehämmerten Tremolo-Exzessen im Fortissimo, in einer eruptiven Rastlosigkeit, die sich fortsetzt in der Verdichtung schnell repetierter, rhythmisch unterschiedlich schraffierter Flächen und später abschnittsweise konfrontiert ist mit pianissimo flirrenden Flageolettpassagen – Rihm nennt es: ein »in verschiedene Richtungen Gesplittertes«. In der Programmnotiz zur

Brüsseler Uraufführung erklärt er: Diese Komposition trage den Titel »Ohne Titel«, weil er sie »als eine großformatige Zeichnung auffasse. Die Brüchigkeit des Strichs (Cy Twombly), die Energie des Hiebes (Arnulf Rainer), die Selbstausstreichung des Materials ... Schlag und Klageton der Linie(nzüge) ... Chiffre, Linien – Zeichen – Sturz ... Auseinanderdriftende Objekte. Übermalung, aufgerissene Fläche.« Bezeichnenderweise wird auch dieser wie stets widerwillig abgelieferte Erklärungstext nach und nach kunstvoll aufgesplittert, aus ganzen Sätzen werden fast wütend herausgeschleuderte Stichwortsalven, demonstrativ scheint die Sprache zu versagen, sie zerlegt sich in Linien und Zeichen. Einerseits beruft sich Rihm klar auf sichtbare Dimensionen, übertragen ins Hörbare: etwa auf Hieb und Stich des Übermalungsprozesses in den Arbeiten des österreichischen Künstlers Arnulf Rainer, dessen Werke Rihm Anfang der Achtzigerjahre kennenlernte, als er an seinen »Tutuguri«-Kompositionen schrieb; aber auch auf den von Cy Twombly inspirierten »Klageton der Linien«, die plötzlich in der Musik auftauchen wie Inseln der Ruhe, etwa in Takt 55, 158 oder 232. Andererseits verweist er, zwei Jahre später, in einem Brief an Dieter Rexroth, der ihn offenbar erneut um einen Programmbuchtext zu diesem Stück für die Frankfurt feste '85 gebeten hatte, auf das Eingreifen höherer Mächte. Rihm thematisiert die Rolle der Eingebung im Schaffensprozess und bittet um Abbildung einer Skulptur aus barocker Vergangenheit im Programmheft. Es geht um die römische Marmorfigurengruppe von Giovanni Lorenzo Bernini: die Vision der heiligen Teresa, deren Herz vom Pfeil eines geflügelten Seraphs durchbohrt wird. Kunst antwortet auf Kunst. Rihm schreibt: »Ich weiß aber nicht, warum ich will, dass Berninis ›Santa Teresa‹ hier abgebildet wird. Warum nur das Gesicht? Ich habe nie an sie gedacht. Sind mir die Füße peinlich? Ich weiß schon. Jetzt ja. Da: Mit dem Pfeil des Engels wird das Notenpapier zerkratzt, zerschlagen. Man sieht ihn nicht. Sieht ihn nicht.«[197] Bekanntlich hat Rexroth dieser Bitte nicht entsprochen.

Vielleicht hätte er es getan, wenn er zu diesem Zeitpunkt Kenntnis gehabt hätte von einem anderen Hinweis auf das Mysterium des künstlerischen Schaffensprozesses, den Wolfgang Rihm beiläufig auf die Umschlaginnenseite der Partitur seines Streichquartetts »Ohne Titel« geschrieben hatte, neben allerhand anderen handschriftlichen, teils durchgestrichenen Notizen: »Der Weg entsteht im Gehen (span.)«[198] Es handelt sich um eine Paraphrase der Gedichtzeile, die sich Luigi Nono als Motto für seine letzten Werke erkoren hatte. Sie stammt von dem spanischen Dichter Antonio Machado und lautet, im Original: »Caminante, no hay camino, se hace camino al andar« (»Wanderer, es gibt keinen Weg, der Weg entsteht beim Gehen«).

Letztlich spielt es keine Rolle, ob diese Notiz nur eine zufällige Gedächtnisstütze ist oder ob sie rückverweist auf besagtes Stück. Es ist verbürgt, dass Rihm zu dem Zeitpunkt, als er daran arbeitete, nebenbei damit beschäftigt war, einen analytischen Text zu verfassen zu Luigi Nonos epochemachenden, soeben veröffentlichten Streichquartett »Fragmente – Stille. An Diotima«. Eine Verbindung beider Werke wäre, wenn, auch nur ex negativo vorstellbar. Wolfgang Rihm hat, bis heute, dreizehn Streichquartette komponiert – nicht mitgezählt zwei Jugendwerke sowie eine Handvoll Stücke, in denen eine Streichquartettformation mit anderen (Instrumenten-)Stimmen kombiniert wird, beispielsweise in »Akt und Tag« (2006) mit einem Sopran oder in »Interscriptum« (2002) mit dem Klavier. Dabei geht es, spätestens seit dem dritten Streichquartett »Im Innersten« (1976), um Klangfarbe und Gesten der Besetzung, nicht um Tradition und Aura dieser von der Musikgeschichte heiliggesprochenen Gattung. Nicht ausgeschlossen, dass Rihm eines Tages noch ein vierzehntes Streichquartett schreiben wird. Von Nono dagegen gibt es nur dieses eine, einzige Streichquartett. Es machte Furore, weil es als ein Wendepunkt in Nonos Schaffen und von einigen als Indiz für eine Entpolitisierung aufgefasst wurde. Hatte Nono in seinem Einführungsvortrag zu »Fragmente – Stille« erklärt, auch das »Zarte, Private« habe eine »politische Seite«: »Ich will die große, aufrührerische Aussage, mit kleinsten Mitteln«; so trifft für Rihms »Ohne Titel« eher das Umgekehrte zu: große, aufrührerische Mittel werden aufgewendet für zarteste, zerbrechliche Aussagen.

Seinen geplanten Text zu Nonos »Fragmente – Stille. An Diotima« hatte Rihm zwar nie fertig geschrieben, doch die Notizen dazu später in einem Programmheftbeitrag verwendet. Darin heißt es: »Für mich ist Luigi Nonos Musik von Anfang an Bild (klingendes Zeichen) von Freiheit.« Und weiter: »Ich halte Fragmente – Stille. An Diotima für eine Graphik, einen Text, dessen Erscheinung – wie ein Gerücht – im Klang sich ereignet. Fast zufällig. Keine ›Skizzenstadien‹, sondern alles sofort begriffen als die Sache selbst. Zustände: nicht der ›Vollendung‹, sondern der Perspektive. Das Werk als Landschaft seiner Entstehung.«[199]

Auf die Musik des späten Nono bezogen, bedeutet die Wanderer-Chiffre: Sie hat keine Vor-Gänger, sie schafft sich ihre Bedingungen selbst. Das entspricht vollkommen der Idee des jungen Wolfgang Rihm von der Freiheit musikalischen Schaffens. Irgendwann muss er in Nono seinen Seelenverwandten entdeckt haben. In Nonos Musik, die er in den Siebzigern im Seminar in Freiburg kennenlernte, mit der er sich aber auch schon zuvor aus den Notenmaterialien und über frühe Aufnahmen bekannt gemacht hatte, fand er Fremdes neben Vertrautem. Das betrifft, etwa in »Il canto sospeso« und in den »Canti di vita e d'amore: Sul Ponte di Hiroshima« einerseits die dezidiert politischen Aussagen, den Umgang mit der Elektronik sowie die strukturellen Vordispositionen, andererseits eine sinnliche, von Mikrointervallik geprägte Klanglichkeit. Jürg Stenzl vermutet, dass bereits die Ereignishaftigkeit der Rihmschen Klangballungen in »Dis-Kontur« und »Sub-Kontur«, an denen er damals arbeitete, beeinflusst gewesen sei von der Bekanntschaft mit, beispielsweise, den »Canti«. Ob aber tatsächlich so etwas wie »Nono-ismen« im Rihmschen Œuvre durchschlagen, und wenn ja, wo?

Er habe viel gelernt von Nonos Denk- und Arbeitsweise, so hat es Wolfgang Rihm selbst immer wieder oft und gern betont, in der ihm eignen Offenheit. In einem Gespräch mit Silvia Ragni, nach Nonos Tod, erklärte er, das Tolle an Nono sei doch gewesen, dass er »seine Stummheit« wieder erlernt habe: »Das heißt: sie eigentlich nie verlernt hat; dass er immer jemand war, der nicht aus der Verfügung über die Mittel, sondern aus der Suche nach den Mitteln heraus komponiert hat, aus der Frage, aus dem Ahnen und aus dem Nicht-Wissen. Und das ist wirklich, finde ich, vorbildhaft, weil es einem nicht eine Handhabung in die Hand legt: ›So, hier, das kannst Du machen‹, sondern, weil es jeden auf sich selbst zurückwirft, und das ist sehr schmerzlich und sehr, sehr kraftvoll, wenn man da hindurchgeht.«[200] Diese besondere Kunst, frei zu lehren und zu lernen, verbindet ihn mit Nono. Und von all den Kollegen der Komponistenzunft, mit denen Rihm je freundschaftlichen Umgang hatte und immer noch hat – und das sind tatsächlich fast alle –, ist Luigi Nono der Einzige, mit dem er sich, in den nur zehn Jahren, die dieser Freundschaft letztendlich vergönnt waren, auch kompositorisch so intensiv ausgetauscht hat, dass etliche neue Stücke dabei herauskamen.

Persönlich lernen sie einander kennen im November anno 1980 im Römerbad-Hotel in Badenweiler, wo das LaSalle Quartett auf Einladung des Hoteliers Klaus Lauer eine Aufführung von »Fragmente – Stille. An Diotima« bewerkstelligte, die zweite nach der spektakulären Bad Godesberger Uraufführung. Rihm erinnert sich: »Ich werde nie vergessen, wie Luigi Nono bei unserer ersten Begegnung unermüdlich meine Musik hören wollte, Band für Band, stundenlang, bis ich mir als Zumutung vorkam, er aber immer noch nicht enden wollte im Kennenlernen, Neuansetzen, Fragen und Verstehen. Ja, Verstehen ist das, was bis heute nicht abfällt, und was so sehr Mut macht.«[201] Der Kontakt reißt von da an nicht mehr ab. Sie treffen einander in Freiburg, in Venedig, Karlsruhe, Berlin und anderswo, auf Konzerten und Festivals. Viele Gespräche muss es da gegeben haben, auf langen Spaziergängen. Erst sehr viel später, im Dezember 1988, schreibt Rihm dann seine erste venezianische Musik. Er nennt sie »Schwebende Begegnung« – ein Titel, der auf gleich zwei Werke Nonos aus den Fünfzigern anspielt: »Incontri« und »Il canto sospeso«. Kirchenglocken der Lagunenstadt tönen durch die atmosphärisch stille Weite, mit der das Stück beginnt, in charakteristischer Sekundreibung. Einen ähnlichen Glockenimpuls setzt Rihm sieben Jahre später noch einmal, in seiner zweiten venezianischen Musik »In-Schrift«, die auf die spezielle Nachhallqualität von San Marco bezogen ist. »Schwebende Begegnung« dagegen findet »draußen« statt, im Nebel, und ist auch nur halb so lang, wenn auch großartig besetzt. Der Klangzauber eines vollen Symphonie-Orchesters wird ausgespielt, ohne Violinen, aber mit Harfe und Klavier, mit viel Holz- und etlichen Blechbläsern, darunter vier Fernposaunen. Eine Handvoll Röhrenglockentöne, insgesamt sind es neun, ordnet sich nach und nach zu einer chromatischen Tonleiter oder vielmehr einem »Modus« (Rihm) – ungewohnterweise spricht er diesbezüglich auch von »Material«, das »ohne weitere Mutationen unablässig modifiziert« werde. Rihm schreibt schnell und offenbar leicht. Den Schlusspunkt setzt er am 2. Januar 1989, uraufgeführt wird das Werk am 13. Februar in Ludwigshafen von Leif Segerstam und der Staatsphilharmonie Rheinland-Pfalz, den Auftraggebern, denen Rihm ins Programmbuch hineinschreibt: »Während der zweiwöchigen Arbeit an Schwebende

Begegnung traf ich fast täglich Luigi Nono, teils verabredet zum Essen, teils zufällig im Winternebel. Begegnung = incontro, schwebend = sospeso. So also. Dazu die stockenden Glocken, das neblige In-der-Luft-Hängen, als ob die Zeit von einem Bein auf's andere träte.«[202]

Bei den Donaueschinger Musiktagen treffen sich Nono und Rihm öfter, am 22. Oktober 1989 nachweislich auch in einem gemeinsamen Konzert. Erst dirigiert Michael Gielen die deutsche Erstaufführung von Luigi Nonos mikrotonalem Orchesterwerk »No hay caminos. Hay que caminar«, einem seiner letzten, Andrej Tarkowski gewidmet. Danach, direkt im Anschluss, dirigiert er die Uraufführung von Wolfgang Rihms Doppelkantate »Frau / Stimme« nach Heiner Müller. Ein halbes Jahr später, im Mai 1990, stirbt Nono. Rihm verfasst, auf Wunsch etlicher Zeitungen, einige kurze Nachrufe, und bald darauf beginnt er, Nachrufe zu komponieren. Die ersten fünf dieser Tombeaus »in memoriam Luigi Nono« entstehen ab dem Sommer des Jahres, Rihm nummeriert sie durch, er nennt sie »Versuche«. Wobei der Versuch wohl vor allem in der Versuchung besteht, den »Dialog« mit dem Freund »als Monolog weiterzuführen« und »vielleicht doch Antwort zu erhalten«.[203] Gleich zu Beginn scheint ein scharf akzentuierter Akkord unwiderruflich eine Tür zuzuschlagen. Aber vielleicht ist das schon eine Überinterpretation. Gleichwohl gibt es klassische Trauergesten in diesen Musiken, wie sie aus der Tradition der Tombeau-Kompositionen seit dem Barock bekannt und üblich waren, darunter auch »Abbildliches« im Eggebrechtschen Sinne, auch versteckte Botschaften, die sonst bei Rihm so gut wie nie vorkommen. Die Bassklarinette klagt. Auch tönen die Reibungsdissonanzen des venezianischen Glockenläutens durch einige der Stücke, vor allem im ersten und dritten »Versuch«. Der erste heißt »Cantus firmus«, hat aber keinen solchen aufzuweisen – es sei denn, man erklärt den wiederkehrenden Röhrenglockenklang aus den kleinen Sekundschritten a – b – h – c zu einem »festen Gesang«. Dahinter kann, wer will, auch die Tonbuchstaben b-a-c-h entdecken.[204] Nur vierzig Takte kurz ist dieses erste Tombeau, nur vierzehn Spieler sind gefragt – Klavier, erweitertes Streichquartett, Kontrabass und Perkussion sowie Bassklarinette, Kontrafagott, Horn, Trompete und Posaune. Der zweite »Versuch«, fast identisch besetzt und »Ricercare« genannt, zitiert den ersten, unverändert und vollständig, ab Takt 35: keine Übermalung, vielmehr eine Collage. Im dritten »Versuch« gehen dann die beiden ersten auf, teils collagiert, teils übermalt und die Tonbuchstaben-Botschaft erweitert sich um ein »g«, Johann Sebastian Bach trifft auf Nono alias »Gigi«. Letztlich sind alle diese Nono gewidmeten Gedenkstücke miteinander vernetzt: eines schreibt sich aus dem anderen heraus, wird wiederum überarbeitet, übermalt und neu verkittet. Nicht im Sinne einer Verbesserung, allenfalls dem eines Exkurses. Das Alte wird durch die Überarbeitung nicht durch das Neue ersetzt, nur gespiegelt oder verschluckt. Jedes Stück bleibt für sich ein Unikat. Das fünfte und letzte Tombeau verlässt dann den relativ intimen kammermusikalischen Rahmen der Edition. Es heißt »La lugubre gondola / Das Eismeer« und ist besetzt für zwei räumlich getrennte Orchestergruppen mit Klavier (oder auch, in der später entstandenen Zweitfassung, mit zwei Klavieren). Der Titel verweist auf Venedig, aber auch auf ein berühmtes Tombeau, das Franz Liszt für seinen in Venedig gestorbenen Schwiegersohn Richard Wagner geschrieben hatte. Sowie auf ein nicht minder berühmtes Bild von Caspar David Friedrich, in dem es um das Scheitern aller Hoffnungen geht, womit diese Serie mit Kompositionen »in memoriam Luigi Nono« am Ende zu einer ungewöhnlich eindeutig klaren Semantik findet. Vielleicht: ein Meilenstein. Schließlich handelt es sich, noch vor den »Kolchis«-Stücken, um eine der ersten mehrteiligen Werkreihen, die Wolfgang Rihm je entwarf.

Man kann diese fünf Nono-Hommagen, »bei denen das eine im anderen verschwindet« (Rihm), auch einzeln aufführen, was selten genug geschieht. Sinnvoll wäre freilich die vollständige zyklische Aufführung, wie sie immerhin teilweise, mit drei der fünf Tombeaus, von Winrich Hopp für das Berliner Musikfest 2011 programmiert worden war. Kaum zu fassen auch, dass bisher nur zwei dieser Stücke aufgezeichnet worden sind für Plattenaufnahmen. Eine Gesamtaufnahme aller Nono gewidmeten und, um mit Stenzl zu reden, von »Nono-ismen« durchwachsenen Kompositionen Rihms, das wäre einmal ein interessantes Projekt! Dazu könnte neben den genannten Stücken auch »Raumauge« für Chor und Schlagwerk gehören, komponiert 1994 nach dem Schlussmonolog des *Prometheus* von Aischylos, übersetzt von Peter Handke, angeregt durch Nonos »Prometeo«. Oder: »Bildlos/Weglos« für zwei Orchestergruppen, zu denen sich, gegen Ende, sieben Soprane dazugesellen, mit himmelhoch aufsteigenden, hell gleißenden Vokalisen. Dieses Stück ist zugleich Raummusik und Requiem. Es gemahnt an zwei große Tote. Rihm schreibt: »Die Widmung, wenn eine möglich ist, heißt: Den wortlosen Wanderern Luigi Nono und Andrej Tarkowski.« Aufbewahrt darin sind Erinnerungen an Nonos »Ha venido – Canciones para Silvia« von 1960, aber auch an das Spätstück »No hay caminos«, die Uraufführung besorgte Claudio Abbado in Wien, im Oktober 1991.[205]

Auch Abbado wurde rechtzeitig mit dem Ernst von Siemens Musikpreis geehrt, auch der Mailänder Weggefährte Abbados und Nonos, der Pianist Maurizio Pollini. Außerdem Hans Werner Henze und Aribert Reimann, Klaus Huber und Karlheinz Stockhausen, Helmut Lachenmann und Harrison Birtwistle. Nur Luigi Nono nicht. Doch es gibt eine ausgleichende Gerechtigkeit. Post mortem hat, nicht zuletzt auf Betreiben Rihms, das Kuratorium beschlossen, den Nachlass Nonos vor Tintenfraß und Verbleichen zu bewahren. Alle Noten, Autographe und sonstigen Dokumente, die aufbewahrt werden im Archivio Luigi Nono auf der Giudecca vor Venedig, wurden durch ein Förderprojekt der Stiftung digitalisiert und mittels einer »Arbeitsstation« dem Sacher-Archiv in Basel einverleibt. Hundertachtzigtausend Euro hat dieses Projekt gekostet, das 2016 beendet wurde, es umfasst eineinhalb Terabyte an Daten. So ruht heute schon das Werk Rihms und das Werk Nonos, jedermann zugänglich, gemeinsam in einem Mausoleum.

Als Rihm dann sechzig wurde, 2012, verwandelte sich seine Heimatstadt Karlsruhe vorübergehend in ein »Rihmianum«, wie Freund Sloterdijk angesichts der nicht enden wollenden Feierei spottete. Eine der Reden zur Eröffnung des Karlsruher Festivals »Musik baut Europa. Wolfgang Rihm« hielt Richard Wagners Urenkelin Nike Wagner. Sie griff darin einen Topos auf, der zuvor schon verschiedentlich in den Feuilletons herumgegeistert war. Wolfgang Rihm werde, sagte Wagner, verehrt als der »Goethe der Neuen Musik« und die Stadt Karlsruhe gelte als das »Weimar unserer Tage«. Und setzte noch einen oben darauf: Dieser Komponist sei (natürlich nur in übertragenem Sinne, eben als Komponist) mit dem König Midas zu vergleichen, da alles, was Rihm anfasse, zu – Rihm werde. Wenn jemand so eine Komödie vor versammelter Gemeinde aufführen kann, ohne dabei in den Hohlspiegel zu kippen, dann ist es die sprachgewaltige, scharfzüngige, ironieerfahrene Karl-Kraus-Forscherin Nike Wagner. Sie wurde trotzdem, das ist sie von Kindesbeinen an gewöhnt, gerne missverstanden. Die Zeitschrift *Musiktexte* mokierte sich anschließend über den »Personenkult« und nannte ihn »possierlich«. Rihm zieh man der Eitelkeit, die Laudatorin der Verplüschung und schlug vor, die Stadt doch am besten gleich umzubenennen in »Rihmsruhe«. Denn: »Was Telemann einst für Hamburg war, soll nun Rihm für Karlsruhe werden.«[206]

6
Über die Linie

Sechzehn Bühnenstücke hat Wolfgang Rihm bislang geschrieben: zwei Ballette, neun Opern, fünf Opernszenen. Drei nach Artaud, drei nach Nietzsche, drei nach Heiner Müller, zwei nach Georg Büchner sowie je eine nach Sophokles, Aischylos, Kleist, Botho Strauß, Jean Tardieu, Jean Paul und Johann Wolfgang von Goethe. Mit Goethes Monodrama *Proserpina* vertonte er 2008 erstmals wieder einen ungekürzten Fremdtext, Wort für Wort – vom ersten Protestruf der unglückseligen Tochter Jupiters an: »Halte! halt einmal, Unselige! ...« bis hin zu ihrer Kapitulation in »zerstörender Qual«. Nachdem er mit den Benimmregeln der alten Tante Oper doch eigentlich längst aufgeräumt hatte und, zuletzt in seinen »Séraphin«-Stücken, mit ganz neuen, von Text und Handlung befreiten Spielarten des Musiktheaters experimentiert hatte, kehrt er hier plötzlich wieder zurück zur Literaturoper. »Proserpina« spielt zwar in der Totenwelt. Aber sie feiert den Menschengesang, die Linie, die entgrenzte Melodie. Ist lustvoll opernhaft, teils sogar operettenhaft lustig, mit himmelhoch gleißender Kantilene. Sogar die Königin der Nacht wird parodiert. Mehr dazu gleich.

Zur Bilanz des Rihmschen Bühnenschaffens gehören auch Werke, die zwar für die Bühne gedacht sind, doch noch nie szenisch aufgeführt wurden, wie, zum Beispiel, »Andere Schatten. Musikalische Szene« nach Jean Paul, aus dem Jahr 1985. Aber auch der umgekehrte Fall kommt vor: nichtszenisches, das später für die Bühne adaptiert wurde. So geschehen, ebenfalls 2008, mit dem Orchesterstück »Jagden und Formen«, das zu einem Ballett umfunktioniert wurde, als vorläufiges Endprodukt einer Werkfamilie, die Rihm nicht als Zyklus bezeichnet, mit »unabhängigen, nicht mehr veränderten Stücken«, vielmehr als eine Folge von immer wieder neuen »Zuständen«: »Das sind vorhandene Teile, ineinander gestürzt, wenn man so will, in neuer, formaler Beantwortung.«[207] Seit 1995 hatte Rihm daran immer wieder gearbeitet. Vier Werke für kleines Orchester waren unter Titeln wie »Gejagte Form«, »Gedrängte Form« oder »Verborgene Formen« fertig und veröffentlicht worden, mit impulsbetonten Passagen von Fugati, Flucht und Verfolgung, die nach Bewegung im Raum und nach Verkörperlichung geradezu schreien. Abgewandelt teils durch das Einkreuzen älterer Kompositionen, teils durch das Zerschneiden, Überlagern, Übermalen, Hineinkleben und Wiederholen, durch Zitate, aber auch Abkürzungen, oder durch »Prolifération« – einen Begriff, den Rihm sich bei Pierre Boulez auslieh; er bezeichnet das organische Weiterwuchern einer musikalischen Idee. Für die fünfte, vorerst längste Fassung von »Jagden und Formen« hat Rihm nur knapp zweihundert Takte neu komponiert, von 1105 Takten insgesamt: eine Jagd, die mit einem filigranen, in Triolen polyphon lostrudelnden Violinduo beginnt und der kurz vor Schluss von düster-mächtigen Bläserakkord-Ballungen Einhalt geboten wird. Als das Stück anno 2001 vom Ensemble Modern in Basel uraufgeführt wurde, brachte das Label Deutsche Grammophon alsbald eine Aufnahme heraus und beruhigte seine Stammkundschaft in der Presseerklärung damit, dass dieses zeitgenössische Musikstück von dem (noch lebenden) Komponisten höchstpersönlich empfohlen worden sei mit den Worten: »Das Stück knattert durch.« Als wäre das ein Kriterium: Hauptsache, kurz. Oder wenigstens: kurzweilig. Auch wenn er sich nicht mehr daran erinnert: Vielleicht hat Rihm das wirklich so gesagt, ganz ohne Ironie. Es ist schließlich eines der wichtigsten Merkmale der Musik, nicht nur der neuen, dass sie vorbei ist, in dem Augenblick, da sie erklingt.

Im Mai 2008 brachte dann die Choreographin Sasha Waltz gemeinsam mit dem Ensemble Modern am Schauspiel Frankfurt die jüngste Fassung letzter Hand zur Uraufführung: »Jagden und Formen. Zustand 2008«. Rihm hatte das Werk noch einmal um zwölf Minuten verlängert. Fünfundzwanzig Musiker sind beteiligt, dazu vierzehn Tänzer. Im Anschluss kommt es zu Ovationen im Stehen, das Publikum reißt es von den Sitzen. Die *Süddeutsche Zeitung* spricht von einem »großen Coup«, der »zu den Sternstunden« zählt, »in denen Neue Musik und zeitgenössischer Tanz einander kongenial begegnen«. Auch das *Hamburger Abendblatt* schwärmt von einem »Gipfeltreffen von Tanz und neuer Musik«.[208] Und auch die Folgeaufführungen des Werks, das von der Waltz-Compagnie anschließend auf diversen Tourneen in die Welt hinausgetragen wurde, kamen überall sehr gut an.

Diese Tanzproduktion war, nicht zuletzt dank ihres edel ausgeleuchteten Ökolooks und vor allem wegen des für Sasha Waltz typischen Perfektionismus im Ablauf der Einzel- und Gruppenfiguren, ein einmaliger Glücksfall. Es lag in der Natur der Sache, dass keine andere Tanztruppe auf die Idee kam, sich dieses Stücks noch einmal anzunehmen. In vier Szenen hatte Waltz höchst effektvoll auch das Ensemble Modern mit choreographiert. Ohnehin saßen die Musiker ja auf der Bühne, sie spielten quasi »instrumentales Theater« vom ersten bis zum letzten Takt, als Teil des dramaturgisch-szenischen Gesamtpakets. Aber sie setzten sich auch, erst einzeln, dann gruppenweise, in Bewegung, ohne die Instrumente abzusetzen, im Weiterspielen. Möglich war dies vor allem in den ruhigeren Passagen, die Rihm auf Wunsch von Waltz neu implantiert hatte. Er nannte sie »Einschübe«, Waltz sprach von »stillen

Momenten, beziehungsweise ›Pausen‹« inmitten der Raserei. Besonders eindrucksvoll die Hebefiguren, die drei Tänzer mit der Englischhornistin in einem dieser Einschübe vorführten. Insgesamt hat der »Zustand 2008« von »Jagden und Formen« eine Länge von 1237 Takten – das sind 137 Takte mehr als die Fassung von 2001. Womit, wie Rihm aus Anlass einer Wiederaufnahme im Berliner Radialsystem erklärte, das Projekt für ihn beendet war. Ja, im Unterschied zum Umgang mit anderen Werkfamilien soll er im Fall von »Jagden und Formen« sogar »allesamt« der vorangegangenen »Zustände wieder für ungültig« erklärt haben.[209] Sie stehen aber nach wie vor im Katalog der Universal Edition und werden auch immer wieder einzeln aufgeführt, was vor allem die Urfassung betrifft, »Gejagte Form«, die Wolfgang Rihm dem Kollegen Helmut Lachenmann zum sechzigsten Geburtstag zugeeignet hatte, in alter Freundschaft, aber gewiss auch zur Erinnerung an und als Antwort auf dessen epochemachendes Ensemblestück »Mouvement (– vor der Erstarrung)«.[210]

Lachenmann und Rihm kennen einander seit den Siebzigerjahren. Dass sie einander Werke und Aufsätze widmen, ist staunenswert. Sie haben nicht viel gemein, außer den trockenen Humor, die Liebe zu Luigi Nono und eine gewisse Schlagfertigkeit beim Streiten. Ihre Musik jedoch ist grundverschieden, in Ausdruck und Gestalt. In ihrer Poetik vertreten sie seit Jahrzehnten immer wieder diametral entgegengesetzte Positionen. Doch auch hier gab es allezeit auch Koinzidenzen, in Bezug auf den Mut zur Transzendenz oder, zum Beispiel, in Bezug auf das Überschreiten von gesetzten Grenzen. Und sie sind neuerdings, im einundzwanzigsten Jahrhundert, beide zurückgekehrt zur Melodie, wenn auch auf unterschiedlichen Wegen. Einmal, 2007, in Hitzacker, bei einer Podiumsdiskussion über das zeitgenössische Komponieren, brachten sie beide das Trennend-Gemeinsame ihrer Beziehung brillant auf den Punkt. Lachenmann sagt: »Ich denke immer noch über das Material nach. Könnte mir vorstellen: Bei dir denkt das Material über dich nach.« Darauf Rihm: »Du kennst es halt besser. Musst es halt mal fragen, was sie wohl von mir halten, im Material.« Das auf zwei Zwölftonreihen sich gründende Stück »Mouvement (– vor der Erstarrung)« mit seinen »gestoppten Rasereien« (Lachenmann) stammt aus dem Jahr 1983. Rihm hatte es erst später, 1988, in einem Konzert kennengelernt, woraufhin er umgehend einen Aufsatz darüber schrieb. Darin heißt es: »Mouvement hörend und darüber schreibend konnte ich eigene Erstarrung erkennen und erschüttern.« Die Lachenmann-Widmung in seiner eignen Komposition »Gejagte Form« indes versah er mit dem Kommentar: »Auch er jagt, nach Formen. Sie klingen anders, wie ›jeder Esel hört‹.«[211]

Rihm zitiert das berühmte »Esel«-Zitat von Johannes Brahms. Wieso in diesem Kontext? Dazu muss man zunächst wissen, dass es in der klassischen Musik keine Beleidigung ist, Teile des Publikums, frei nach Plautus, als »Esel« zu bezeichnen. Es handelt sich dabei nur um einen Terminus technicus. Mozart sprach von Leuten »mit langen Ohren«, Theodor W. Adorno nannte sie »Ressentimenthörer«. Gemeint sind Hörer mit einem durch Gewohnheit und Leidenschaft eingeschränkten Erwartungshorizont, die vor allem schätzen, was sie schon kennen, lieben und zu wissen glauben. In diesem Falle geht es um die Ablehnung von zusammengesetzten Kompositionen und insbesondere den damit verknüpften Verdacht, da werde geistiges Eigentum entwendet – und sei es das eigene. Rihm setzte sich, wie er sehr wohl wusste, mit seinen Zyklen und Zuständen immer wieder neu dieser Kritik aus. An jedes Zitat, bei jeder Variation, Anspielung und Allusion, ja überhaupt bei letztlich allen Verarbeitungstechniken des Zusammensetzens von Tönen lässt sich diese Frage anschließen: Was unterscheidet die musikalische Hommage vom musikalischen Diebstahl? Oder: Wie legitimiert sich das

»readymade«, wie unterscheidet es sich vom »objet trouvé«? Und: Wo beginnt die Erfindung? Auch Brahms hatte sich damit befasst, angesprochen auf das Beethoven-Zitat in seiner c-moll-Symphonie. Als ein gebildeter Zuhörer ihm sagte, nach einem Konzert, dass das Hauptthema des Finalsatzes dem der Freudenode doch »merkwürdig ähnlich« sei, soll er unwirsch geantwortet haben: »Jawohl – und noch merkwürdiger ist, dass das jeder Esel gleich hört.«[212] Diese Merkwürdigkeit hat in der Musik des Abendlandes eine lange und großartige Tradition, die angezweifelt und verdunkelt wurde erst zu Beginn des neunzehnten Jahrhunderts, als die Idealvorstellung vom schöpfergleichen Originalgenie aufkam. Am Zitieren, Variieren und Kopieren hat sich in der Praxis aber nichts verändert und auch das Verlöten einander fortschreibender Werkgruppen ist keineswegs eine Erfindung der Moderne.

In ihrer musikwissenschaftlichen Examensarbeit über die diversen Stadien der Rihmschen Werkreihe »Jagden und Formen« hat die Komponistin und Rihm-Schülerin Birke Jasmin Bertelsmeier gleich ein ganzes Kapitel der Frage gewidmet, was »Übermalen in der Musik« bedeutet und »Wie Rihm es versteht«. Sie geht davon aus, dass die Möglichkeit, einen gegebenen Prätext weiterzuverarbeiten, in der veränderlichen Musik eine andere Ausprägung erfahren habe als in der gegenständlich fixierten Malerei. Weil Musik prozesshaft ist, seien Übermalungen im Sinne einer Ausradierung, wie in der Konzeptkunst, ganz grundsätzlich in Musik nicht möglich. Andererseits kann in einer Partitur ein Überschreiben deutlich sichtbar sein, dagegen beim Erklingen, im Ohr des Hörers, verschwinden oder auch umgekehrt. Daraus folgt, so Bertelsmeier, dass die Palimpsestverfahren bei Rihm eher auf »die Idee des durchscheinenden Objekts« abzielen als auf den »zerstörenden Akt des Schaffensprozesses«, wie in der bildenden Kunst. Letztlich ist dies ein Vorteil der Musik: »Ein noch nicht oder nicht mehr existierendes, erklingendes Musikkunstwerk ist nicht in der Gegenwart zerstörbar. Als variierte Kopie der Imagination des Komponisten existiert ein musikalisches Kunstwerk nicht als Original – oder alles ist Original, dazu gehören auch die Übermalungen.«[213] Damit wäre die Idee vom Originalgenie vom Tisch. Für die Musikwissenschaftlerin Barbara Zuber führt diese Gedankenspur von »Jagden und Formen« zurück auf das Manifest über den *Tod des Autors* von Roland Barthes. Sie findet hierzu bereits in Rihms frühen Schriften querverbindliche Belege, wie überhaupt seine wuchernden »Werklandschaften« in den Neunzigerjahren konzeptionell frühe Vorformen hatten: Schon »Morphonie« war als Teil einer Werkfamilie geplant, gleiches gilt für »Dis-Kontur« und »Sub-Kontur«. Später sei sein Komponieren zu einer »Reise durch die eigene Musik« geworden, »die der Komponist mit auf weitere Exkursionen nahm. Die Kollektionen, die er auf solchen Streifzügen anfertigte, gehören zu den spannendsten Kompositionen. die Rihm geschaffen hat.« Allerdings gibt es, was das Variieren und Zitieren anbelangt, nach wie vor Unterschiede zwischen Selbstzitat und Kontrafaktur. »Für Rihms Kompositionen kommt ein Werkbegriff, demzufolge ein musikalisches Werk etwas Abgeschlossenes und damit Gültiges sein soll, nicht mehr infrage. Es sei denn, man behauptet, dass das Eigentliche und Wesentliche seiner Werke nicht deren unantastbare Identität, sondern die ›Gestalt des Wandels‘ sei. Eine stete Offenheit, das nicht Abgeschlossene und jederzeit Revidierbare des Überlieferten, all diese Eigenschaften eignen der ›Work-in-Progress-Idee‹ von Wolfgang Rihms intertextuellen Kompositionen, die, so ein Hinweis des Komponisten, ›als Individualitäten an einem Vorgang beteiligt sind, der sie verändert, aufbricht, zudeckt, tötet, belebt.‹« So weit Zuber. Wolfgang Rihm seinerseits antwortete, von Häusler befragt zur Abgeschlossenheit eines Werkes: »Doppelstriche am Schluss sind sowieso nur in die Länge gezogene Doppelpunkte.«[214]

Johannes Brahms gehört nicht zu jenen großen Kollegen der Vergangenheit, die Rihm in sein persönliches Pantheon einziehen ließ, wie er es hielt mit Schumann oder Busoni, Schubert oder Schönberg. Aber es gibt doch eine Handvoll Rihm-Stücke, in denen er sich auf Brahms direkt bezieht. Oft geht es um das Brahms-Bild und um die Brahms-Rezeption; dann wird daraus eher eine Parodie, wie im Fall des »Brahmsliebewalzer«, den er 1985 für Klavier komponierte und drei Jahre später für Orchester instrumentierte. Das Publikum liebt diesen langsamen Walzer, einfach, weil es ein Walzer ist. Sogar in Silvesterkonzerten steht Rihms »Brahmsliebewalzer« inzwischen manchmal auf dem Programmzettel. Dabei tönen die Vortragsanweisungen dazu ironisch und fast noch pointierter brahmsartig als das Stück selbst: »Nicht schnell, eher schwer, oft dumpf, nie heiter, vielleicht verdrossen, säuerlich, aber ernst.« In anderen Fällen erinnern Rihmsche Kompositionen an ein bestimmtes Brahms-Werk oder an den »Brahms-Stil«, im Sinne der Erkundung einer Parallelwelt. Das erste Stück dieser Art entstand 1978, mit dem »Klavierstück Nr. 6 (Bagatellen)«. Und dann gibt es noch fünf größere Brahms-Hommagen, sämtlich Auftragswerke. Das erste Werk dieser Art entstand 1996 während eines Aufenthalts im winterlichen Hotel Römerbad in Badenweiler, wo sich Rihm nach eigner Auskunft »brahmsreich und brahmsarm zugleich« vorkam in seiner Auseinandersetzung mit den »harmonischen Konstellationen« des späten Brahms, dessen »scharfe und zugleich trübe Süße mich nicht losließ«.[215] Er hatte damit einen Wunsch des Dirigenten Wolfgang Sawallisch zu erfüllen, der das Werk, als es fertig war, im fernen Philadelphia zur Uraufführung brachte, im April 1997, ohne Rihms Anwesenheit. Es heißt »Ernster Gesang« und geriet zu einem fast zu schönen, berückend spätromantischen, permanent unaufgelösten Orchesterstück, ausgestattet mit vielen schwärzlichen Instrumentenfarben. Auch Trauer steckt darin, wie ein Kondukt marschiert das in schnurgeradem Schritttempo daher. Rihm widmete es dem Andenken seines Vaters, der kurz zuvor verstorben war. Wenig später schrieb er ein kurzes Orchesterlied mit dem schlichten Titel »Lied« für mittlere Stimme, nach zwei Georg Büchner zugeschriebenen Aphorismen (erweiterte Fassung eines Orchesterliedes namens »Apokryph«) in fast dem nämlichen groß besetzten Trauerflor-Klangbild – mit vier Klarinetten und vier Hörnern im Orchester, vorwiegend tiefen Streichern, dazu Pauken und Basstuba, drei Posaunen, zwei Fagotten und Kontrafagott. Diesmal hatten die Hamburger Symphoniker dafür den Auftrag erteilt, zur Feier ihres vierzigjährigen Bestehens. Wäre es nach Rihms Notizen gegangen – er schlug vor, man möge beides, das sterbensmüde »Lied« und »Ernster Gesang«, miteinander kombinieren –, dann hätte daraus vielleicht eine neue Werkgruppe, in Auseinandersetzung mit Linie und Fluss, Stimme und Melodie, herauswuchern können. So aber sind diese beiden Werke Einzelstücke geblieben. Selten gespielt. Erst kürzlich wieder, als die Hamburger Symphoniker ihren sechzigsten Geburtstag feierten, haben sie beide brahmsbezogenen Werke zusammen aufgeführt.

Die Komposition »Das Lesen der Schrift« von 2001 war wiederum Wunsch des Auftraggebers. Kent Nagano, Chefdirigent des Deutschen Symphonie-Orchesters Berlin (DSO), bat Rihm um vier Zwischenspiele für das »Deutsche Requiem« von Johannes Brahms. Solcherart »Aufbrezelung« eines vielgespielten Repertoirestücks entspricht dem sogenannten Sandwich-Prinzip, einer inzwischen schon wieder etwas aus der Mode gekommenen Konzertdramaturgie. Die Idee dahinter geht, pointiert gesagt, davon aus, dass das gesamte überalterte Klassikpublikum inzwischen nur noch aus Langohren besteht und zu seinem Glück gezwungen werden muss. Weshalb Unbekanntes und Neues in kleinen Scheiben serviert werden muss, versteckt zwischen großen Scheiben von mehrheitsfähigem

Standardrepertoire – tunlichst ohne Pause, sodass die alten »Esel« nicht entfliehen können. Dass so etwas nicht funktioniert, hat sich inzwischen herumgesprochen. In der Konzertpraxis ist es eher so, dass beide Seiten, das angeblich Bekannte und das Unbekannte, verlieren bei dem Deal, das Publikum sowieso. Immerhin, es sind in diesem Kontext in den letzten drei Jahrzehnten ungezählte zeitgenössische Kompositionen entstanden, meist kurz, als Kommentar, Vor- oder Zwischenspiel zu allen möglichen Standardmeisterwerken aus der Vergangenheit oder in dekonstruktiver Auseinandersetzung mit ihnen. Was Rihm betrifft, so hat er in seinem Brahmskommentar »Das Lesen der Schrift« planvoll an Brahms vorbeikomponiert. Die vier klanglich eingedunkelten Orchestersätze, die sich wie »Intarsien« (Rihm) in das Brahms-Requiem integrieren lassen, bilden, wenn man sie herauslöst und hintereinander wegspielt, eine Miniatur-Symphonie von etwa zwanzig Minuten. Rihm kommentiert: »Eine für sich stehende, vierteilige Komposition, nicht gebunden an dieses Wagnis, das Brahms-Requiem in seinem Inneren beantworten und befragen zu dürfen.« Der Musikkritiker Tim Page von der *Washington Post* diagnostizierte, nach einer Aufführung durch das National Symphony Orchestra, allerdings nur den doppelten Verlust: »What to say of the Rihm additions? Basically, one waited politely, and perhaps a little impatiently, until they were over. Conductor Kent Nagano was impressive. Composer Wolfgang Rihm's four interludes were not.«[216] Heute wird »Das Lesen der Schrift« zwar ab und zu noch gespielt, freilich stets im Verbund mit dem Brahms-Requiem und oftmals als Patchwork, wobei Einzelsätze auch ganz weggelassen werden. Als eigenständige Symphonie – quasi als Rihm-Symphonie im Brahms-Kostüm – hat sich das Werk bislang nicht durchgesetzt. Es gibt, obgleich die Berliner Rundfunkorchester- und Chöre-GmbH involviert war bei der Genese des Stücks, noch nicht einmal einen CD-Mitschnitt.

2011 wurde Rihm dann vom Luzerner Sinfonieorchester beauftragt mit vier komponierten Interpretationen zu den Symphonien von Brahms. Dank der Kooperation des Lucerne Festivals und privater Sponsoren war es diesmal möglich, das Ergebnis auf Tonträger zu dokumentieren. Diese CD präsentiert nur die Neukompositionen Rihms, sie sollten, so hatte es sich Rihm gewünscht, auch für sich bestehen können: Einerseits vier »Vorspiele«, so schrieb er, seien sie andererseits auch aufzufassen als vier Sätze einer eigenständigen Symphonie. Inoffiziell, in einem Brief an den Intendanten des Orchesters, sprach Rihm sogar von einer »Luzerner Sinfonie«. Der offizielle Titel, entnommen einem Goethe-Vers, lautet zwar: »Nähe fern 1–4«. Doch auf der CD ist zu lesen, abweichend davon, aber mit Billigung Rihms: »Symphonie Nähe fern« – ohne Zählung. Es gibt nämlich noch einen fünften Satz, den er implantiert hatte: einen kurzen Vokalsatz, für Bariton und Orchester, nach einem Gedicht von Goethe; als Klavierlied entstanden anno 2004, musste Rihm ihn für »Nähe fern« lediglich instrumentieren. Wurde dieses Lied nach der Uraufführung zunächst von der Kritik als kapriziös aufgefasst, oder vielmehr, wie Peter Hagmann schrieb, als ein »Fremdkörper«, der Rihms neue Symphonie »mit ihren geheimnisvollen Anspielungen allzu sehr in die Helle der Deutlichkeit« ziehe, so erwies es sich zugleich auch als ein Fenster, das Aus- und Rückblick gewährte auf das Phänomen von Fluss und Linie in der Musik: auf die Melodie.[217]

»Nähe fern« könnte man, auf den ersten Blick, eine Brahms-Parodie nennen, im herkömmlichen Sinne dieses musikalischen Fachbegriffs. Wer in die Partitur blickt, der sieht zunächst wohl nur das. Sie scheint erstaunlich übersichtlich. Das Orchester, mit vier (Wald)-Hörnern gesegnet, spielt in historisch »mittelgroßer« Brahms-Besetzung, es schwelgt in homophon spätestromantischen Klangwogen, eine Fülle von Brahms-Allusionen sind zu sehen und zu hören, in allen vier

Sätzen, auch direkte Zitate. Und doch ist »Nähe fern« keine »Musik über Musik«, vielmehr ein neuerliches Rihm-Experiment, das Unverständnis und Kritik provoziert hat, wofür auch die Konfusion der Titelvarianten steht. Rihm interpretiert hier aus dem Blickwinkel der Gegenwart ein Musikstück der Vergangenheit und entfernt sich von letzterem. »Nähe fern« geht dem Gestaltwandel von Motiven nach, es führt das Mäandern von Melodielinien weiter und verliert sich darin. Letztlich ähnelt das dem, was man, seit Arnold Schönbergs Beethoven-Exegese, das Prinzip der entwickelnden Variation nennt. Zum ersten Mal seit vielen Jahren schreibt Rihm wieder eine Symphonie, ohne den Gattungsbegriff und die darin eingebundenen gewachsenen Konventionen infrage zu stellen. Und ganz wie in Haydns »Abschiedssymphonie« stehen zum Schluss zwei Instrumente auf, zwei Trompeter. Sie blasen tonlos einen Ton und verlassen den Saal. Man hört sie noch einmal, buchstäblich, »von fern«. So endet dieses abgeschlossene Orchesterwerk in vier Sätzen, probates Gegenstück zu den vorangegangenen »Fleuve«-Symphonien – ein Projekt, das übrigens zu diesem Zeitpunkt noch gar nicht wirklich beendet war.

Die Werkfamilie »Vers une Symphonie fleuve« hat einen literarischen und einen konzeptionellen Hintergrund. Begonnen hatte das Anfang der Neunziger mit der Uraufführung von »Vers und Symphonie fleuve I« in Hamburg, wo Rihm bereits in den späten Siebzigern mit Hubert Fichte zusammengetroffen war, mit dem er eine Oper plante, aus der dann nichts geworden war. Doch Fichtes Idee eines »roman fleuve«, in Fortschreibung der französischen Bewegung um Balzac, Zola und Rolland, mit einer erweiterten Erzählstruktur und mit wechselnden Perspektiven, ließ ihn nicht mehr los. Er sei, erzählte Rihm 1995 im Gespräch mit Bas van Putten, dann »wie von selbst auf den Gedanken« gekommen, »die Adornosche Idee einer ›musique informelle‹ zu kreuzen mit dieser Idee einer ›symphonie fleuve‹, sodass ich in der letzten Zeit einige Stücke schreiben konnte, die diese Flussform zunächst einmal ansatzweise gestalten.« Und ergänzte dazu, im Gespräch mit Max Nyffeler, Jahre später, als er drei weitere sogenannte »Zustände« einer »Symphonie fleuve« entworfen hatte, durch Einkreuzung älterer Kompositionen, Prolifération und Übermalung: »Vielleicht zeigt sich da eine Sehnsucht nach der gestalteten Strecke, nach der kompakten, kontinuierlichen Verlaufsenergie, die energetisch, nervlich gestaltet ist. Ganz unmechanisch, aber dennoch vorwärtsdrängend.«[218] Im Jahr 2000 entstand eine weitere, auf achtzig Minuten erweiterte »Fleuve«-Version für die Expo in Hannover mit einem alttestamentarischen Vokalpart im Finale (»… fleuve V omnia tempus habent«), und 2012 schließlich schrieb Rihm für die Badische Staatskapelle und die Amsterdamer ZaterdagMatineen von Radio 4 eine halbstündige »Fleuve«-Symphonie Nr. VI. Die Partitur dazu, mit ihrem Nebeneinander aus Alt und Neu, Gedrucktem, Kopiertem und Handschriftlichem, ist fast gleichzeitig mit der säuberlich überschaubaren zur »Symphonie Nähe fern« entstanden. Sie sieht völlig anders aus. Beim Hören kann man Gemeinsamkeiten entdecken. Beide Symphonien sind auf dem Weg vom Fluss zur Linie. Bereits im Vorfeld der Uraufführung der Luzerner Symphonie hatte Rihm, in einem Brief an Thomas Meyer, geschrieben: »Die seit frühester Jugend vertrauten (Brahms-)Stücke lösten in mir eine Art ›symphonischen Wunsch‹ aus: Den Fluss der Entwicklung als das Eigentliche des musikalischen Erfindens formen zu können. Die Linie war ja schon länger meine musikalische Obsession. Bei Brahms erfahren wir die Linien, den melodischen Strom, als etwas ungemein Organisches und zugleich Gebautes. Eines generiert das andere …«[219]

Einzig das eingefügte Goethe-Lied in »Symphonie Nähe fern« ist ein echtes Selbstzitat. Es ist in sich abgeschlossen, eine letztlich vertraute Form. Sowohl Brahms als auch Rihm hatten die Verse schon einmal vertont, Letzterer im Rahmen seines Goethelieder-Zyklus von 2004. Die ersten Zeilen lauten: »Dämmrung senkte sich von oben / Schon ist alle Nähe fern«. So liefert das Vokale den Titel und damit auch das Motto ab fürs Instrumentale: ganze zwei Worte, ein Paradox. Es benennt auch das diskursive Verhältnis Rihms zur Brahmsschen Musik. Einerseits: die Nähe, in den orchestralen Grundfarben. Andererseits: die Entfernung, »das Weiterdenken über Brahms hinaus«. Christian Wildhagen bemerkte dazu in seiner Luzerner Uraufführungskritik: »Rihm orientiert sich hier ausdrücklich an der weit ausschwingenden Themenbildung, dem ›melodischen Strom‹ bei Brahms. Das führt, ungewöhnlich genug, in der Musik der Gegenwart, zu einer spürbaren, quasi nachromantischen Dominanz des Streicherklangs. Im frei- und spättonalen Rahmen klingt das im Ergebnis weniger nach Brahms, als nach Alban Berg und Zemlinsky …«[220]

Zurück zur Oper »Proserpina«: Das Libretto dazu aus dem Jahr 1778 schrieb der junge Goethe mit neunundzwanzig Jahren. Es sind starke, sperrige Verse. Schauplatz ist die Hölle, eine »öde, felsigte Gegend« mit einem Granatapfelbaum. Die Göttin Proserpina, Tochter der Ceres und des Jupiter, die es hierher verschlug, will eigentlich nur wieder weg. Sie glaubt, sie sei Opfer einer Entführung oder eines Verrats. Sie redet mit sich selbst. Spricht mit Unsichtbaren. Protestiert, argumentiert, schreit, weint, wütet. Dann pflückt sie einen Granatapfel, und damit ist die Sache klar: Sie muss ewig bleiben. Dieser Text wurde mehrfach in Musik gesetzt, zuerst von einem gewissen Karl Siegmund von Seckendorff, später von einem Zeitgenossen Beethovens namens Carl Eberwein. Wolfgang Rihm hat, als er sich der Sache annahm, gegen seine Gewohnheit kaum etwas an der Vorlage gekürzt oder verändert. Er bezeichnete diesen Einakter auch, ganz nach dem Vorbild Goethes, als »Monodrama«, obgleich nicht nur eine Person auf der Bühne steht und monologisiert. Außer Proserpina haben gegen Ende des Stücks auch noch die antiken Parzen etwas zu sagen, ebenfalls weibliche Stimmen. Bei Goethe sind es die üblichen drei, Rihm vervielfältigt sie zu einem mindestens zwölfköpfigen Frauenchor, der unsichtbar aus dem Graben herauftönt oder – auch das ist eine Option – dessen »Klang über mehrere Lautsprecher im Raum verteilt« werden kann. Wie Eva, als sie den Apfel der Erkenntnis pflückte, für immer aus dem Paradies vertrieben wurde, so riskiert auch Proserpina, als sie lustvoll in die Granatfrucht beißt, den Sündenfall. Granatäpfel stehen bekanntlich für die Kehrseite des biblischen Begriffs des »Erkennens«, nämlich für Sex. So wird sie unwiderruflich für immer die Gattin Plutos und weggesperrt in die Unterwelt. Die Parzen, die bis dahin nur textlose Vokalisen gesummt und gesungen hatten, sprechen nun verständlich zu ihr: »Du bist unser!« und »Unsre Königin!« Und Proserpina? Sie verlischt, im Pianissimo. Fragend schraubt sich ihre letzte Phrase in drei großen Sprüngen aufwärts, auf dem Wort »Qual«, und Flöten und Oboen betten sie zur Ruh.

Die Uraufführung fand am 2. Mai 2009 statt im Rokokotheater in Schwetzingen. Jonathan Stockhammer dirigierte das kleine, vielfarbige Orchester, der Regisseur Hans Neuenfels stellte sich die Hölle vor als ein ärztliches Untersuchungszimmer, und in diesem kühlen, neonhellen Bühnenbild sang und siegte eine bewundernswürdig virtuose, intonations- und höhensichere Sopranistin. Mojca Erdmann verfügt über das absolute Gehör und hat eine unverwechselbar klare, leichte und zugleich dramatisch-ausdrucksstarke Stimme, die nicht nur hoch hinaufreicht, sondern auch tief hinunterkommt, ohne zu verblassen. Diese Stimme ist einer der Gründe, warum Rihm das Stück überhaupt komponiert hat. Es reizte ihn, eigens für diese Stimme eine große, mehrdeutig schillernde Partie zu entwerfen, halb Zerbinetta, halb Ariadne. Und der Erfolg gab ihm recht. Wie der Kritiker Manuel Brug in der *Welt* nachrechnete, erbrachten »65 Minuten Spielzeit eine Viertelstunde Applaus – eine Traumquote«. Die Zeitschrift *Opernwelt* fand, Rihms Musik sei »schönheitstrunken« geworden, aber auch »artifizieller und selbstverliebter«. Die *Süddeutsche Zeitung* problematisierte den politisch inkorrekten Plot (»Eine Frau wird fertig gemacht von einer präpotenten Männerwelt«), räumte aber ein, das sei handwerklich immerhin gut gemacht: »Nicht wegen dieser Botschaft jubeln die Menschen bei den Schwetzinger Festspielen. Sie jubeln, weil diese Geschichte erlebbar gemacht wird durch eine höchst artifizielle Musik, die häufig an und über die Grenzen des sängerisch Möglichen geht.« Dem Kritiker der *Neuen Zürcher Zeitung* gefiel vor allem die Stelle, in der die junge Göttin – die ja bekanntlich durchaus keine frühlingsfrische Unschuld, vielmehr von ihrem Vater längst geschwängert worden war, wenn sie auch den gemeinsamen Sprössling, Dionysos Zagreus, auf tragische Weise wieder verloren hatte – infolge des Granatapfelverzehrs einen heftigen Orgasmus erlebt. Die Regie hatte das dezent hinter einem Klinikparavent versteckt. Die Partitur versteckt nichts: »Rihms musikalische Handschrift hatte immer ihre eruptive, ja körperliche Seite; so ist es auch hier. Mojca Erdmann macht nicht nur das, das aber ganz besonders gut«, sie steigert sich »über eine Folge von Ah-Lauten in eine heftige Ekstase hinein.«[221]

Es gibt noch etliche andere malerische und burleske Stellen in »Proserpina«, die Zweifel daran wecken, ob das Stück wirklich als Tragödie aufgefasst werden muss oder doch eher eine Farce ist. Wahrscheinlich beides. Einerseits handelt es sich um eine klassische hysterische Wahnsinnsszene, die, wie in einer Oper von Bellini oder Donizetti (nur sehr viel länger), Mitleid einfordert für die Protagonistin. Letzteres gilt auch für Arnold Schönbergs grandioses Monodram »Die Erwartung«, das als die Mutter aller Frauen-Monodramen ebenfalls für das Rihm-Stück Pate stand. Andererseits wird diese Empathie in »Proserpina«, anders als beispielsweise in »Jakob Lenz«, immer wieder zerstreut und gestört. Manchmal, etwa in der Königin-der Nacht-Passage, macht sich die Musik beinahe lustig über die zeternde Heldin. Neuenfels setzte an das Ende der Geschichte ein großes Fragezeichen. Rihm, der Frauenversteher, hielt die Sache lieber in Balance. Er erklärte im Vorfeld der Premiere, fasziniert habe ihn an dem Goethetext zuallererst »das Dunkle und Rätselhafte« eines typischen Frauenschicksal, wie es eine der ersten Verszeilen andeutet: »Endlos liegen vor dir die Trauergefilde / Und was du suchst, liegt immer hinter dir«. Und sagte in einem anderen Vorabinterview: »Ich finde, dass in dieser Figur (der Proserpina) etwas Glitzerndes und Gefährliches steckt. Das gefällt mir. Das ist ein Typus Frau, übrigens sehr verbreitet immer noch, der uns ständig darauf hinweist, dass alles gegen sie wirkt. In diesem Vorwurf steckt ein enormes Aggressionspotential, aber das lässt sich nicht eins zu eins vertonen. Ich wollte versuchen, die Schönheit auch in der Hässlichkeit darzustellen und umgekehrt das Hässliche durch das Schöne zu zeigen.«[222]

»Proserpina« ist nicht das erste Stück Rihms, das sich dem verführerischen Schmelz sehr hoher Frauenstimmen verschreibt. Diese Spur führt weit zurück, womöglich bis zur vervielfältigten Ophelia der »Hamletmaschine«, auf jeden Fall aber bis ins Jahr 1989, als er, für die Donaueschinger Musiktage, ein Orchesterlied für zwei verführerisch hohe Soprane erfand, die, räumlich voneinander getrennt und doch dicht miteinander verflochten, sich am Ende hinaufschrauben bis zum dreigestrichenen F. »Frau / Stimme« heißt diese Raum-Komposition, nach einem bilderstarken eschatologischen Text von Heiner Müller: »Ich bin der Engel der Verzweiflung … Meine Rede ist das Schweigen, mein Gesang der Schrei. Im Schatten meiner Flügel wohnt der Schrecken.« Zur gleichen Zeit beschäftigte sich Rihm bereits mit der vervielfältigten Frauenfigur des Montezuma in

»Die Eroberung von Mexico«. Dann, zwischen 2001 und 2008, entstanden gleich drei Monodramen rund um drei antike Frauengestalten. Es sind, wie Claudia Maurer Zenck bemerkt hat, Frauenschicksale, die sich keiner der großen griechischen Tragödiendichter zum Sujet genommen hatte, »die aber bereits im 18. und 19. Jahrhundert Mittelpunkt einer Dichtung und Deutung« geworden waren: Ariadne, nach Nietzsche; Penthesilea, nach Kleist; und, wie gesagt, Proserpina, nach Goethe. Auffallend sei, dass Rihm einer jeden nur einen Einakter zugestanden habe, keine abendfüllende Oper. Doch »jede steht allein auf der Bühne, alle singen Monologe«.[223]

»Proserpina« ist das längste und auch auf Anhieb erfolgreichste Stück dieser Werkgruppe. Es wurde rasch nachgespielt, in Rom, Wuppertal und Wien, wobei sich herausstellte, dass auch andere Sopranistinnen, etwa Rebecca Nelsen oder Elena Fink, keineswegs überfordert waren von dieser komplexen Partie. Zuvor hatte Rihm bereits für die lyrische Sopranistin Juliane Banse eine zauberhafte Solokantate komponiert, die er »Aria / Ariadne« nannte. Die Uraufführung dirigierte Christoph Poppen im Januar 2002 in der Kölner Philharmonie, immerhin dreißig Minuten lang und in kleiner, quasi arkadischer Besetzung, mit Harfe, Oboe, zwei Hörnern und vollem Streichersatz. Als Vorlage diente die Klage der Ariadne aus den *Dionysos-Dithyramben* von Friedrich Nietzsche. Das Stück wurde später von Rihm weiterverarbeitet zu einer abendfüllenden Operncollage, in der er außerdem den zwanzigminütigen »Penthesilea Monolog« und, drittens, den Einakter »Das Gehege« (fünfundvierzig Minuten) zusammenspannte. Letztere Stücke hatte die dramatische Sopranistin Gabriele Schnaut aus der Taufe gehoben, beide im Jahr 2005, das eine in Weimar, das andere in München. Wobei »Das Gehege« sich ausnahmsweise nicht um ein antikes, vielmehr um ein heutiges deutsch-deutsches Frauenschicksal kümmert, ungleich mehr Orchesterinstrumente dazu benötigt und außerdem einen klar umrissenen politischen Hintergrund hat: Eine gewisse Anita von Schastorf, aufgewachsen in der DDR, befreit in der Nacht, als die Mauer fällt, einen Adler aus dem Berliner Zoo. Ihre zärtlich gurrenden bis hell gellenden Versuche, das bundesdeutsche Wappentier, in dem auch der alte Reichsadler noch präsent ist, zum Geschlechtsverkehr zu überreden, scheitern. Das Symbol kapiert nicht, was los ist, es dreht ihr den Rücken zu. Da wird sie wütend, tötet und rupft es. Und, wer weiß, sie isst es vielleicht sogar am Ende auf. Davon geht Rihm jedenfalls aus.

Er hatte dieses Sujet vorgeschlagen, als die Bayerische Staatsoper bei ihm anfragte, ob er wohl ein neues Stück schreiben könne zum Amtsantritt des Generalmusikdirektors Kent Nagano. Der wollte mit »Salome« von Richard Strauss eröffnen und wünschte sich ein passendes Vorspiel dazu: »Kent Nagano wollte den Abend mit einem zeitgenössischen Werk beginnen, und ich hab geantwortet: Da gibt's nur eins, die Schlussszene aus *Schlußchor* von Botho Strauß.« Weiter erklärte Rihm im Interview gegenüber den Redakteuren der *ZEIT*, die ihn in Bezug auf dieses Doppelprojekt festnageln wollten auf eine Einschätzung der »kulturnationalen Untertöne« deutscher Wiedervereinigung: das Wichtigste sei doch letztlich die »abgründige Ambivalenz«, die Salome mit Anita, Strauss und Strauß verbinde: Zwei Frauen, die töten, was sie lieben. Wie auch bei der »Proserpina« entdeckten einige Kritiker darin wiederum eine politisch inkorrekte Männerphantasie. Doch ist nicht der Liebestod seit jeher Stoff gewesen für die große Oper, schon seit den Zeiten der Florentiner Camerata? Und sind nicht die Frauen in aller Regel diejenigen, die zuerst dran glauben müssen, von Eurydike und Dafne bis zu Carmen, Butterfly und Marie? Im nämlichen *ZEIT*-Interview kündigte Rihm jedenfalls schon den Plan an, »Das Gehege« wieder abzukoppeln von »Salome« und mit »Aria / Ariadne« und dem »Penthesilea-Monolog« zusammenzulegen zu einem großen dreiaktigen Werk, in dem vorwiegend Männer geopfert werden: »Da kann man die männliche Figur wunderbar erscheinen und sterben lassen.«[224]

Und so kam es dann auch: Drei Jahre später, am 29. September 2009, brachte das Theater Basel die abendfüllende Oper »Drei Frauen« heraus. Sie beginnt mit der luzide-bukolischen Ariadne, geht über zu der dramatisch-zickigen Anita und endet mit der halb entrückten Amazonenkönigin, der an der Leiche des Achill dämmert, dass sie sich selbst getötet hat. Regie führte Georges Delnon, André de Ridder dirigierte und Renate Behle glänzte in der Partie der Penthesilea. Für die Musikkritik schlug damit die Stunde der freien Mitarbeiter, denn viele Redakteure reisten gar nicht erst an, in der Annahme, dass so ein Recycling den Weg nicht lohne. Es entging ihnen eine Collageoper, die dank der Steigerung der instrumentalen Mittel von Akt zu Akt und der Varianz der Melodielinien zu einem neuen Ganzen zusammengewachsen war. Rihm hatte für »Drei Frauen« zwei Orchesterstücke neu komponiert, als Zwischenaktmusiken, mit allerhand Übermalungen, Erweiterungen, Allusionen und Zitaten darin. Straussche »Salome«-Fetzen tönen hinein, Spuren von »Erwartung«. Und im ersten dieser Intermezzo-Stücke taucht leibhaftig, nur leider zu spät, ein schöner smaragdfarbener Tenor auf, als völlig korrekte Frauenphantasie: ein Jung-Dionysos, der sich nicht benehmen kann oder will und lallt, was Ariadne zuvor vergebens eingefordert hatte: Er sei ihr La-la-labyrinth. Von hier führt der Weg direkt in die nächste große Oper, einer Nietzsche-Komödie. Sie beginnt mit dem Gelächter von Frauen.

»Selbstverständlich kann man Nietzsche nicht ›vertonen‹«, erklärte Wolfgang Rihm einmal in einer Notiz an sich selbst, anno 1986. Zu diesem Zeitpunkt hatte er das schon mehr als ein halbes Dutzend Mal getan. Weiter heißt es: »Man kann überhaupt nichts *ver*tonen, am wenigsten Nietzsche. Aber Anlass zur Musik kann ein Text schon geben, vor allem ein frei rhythmischer, gedichteter; vor allem ein dichterischer Text von Nietzsche.« Es geht in diesem Miniatur-Essay nicht um Wortklaubereien, sondern um die grundsätzliche (Selbst-)Verständigung über das Verhältnis von Text und Musik. Erste Erkenntnis: Der Begriff »Vertonung« sei falsch. Inwiefern? »Weil Musik nicht hinzutritt und den Text durchstreicht. Es ist vielmehr so: dass der Text dadurch, dass er Musik hervorzubringen hilft, in diese eingeht.« Dabei werde »eine neue Qualität von Text« entstehen müssen. Gemeinsam also bringen Text und Musik einen neuen Text hervor. Geeignet dazu sind vor allem unfertige, offene Texte, die selbst schon klingen: »Nietzsche vertonen ist wie in einen Klangzusammenhang hineinsingen, in bereits bestehenden Gesang Stimme einlassen.«[225]

Friedrich Nietzsche ist, neben Artaud, einer der beiden Denker und Dichter, mit dessen Texten Rihm am häufigsten umging. Er setzte am liebsten Fragmente und Aphorismen in Musik, unter anderem aus den 1889 veröffentlichten *Dionysos-Dithyramben*, einem Spätwerk, mit dem Nietzsche freilich so früh begonnen hatte, dass darin auch noch sein *Zarathustra* herumspukt. Außerdem verarbeitete Rihm etliche Gedichte Nietzsches, einige sogar mehrfach, wie das vom »Wanderer und seinem Schatten«, das zuerst in das Donaueschinger Orchesterstück »Klangbeschreibung II, Innere Grenze« einging, später in einen Liederzyklus. Auch jenseits der Lieder nisteten sich Nietzsche-Worte ein in seine Musik in allen sogenannten Formen und Gattungen. Das reicht von den Siebzigern bis ins neue Jahrtausend, von den »Abgesangsszenen« bis zur dritten Symphonie, zu Chorstücken wie »Umhergetrieben, aufgewirbelt« oder dem Streichquartettsatz »Zwischenblick: Selbsthenker!« sowie, was sich fast von selbst versteht, bis zu Opern, beispielsweise dem »Oedipus«. Im Sommer 2010 war es dann so weit: Bei den Salzburger Festspielen wurde eine veritable Nietzsche-Oper Rihms zur Uraufführung gebracht. Sie heißt »Dionysos« und erzählt episodisch, in einem krass verspielten Bühnenbild von Jonathan Meese, Anekdotisches aus einem Künstlerleben. Diese Oper hat keinen narrativen Handlungsfaden. Sie ist im Untertitel ausgewiesen als »Szenen und Dithyramben. Eine Opernphantasie«. Die Angabe zum Libretto-Autor fiel ähnlich unscharf aus, sie lautet: »Worte von Friedrich Nietzsche, Text von Wolfgang Rihm«.

Ohne den Dirigenten Ingo Metzmacher, dem das Werk gewidmet ist, wäre es wahrscheinlich nicht so weit gekommen. Er hatte sich die Vollendung dieses Projekts, in das Rihms gesammelte Nietzsche-Erfahrungen ein- und aufgehen, in einem Arbeitsprozess, der fünfzehn Jahre dauerte, innig gewünscht. Metzmacher hatte Rihm ein Versprechen abgenommen, er hat ihn immer wieder erinnert und insistiert. Gegen Ende schickte Rihm ihm die fertigen Szenen portionsweise, die Proben begannen eine Woche nachdem die Komposition endlich abgeschlossen war. Im Ergebnis hat allein der Klavierauszug zweihundertfünfzig Seiten, die Aufführung dauert ohne Pause zwei Stunden, das Werk verlangt sechs Solisten, einen Schauspieler, Chöre und großes Orchester. Vor der Premiere ging das Gerücht um, Rihm habe den »Dionysos« in einem Schaffensrausch von nur sechs Monaten aufs Papier gebracht, genial wie Mozart. So verkündete es auch die *Regensburger Neue Musikzeitung* ihren Lesern, allerdings ergänzt durch die beckmessernde Anmerkung, dass diese an sich staunenswerte Leistung leicht zu erklären sei mit der bekannten »Schaffensweise« Wolfgang Rihms, wonach »der Meister sich Passagen von bereits vorhandenen Arbeiten in mehr oder minder reduzierter Form ausdrucken« lasse, um dann etwas »hinzuzuschreiben«.[226] Gemeint ist damit das vegetative Komponieren, die Parodie, das Übermalen und Collagieren. Gemeint war: Abschreiben sei keine Kunst. Das ist es aber, wie nicht zuletzt die Aufgeregtheiten um geistigen Diebstahl in der jüngeren Copy-and-Paste-Generation beweisen, sehr wohl und schon immer gewesen. Ab und zu muss es immer mal wieder laut gesagt werden: Es kommt darauf an, wer abschreibt. Wo und wie. Und auf das »Etwas«, das hinzugeschrieben wird.

In den »Dionysos« sind etliche Ideen und Gestalten aus älteren Nietzsche-Stücken Rihms eingewandert. Sie wurden zerlegt, fragmentiert, parodiert, übermalt. Es gibt sogar eine Stelle, in Szene 3, Bild 2, da ist die Kopie eines bereits gedruckten Rihmschen Werkes hineingeklebt worden in die handschriftliche Partitur. Nietzsche persönlich stellt sich in einem gemütlich-plüschigen Bordell des Fin-de-Siècle an die Attrappe eines Konzertflügels, er nimmt eine »liederabendliche Haltung ein« und singt ein Klavierlied von Rihm, nach dem »Wanderer«-Gedicht von Nietzsche: »Er schreitet zu und steht nicht still, weiß nicht, wohin sein Weg noch will«. Die Melodielinie zu diesen Worten führt aufwärts bis zum eingestrichenen Cis, der Korrepetitor am Klavier imitiert einen Flötenspieler, pünktlich tönt aus dem Graben dazu ein schönes Flötensolo und die »Hetären kichern lautlos« wie es an dieser Stelle, Takt 277, in der Partitur heißt. Nietzsche, die Hauptperson, wird durchgehend nur »N.« genannt, was sich allerdings ergänzen ließe zu »N.N.« und bedeutet: nomen nescio, »den Namen kenne ich nicht«. N. könnte also auch jederzeit jemand ganz anderes sein, Meese, zum Beispiel, oder Rihm. Und auch sonst wird viel gekichert in diesem Stück.

Mit Frauengelächter geht das los. Es fliegt rheingoldhaft gleich am Anfang herein, von der Hinterbühne, während das Orchester zunächst schweigt; dann aber zart die Dur-Terz dazu nachliefert, auch einen feinen Violinentriller, der im Pianississimo Sprung um Sprung aufsteigt. Zwei Nymphen finden sich zum Duett, zwei sehr hohe Soprane, sie umschwärmen und verfolgen einen schüchternen Kerl, kleben an ihm wie lästige Kletten und fragen ihn viele Dutzend Mal: »Mich willst du …«

Stumm flieht N. über den Hügel, steigt in ein Ruderboot und versucht zu entkommen auf dem See, bei dem es sich zweifellos um den Vierwaldstättersee bei Tribschen handelt, wobei die »Ein-Einzige« der beiden Damen, die ihm wie eine Stalkerin auf den Fersen bleibt, unverkennbar Richard Wagners Frau Cosima ist, wiederum gesungen von Mojca Erdmann und ausgestattet mit herrlichen, himmelhohen Spitzentönen. Sie lässt nicht locker, bis N. zu sprechen, schließlich zu singen beginnt und sich stotternd verwandelt in jenen Gott aus dem Mythos, der am Strand von Naxos das berühmte Versprechen an die verlassene Ariadne ablieferte: »Ich bin dein Labyrinth.« Glücklich springen drei Delphinmädchen aus dem See. Sie stimmen in Rheintöchterbesetzung (Sopran, Mezzosopran und Alt) wiederum rheingoldhafte Vokalisen an und finden den lallenden Herrn, der inzwischen sowohl Nietzsche als auch Dionysos und Alberich verkörpert und alle blockierten, verhinderten, selbstkritischen Künstler aller Zeiten repräsentiert, einfach nur noch komisch.

So viel zur ersten Szene der Oper, die von der Jagd nach Liebe erzählt. In der zweiten geht es raus in die Natur, Nietzsche (Bariton) unternimmt gemeinsam mit seinem Freund und Mitarbeiter Peter Gast (Tenor, genannt »Ein Gast«) eine Männerpartie. Sie kraxeln ins Gebirge, musikalisch ausgestattet mit allem, was ein groß besetztes Orchester für eine zünftige Alpensymphonie aufzubieten hat: Glocken aus dem Tal, Blitze am Himmel, Sturmböen, Raubvogelkrächzen, goldene Sonnenuntergänge und schwarz gezackte Abgründe, Sehnsucht nach dem Absturz und einen Höhenkoller, aber auch Sekunden einsamer Wahrheit, mit rhythmischer Wucht und zugleich mit jener pointierten A-cappella-Kunst und polyphonen Linienführung, die Rihm genauso brillant beherrscht wie den orchestralen Klangzauber, die pure Schönheit. Die dritte Szene verlegt den Schauplatz in die Kultur: in Salon und Bordell. »Ein Gast« verwandelt sich erst in N.s Klavierbegleiter, dann in Apoll, der von den Hetären, die sich ihrerseits in Mänaden verwandeln, buchstäblich in Stücke zerrissen wird. Das Künstler-Bekenntnis des N.: »Ich kann nicht anders, Gott helfe mir …« in den Takten 613ff. sowie der im Anschluss daran in Pfundnoten heraufziehende, auf eine Ganztonreihe sich stützende Bach-Choral »Es ist genug« wird zur ersten ernsten stillen Klimax der Szene. Apoll kehrt quicklebendig zurück und zieht seinem Konkurrenten Nietzsche-Rihm-Marsyas mitten im Schaffensprozess, in seinem Arbeitszimmer, die Haut ab, die sich selbstständig macht und davonkrabbelt, mit einem Hörnerknurren. Ein Bacchanal bricht aus, ein entfesselter, schwelgerischer, wahrhaft dionysischer Chor- und Orchester-Taumel. Trompeten schmettern darein, Vokalisen fliegen auf, bis schließlich ein beredtes Schlagzeugsolo dem Spuk ein Ende bereitet und überleitet zur vierten und finalen Szene: der mit dem Pferd in Turin.

Dass N. – oder vielmehr seine Haut – kurz vor Schluss der Oper ein Pferd umarmt und küsst, bezieht sich auf eine wahre Begebenheit: Am 3. Januar 1889, auf der Straße in Turin, umarmte Friedrich Nietzsche ein vom Kutscher malträtiertes Pferd, was als Auslöser seiner Wahnvorstellungen gilt, sie wahrscheinlich aber nur einer breiteren Öffentlichkeit bekannt gemacht hat. Auch andere Szenen in Rihms »Dionysos« haben einen biographischen Kern. So ist es amtlich, dass sich der junge Nietzsche, als er 1869 nach Tribschen bei Luzern kam und dort eine Weile als Gast bei Richard Wagner wohnte, den er anschwärmte als wiedergeborenen Aischylos, sich unsterblich in Wagners Lebensgefährtin Cosima von Bülow verliebte. Noch in den Texten aus Nietzsches letzten Lebenstagen, die er in geistiger Umnachtung verbrachte, geistert Cosima herum, er nennt sie »bestverehrte Frau« und »heimlich geliebte Ariadne« und unterzeichnet seine Briefe mit »Dionysos« oder »Der Gekreuzigte« oder mit »Antichrist«.

Trotz alledem ist Rihms »Dionysos« keine Nietzsche-Oper mit dem Anspruch, das Leben und Schaffen Friedrich Nietzsches zu erzählen. Man könnte sie, falls es dieses Genre überhaupt gibt, als Künstler-Operette bezeichnen, die in ihrer ambivalenten Durchmischung von romantischer Ironie mit klassizistischem Pathos, von Selbsterkenntnis, Selbstzerknirschung, Überwältigungspotential und Publikumsbeschimpfung unendlich viele verschiedene Deutungen zulässt. Metzmacher, zum Beispiel, interpretierte das Wort »Fantasie« im Untertitel des Werkes in einem musikalischen Sinne als die Lizenz zu freiem Spiel, zu Unernst und Uneigentlichkeit: »Du. Ich. Du. Von Felsen zu Felsen. Bergesklänge. Langsam dämmert es mir, dass Rihm es ausschließlich ernst nicht meinen kann.«[227] Rihm selbst zog sich zurück auf eine der ältesten Definitionen dessen, was Oper ist: auf das »unmögliche Kunstwerk«, in seiner Unvollkommenheit. Er verkündete im Salzburger Programmheft: »Nichts verschließt sich so sehr dem Musiktheater wie ein vollendeter, literarischer Text. Ich glaube, dass das Musiktheater mehr ›Zauberflöte‹ braucht. Mehr Machwerk. Plötzliches Auftreten von Wächtern. Nebel. Eine Schlange. Drei Damen. Das ist Oper! … Sie findet ihre Möglichkeiten in Situationen, die nicht alltäglich sind.« Die Szene im Gebirge hatte er sich eher so vorgestellt: »Ich sehe Stan Laurel und Oliver Hardy am Dachrand eines Hochhauses, in klammernder Angst vor dem Hinuntersturz.«[228]

Jonathan Meese sah das anders: Er baute Berge aus schultütenspitzem Pappkarton und schickte grüne Marsmännchen zur Orgie. Vergebens suchte der Regisseur Pierre Audi eine Art Handlungsfaden zu legen durch den verrückten Plot des zerstückten Librettos. Mojca Erdmann wurde vom Publikum in den Himmel gelobt, aber auch die übrigen Sängerinterpreten, Johannes Martin Kränzle als N., Matthias Klink als »Ein Gast«, badeten in Applaus. Fast keine der Uraufführungskritiken versäumte es, die Rihmschen Orchesterklangzauber mit dem von

Richard Strauss in Bezug zu setzen, und nur wenige vergaßen, die illustre Ahnengalerie der musikalischen Prosa Rihms zu erwähnen, die auf Schönberg und Berg zurückgeht. Der Berliner *Tagesspiegel* hörte außerdem Schubert heraus sowie Anspielungen an Debussy, Varèse, Sibelius, Schumann und Wagner: »Dieses – durchweg virtuose – Fischen in der Musikgeschichte kann man als eklektisch ablehnen. Oder aber als einzig mögliche Form rühmen, in popkulturellen Zeiten noch publikumsnah zu komponieren.« Ähnlich argumentierte Hans Joachim Linke in der *Frankfurter Rundschau* in Bezug auf die tonmalerischen Qualitäten der Rihmschen Partitur: »Sie bildet Zerrissenheit eloquent ab, ohne selbst zerrissen zu erscheinen. Es ist eine Bühnen- und Bildermusik, und wenn die Gattung hierzulande nicht so verpönt wäre, müsste man sagen: Filmmusik. Mit langen Einstellungen, abrupten Schnitten, plastischen Vorder- und Hintergründen, Entwicklungen und dramatischer Prägnanz, emotionalen Intensitäten, elysischer Zartheit, perkussiven Eingriffen und manchmal unauslotbaren Tiefen – ein kompletter Hörfilm.«[229]

Bettina Ehrhardt drehte für den WDR ein Feature über die Proben und organisierte einen kompletten Mitschnitt für DVD. Die Produktion wurde anschließend noch gezeigt in Amsterdam und Berlin. Die bislang einzige Anschlussinszenierung besorgte der Regisseur Ingo Kerkhof im Februar 2013 am Theater Heidelberg. Die Musikwissenschaftler reagierten diesmal schneller als die Musikpraxis, es liegen bereits etliche musikwissenschaftliche Einzelstudien vor zum »Dionysos«, über Stoff und Faktur, Wahnsinn und Methode.[230] Nur dass es sich um eine Buffo-Oper handelt, die das Leben feiert, scheint bislang, außer dem Dirigenten, niemandem so richtig aufgefallen zu sein. Rihms vorerst letzte Oper ist seine erste komische Oper. Sein nächstfolgendes Projekt, eine mit der Berliner Staatsoper Unter den Linden verabredete große Oper über die alttestamentarische Figur des unglückseligen Königs »Saul«, der Gott, sich und andere betrog, nach einem Libretto von Botho Strauß, musste wegen einer Krebserkrankung Rihms und eines mehrmonatigen Krankenhausaufenthalts verschoben werden. Ob sie je fertig wird, ist zur Stunde offen. Natürlich gibt es genügend Stellen im »Dionysos«, bei denen einem das Lachen im Halse stecken bleibt. Ganz ohne Grausamkeit geht es nicht in guten Komödien, man denke, zum Beispiel, an Verdis späten »Falstaff«. Bei Rihm endet das, was mit Gelächter aus dem Off begann, nach dem bunten Maskenzug eines instrumentalen Epilogs mit drei Takten vokalem Ariadne-Lächeln sowie einer als Regieanweisung organisierten, ernsten Abschiedsgeste: »Im rasch einbrechenden Dunkel sieht man gerade noch, dass sich alle auf der Bühne versammelten Figuren sehr ruhig zum Publikum hin verneigen.«

Wo immer das Tragische und das Lächerliche sich einander annähern, ist die ambivalente Haltung des Rezipienten gefordert. Man lacht, aber unter Tränen. Auch ein Künstler, der sich seine Gegenstände selbst sucht und erschafft und zugleich von ihnen angegriffen wird, reagiert mit einer Mischung aus Identifikation und Distanz. Diese Ambivalenz wird, im Falle des »Dionysos«, unter anderem deutlich in einer Szene, in der N. und sein Freund / Feind namens »Ein Gast« einander doppelgängerisch »in eignen Stricken« schier erwürgen. Rihm hat dazu ein Duett komponiert, in dem sich Tenor und Bariton in aberwitzigem Wort-Ping-Pong die Nietzsche-Begriffe »Selbstkenner – Selbsthenker« rhythmisch um die Ohren schlagen, in einem vom Singen ins Schreien übergehenden Crescendo, in dem sich der Sinn der Worte auflöst. Auf die atemraubende Ausdrucksintensität dieser nur wenige Takte kurzen Szene trifft zu, was die Theaterwissenschaftlerin Regine Elzenheimer an anderer Stelle, die Figur des schreienden Mannes bei Artaud betreffend, als typisch Rihmsch beschrieben hat: »Das dialektische Verhältnis von Aufschrei und fehlender Resonanz (Nicht-gehört-/ Nicht-verstanden-werden) kennzeichnet grundlegend den Expressionismus, dem die musikalische Ästhetik Wolfgang Rihms verwandt ist.«[231]

In jüngeren Jahren war der Rihmsche Expressionismus noch anderen Schreibweisen verpflichtet. Er komponierte Klavierlieder am Text entlang, linear, doch mit hoher Sensibilität gegenüber den Nuancen. Sein erstes Lied, »Abendwolken« nach Uhland, schrieb er mit dreizehn. Die Gesänge op.1 des Gymnasiasten sind bislang die einzigen, die aus dieser frühen Zeit bekannt sind. Insgesamt hat Rihm allerdings mehr als zweiundvierzig Lieder geschrieben bis zum Abitur, fast alle liegen bislang noch unveröffentlicht im Sacher-Archiv. Sie handeln von Nacht und Träumen, von Tod und Trauer, nach romantischen Texten, etwa von Hebbel oder Heine oder der Günderrode.[232] Ab 1968 kommen wildere Texte von Georg Trakl und August Stramm hinzu, die Diktion wird schärfer, ausgesparter, theatralischer. Seit den Siebzigern, bereits im Studium, befasste sich Rihm dann zunehmend mit den Stimmen der anderen, den von der Gesellschaft weggesperrten Außenseitern, die für verrückt erklärt wurden oder es waren: Hölderlin, Büchner, Nietzsche, außerdem die schizophrenen Künstler Ernst Herbeck, Adolf Wölfli und Artaud.

Adolf Wölfli, 1864 in einem Schweizer Dorf in Armut geboren und aufgewachsen ohne Eltern, ohne Liebe, kam wegen Vergewaltigung kleiner Mädchen zunächst ins Zuchthaus und verschwand anschließend für fünfunddreißig Jahre in der Psychiatrie, bis zu seinem Tod. Er hinterließ Tausende von Bildern und Zeichnungen, Gedichten und Kompositionen. Als sich die fünfte Kasseler Documenta 1972 mit diesem Fall einer l'Art Brut exemplarisch befasst hatte, war sein Werk plötzlich in aller Munde. Ein gutes Dutzend Wölfli-Vertonungen sind seither entstanden, darunter auch ganze Opern. Rihm war unter den Ersten, die 1981 einen Wölfli-Text in Musik setzten. Eigentlich hätte dies, laut Kompositionsauftrag, Teil einer Kammeroper werden sollen. Der Intendant des steierischen herbstes hatte vier junge Komponisten dazu eingeladen, jeweils eine Wölfli-Szene zu komponieren. Außer Rihm waren Gösta Neuwirth, Georg Friedrich Haas und Anton Prestele an dem Projekt beteiligt, die Wahl der Texte war ihnen freigestellt. Sie erarbeiteten ein Libretto, es gab offenbar auch gemeinsame Beratungen, an denen Rihm sich aber nicht beteiligte. Er lehnte ein Teamwork sogar expressis verbis ab und nahm sich auf eigene Faust fünf Gedichte vor: »Ich habe nur Gereimtes herausgegriffen, weil dort das Ungereimte als Musik möglich wird. Als Liederzyklus ist das komponiert: im Ton eines Liederzyklus (Liednovelle, Kindsverführung).« Später bat er brieflich den Regisseur Christian Pöppelreiter, der diesen siebenteiligen Liederzyklus als vierten Akt der Oper am 1. November 1981 in Graz auf die Bühne zu bringen hatte, er möge unbedingt die extreme Dynamik der Komposition beachten: »Sicher inszenieren Sie das Ganze ohne offensichtlichen Irrsinn. Das darf Sänger und Spieler nicht in musikalische Zurückhaltung, die sich ja meistens dynamisch als Mezzofortismus äußert, zurücklehnen lassen. Ich stelle mir das Ganze vor: karg und glühend, eisig heiß, winterlich ohne Naturbild.«[233]

Zumindest drei der fünf verwendeten Gedichte berichten von den zwanghaften Missbrauchs- und Tötungsphantasien Wölflis, das geht bis zum brutalen Orgasmusgeschrei »Ebjä« (mundartlich abgeleitet von »Eh bien«). Rihm lässt sich tief ein auf die bizarre Sprache und ihre Schrunden. Er vertont Wölflis Verse vollständig, ohne Kürzung, und stellt musikalisch auch deren Doppeldeutigkeit aus, die teils durch willkürliche Zeichensetzung entsteht, teils durch Worterfindungen oder Stil- und Tabubrüche. Insofern steht dieser Liederzyklus treu in der Tradition einer romantischen Liedvertonung, die den Dichtertext auslegt, erläutert und ergänzt. Das erste Lied beginnt schlicht, wie ein Volkslied oder ein Abzählreim, mit einer schnurgeraden Melodielinie in F-Dur, im Marschrhythmus: »Ich habe Dich, geliebet! Ich liebe Dich, nicht mehr. ich scheiss Dihr in die Augen, dann sieh'st du mich nicht mehr«. Irritationen entstehen erst durch winzige Eingriffe in Metrum und Taktstruktur. So startet die Melodie statt im Vierviertel- in einem Fünfvierteltakt, sie beginnt statt, wie erwartet, auftaktig auf dem Schlag. Auch im Folgenden gibt es verdrehte Signale, verstolperte Metren, und daneben spielen die bekannten rhetorischen Figuren für Trauer und Verstörung eine Rolle, fallende Sekunden, Molleintrübungen, leere Oktaven, ja, es gibt sogar direkte Anklänge an Schumanns Dichterliebe (»Ich hab im Traum geweinet«) oder an einen Bachchoral. Das alles erscheint zunächst unspektakulär. Doch entwickelt diese genaue, zugleich schonungslose Vertonung aus einer »vermeintlich konservativen Haltung« eine neue Stoßrichtung. Wölfli wird als Künstler ernst genommen, die Liedtradition dagegen wird infrage gestellt: »Durch das untrennbare Ineinander von Text und Musik gerät die Komposition zu einer reflektierenden Auseinandersetzung mit der Liedform«, die »über die traditionelle Liedvertonung hinaus weist«.[234] Am Ende, nach dem letzten Lied (»Graab-Innschrift 1,868«), bricht die Musik plötzlich aus dem Genre Kunstlied aus. Klavier und Lyrik werden beiseitegefegt, auf die geschilderte Untat folgt ein verzweifelter, instrumentaler Aufschrei, zwei große Trommeln toben sich aus in einem Schlagzeugepilog. Rihm hat dazu eine Theaterszene imaginiert, in der Partitur heißt es: »Wölfli arbeitet wie irr, schreibt und zeichnet wie wahnsinnig, bemalt alles wie verrückt, baut wie von Sinnen.« Ein dramatischer Schlusseffekt, der den Musikwissenschaftler Werner Klüppelholz auf die Idee brachte, in seiner Studie über das »Wölfli-Liederbuch« von der »Begegnung zweier Triebtäter« zu sprechen: Das »lyrische Ich« wird gleichgesetzt mit dem

»historischen Wölfli« und mit dem Komponisten, in Anspielung auf den Begriff des musikalischen »Triebtäters«, den Rihm an anderer Stelle sich selbst und Edgard Varèse zugeschrieben hat.[235] Klüppelholz verwechselt Empathie mit Identifikation. Das geht, bei aller Liebe zum romantischen Künstlerkitschbild, sicher zu weit. Das Durchbrechen von Tonsatzregeln ist nicht vergleichbar mit dem Verstoß gegen das fünfte Gebot, und um einen Kranken als Künstler zu verstehen, muss man nicht selbst krank werden. Ebenso grenzt es an Überinterpretation, wenn das Sujet des Wahnsinns, wie jüngst in einer Untersuchung von Frederike Möller geschehen, als allgegenwärtige »Grundverfasstheit« des Rihmschen (Opern-)Schaffens erkannt und dies zu einem »seiner Kunst immanenten Wesensmerkmal« erklärt wird.[236] Rihm selbst ist zur Uraufführung seiner »Wölfli-Lieder« nicht angereist, aus privaten Gründen, er ließ sich entschuldigen: Die Geburt seines ersten Kindes stehe gerade unmittelbar bevor. Hat sich jedoch, von der szenischen Aufführung in Graz inspiriert, etwa zur gleichen Zeit daheim mit einer Orchestrierung der »Wölfli-Lieder« beschäftigt und das Espressivo mit mannigfaltigen Klangfarben weiter verschärft, die Akzente zugespitzt. Leider wurde diese Fassung nicht halb so oft aufgeführt wie die Klavierfassung, die sich bald recht großer Beliebtheit erfreute.

Später hat sich Wolfgang Rihm noch einmal zu den »Wölfli-Liedern« zu Wort gemeldet, um Missverständnisse aus der Welt zu räumen. Einmal, im Gespräch mit Hartmut Lück, spricht er über das Verhältnis von Text und Musik, Empathie und Distanz. Lück fragt: »Was hat Sie an diesen Texten gereizt?« Rihm antwortet: »So wie die Romantiker oft Stücke ›im Volkston‹ schrieben, scheinen mir diese Stücke geschrieben, als *wären* sie Gedichte; ich sehe das ganz gebrochen, das sind Gedichte, die den Ton des Gedichtes vor Augen haben und plötzlich abrutschen und mit krasser Deutlichkeit das sagen, was den bewegt, der das gerade dichtet – der ist plötzlich *un*dicht, der dichtet nicht mehr; es sind Texte, die das krass offen legen, eine seelische Not … Und darüber mache ich jetzt keine Musik, ich heile das nicht mit Musik, sondern die Musik geht dazwischen und beleuchtet diesen Zustand …«[237] Ein andermal regt er sich auf über eine »Sandwich«-Programmidee des Freiburger Philharmonischen Orchesters, das Rihms »Wölfli-Lieder« als Intermezzo mitten in eine Mahler-Symphonie einschieben wollte – was in Anbetracht der Krankheitsmetapher der antisemitischen Mahler-Pamphlete im Dritten Reich, auch wenn die Mahler-Rezeption anno 1985 doch schon ein bisschen weiter gekommen war, zumindest geschmacklos schien. Das alles wird von Rihm nicht erwähnt. Er schreibt eine wütende, ironietriefende Glosse nach Art des Kapellmeisters Kreisler: »Wölfli wurde in ein Irrenhaus eingefügt. Die Wölfli-Lieder werden in Mahlers Dritte Symphonie eingefügt, diese aber ist kein Irrenhaus. Aber irr. Weniger ein Gebäude. Der Generalmusikdirektor interpretiert den Irrsinn. Er weiß, wovon er schlägt. (Wölfli rumpelt.) Da geht die Türe auf … Die Gemeinde erhebt sich, bim-bam, gegen den nach Fisch riechenden Prediger. (Hier kann Beethovens Neunte Symphonie eingefügt werden oder Wagners Klaviersonate in B-Dur oder kein Lied, das davon singt.) … Der Stil blüht, da hört der Sänger auf. Aber es klingelt das Telefon; Dr. Carl Valente, der listige Intrigant hinter den Kulissen, ruft mich an, man wolle einen Text, aus erster Hand, versteht sich, das Primärbedürfnis nach Sekundäräußerungen sei das Zeichen der Zeit, dem zu beugen, sich, es gälte. (Wölfli rumpelt). Da geht – bauz – die Türe auf. Mit gerade noch platzendem Kragen verlasse ich zitternd den Attersee. Wölfli mir nach …« Und so weiter. Diese Suada endet nicht, sie hört nur auf, und zwar mit den Worten: »(hier wird der Text unleserlich, Brandspuren, Speisereste, zahllose Einschüsse, gelbliche Flüssigkeitsspuren).«[238]

Seine Klavierlieder komponiert Wolfgang Rihm am Klavier: »Ich singe (falls man das so nennen kann) und spiele gleichzeitig oder zeitversetzt, denn manchmal ist der Stimm-Faden zuerst das Klavier, manchmal das Harmonik-Feld oder der Klang-Umriss. Manchmal singen Feld und Umriss und der Stimm-Horizont setzt seine Linie dagegen … Es gibt die vielfältigsten Entfaltungen von Linien und Flächen. Ich spiele damit und finde Momente, wo die Nerven zusammentreffen. Das sind vielleicht die erogenen Zonen, die das Komponieren für die menschliche Stimme anrührt wie sonst kaum ein künstlerisches Anliegen.«[239] Anders als beim Pianisten ist beim Sänger beziehungsweise der Sängerin freilich das Haptische so essentiell wie bei keinem anderen »Instrument«. Sänger singen (in aller Regel) einstimmig, linear. Aber sie *sind* das Instrument. Sie erzeugen die Töne sinnlich-physisch mit dem eignen Körper, über Puls und Atem, Zunge, Zwerchfell, Kehlkopf, Lunge, Herz und Hirn. Auch das spielt für Rihm eine Schlüsselrolle beim »Komponieren für Stimme«: »… ob das jetzt für Sopran ist oder für Bass, ich singe das selbst, ich stelle es mir auch vor im Ablauf, das heißt, ich kontrolliere die Atmung, ich weiß ungefähr, wo es schwierig werden könnte. Das heißt nicht, dass die Sachen dann ganz leicht werden. Sie sind für Stimme aus dem Bewusstsein für Stimme heraus gedacht. Das ist für mich etwas ganz Besonderes. Es durchzieht das ganze Werk, von Anfang bis heute.«[240] Daraus erklärt sich, dass Rihm immer wieder für ganz bestimmte Sängerinnen und Sänger komponiert hat, deren individuelle Stärken und Schwächen er jeweils studiert und berücksichtigt, aber auch herausgefordert hat. Zugleich wirft es ein Licht auf die zentrale Bedeutung der Gesangslinien in seinem gesamten Schaffen, auch und gerade in den nicht vokalen Werken, ebenfalls »von Anfang bis heute«. Auch dazu hat sich Rihm immer wieder geäußert: »Ich denke mir beim Komponieren auch die Einzelstimme des Instruments als eine Art Stimmorgan: Bis wohin kann ich sie noch treiben, was geschieht dann? Wann bricht es? Wie hoch geht es? Dieses Wissen um die Stimme, eben auch im Instrumentalen – wie lange reicht der Atem, wie lange kann ich die Randzonen strapazieren, wann muss ich Spannungen lösen? – all dies hat für mich mit Gesang zu tun.«[241]

Was die Liederzyklen anbelangt, so komponiert Wolfgang Rihm jährlich mindestens einen. Im Durchschnitt. Manchmal gibt es Pausen. Seine längste Liedpause dauerte drei Jahre, sie liegt zwischen dem Nietzsche-Liederzyklus »Umsungen« für Bariton und acht Instrumente (Fagott, A-Klarinette, Horn nebst Streicherfamilie inklusive Kontrabass) und den beiden bislang unveröffentlichten Märchenliedern nach den Gebrüdern Grimm für Singstimme und Klavier. Wiederum drei Jahre später, 1990, schrieb Rihm seinen heute populärsten und meistgesungenen Liederzyklus »Das Rot«, der wahlweise aufgeführt werden kann von einem Sopran oder Tenor. Uraufgeführt wurde der im November 1991 in Wien von Christoph Prégardien und seinem Liedpartner Siegfried Mauser. Sechs kunstvoll gefügte Gedichte von Karoline von Günderrode, die man zu ihren Lebzeiten die »Sappho der Romantik« genannt und die so früh und erschreckend gut geplant ihrem Leben ein Ende gesetzt hatte, liegen diesem Zyklus zugrunde. Die meisten Günderrode-Verse, auch die von Rihm zur Vertonung ausgewählten, sind melancholischer Natur. Sie berichten vom Sterben oder von den Schatten, die das Sterben vorauswirft: von Dunkelheit, Müdigkeit, Einsamkeit. Nur das erste Lied des Zyklus hat Rihm mit einer Widmung versehen: »Hochroth. Für Uta«. Warum nicht die anderen? Rihm behauptet, weil nur dieses erste Lied recht eigentlich ein Liebeslied sei. Allerdings reimt sich bei der Günderrode »Rot« auf »Tod« von Anfang an. Und Rihm hat dafür gesorgt, dass dieses Wort, als es zum zweiten Mal auftaucht in dieser mit kirchentonalen Wendungen schön angereicherten Psalmodie, von der Musik mit einem trocken, ohne Pedal, gehämmerten Sforzato-Akkord zerschlagen wird. So reimt er Musik auf Musik. Wortverbindung und Wortmusik wird in allen sechs Liedern beantwortet und ausgedeutet mit dem Ausdrucksvokabular romantischer Klangreden, taktweise klingt das wie 1840 von Schumann komponiert. Beispielsweise im zweiten Gedicht, das einen viersilbigen Refrain hat und in Takt 13/14 kurz eine bekannte Formel aus dem Kernerlied op. 35,2 aufgreift. Die Art und Weise, wie das geschieht, im Vorübergehen, vorbereitet durch einen walzernden Sechsachteltakt und auch nur einmalig, öffnet sekundenkurze Assoziationsräume in eine andere Richtung: Obgleich es immer weitergeht, ist Stillstand oder gar Erstarrung der bleibende Eindruck in diesem Liederzyklus, und zwar in allen sechs Liedern, selbst den beiden rasenden, schnellen. Allusion ist zu wenig, Zitat zu viel gesagt für diesen typisch Rihmschen Tauchgang in die Vergangenheit. Interessant ist in diesem Zusammenhang, was Ulrich Mosch herausfand über »Das Rot«. Er interpretiert just diese sechs Lieder als Initialfunken für eine Stilwende Rihms zu Beginn der Neunzigerjahre, die sich manifestiert habe in einem Umdenken vom Vertikalen in die Horizontale: vom Schlag zur Linie, vom Ereignis zum Fluss, vom Klang zur Melodie. Mosch spricht sogar, mit aller Vorsicht, von einem »Paradigmenwechsel«, stellt freilich einschränkend fest: »neu« sei nicht das Phänomen der Melodie in Rihms Schaffen: »neu ist die beharrliche Erkundung.«[242]

Das ist nun auch schon wieder dreißig Jahre her. Inzwischen hat Wolfgang Rihm weiter komponiert, vertikal und horizontal. Allein in den letzten zehn Jahren sind fast fünfzig neue Lieder entstanden, kleine und große, jedes ein Unikat und ein jedes einem besonderen Sänger oder einer bestimmten Sängerin auf die Stimme geschrieben. Etliche komponierte er für die allsommerliche Liederwerkstatt in Bad Kissingen, darunter den luziden Zyklus »Ophelia Sings« nach Shakespeare, uraufgeführt von Anna Lucia Richter (2012), gefolgt von den »Drei Sonetten von Michelangelo« in Rilkes Übertragung, uraufgeführt von

Peter Schöne (2013), die dann drei Jahre später eingingen in das Oratorium »Requiem-Strophen« sowie »Sehnsucht und Nachtgesang« nach Goethe, uraufgeführt von Anna Prohaska (2014). Der Bariton Christian Gerhaher brachte im Sommer 2014 in Würzburg die »Harzreise im Winter« nach Goethe zur Uraufführung und im November 2018 die vier »Tasso-Gedanken« in Weimar. Und der Bariton Georg Nigl sang 2016 die Kölner Uraufführung »Dort wie hier« nach Heine und 2017 den Zyklus »Vermischter Traum« nach Gryphius in Berlin, nicht zu vergessen Wolfgang Holzmair und Sarah Mzali-Aristidou, die 2015 gemeinsam den Zyklus »Funde im Verscharrten« für Sopran und Bariton aus der Taufe hoben, nach Versen des schwedischen Dichters Gunnar Ekelöf, in der Übersetzung von Nelly Sachs. Außerdem hat die Sopranistin Caroline Melzer 2020 in Hamburg die Uraufführung der »Drei Gedichte von Hans Erich Nossack« gesungen und wiederum Anna Prohaska 2021 in Berlin die vom »Gebet der Hexe von Endor«, nach Botho Strauß.

Allein diese Liste niederzuschreiben, ist schon Musik. Das alles sind Klavierlieder, abgesehen von dem letztgenannten, das für Sopran und Violincello geschrieben wurde: zwei Linien, ein schwebender Doppelgesang, in weiten Intervallen. Cellostimme und Menschenstimme agieren in diesem schlimmen Gebet, das in einen leeren Himmel gesprochen wird, anfangs fast vollkommen unabhängig voneinander, in freiem Kontrapunkt. Sie singen verstörend aneinander vorbei, in freiem Fall und extensivem Espressivo, bis sie einander am Ende finden, vereint vor dem mehrfach skandierten Wort »Nichts«. An der polyphonen Dramaturgie von zwei frei agierenden, unabhängigen Melodie-»Instrumenten« zu feilen, das ist in den letzten Jahren offenkundig zu einem Lieblingsgegenstand der Erkundung Rihms geworden: Ob Cello und Geige, Bratsche und Bariton, die Kombinationen zu diesen neuen Doppelliedern sind verschieden. Es gibt sie mit und ohne Worte. Aber auch Lieder ohne Worte haben eine semantische Dimension, einen Gegenstand. Ob das nun Lied heißt oder Arie, Szene oder Gesang: Melodien wachsen immer »Über die Linie«.

»Über die Linie«, so heißt eine Werkfamilie von Konzert- und Kammermusikstücken Wolfgang Rihms, die in den ersten Jahren dieses Jahrtausends entstanden sind. Der Titel kann alles Mögliche meinen. Rihm hat ihn sich ausgeliehen bei einem umstrittenen Essay von Ernst Jünger, der sich mit Martin Heidegger austauschte über die Möglichkeit einer geschichtlichen Überwindung des Nihilismus. Man kann sich aber auch, das ist mindestens ebenso strittig, vorstellen, dass es um eine musikalische Grenzüberschreitung geht, im Beethovenschen Sinne. Um das Weitergehen: ein Überwinden von Standpunkten, die Entdeckung von Neuland. Und drittens könnte die Horizontlinie des Melos gemeint sein, über die man nachdenken muss. Wie entsteht Melodie? Wie geht es weiter? Ein Bratschenkonzert findet sich unter diesen Kompositionen, mit Antworten auf diese Frage, auch eines für Altposaune und Klarinette. Jörg Widmann, Komponist und Klarinettist, der einmal einer der Meisterschüler Rihms in Karlsruhe gewesen war und seinen individuellen, eigenen Weg geht, wie alle Schüler Rihms es tun, sagt über das Klarinettenkonzert »Über die Linie II«, dass es bis an die Grenze der Unmöglichkeiten führt: »Über 35 Minuten scheint hier ein einziger Atembogen gespannt zu sein.« Wie soll ein Mensch so etwas spielen, ohne zu atmen? Widmann beschrieb diese Musik en détail, führt sie vor und kam zum Ende, wie folgt: »Überhaupt stößt die Musik im Schlussdrittel immer wieder an Endpunkte. Es geht nicht weiter. Es sind dies Stellen, an denen die meisten Komponisten schon längst aufgehört hätten, weiter zu komponieren; aus Kraftlosigkeit, aus Glück, dass das Stück nun dem Ende zustrebt. Bei Rihm beginnt hier erst der Ausbruch von noch ganz anderen, im Stück bereits subkutan angelegten Energien.«[243]

Das wäre ein gutes vorläufiges Schlusswort für dieses Buch. Aber es sind noch zwei Informationen nachzutragen. Erstens: Am 8. März 2022 wird im Herkulessaal in München die Uraufführung eines neuen Liederzyklus nach vier Gedichten von Albert Vigoleis Thelen stattfinden, er heißt »Terzinen an den Tod«, Georg Nigl wird das singen, begleitet von Olga Pashchenko. Zweitens: Es gibt auch Unvollendetes von Wolfgang Rihm. Eines dieser Fragmente heißt »Zwei Linien«, es steht naturgemäß noch nicht im Katalog der Universal Edition, denn noch ist es nicht fertig und wird es vielleicht auch niemals sein. Ein Klavierstück. Rihm hat es im Jahr 2000 dem befreundeten Ehepaar Klaus und Annette Lauer in Badenweiler gewidmet, aus Anlass der Geburt von Anna Lauer, deren Patenonkel er ist. Zu ihrer Taufe komponierte er ein Bratschensolo. »Zwei Linien«, das kann also auch bedeuten: Lebenslinien. Oder: Liebeslinien. Anna studiert jetzt in Freiburg. Die Lauers sind auch nicht mehr die Jüngsten. Rihm sagt, er schreibe »immer mal wieder« weiter an dem Stück, es verlängert sich, aber: Wie soll so etwas aufhören? Einmal, 2012, fragte ihn der Pianist Nicolas Hodges, ob er »Zwei Linien« uraufführen dürfe, als Fragment. Das ist inzwischen geschehen, er hat es mehrfach gespielt, zuerst in Bad Reichenhall, danach in Madrid, Paris, Berlin, Luzern … Fortsetzung folgt. Eine CD-Aufnahme davon gibt es noch nicht.

7

Gezielte Verdunkelung – 25 Fragen und Antworten zum Alltag des Komponierens

1. **Ob es dir nun gefällt oder nicht, lieber Wolfgang: Du bist der Inbegriff krisenfesten Komponierens. Das hat man dir schon vor Jahren auf den Kopf zugesagt. Wie ging das Gespräch damals weiter, auf dem berühmten Spaziergang durch die Nacht, nach der Premiere von »Tutuguri«, als Luigi Nono plötzlich stehen blieb und sagte: »Wolfgang, du brauchst eine Krise«? Was hast du geantwortet? Und was sagst du heute zu dieser Rihm-Anekdote?**
Es ist dies eigentlich eher eine Nono-Anekdote. Für ihn war es ein typischer Beginn eines Telefongespräches, wenn er anrief, erst einmal nachzufragen, ob man auch gerade »in crisi« sei. Wobei Nono durchaus wusste, Krisen künstlich zu generieren. Meist ging es dabei um Krisen des Liebeslebens. Die Krisen der Arbeit empfindet jeder Künstler sowieso als einen integralen Bestandteil des Arbeitsprozesses. Für mich sind das psychosomatisch erfahrene, überfallartige Ausnahmezustände, über deren Erscheinen ich keine Verfügung habe. Damals habe ich mir wohl gedacht: Was sagt er da? Er weiß doch, dass Schaffen zugleich Krise ist! Will er mir empfehlen, mit irgendeinem Mittel nachzuhelfen? Frag doch Giacomo Manzoni, der war damals auch noch dabei! Wie auch immer, Krisen hatte ich genug, und die Uraufführung von »Tutuguri« war ein tumultuöses Fest für alle Krisen-Diagnostiker und Krisen-Hüter, denn was dem einen

ein Krisen-Symptom, das ist dem anderen bereits Gesundung. Mit beidem lässt sich aber beim Arbeiten nichts anfangen, weil wir immer von vorn anfangen müssen. Krisen sind Durchgangsphänomene. Phasen, in denen sich etwas entscheidet, Augenblicke, in denen Unterscheidungen vorgenommen werden. Wir mögen noch so krisenfest sein, unterscheiden müssen wir selber. Und das bedeutet: tätig sein. Etwas tun.

II. **Genau. Auch das hat man dir schon früh auf den Kopf zugesagt. Du giltst als ein Vielschreiberling. So etwas beunruhigt naturgemäß die faulen Mitmenschen. Immerfort tätig, so viel Musik, so leicht und schnell komponiert, so erfolgreich – das weckt den Verdacht, es könne ja wohl nichts taugen. Oder, andere Variante: Diese rauschhaft überwältigende Musik müsse ja wohl wie im Rausch heruntergeschrieben worden sein. Wie fleißig darf ein Komponist sein?**

Fleiß ist etwas sehr Relatives. Ich habe als Selbstbild eher die Vorstellung: Ich sei faul. Von außen werde ich vielleicht wahrgenommen als der unablässig Tätige. Jedoch: Aus Fleiß entsteht ebenso wenig Kunst wie aus Untätigkeit Reflexion entspringt. Jeder muss da sein eigenes Maß finden, und wie das dann wahrgenommen wird, hängt wiederum von zeittypischen Idealen ab. Die biedermeierliche Vorstellung vom verbummelten Genie ist zäh langlebig, sie ist immer noch im Schwange. Heute stellt man sich den Künstler aber zugleich auch als einen konzeptuellen Vermittler vor, ungefähr so: Er fährt von Event zu Event und spricht dort über seine Kunst, die inzwischen von Assistenten nach seinen Anweisungen hergestellt wird. Interessanterweise umgehen beide Vorstellungen das Bild des Künstlers, der selbst an der Arbeit ist. Und es wird zu Recht vermutet, dass diese Arbeit eine Lust ist, indem sie Last ist. Die Figur des Unerlaubten spielt da hinein. Fleiß ist die falsche Kategorie, das zu bezeichnen. Doch der enorme Lustgewinn, den der künstlerische Arbeitsprozess dem spendet, der sich ihm aussetzt, indem er ihn generiert, das ist doch etwas im Kern Skandalöses. Also wird es diffamiert, um das Ergebnis zu entwerten. Aber wir können unbesorgt sein: Mit der Zeit wird es gleichgültig werden, ob da fleißige Faule oder faule Fleißige am Werk waren – es zählt nur das Werk.

III. **Wie hoch ist dieser relative Anteil? Kannst du das Handwerkliche, den schieren Fleiß, schätzungsweise mal in Vergleich setzen zu anderen Ingredienzien deines Arbeitsprozesses, als da sind Einfälle, Eingebungen oder Einflüsse von außen? Und wie ist das mit dem Glück des Augenblicks, dem Zufall? Wie viel Fleiß ist möglich, wie viel Glück nötig?**

Spannung und Entspannung sind Bestandteile eines einzigen Vorgangs – nicht voneinander trennbar. Ebenso ist es nicht möglich, einen »Fleiß-Anteil« aus dem Schaffensprozess herauszulösen. Auch wenn wir uns entschließen, ein Phänomen »Einfall« zu benennen – wir könnten es nicht herausoperieren, zum Beispiel feststellen: Hier beginnt es, oder: Hier endet es. Vielleicht hat ein Gedanke, meinetwegen nenne es »Einfall«, mit seinem Entstehen schon vor über sechzig Jahren begonnen, in meiner Kindheit? Oder aber auch erst vor zwei Sekunden? Ein Künstler kann eigentlich nicht »faul« sein – nein, damit will ich mich keineswegs selbst trösten! –, einfach deshalb, weil seine Arbeit nicht endet, wenn er mit dem sichtbaren An-der-Arbeit-Sein aufhört. Genau darin liegt aber auch das Glück, das ich eben schon mit dem Stichwort »Lust« ansprach. Künstlerische Arbeit ist eine Lebensform, in die man hineinwächst, zu der man heranreift, ja sogar: an der man krankt.

IV. **Es gibt unterschiedliche Auskünfte darüber, wie viele Werke du inzwischen geschrieben hast. Dein Musikverlag, die Universal Edition meint, es seien 414. Aber die zählen doch nur das, was**

sie selbst veröffentlicht haben, oder? Dann gibt es noch drei Dutzend Werke, die vorher bei Breitkopf und Härtel verlegt worden sind, außerdem die unveröffentlichten Sachen, die in der Sacher Stiftung liegen. Darunter: die ungezählten Jugendwerke. Weißt du eigentlich, wie viele Musiken es insgesamt sind?
Nein.

V. **Du hast gute Beziehungen zur bildenden Kunst. Was denkst du: Warum hat die es so viel leichter als die Musik? Die Menschen stehen Schlange, einmal ums Museum herum, bei Ausstellungen mit zeitgenössischer Kunst. Bei Konzerten mit neuer Musik kommt das so gut wie nie vor …**
Das werde ich oft gefragt …

VI. **Dann bitte ich dich jetzt um die schönste deiner Antworten!**
Auf ein Bildkunstwerk braucht man nur ein paar Sekunden draufschauen, schon denkt man, man habe es gesehen. Bei der Musik ist es anders, sie fängt an, und dann dauert sie, man ist damit einfach nicht schnell genug fertig. Das ist das eine. Das andere ist, dass dieser ganze Grusel des Geldes nicht so eine große Rolle spielt in der Musik. Wenn man überall lesen kann, dass ein junger Mann hunderttausend Euro für ein Bild bekommt, dann stehen die Leute schon mit offenem Mund davor, egal, was auf dem Bild drauf ist. Aber wenn du in der Zeitung schreibst: »Junger Komponist kriegt tausend Euro für sein neues Orchesterwerk!«, denken die Leute höchstens: »Ja, recht geschieht's ihm, was schreibt er auch so einen Scheiß!«

VII. **Immerhin, verglichen mit früher, in den Siebzigern oder Achtzigern, hat sich doch einiges geändert. Neue Musik hat heute deutlich mehr Publikum als damals, sogar im etablierten Konzertbetrieb. Sie ist nicht mehr so selbstreferentiell. Ich denke, auch deine Musik hat sich verändert.**

Stell dir mal vor, jemand macht sein Leben lang immer das Gleiche. Das ist doch furchtbar.

VIII. **Konkretes Beispiel: In deiner »Eroberung von Mexico« wurde es teilweise sehr laut. Wenn Montezuma nur noch Vokalisen singt, dann hat da jemand seine Sprache verloren. Es gab Zeiten, da hast du die Hörer direkt angegriffen mit solchen Aussagen in deiner Musik. In dem Violinkonzert »Coll'arco«, überhaupt in den Solokonzerten der letzten Jahre, da klingt alles nur noch einfach wunderschön.**
Ich glaube, ich komponiere heute angstfreier. Ich mache jetzt nur noch das, was ich im Augenblick will. Das kann aber auch mal nicht so schön sein! Ich glaube, dass ich heute in einer Lebensphase bin, in der ich mich nicht mehr viel darum scheren sollte, ob das jetzt eine Diskussionsgrundlage sein kann oder nicht.

IX. **Hast du dir darüber früher Gedanken gemacht beim Komponieren?**
Ja, ich habe schon eine Zeit lang quasi in laufende Diskussionen hineingearbeitet. Wenn man zwanzig ist, dann will man doch gesehen werden in ganzer Vielfalt. Ich zumindest habe damals starke Aversionen entwickelt gegen diese Festschreibungen und versucht, Gegenbewegung in Gang zu setzen. Aber auch das Gesehen-werden-Wollen lässt mit der Zeit nach.

X. **Ganz einfach: Das liegt daran, dass du heute nicht mehr zu übersehen bist ...**
Ich beteilige mich heute nicht mehr am Schaulaufen. Ja, es stimmt, es gab diese Phase in meinem Leben, wo ich sehr getroffen war davon, dass die Leute immer nur einen Bruchteil von meiner Musik wahrgenommen haben und den Rest eben nicht. Da glaubte ich immer gegensteuern und laut rufen zu müssen:

»Hallo, hallo! Ich kann auch das! Ich bin auch der!« Wenn das nachgelassen hat, dann mag das, vielleicht hast du da sogar recht, auch etwas mit »Ernte« zu tun haben. Das Wichtigste ist aber doch, dass meine Musik andere Menschen trifft, in ihren Empfindungen, in ihrem Denken. Genau darum geht es, um den Lebensbezug. Ich möchte nicht nur in ein Ohr hineinschreiben, sondern ich wünsche mir die verschiedensten Ohren und dass es da vielleicht sogar einander ausschließende Erfahrungswelten gibt, die sich in meiner Musik treffen und einander gewahr werden.

XI. **Hast du früher, als junger Mensch, schneller und leichter komponiert als heute?**

Ganz sicher habe ich früher nicht leichter komponiert! Wohl aber war es früher leichter, Verpflichtungen aus dem Weg zu gehen. Ich hatte mehr Zeit für mich und für meine Arbeit. Mit zunehmendem Alter wachsen Künstler auch in nicht künstlerische Aufgaben hinein, die sie politisch, sozial und kulturell in die Verantwortung nehmen. Für uns Komponisten heißt das, dass wir aufgefordert sind, das mitzugestalten, was man »Musikleben« nennt. Natürlich könnte ich mich dem entziehen, aber mein Verantwortungsempfinden entspricht auch einem stark ausgeprägten Über-Ich, das mir ein Pflichtbewusstsein auferlegt. Ich wurde sogar relativ früh in Gremien, Jurys et cetera geladen, wohl, weil man mich kennengelernt hatte als einen, der nicht zuerst sein eigener Interessenvertreter ist. Keine Sorge, daraus erwächst kein moralischer Mehrwert! Ich bin Egoist genug, im entscheidenden Moment immer für meine Arbeit und gegen die Pflichten zu votieren. Doch habe ich natürlich mehr Zeit als andere Komponistenkollegen, die auch noch als Dirigenten und Virtuosen um die Welt reisen müssen. Und: Ich unterrichte und arbeite an meinem Geburtsort. Auch daraus lassen sich ungeahnte Kräfte ziehen.

XII. **Es gab eine erzwungene Komponierpause durch deinen langen Krankenhausaufenthalt vor zwei Jahren. Aber du komponierst seither wieder unermüdlich weiter, ein Concerto für Sol Gabetta, einen Liederzyklus nach dem anderen. So viele helle Melodien – in dieser dunklen Zeit!**
Helle Melodien? Ich weiß nicht. Aber wenn du sie so wahrnimmst, werden sie wohl auch Helligkeit mitführen. Beabsichtigt habe ich sie weder hell noch dunkel, sondern eher eigengesetzlich.

XIII. **Schreibst du denn heute, als alter Mensch, leichter?**
Nein, überhaupt nicht. Mir fehlt das physische Durchhaltevermögen, das mir jahrzehntelang sehr geholfen hat: an der Sache dranbleiben, sie nicht loslassen! Das ist enorm wichtig. Aber vielleicht entsteht durch den neuen Modus auch etwas Neues? Ein neues Grundrauschen? Nur, auch dieses erfordert eine Beharrlichkeit, zu der ich zurzeit einfach nicht befähigt bin. Zumindest ist mein Selbstvertrauen etwas angeschlagen, wozu natürlich auch die gegenwärtige pandemische Situation entschieden beiträgt. Die Oasen trocknen spürbar aus. Trotzdem bin ich unverzagt, denn noch spüre ich eine Art Unverwüstlichkeit in meinem Wesen, und aus einer gewissen Erfahrung weiß ich auch um die Kräfte der Selbstregeneration. Schließlich sind es diese Kräfte, aus denen immer wieder Kunst entsteht. Die Gegenkräfte allerdings, die ruhen nicht.

XIV. **Wie erfindest du eine Melodie? Oder sollte ich besser fragen: Wie erfindet sich Melodie?**
Wie entsteht überhaupt so etwas, das wir hier fast etwas sorglos »Melodie« nennen? Ich versuche immer, in den jeweiligen Ton hineinzukriechen, um aus dieser hypothetischen Position heraus zu spüren, wohin er selbst strebt. Dabei muss ich ihn immer wieder in seiner Verspannung in einem Linienzug mit

reflektieren. Das sind also gelegentlich zueinander widersprüchlich sich verhaltende Bewegungsstadien, die ich als Komponist nachvollziehen beziehungsweise hervorrufen muss. Manchmal entsteht aber die Bewegungsspur in einem Zug, das ist dann wirklich wie »von selbst«. Ich muss dann nur noch die Spannung ermessen, die das durchmisst. Eben dafür bedarf es einer gewissen haltbaren physischen Konstitution. An dieser mangelt es mir zurzeit etwas, deshalb sind die Wege länger geworden.

XV. **Wann komponierst du eigentlich, wenn du komponierst? Morgens? Abends? Nachts? Wie viele Stunden am Stück? Kannst du das Komponieren in deinen Alltag integrieren?**
Jetzt, im Augenblick, auch wenn ich gerade versuche, deine Fragen zu beantworten, komponiere ich.

XVI. **Autsch! Ich muss aber trotzdem weiter fragen! Wie sähe denn so ein idealer Komponistentagesablauf aus?**
Der Tag muss mir gehören. Ein Termin am späten Nachmittag könnte ihn schon zerstören, dann kann es passieren, dass ich morgens erst gar nicht anfangen kann. Auch sehr hinderlich sind unbewältigte Postberge (Stichwort: Über-Ich!) oder aufgelaufene Textpflichten (Gutachten, Einführungen et cetera). Also, irgendwann komme ich dann vielleicht in Gang. Manchmal entsteht eine wundervolle Kontinuität des Arbeitsflusses, dann kann ich am nächsten Morgen direkt dort weiterarbeiten, wo ich am Abend vorher aufgehört habe. Wichtig sind für mich die Mahlzeiten, auch als gesellige Momente. Ich frühstücke kaum. Thomas-Bernhardsch gesprochen bin ich ein »Mittagesser« – aber eben auch »Abendesser«; ich schätze das frühe Abendessen – keinesfalls jedoch als sog. Abendbrot. Nun ja. Solche Dinge spielen in den Arbeitsprozess hinein, auch wenn ich zugeben muss, hier nur darüber zu sprechen, um eben diesen Arbeitsprozess durch gezielte Verdunkelungen vor deinen

Fragen zu schützen. Also: Zum Essen trinke ich Wein, seltener Bier, immer auch Wasser … auf Süßigkeiten verzichte ich fast ganz … einen Espresso schätze ich sehr … wenn möglich, eine Zigarre …

XVII. **Kommt es vor, dass du auf einen Einfall warten musst? Dass es nicht vorangeht, aber du weißt nicht genau, wieso? Kann man so etwas schon Krise nennen, oder ist das nur eine Blockade?**
Blockaden kenne ich ganz gut. Oder nennen wir es Unlustanfälle (die von mir ausgehen) oder Verkeilungen oder Staus (die vom Material ausgehen können). Aber was heißt das schon: »Material«?! Das bin ja auch immer ich selber. Krisen würde ich solche Vorkommnisse nicht nennen. Kritische Momente vielleicht.

XVIII. **Was tust du in so einem Moment? Bleibst du dran oder drin, hartnäckig am Ball, alle möglichen Auswege durchdeklinierend (wie Beethoven es tat)? Oder kommt es auch vor, dass du etwas weglegst und abwartest? Und wenn Letzteres der Fall: Kam es vor, dass du mal etwas nicht zu Ende geschrieben hast?**
Ja, das kann passieren. Aber irgendwann später, vielleicht sogar nach Jahren, finden sich Anfänge und Unabgeschlossenes als Bestandteile neuer Prozesse. Eingearbeitet, verborgen, übermalt – oder auch krass herausgestellt als fremde Körper, Störstücke. In jedem Fall bleibe ich also dran. Oder, besser gesagt: die »Materialien« – was immer das heißen mag – bleiben in mir drin.

XIX. **Mit dem Überarbeiten eigener Stücke hast du schon sehr früh angefangen. Es kamen weitere Verfahren dazu, ein Übermalen, Wuchern, Mäandern, Umdrehen und Umformen von Bruchstücken, Altes ging ein in Neues, verwandte Werke fügten sich zu Werkgruppen. Kann man diese organisch-labyrinthische Arbeitsweise eine spezifisch Rihmsche Arbeitsweise nennen?**

Die Vorstellung, nur an einem Werk – statt an verschiedenen Werken – zu arbeiten, hat mich schon früh beherrscht. Das Werk als Organismus, als labyrinthische Anlage, die entsteht, während sie geschaffen wird, das sind Vorstellungen, die mich seit Langem produktiv leiten. Deswegen gibt es bei mir auch keine Form-Pläne, die aus einem »Vorher« ein »Nachher« konstituieren. Und wenn ich dazu Ansätze formuliert habe, wurden diese auch gleich wieder durchbrochen. Das Wachstum vom Kleinen ins Größere, immer Größere, Weitere, entspricht meinem Musikdenken mehr als das Erfüllen architektonischer Vorentscheidung. So gesehen bin ich vielleicht mehr Gärtner als Architekt. Die Pflanze als Metapher für das entstehende Werk – das ist eigentlich eine uralte Vorstellung, auch hat das »Übermalen« damit zu tun, dass Wachstum auf bereits gewachsenen Formen möglich ist. Ich schreibe auf einen bestehenden (Noten-)Text einen neuen, anderen, und dieser reagiert natürlich auf seine Vorlage, seinen Prae-Text, er zeichnet vielleicht Hauptlinien nach, besetzt, zum Beispiel, Lücken. Und nun wird denkbar, dass dieser neu entstandene Text, nachdem ich ihm seinen Nährboden entzogen habe, seinerseits beschriftet wird. Und so fort. Ich habe das eigentlich nie in Reinkultur realisiert, mir genügt der Gedanke, dass es möglich ist! Seine Ausführung wäre mir fast schon wieder zu bürokratisch. Wichtig bleibt für mich die Idee von Annäherung und Entfernung, Verfestigung und Erosion. Etwas tritt konkret hervor und verschwindet im selben Augenblick.

XX. **So könnte man Musik idealerweise auffassen: als einen Aggregatzustand zwischen Kristall und Auflösung. Nehmen wir ein Beispiel: »Über die Linie II«. Du hast mal unvorsichtigerweise gesagt, so etwas zu komponieren, sei »Schwerstarbeit«. Dabei sprachst du von »in Form gebrachten Gegenstrebigkeiten«. Hier der guten Ordnung halber das vollständige Zitat: »Ein Versuch,**

mit dem hörbar gemachten Atem den ganzen Ablauf einer musikalischen Form immer wieder an seine Grenzen zu führen. Ohne die Handreichungen der eingeführten Hilfskonstruktionen für ›Entgrenzung‹ zu beanspruchen. Das war das Schwerste. Es war wirklich eine Schwerstarbeit.«
Wenn Künstler von »schwerer Arbeit« sprechen, wollen sie ein bisschen bemitleidet werden. Es soll wenigstens ein Mensch mitfühlen, dass das alles ja nicht so einfach ist, wie es scheint!

XXI. **Kann es denn auch Leichtarbeit geben? Gibt es Fragen, die sich von selbst beantworten?**
Nein. Leichtarbeit gibt es nicht. Zumindest kenne ich keine. Ich suche sie allerdings auch nicht. Stücke, die sich von selbst fortsetzen, so etwas ist natürlich eine herrliche Utopie. Aber die jederzeit mögliche Realisierung via Computer hat auch diese Utopie im Bastelkurs enden lassen. Dennoch bin ich der Meinung, dass sich künstlerische Probleme grundsätzlich von selbst lösen, da in der Kunst das Problem die Lösung ist. Man muss nur lange genug dabei ausharren. Dann wird man gewahr, wie »es« sich löst. Ich glaube, das Warten ist eigentlich das Schwere, ja, Warten ist die schwerste Arbeit. Man kann sie aber paradoxerweise nur durch tätige Ungeduld leisten, also nicht durch dröges Sitzenbleiben.

XXII. **Gibt es Augenblicke beim Komponieren, in denen sich eine Problemlösung quasi hinter deinem Rücken durchsetzt? Dass nicht länger du, Wolfgang Rihm, komponierst, sondern dass du plötzlich das Gefühl hast: »es« komponiert mit dir? Es gibt ja etliche Zeugen für diesen beunruhigenden Hinterrücks-Zustand beim literarischen Schreiben …**
Ja, das mag es geben. Aber ich gebe nichts darauf, weil ich es in meiner hoffentlich bestehenden Verblendung eh nicht bemerke. Erst sehr viel später, bei einer Aufführung des Stückes,

kann es geschehen, dass mir plötzlich auffällt: Das warst gar nicht du, da greift etwas durch dich hindurch, aber – husch – ist es schon wieder weg. Manchmal fällt mir dann eine Träne von der Backe.

XXIII. **Gibt es Augenblicke der Verzweiflung? Momente beim Komponieren, in denen die Möglichkeit eines Scheiterns zur Gewissheit wird?**
Scheitern ist immer Gewissheit. Aus diesem Grund besteht keine Furcht davor. Außerdem: Wirkliches Scheitern bemerkt man sowieso nur selbst und kennt es von Anbeginn als die eigene Möglichkeit. Wenn das von außen jemand bemerkt: Ah, hier scheitert der Künstler!, dann ist das ja nur ein Beitrag zur diskursiven Gestalt der Rezeption.

XXIV. **Robert Schumann hat einmal den ursächlichen Kontext zwischen Genialität, Originalität und Knillität beschrieben. Wie der Kapellmeister Kreisler es tat, so schwor auch er auf ein gutes Glas Punsch, quasi als Türöffner für den nächsten Einfall. Wie hältst du es damit? Komponierst du nüchtern? Brauchst du einen Schuss Adrenalin? Eine Prise Dope?**
Ich halte nichts von künstlichen Stimulanzien der Produktivität, weil sie nie an die Kraft der Nüchternheit heranreichen. Allerdings bin ich ein virtuoser Selbstbelohner. Ich verstehe mich auf die Rhythmen und Phasen von Genuss und Lust, wie es nur eben geht. Denn wir sind mit unseren Möglichkeiten gesegnet, auch wenn wir uns stets an das Begrenztsein, das Unmögliche, erinnern. Ich verstehe Menschen, die dem durch Drogen entkommen wollen. Selbst nehme ich nichts dergleichen, vielleicht weil mir Intelligenz und Imagination noch immer unerschöpflich erscheinen. Oder auch einfach deshalb, weil mich künstliche Rauschzustände am Lebensgenuss hindern würden.

XXV. **Manchmal kommst du mir vor, wie der Bursche aus Grimms Märchen, der das Fürchten nicht gelernt hat.**
Ach was! Wie gesagt: Schaffen ist Krise! Aber Vorsicht: Das heißt nicht, dass jede Krise hindeutet auf ein Schaffen, erst recht nicht auf etwas Geschafftes oder zu Schaffendes. Ich empfinde den kritischen Zustand – also: den Aufenthalt in einer ungelösten, unentschiedenen Sphäre – als etwas vom Grund her Lebendiges. Eine Aufgelöstheit dieser Sphäre, ob nun im Schaffen oder auch sonst, müsste dem Tod gleichen. Oder?

Die Fragen und Antworten stammen aus verschiedenen auf Band mitgeschnittenen Gesprächen zwischen Eleonore Büning und Wolfgang Rihm, die in den letzten zehn Jahren geführt wurden, zuletzt im Januar 2022.

Anmerkungen

Kapitel 1

[1] Nikolaus Harnoncourt, »Rede zur Eröffnung des Mozartjahrs im Mozarteum Salzburg«, *Salzburger Nachrichten* vom 27. Januar 2006.

[2] So der Wortlaut in der Erinnerung der acht Jahre jüngeren Schwester Monika Rihm. Eine Variante dieser Spielverse, dokumentiert im Volksliedarchiv, lautet: »Und von ihrer Bergeshöh / kam die liebe Tante Reh / Mit dem stattlichen Geweih, kam der Onkel Hirsch herbei.« www.volksliederarchiv.de.

[3] »… zu wissen«. Wolfgang Rihm im Gespräch mit Rudolf Frisius. Zitiert nach dem Wiederabdruck in: Wolfgang Rihm, *Ausgesprochen. Schriften und Gespräche,* hrsg. von Ulrich Mosch. Veröffentlichungen der Paul Sacher Stiftung, Winterthur 1997, Bd. 2, S. 101.

[4] So beginnt der Aufsatz, den Bálint András Varga 2011 als Einleitung für das Rihm-Werkverzeichnis der Universal Edition schrieb. Bálint András Varga, »Über seine Musik«, in: *Wolfgang Rihm,* Universal Edition, Wien 2011, S. 13.

[5] »… zu wissen«. Wolfgang Rihm im Gespräch mit Rudolf Frisius, S. 109f.

[6] Wolfgang Rihm, »Ohne Ausdruckszwang. Im Gespräch mit Max Nyffeler«. Programmbuch Musica Viva zur Münchner Uraufführung der »Requiem-Strophen«, Konzert vom 30. März 2017, S. 21.

[7] »… zu wissen«. Wolfgang Rihm im Gespräch mit Rudolf Frisius, S. 110.

[8] Helmuth Rilling über Communio I von Wolfgang Rihm, in: Booklet zur CD-Produktion des »Requiem der Versöhnung«, Hänssler Classic CD 98.931, 1995, S. 13.

[9] Zitiert nach: »Wolfgang Rihms ›Stabat mater‹ – eine Zumutung«. Christian Gerhaher und Tabea Zimmermann im Gespräch mit Wolfgang Schreiber, *Süddeutsche Zeitung* vom 25. September 2020.

[10] »… zu wissen«. Wolfgang Rihm im Gespräch mit Rudolf Frisius, S. 108f.

[11] Programmbuch des 71. Freiburger Bachfestes 1996, S. 59f.

[12] Wolfgang Rihm im Gespräch mit Jürgen Kanold. Zitiert nach dem Programmbuch zum Europäischen Musikfest Stuttgart 2000, hrsg. von Christian Eisert (Schriftenreihe der Internationalen Bachakademie Stuttgart, Bd. 11), Kassel 2000.

[13] Zitiert nach: »›Quid est deus?‹, Diskussion anlässlich der Uraufführung des Werkes am 4. November 2007«, in: *Wort und Ton*, hrsg. von Günter Schnitzler und Achim Aurnhammer, Freiburg/Berlin/Wien 2011, S. 637.

[14] »Überwältigen und überzeugen«. Wolfgang Rihm im Gespräch mit Axel Brüggemann, *Die Welt* vom 5. September 2000; vgl. auch das Youtube-Ars-Musica-Interview, das Serge Martin mit Rihm aus Anlass einer »Et Lux«-Aufführung 2012 im Brüsseler Palais de Beaux-Arts führte.

[15] »Fühle mich wie ein Kriegsveteran. Wolfgang Rihm über Macht und Rebellion, Altersmilde und seine Krebserkrankung«, *Schweizer Tagblatt* vom 10. August 2019. Vgl. auch Robert Braunmüller, »Draußen ist Frühling, drinnen Allerseelen«, *Abendzeitung* vom 31. März 2017 sowie Reinhard J. Brembeck, »Der Tod als Freund«, *Süddeutsche Zeitung* vom 2. April 2017.

[16] Karlheinz Stockhausen an Wolfgang Rihm, 24. April 1987. Archiv Wolfgang Rihm, Paul Sacher Stiftung, Basel. Vorerst ist nur der Teil des Rihmschen Briefwechsels in Basel dokumentiert, der die an ihn gerichteten Briefe betrifft.

[17] Vgl. hierzu Marion Saxer, »Intendierte Namenlosigkeit«, in: Programmbuch Musica Viva, München, Konzert vom 29. Oktober 2004, S. 16f.

[18] Wolfgang Rihm: »Fantasie für Orgel (1968)«. Geschrieben für das Programmheft zur Uraufführung am 6. April 1983 in Kassel, im Rahmen der Woche für geistliche Musik der Gegenwart. Zitiert nach dem Wiederabdruck in: Ders., *Ausgesprochen,* Bd.2, S. 277. Vgl. hierzu auch die Originalzitate Rihms im Booklet zu Martin Schmedings CD »Wolfgang Rihm und die Orgel«, Cybele Records 4 SACD KiG 012, 2019, S. 44 u. 48.

[19] Wolfgang Rihm, »Parusie für große Orgel op. 5 (1970)«. Zitiert nach dem Wiederabdruck in: Ders, *Ausgesprochen,* Bd. 2, S. 279.

[20] Zitiert nach dem Booklet zu Martin Schmedings CD »Wolfgang Rihm und die Orgel«, Cybele Records 4 SACD KiG 012, 2019, S. 48.

[21] Zitiert nach Saxer, Intendierte Namenlosigkeit, S.16f.

[22] »... zu wissen«. Wolfgang Rihm im Gespräch mit Rudolf Frisius, S. 107.

[23] Werner P. Heyd, »Kommt die Welt der Neuen Musik wieder in Ordnung? Programm-Musik bei Stockhausens ›Inori‹ und bei Rihms ›Morphonie‹«, *Schwarzwälder Bote* vom 21. Oktober 1974.

[24] Rudolf Frisius, »Musikwerke als Formverläufe«, in: *Klangbeschreibung. Zur Interpretation der Musik Wolfgang Rihms,* hrsg. von Thomas Seedorf, Sinzig 2015, S. 29–39, hier S. 31; Rolf Urs Ringger, »Jovialität und Dissonanzen. Eine Begegnung mit dem Komponisten Wolfgang Rihm«, *Neue Zürcher Zeitung* vom 21. November 1986.

[25] Zitiert nach der Kritikensammlung im Archiv Wolfgang Rihm.

[26] Wolfgang Rihm, »In den Spiegel gelauscht ... Zu Morphonie (1972) Sektor IV«. Geschrieben für das Programmheft der

Donaueschinger Uraufführung am 19. Oktober 1974. Zitiert nach dem Wiederabdruck in: Ders., *Ausgesprochen*, Bd. 2, S. 285f.

[27] Erich Limmert, »Sind die Helden müde geworden? Rückblick auf die Donaueschinger Musiktage«, *Hannoversche Allgemeine Zeitung* vom 27. Oktober 1976; Gerhard R. Koch, »Unterwegs zur mystischen Volksmusik. Tendenzen bei den Donaueschinger Musiktagen«, *Frankfurter Allgemeine Zeitung* vom 27. Oktober 1976; Heinz Josef Herbort, »Jenseits von Null. Stagnation allenthalben. Donaueschinger Musiktage 1976«, *DIE ZEIT* vom 29. Oktober 1976.

[28] Wolfgang Rihm im Gespräch mit Max Nyffeler, Online-Text aus dem Jahr 1999, zitiert nach Veröffentlichung unter www.beckmesser.de/neue_musik/subj1.html.

[29] Wolfgang Rihm: »Anläßlich Sub-Kontur«. Geschrieben für das Programmheft der Donaueschinger Uraufführung am 23. Oktober 1976. Zitiert nach dem Wiederabdruck in: Ders., Ausgesprochen, Bd. 2, S. 297f.

[30] Reinhard Schulz: »Dis-Kontur«. Zitiert nach dem Booklet zu einer Musica-Viva-CD mit Mitschnitten von drei Münchner Konzerten, 1978–2004, mit dem Symphonieorchester des Bayerischen Rundfunks, Col legno WWE 20093, 2006, S. 8; Ulrich Mosch: »Einleitung«, in: Wolfgang Rihm, *Ausgesprochen*, Bd. 1, S. 16; Wolfgang Rihm: »Magma für großes Orchester (1973)«, Programmnotiz für das Atelier Wolfgang Rihm aus Anlass der Stuttgarter Uraufführung von »Magma« am 18. Januar 1987, zitiert nach dem Wiederabdruck in: Ders., *Ausgesprochen*, Bd. 2 S. 287.

[31] Wolfgang Rihm, »Monolog am 31.12.1979«. Musikfeuilleton für das Studio Karlsruhe des Süddeutschen Rundfunks. Zitiert nach dem Wiederabdruck in: Ders., *Ausgesprochen*, Bd. 1, S. 126f.

32 Vgl. hierzu Dieter Rexroth, »Werk und Titel bei Wolfgang Rihm«, in: *Musik-Konzepte/Neue Folge*, Sonderband XII/2004, S. 93–98.

33 »Komposition vom 26. Juni 1967«. Archiv Wolfgang Rihm.

Kapitel 2

34 *Badische Neueste Nachrichten* vom 4. November 1959.

35 Zitiert nach Peter-Michael Riehm, »Eugen Werner Velte. Versuch einer Annäherung«, Beiheft zur CD-Edition »Velte und seine Schüler« (1995), Antes-Edition BM-CD 14.9002, S. 6f. Peter-Michael Riehm, Komponist und Waldorfschullehrer, war einer der Meisterschüler Veltes vor Rihm.

36 Aus Anlass einer Jubiläums-CD-Edition zum fünfzigjährigen Bestehen der Karlsruher Hochschule für Musik hat Arabella Pare erstmals Argumente für eine Karlsruher Komponistenschule gesammelt. Bezeichnenderweise ist der zitierte Ausspruch Rihms ausgerechnet diesem Booklettext zu entnehmen. Siehe »Velte-Rihm. Karlsruher Schule«, 3 CDs (2021), Capriccio C7367, S. 11.

37 So urteilt Renate Braunschweig-Ullmann in dem Artikel »Schweigen aus Beredsamkeit. Gedächtniskonzert der Musikhochschule für Eugen Werner Velte«, *Badische Neueste Nachrichten* vom 13. Juni 1985.

38 Schriftlich dokumentiert ist nur eine der Rihmschen Gedächtniskonzert-Reden, nämlich die vom Juni 1985. Zitiert nach Wolfgang Rihm, »Liebe Freunde von Eugen Werner Velte …«, in: Ders., *Ausgesprochen,* Bd. 1, S. 299f. Die zweite hier zitierte Äußerung zu Rihms Musik stammt – ohne Nachweis – aus dem von der Karlsruher Pianistin und Hochschulprofessorin Sontraud Speidel verfassten Wikipedia-Artikel, der auch im Booklet der Jubiläums-CD 2021 »Karlsruher Schule« auftaucht.

[39] Das Doppelalbum »Velte und seine Schüler« (1995), mitgeschnitten in Schloß Gottesaue im Juni 1994, in zwei Konzerten von Karlsruher Hochschullehrern und Studierenden unter Leitung von Péter Eötvös, ermöglicht, ebenso wie eine weitere Aufnahme, die im nämlichen Kontext entstand und »Klaviermusik Karlsruher Komponisten« (1995) präsentiert, die Bekanntschaft mit immerhin sieben unveröffentlichten Werken Veltes aus verschiedenen Perioden seines Schaffens. Mit der erwähnten CD-Edition »Velte–Rihm. Karlsruher Schule« (2021) sind insgesamt vierzehn Werke aus dem Nachlass Veltes auf Tonträgern dokumentiert.

[40] Zitiert nach dem Beiheft der CD-Edition »Velte und seine Schüler«, S. 4.

[41] Helmut Bieler-Wendt leitete später das Darmstädter Institut für Neue Musik und Musikerziehung. Zitiert nach Rudolf Theilman / Helmut Bieler-Wendt, *Freispiel*, Karlsruhe 2000.

[42] »Eugen Werner Velte – Wolfgang Rihm – Andreas Raseghi: Lehrer und Schüler«. Aus einem Gespräch zwischen W.R., A.R. und Martin Wilkening in Karlsruhe am 2. Juli 1988. Zitiert nach: »Wolfgang Rihm, Komponistenportrait«, Programmheft der 38. Berliner Festwochen 1988, S. 37.

[43] Thomas Garms (rms), »Lichtklang und Hiebenergie – Das Arditti Quartet bei den Darmstädter Ferienkursen für Neue Musik«, *Frankfurter Allgemeine Zeitung* vom 26. Juli 1984, S. 25.

[44] Wolfgang Rihm, »Liebe Freunde von Eugen Werner Velte …« Zitiert nach ders., *Ausgesprochen*, Bd. 1, S. 300.

[45] Zitiert nach »Eugen Werner Velte – Wolfgang Rihm – Andreas Raseghi: Lehrer und Schüler«, S. 37.

[46] Hartmut Lück, »Mit vermeintlich kruden, geschmacklosen Werken wider die Wohlerzogenheit und höflichen Umgangsformen der Weltmusik«, in: *Musik und Medizin* 6 (1982), S. 72ff.

47 Zitiert nach »… zu wissen«. Ein Gespräch von Rudolf Frisius und Wolfgang Rihm, S. 117.

48 Der Begriff »Schönberg-Geisterbahn – jeder Geist mit Schönbergs Blick«, den Rihm in seiner Programmnotiz zur Erstaufführung der Lieder 1985 prägt, bezieht sich vor allem auf das dritte Lied im Zyklus, »Hälfte des Lebens«, nach Friedrich Hölderlin. 1996 entstand erstmals eine Gesamtaufnahme der »Gesänge op. 1« beim Label Orfeo, mit Ulrike Stöve (Sopran) und Tatjana Blome (Klavier), herausgegeben von Aribert Reimann und Axel Bauni.

49 Die Widmung an Karl Amadeus Hartmann hat Rihm nicht weiter kommentiert. Aufschlussreich ist indes dazu ein Rihm womöglich damals bekanntes Bekenntnis aus dem Gespräch Hartmanns mit Joachim Hermann, niedergelegt um 1959 in Hartmanns »Handschriftlichen Notizen zur Dodekaphonie«, zitiert in einer Sendung des Bayerischen Rundfunks im März 1961, mit dem er sich identifizieren konnte. Hartmann sagte: »Ich bin kein Gefolgsmann der Zwölftonmethode geworden … Ich fand dieses strenge Gesetz einfach nicht der Phantasie meines Ausdruckswillens gemäß.«

50 Vgl. Wolfgang Rihm, »Erste Symphonie für großes Orchester op. 3«, in: Ders., *Ausgesprochen*, Bd. 2, S. 277, sowie Hans-Peter Jahn, »Fünf kompositorische Stationen Wolfgang Rihms«, abgedruckt im Beiheft zur Ersteinspielung der 1. Symphonie durch Jonathan Stockhammer und das SWR Sinfonieorchester Stuttgart im September 2004, Hänssler Classic 93.227, 2007, S. 3.

51 Siegfried Mauser, »Wucherung und Aussenhalt«, Beiheft zur CD-Produktion Killmayer / Rihm Klavierstücke, 1986, Wergo WER60141-50, S. 7–9.

52 Als Mauser 2016 wegen sexueller Nötigung angeklagt und rechtskräftig verurteilt sowie infolgedessen gesellschaftlich ausgegrenzt und exemplarisch in den Medien vorgeführt

wurde, auch sämtliche Ämter und Arbeitsfelder am Mozarteum Salzburg, an der Musikhochschule München und an der Bayerischen Akademie der schönen Künste verlor, gehörte Rihm zu denen, die ihm die Freundschaft nicht aufkündigten. Er veröffentlichte in einer Festschrift für Mauser ein ihm gewidmetes neues Klavierstück namens »Solitudo« (zu Deutsch: »Wüste«), zerpflückt von vielen großen Pausen, mit dem Untertitel »Intermezzo für Sigi«, ergänzt durch ein Interview, in dem er über Interpretationsfragen spricht und, in Bezug auf »Solitudo«, der Hoffnung Ausdruck gibt, dass der »Fall Mauser« verarbeitet und überwunden werden könne: »Mögen sich die leeren Räume der vielen Pausen füllen.« (*Musik verstehen – Musik interpretieren. Festschrift für Siegfried Mauser zum 65. Geburtstag*, hrsg. von Dieter Borchmeyer, Susanne Popp und Wolfram Steinbeck, Würzburg 2019, S. 51ff.)

53 Mauser, Wucherung und Aussenhalt.

54 Searles erste Symphonie, entstanden 1953, viersätzig, basiert auf einem zwölftönigen Thema, das im ersten Satz von den Kontrabässen angestimmt wird, sich dann wie ein Fragezeichen nach oben, in die hohen Lagen heraufkringelt und durchs ganze Orchester wandert, bis es bei den romantischen Hörnern angelangt ist. Dieses Thema paraphrasiert zugleich auch die klassische Ton-Chiffre B-A-C-H. Searles mittlere Symphonien sind dreisätzig, die festen Satztypen lösen sich auf. In der dritten sind Rückbezüge zur hybriden Zwischengattung der symphonischen Dichtung manifest. Schließlich die fünfte und letzte Symphonie Searles, entstanden 1964: Sie bindet fünf kurze Sätze attacca zusammen zu einer Großform. Die symphonischen Zwölftonwerke Searles sind allesamt ausdrucksmächtig und phantastisch instrumentiert. Und doch inzwischen so gründlich vergessen, dass sie nicht mehr auftauchen in den Konzertprogrammen, weder in England noch auf dem Festland.

[55] Eugen Werner Velte an Wolfgang Rihm, 25. August 1968, Archiv Wolfgang Rihm.

[56] Matthias Roth, *Ein Rangierbahnhof der Moderne. Der Komponist Wolfgang Fortner und sein Schülerkreis 1931–1986: Erinnerungen, Dokumente, Hintergründe, Porträts*. Freiburg 2008, S. 17f.

[57] Ebd., S. 310ff.

[58] Ebd., S. 313.

[59] Wolfgang Fortner an Wolfgang Rihm, 26. Juni 1967, Archiv Wolfgang Rihm.

[60] Wolfgang Fortner an Wolfgang Rihm, 3. Mai 1977, Archiv Wolfgang Rihm.

[61] Wolfgang Rihm, »Gesänge für Singstimme und Klavier op. 1«, Programmheftbeitrag für die Frankfurt Feste '85. Zitiert nach dem Wiederabdruck in: Ders., *Ausgesprochen*, Bd. 2, S. 297f.

Kapitel 3

[62] Wolfgang Rihm im Gespräch mit der Autorin.

[63] Wolfgang Rihm, »Trakt für großes Orchester op. 11 (1971)«, in: Ders., *Ausgesprochen*, Bd. 2, S. 283.

[64] Stockhausens Einführungstext sowie sein Brief an Ernst Thomas vom 8. November 1969 werden zitiert nach: Karlheinz Stockhausen, *Kompositorische Grundlagen Neuer Musik. Sechs Seminare für die Darmstädter Ferienkurse 1970*, hrsg. von Imke Misch, Kürten 2009.

[65] Karlheinz Stockhausen an Wolfgang Rihm, 18. März 1972 und 18. April 1972, Archiv Wolfgang Rihm.

[66] Vgl. hierzu Opus 1970 (Kurzwellen mit Beethoven-Musik: Stockhoven – Beethausen) sowie die WDR-Gespräche Stockhausens von 1977 mit dem Redakteur Reinhold Schubert über Beethovens späte Streichquartette. Kürten 2011, Text-CD 23.

[67] Wolfgang Rihm, »Laudatio auf Karlheinz Stockhausen«, in: Ders., *Ausgesprochen*, Bd. 1, S. 323–329.

[68] Wolfgang Rihm, »Rückkehr zur Unordnung. Gespräch mit Luca Lombardi (1979)«. Zitiert nach ders., *Ausgesprochen,* Bd. 1, S. 61.

[69] »Gleichzeitigkeit von Heterogenem. Aus einem Gespräch mit Konrad Boehmer anläßlich der Verleihung des Rolf-Liebermann-Preises (1986)«. Zitiert nach Wolfgang Rihm, *Ausgesprochen,* Bd. 2, S. 158f.

[70] Zu diesem Zeitpunkt, 1972, war Stockhausen Direktor bei den RAI-Konzerten. Seine handschriftliche Botschaft an Rihm diente, samt dem Programmzettel des RAI-Konzerts »I Concerti di Roma«, dann 2010 in der Marbacher Ausstellung »Schicksal« als Exponat. Sie wird heute im Rihm-Archiv der Paul Sacher Stiftung, Basel, verwahrt.

[71] »Paraphrase« wurde uraufgeführt am 25. April 1976 von Gaby Schumacher, Herbert Henck und Christoph Caskel bei den Wittener Tagen für Neue Musik. Vgl. Wolfgang Rihm, Programmnotiz zu »Paraphrase«, in: Ders., *Ausgesprochen,* Bd. 2, S. 283.

[72] Ebd. 2, S. 284. Die Ersteinspielung von »Paraphrase« wurde 1995 eingespielt von Lucas Fels, Christian Dierstein und Yukiko Sugawara und 2000 veröffentlicht (Kairos 0012092KAI, 2000). Zitat aus dem Booklet, S. 13.

[73] Vgl. Wolfgang Hofer, »Triobeschreibung: Rihm. Kleine Notate zu Bruchstücken einer großen Konfession«. Booklet-Beitrag zur Kairos-Produktion, S. 9f.

[74] Rihm hielt diesen Vortrag über sein Verhältnis zur Musikwissenschaft auf Anfrage seines ehemaligen Freiburger Kommilitonen Christoph von Blumröder, der ihn, inzwischen selbst Professor in Köln, einlud, vor Erstsemestern zu sprechen. Dokumentiert in: *Wolfgang Rihm im Gespräch mit Christoph von Blumröder, Eike Feß und Imke Misch. Komposition und Musikwissenschaft im Dialog,* Bd. 5 (2001–2004), hrsg. von Ludger Brümmer, Berlin 2006, S. 59–82, Zitat S. 60f.

[75] Vgl. hierzu *Geschichte der Musik als Gegenwart*, Edition Text & Kritik, München 2000.

[76] »Musik ist …« Aus einem Briefwechsel von Hans Heinrich Eggebrecht mit Wolfgang Rihm, 1984/85. Zitiert nach: *Der Komponist Wolfgang Rihm*, hrsg. von Dieter Rexroth, Mainz 1985, S. 85ff.

[77] Zitiert nach *Wolfgang Rihm im Gespräch mit Christoph von Blumröder*, S. 61, sowie Wolfgang Rihm, »Bruder der Künstler«, *Frankfurter Allgemeine Zeitung* vom 5. September 1999.

[78] Claudia Maurer Zenck, »Eggebrechts Militärzeit auf der Krim«, Online-Publikation Hamburg 2010; vgl. auch Friedrich Geiger, »Quellenkritische Anmerkungen zum ›Fall Eggebrecht‹«, ebd., sowie Albrecht von Massow, »Gehversuche musikwissenschaftlicher Vergangenheitsbewältigung« (http://albrecht-von-massow.de/text.html).

[79] Die anderen vier musikalischen Nachrufe aus »Zwiesprache« sind dem Verleger der Universal Edition Alfred Schlee gewidmet, dem Mäzen und Dirigenten Paul Sacher, dem Begründer des Karlsruher ZKM: Zentrum für Kunst und Medien Heinrich Klotz sowie dem Berliner Kunstsoziologen Hermann Wiesler. Zitiert nach dem Beiheft der Ersteinspielung, Kairos 0012122KAI, 2000, S. 6.

[80] Max Nyffeler, »Der Reformator«, in: *Klaus Huber*, Dossier Musik, Zürich und Bern 1989, S. 85.

[81] »Erziehung zur Eigenverantwortung«. Wolfgang Rihm im Gespräch mit Max Nyffeler über seine Erfahrungen im Unterricht bei Klaus Huber, in: *Klaus Huber*, Edition Text & Kritik, München 2007, S. 21–31, hier S. 23 u. 29.

[82] »›Musique pure‹ war und ist nicht meine Sache«, heißt es in einer von Hubers Selbstauskünften aus den späten Sechzigern: »Das autonome, niemandem als sich selbst verpflichtete Kunstwerk kann nicht das Ziel eines Künstlers sein, dessen Bewusstsein die konkreten Bedrohungen unserer

Existenz Tag für Tag registriert. Ich finde es heute nicht mehr tragbar, auf eine idealere Zukunft hin hermetische Kunst zu machen.« Klaus Huber, »Komponieren als Akt der Befreiung«, zitiert nach: *Klaus Huber*, Dossier Musik, S. 12.

83 Im Unterricht bei Huber instrumentierte Rihm einige Ives-Lieder. Vgl. Klaus Huber, *Umgepflügte Zeit. Schriften und Gespräche*, hrsg. von Max Nyffeler, Edition Musiktexte 006, Köln 1999, S. 117. Eine direkt an Ives erinnernde Fernmusik findet sich in der Orchesterkomposition »Spiegel und Fluss« (1999). Noch 1996 erklärte Rihm freilich, auf Nachfrage, im Interview, dass er sich für die »Dramaturgie der Collage« nie habe erwärmen können, auch »Zitate – ob aus Distanz oder aus Nähe« seien ihm immer »sehr fragwürdige künstlerische Mittel geblieben. Direkte Übernahmen eines Textes gibt es bei mir nicht, immer tritt das Umfeld und die Erscheinung der Anspielung bereits als Kommentar, als Gegentext manchmal sogar, auf.« Wolfgang Rihm, *Ausgesprochen*, Bd. 1, S. 237.

84 *Darmstadt-Gespräche. Die Internationalen Ferienkurse für Neue Musik in Wien*, hrsg. von Reinhard Kapp, Wien 1996, S. 181ff.

85 Diesen Namen trägt die Tochter im Theaterstück von Tardieu. Vgl. Kathrin Zirbs, »Die Absurdität des steten Strebens oder Die Einsamkeit des Gelehrten. Wolfgang Rihms Kammeroper Faust und Yorick«, in: *Faust im Wandel. Faust-Vertonungen vom 19. bis 21. Jahrhundert*, hrsg. von Christiane Wiesenfeldt und Panja Mücke, Marburg 2014, S. 255.

86 »Faust und Yorick, Kammeroper Nr. 1 (1976)«. In: Wolfgang Rihm, *Ausgesprochen*, Bd. 2, S. 306.

87 »Chiffren von Verstörung. Anmerkungen zu Jakob Lenz (Januar 1979)«, in: Wolfgang Rihm, *Ausgesprochen*, Bd. 2, S. 314.

88 Ebd., S. 315.

89 Wolfgang Rihm, »Gangarten, Hamletmaschine, Brief an P.O. (1987)«, in: Ders., *Ausgesprochen*, Bd. 2, S. 350.

90 Chiffren von Verstörung, S. 314f.

[91] Dörte Schmidt, *Lenz im zeitgenössischen Musiktheater. Literaturoper als kompositorisches Projekt bei Bernd Alois Zimmermann, Friedrich Goldmann, Wolfgang Rihm und Michèle Reverdy*, Stuttgart / Weimar 1993, S. 192.

[92] Herbort verwendet in seiner Rezension über die Zweitaufführung von »Faust und Yorick« in Hannover einen ordinären kulinarischen Vergleich, der den Komponisten und Feinschmecker Rihm zweifellos verdrossen hat. Er habe, so musste er lesen: »eine skurrile Mischung aus prägnanter, kleinzelliger und kurzweiliger Bonmot-Musik« geschrieben, »zu einfach, zu simpel, so, als hätte da jemand mit flinker Hand in diesen und jenen Topf gegriffen und ein Sößchen gebraut, das nicht nach ihm und nicht nach ihr schmeckt, das aber, über das Fleisch gegossen, auch dem Braten den Eigengeschmack nimmt, ihn verdirbt wie Ketchup das Pfeffersteak.« Heinz Josef Herbort, »Faust von Shakespeare«, *DIE ZEIT* vom 14. Oktober 1977.

[93] Vgl. Gerhart Asche über »Jakob Lenz«, in: *Opernwelt* 5 (1979), S. 24; Heinz Josef Herbort: »Jenseits von Null. Stagnation allenthalben. Donaueschinger Musiktage 1976«, *DIE ZEIT* vom 29. Oktober 1976; Heinz Josef Herbort, »Stationen eines Zerfalls. Wolfgang Rihms Kammeroper nach Büchners Erzählung in Hamburg«, *DIE ZEIT* vom 16. März 1979.

[94] Vgl. den Wortlaut von Dietmar Polaczeks Rezension zu »Faust und Yorick«, *Frankfurter Allgemeine Zeitung* vom 4. Mai 1977 mit dem der Rezension von Frieder Reininghaus, *Frankfurter Allgemeine Zeitung* vom 7. April 1992.

[95] John Rockwell, »A Composer Eludes the Pigeonhole. Wolfgang Rihm's stylistic diversity is a matter of creative evolution«, *New York Times* vom 12. Dezember 1987.

[96] Hans Heinsheimer, »Doppelte Entdeckung. Wolfgang Rihm kam nach New York«, *Frankfurter Allgemeine Zeitung* vom 19. Januar 1988.

97 Wolfgang Rihm, »Lowry-Lieder für Singstimme und kleines Orchester (1982–1987)«, in: Ders., *Ausgesprochen*, Bd. 2, S. 369f.

Kapitel 4

98 Gerhard Rohde, »Wolfgang Rihm und seine Oper ›Jakob Lenz‹«, *Rhein-Main-Zeitung* der *FAZ* vom 2. April 1980.

99 »Mit vermeintlich kruden, geschmacklosen Werken wider die Wohlerzogenheit der Kunst und die höflichen Umgangsformen der Weltmusik. Hartmut Lück im Gespräch mit Wolfgang Rihm«, in: *Musik und Medizin* 6 (April 1982), S. 72–88. Zitiert nach: Wolfgang Rihm, *Ausgesprochen*, Bd. 2, S. 78. Zum Nono-Bonmot von der »Krise« vgl. Reinhold Brinkmann, »Stichworte, Momentaufnahmen, Zitate – An drei Lesepulten. Laudatio auf Wolfgang Rihm«, in: *2003, Ernst von Siemens Musikpreis, Wolfgang Rihm*. München 2003, S. 91f.

100 Vor allem freut es Polaczek, dass Rihm leiser geworden ist. Rihms jüngste Werke, auch das Violinkonzert »Lichtzwang«, verlassen, so heißt es weiter in der Rezension, »das ungebrochene Pathos, (sie) gefallen sich in durchaus kritischen Rückgriffen auf beschädigte Tonalität, haben einen Gestus von Vergeblichkeit und Trauer. Rihms Eklektizismus von der Art Gustav Mahlers – der Vergleich ist hoch gegriffen – erregte bei vielen Franzosen Protest: er sei faschistisch, also typisch deutsch. Der Kritiker, der Rihms Musik mit durchaus gemischten Gefühlen gegenübersteht, sah sich gezwungen, Rihm gegen solch platte Aversion denn doch zu verteidigen.« Dietmar Polaczek, »Deutsche Schwanengesänge in Royan«, *Frankfurter Allgemeine Zeitung* vom 4. April 1977.

101 Gerhard Asche, »Ein Mensch am Rande des Wahnsinns – Uraufführung der Kammeroper ›Jakob Lenz‹«, *Tagesspiegel*

vom 13. März 1979. Sybill Mahlke, »Erzählung des Komponisten. Wolfgang Rihms dritte Symphonie von den Philharmonikern uraufgeführt«, *Tagesspiegel* vom 17. November 1979.

102 Klaus Geitel, »Geständnisse, solange der Atem reicht. Getöse und Visionen – Wolfgang Rihms 3. Sinfonie unter M. Gielen in Berlin uraufgeführt«, *Die Welt* vom 17. November 1979. Vgl. auch: Klaus Geitel, »Rezension des Bratschenkonzerts«, *Die Welt* vom 18. November 1983.

103 Diesen Begriff prägte der Komponist Manfred Trojahn, in: Ders., »Junge Avantgarde«, in: *Neue Zeitschrift für Musik,* 140 / 1 (Januar 1979), S. 17–19.

104 Gisela Gronemeyer, »Blütezeit. Zum Festivalboom der achtziger Jahre«, in: *Neue Musik seit den achtziger Jahren,* hrsg. von Martin Thrun, Bd. 2, Regensburg 1994, S. 7–21.

105 Wolfgang Rihm, »Der geschockte Komponist (1978 / 1996)«. Zuerst in: *Ferienkurse 1978,* hrsg. von Ernst Thomas, Mainz 1978. Zitiert nach ders., *Ausgesprochen,* Bd. 1, S. 44ff.

106 Ebd., S. 45ff. u. 50f.

107 Frank Hentschel, »Wie neu war die ›Neue Einfachheit‹«, in: *Acta Musicologica* 2006, S. 111–131, insbes. S. 113. Zitat auf S. 120.

108 Manfred Trojahn, »Formbegriff und Zeitgestalt in der ›Neuen Einfachheit‹. Versuch einer Polemik«. Zuerst in: *Zur »Neuen Einfachheit« in der Musik* (Studien zur Wertungsforschung, Bd. 14), hrsg. von Otto Kolleritsch. Wien / Graz 1981, S. 83–89. Siehe auch: Hans-Jürgen von Bose, »Suche nach einem neuen Schönheitsideal«. Zuerst in: *Ferienkurse 1978.*

109 Wolfgang Rihm, »Neue Einfachheit – Aus- und Einfälle«. Diesen Essay schrieb Rihm für das Magazin *HiFi-Stereophonie, Musik. Musikwiedergabe* 16 (1977 / 4), S. 420. Hier zitiert nach: Ders., *Ausgesprochen,* Bd. 1, S. 355.

110 Nachzulesen, beispielsweise, bei Harry Lehmann, der noch im Jahr 2006 die »Neue Einfachheit« pauschal als einen »Brü-

ckenschlag zum Klassik-Publikum« abqualifiziert: »Avantgarde heute. Ein Theoriemodell der ästhetischen Moderne«, in: *Musik & Ästhetik,* 38 (2006), S. 5ff. Dass die Neue Einfachheit nahtlos zur postmodernen Beliebigkeit führt, die den »Gegensatz zwischen traditionellem und avanciertem Tonsatz verwischt«, beklagt auch Hans-Klaus Jungheinrich noch 1999 in seiner Rückschau auf das zwanzigste Jahrhundert, die zwar den Namen Rihm (neben Richard Strauss) im Titel trägt, den Werken Rihms aber nur zwei kurze, abschätzige Absätze widmet. Vgl. *Unser Musikjahrhundert,* S. 61f.

111 Wolfgang Rihm, »Die Klassifizierung der ›Neuen Einfachheit‹ aus der Sicht des Komponisten«, in: *Zur »Neuen Einfachheit« in der Musik* (Studien zur Wertungsforschung, Bd. 14), hrsg. von Otto Kolleritsch, Wien / Graz 1981. Zitiert nach: Wolfgang Rihm, *Ausgesprochen,* Bd. 1, S. 357.

112 Wolfgang Rihm, »Ins eigene Fleisch … (Lose Blätter über das Jungerkomponistsein)«, in: *Neue Zeitschrift für Musik,* 1 (1979), S. 6–8. Zitiert nach ders., *Ausgesprochen,* Bd. 1, S. 113–120, hier S. 118.

113 Ebd., S. 120.

114 Diesen Begriff prägte der Kritiker Gerhard R. Koch im Kontext der Debatte über die »Neue Einfachheit«. Er kritisierte bei Rihm und anderen die »jungmeisterlichen Bekenntnisse zur Tradition und zum geschlossenen Kunstwerk«. Vgl. »Großaufnahmen eines Unglücklichen«, *Neue Musikzeitung* 2 (1979), S. 2.

115 Josef Häusler, »Profil Wolfgang Rihm«. In: Programmbuch der Internationalen Musikfestwochen Luzern 1997. Zürich 1997, S. 65–92, hier S. 77. Darüber hinaus hat Joachim Brügge auch noch Leoš Janáček als einen der »musikalischen Horizonte« des Werks benannt. Freilich helfen auch die eindrücklichsten musikwissenschaftlichen Gedankenschachzüge zur Struktur dieser Musik beim Hören nicht viel weiter. Vgl. *Wolfgang Rihms Streichquartette. Aspekte zu Analyse,*

Ästhetik und Gattungstheorie des modernen Streichquartetts. Saarbrücken 2004.

116 Wolf-Eberhard von Lewinski, »Pate Beethoven. Bemerkenswerte Uraufführungen bei den Darmstädter Ferienkursen«, *Süddeutsche Zeitung* vom 3. August 1978.

117 Wolfgang Rihm, »›nature morte – still alive‹. Skizze für dreizehn Streicher (1979/80)«, in: Ders., *Ausgesprochen*, Bd. 2, S. 320.

118 Rudolf Frisius, »Jenseits der ›Neuen Einfachheit‹? Wolfgang Rihm anläßlich einer Karlsruher ›Wintermusik‹«, *Frankfurter Allgemeine Zeitung* vom 23. Januar 1982.

119 Wolfgang Rihm, »Einige Gedanken zur Karlsruher Uraufführung der zweiten Abgesangsszene (1980)«, in: Ders., *Ausgesprochen*, Bd. 2, S. 316. Vgl. hierzu auch Rudolf Frisius, »Auf der Suche nach dem Leisen. Wolfgang Rihms zweite Abgesangsszene in Karlsruhe«, *Frankfurter Allgemeine Zeitung* vom 16. Oktober 1980.

120 Wolfgang Rihm: »Einige Gedanken zur Karlsruher Uraufführung der zweiten Abgesangsszene (1980)«, S. 316f.

121 Dietmar Polaczek, »Schwere, Schweigen, Langsamkeit. Wolfgang Rihms erste Abgesangsszene«, *Frankfurter Allgemeine Zeitung* vom 17. November 1979; vgl. auch Gerhard R. Koch zur Mahler-Rezeption der Abgesangsszenen, in: *Frankfurter Allgemeine Zeitung* vom 21. September 1985.

122 Wolfgang Rihm, »Spohr als Bezugspunkt. Gespräch mit Hans-Karl Nelle«, in: *Louis Spohr. Avantgardist des Musiklebens seiner Zeit*, hrsg. von der Stadtsparkasse Kassel, Kassel 1979. Vgl. außerdem: Wolfgang Rihm, »Der Anlaß: Louis Spohr. Ein akademischer Avantgardist«, in: Ders., *Ausgesprochen*, Bd. 1, S. 223–228.

123 Wolfgang Rihm, »Einige Gedanken …«, S. 319; Wilhelm Matejka, »Gespräch mit Wolfgang Rihm«, in: *Neue Zeitschrift für Musik* 143 (1982), S. 31ff., zitiert nach ders., *Ausgesprochen*, Bd. 2, S. 66.

124 Vgl. Markus Roth, »Sic! Latenzen in Wolfgang Rihms Ländler für Klavier«, Vortrag, unveröffentlicht. Online unter www.academia.edu.

125 Reinhold Urmetzer, *Wolfgang Rihm*, Stuttgart 1988, S. 65–108. Vgl. außerdem Wilhelm Killmayer, »Zu Wolfgang Rihms Klavierstück Nr. 6 (Bagatellen)«, in: *Melos. Jahrbuch für zeitgenössische Musik*, 51 (1992), S. 117.

126 Yves Knockaert, »Wolfgang Rihm and Franz Schubert, an enigmatic encounter«, in: *Contemporary Music Reviews* 36/4 (2017), S. 6. Vgl. auch: Ders., *Wolfgang Rihm, A Chiffre. The 1980s And Beyond*, Leuven 2017.

127 Wolfgang Rihm, »Erscheinung. Skizze über Schubert für 9 Streicher und Klavier ad libitum (1978)«, in: Ders., *Ausgesprochen*, Bd. 1, S. 311ff.

128 Stephan Hoffmann, »Schubert, wo er am dunkelsten ist. Versuche gegen den Schubert-Kitsch: Neue Stücke und ein Film in Baden-Baden«, *Frankfurter Allgemeine Zeitung* vom 29. Juni 1978. Das daraus entstandene Hörspiel »Music Hall« mit Musik von Wolfgang Rihm, Erstsendung am 1. März 1981, steht nach wie vor abrufbar in der ARD-Hörspieldatenbank.

129 Wolfgang Rihm, »Weiter. Für Wilhelm Killmayer«, in: *Der Komponist Wilhelm Killmayer*, hrsg. von Siegfried Mauser, Mainz 1992. Zitiert nach dem Wiederabdruck in Wolfgang Rihm, *Ausgesprochen*, Bd. 1, S. 336.

130 Vgl. die Ballettkritik der Schriftstellerin Hedwig Rohde im Berliner *Tagesspiegel* vom 18. November 1982 sowie Gerhard R. Koch, »Das Donnerwetter der schwarzen Sonne, Wolfgang Rihms und Moses Pendletons Ballett ›Tutuguri‹«, *Frankfurter Allgemeine Zeitung* vom 18. November 1982.

131 Wilhelm Matejka, Gespräch mit Wolfgang Rihm, S. 66; vgl. auch Wolfgang Rihm, »Schwarzer und roter Tanz, Fragment aus Tutuguri, Poème dansé (1980–1982) für großes Orchester«. Zitiert nach ders., *Ausgesprochen*, Bd. 2, S. 328.

132 Wolfgang Rihm, »Notizen zur Tutuguri-Musik (3.XI.1982)«, in: »Tutuguri«. Programmheft der Deutschen Oper Berlin für den 12. November 1982, S. 20f.

133 Wolfgang Rihm, »Spuren eines Opernprojekts von Heiner Müller und Pierre Boulez. Notizen«, in: *Wolfgang Rihm*, Drucksache Neue Folge 3 (N.F. 3) im Auftrag der Internationalen Heiner-Müller-Gesellschaft, hrsg. von Wolfgang Storch, Düsseldorf 2000, S. 65.

134 Vgl. hierzu Martin Zenck, »Orestie-Marges. Zu den frühen rituellen musiktheatralischen Projekten von Pierre Boulez«, in: *Mitteilungen der Paul-Sacher-Stiftung*, 15 (2002), S. 20ff., sowie Vivane Waschbüsch, *Rihm und Artaud. Die Umsetzung des ›Theaters der Grausamkeit‹ in ›Die Eroberung von Mexico‹ von Wolfgang Rihm*, Hofheim am Taunus 2016, S. 12.

135 Kein Kompliment, jedenfalls nicht für einen Kritiker wie Gerhard R. Koch, der dem Establishment grundsätzlich misstraute. Siehe »Innerstes als Äußerstes. Auf Wegsuche: Wolfgang Rihm / Neues bei den Frankfurt Festen«, *Frankfurter Allgemeine Zeitung* vom 21. September 1985.

136 *Der Komponist Wolfgang Rihm*. Ein Buch der Alten Oper Frankfurt, Frankfurt-Feste ’85, hrsg. von Dieter Rexroth. Mainz 1985, S. 7.

137 Koch schreibt in »Innerstes als Äußerstes«: »Rihm, der sich nicht unbedingt als ein politisch engagierter Künstler fühlt und gibt (was seine Nicht-Bewunderer auch als Erfolgsursache betrachten), hat gleichwohl auf die atomare Bedrohung reagiert … eine Hommage an den großen Luigi Nono.« Vgl. auch Vera Lumpe: »Andere Bilder. Kompositionen und Konfrontationen mit Wolfgang Rihm«, *Frankfurter Rundschau* vom 13. September 1985, sowie »Im Stadium des Weiterstürmens: Exzeptionelle Frankfurt-Feste mit Wolfgang Rihm«, *Frankfurter Rundschau* vom 21. September 1985.

[138] »Einer an und für sich? Zwölf Fragen an Wolfgang Rihm«, in: *Lust am Komponieren. Musikalische Zeitfragen*, Heft 16, hrsg. von Hans-Klaus Jungheinrich, Kassel 1985, S. 13.

[139] Dieser Vortrag Rihms wurde unter dem Titel »Musiktheater aus der Sicht des Komponisten« abgedruckt in der *Neuen Zürcher Zeitung* vom 23. November 1986. Zitiert nach ders., Ausgesprochen, Bd. 2, S. 29f.

[140] Ebd., S. 32.

[141] Wolfgang Rihm: »Gangarten, Hamletmaschine, Brief an P.O. (1987)«, in: Ders., *Ausgesprochen,* Bd. 2, S. 350, sowie ders., »Notizen neben einer Probe. Reste von Programmhefttext-Entwürfen«, in: Programmheft zur Mannheimer Uraufführung von »Die Hamletmaschine«. Zitiert nach ders., *Ausgesprochen,* Bd. 2, S. 355.

[142] Ulrich Schreiber, *Opernführer für Fortgeschrittene. Das 20. Jahrhundert II*. Kassel 2005, S. 276; vgl auch »Arie über die Bildzeitung. Wolfgang Rihm im Gespräch mit Thomas Delekat«, in: *Die deutsche Bühne* 58 (1987), S. 8–11, zitiert nach Wolfgang Rihm, *Ausgesprochen,* Bd. 2, S. 36.

[143] Wolfgang Rihm: Notizen neben einer Probe, S. 356.

[144] Gerhard Rohde, »Im Rücken die Ruinen von Europa. Heiner Müllers ›Hamletmaschine‹ als Oper von Wolfgang Rihm in Mannheim«, *Die Neue Ärztliche* vom 9. April 1987; Hans-Klaus Jungheinrich, »Feuerstöße ins Klangfleisch. Musiktheater der Grausamkeit: Wolfgang Rihms ›Hamletmaschine‹«, *Frankfurter Rundschau* vom 1. April 1987.

[145] Schichten statt Geschichten. Der Komponist Wolfgang Rihm über seine »Hamletmaschine«, befragt von Claus Spahn. Programmheft »Die Hamletmaschine« vom 24. Januar 2016, hrsg. vom Opernhaus Zürich, S. 33.

[146] Bernard Holland, »A German's Grotesque View of ›Oedipus‹ in Santa Fe«, *New York Times* vom 2. August 1991; Wolfgang Schreiber, »Tragödie aus dem Geist der Musik. Wolfgang

Rihms ›Oedipus‹ in Berlin uraufgeführt«, *Süddeutsche Zeitung* vom 6. Oktober 1987; Sybill Mahlke, »Oedipus, der Mensch, Rihm-Uraufführung unter Friedrich und Prick in der Oper«, *Tagesspiegel* vom 6. Oktober 1987; sowie Ulrich Schreiber, *Opernführer für Fortgeschrittene*, S. 272.

Kapitel 5

147 Den Begriff »Koloss aus Karlsruhe« prägte Gabriele Luster in ihrem Rihm-Porträt im *Münchner Merkur* vom 25. Mai 2003. Zum letztgenannten Zitat vgl. Christiane Florin, »Wolfgang Rihm. Im Zustand höchster Spannung«, in: *Rheinischer Merkur* vom 15. Mai 2003.

148 Programmbuch der Preisverleihung am 22. Mai 2003 durch die Bayerische Akademie der Schönen Künste im Cuvilliéstheater in München. Hrsg. von der Ernst von Siemens Musikstiftung, Zug 2003, S. 106 u. S. 110.

149 Mirko Weber, »Kopf und Bauch. Der Komponist Wolfgang Rihm erhält in diesem Jahr den Siemens-Preis, der als Nobelpreis des Musikbetriebs gilt«, in: *DIE ZEIT* vom 22. Mai 2003.

150 Wolfgang Rihm, »Gebild für hohe Trompete, Schlagzeug und Streicher (1982)«, zitiert nach dem Wiederabdruck in: Ders., *Ausgesprochen*, Bd. 2, S. 327f. Die Zitate zum »Gebild«-Deal stammen aus einem Interview der Autorin mit Toni J. Krein. Vgl. hierzu auch die Variante dieser Anekdote bei Mark Sattler, »Rihms Beziehungen zu Luzern«, in: *Gegen die diktierte Aktualität. Wolfgang Rihm und die Schweiz. Für Wolfgang Rihm zum 60. Geburtstag*, hrsg. von Antonio Baldassarre, Wien 2012, S. 77.

151 Wolfgang Rihm, »Dunkles Spiel für vier Schlagzeuger und Instrumentalensemble (1988–1990)«, Programmheft-Notiz zur Uraufführung in Zürich, 16. Juni 1990, sowie Ergänzung

zum Programmheft einer Aufführung in Frankfurt, 13. März 1992. Zitiert nach ders., *Ausgesprochen*, Bd. 2, S. 385f.

152 Wolfgang Rihm, Handschriftliche Widmung im Autograph von »Dritte Musik für Violine und Orchester«.

153 Vgl. hierzu Eike Feß, »Formgenese in Wolfgang Rihms Violinkonzert ›Gesungene Zeit‹«, in: *Die Musikforschung*, 58/4 (2005), S. 390–405.

154 Wolfgang Rihm, »Lichtzwang, [Erste] Musik für Violine und Orchester, in memoriam Paul Celan (1975–1976)«, geschrieben für das Programmbuch der von Cristóbal Halffter dirigierten österreichischen Erstaufführung am 15. Oktober 1979 in Graz, zitiert nach ders., *Ausgesprochen*, Bd. 2, S. 301.

155 Wolfgang Rihm, »Gesungene Zeit, [Zweite] Musik für Violine und Orchester (1991–1992)«, Programmheftnotiz zur Zürcher Uraufführung am 13. Juni 1992, zitiert nach dem Wiederabdruck in: Ders.: *Ausgesprochen*, Bd. 2, S. 396f.

156 Hans-Peter Jahn, »Hermaphroditischer Gesang: Zu Wolfgang Rihms Vokalität«, in: *Ausdruck, Zugriff, Differenzen. Der Komponist Wolfgang Rihm*, hrsg. von Wolfgang Hofer, Mainz 2003, S. 115–122.

157 Vgl. hierzu Vivien Schweitzer, »Pairing Wolfgangs from Two Eras«, in: *New York Times* vom 19. November 2010; sowie die Bemerkung von Richard Whitehouse, Lichtes Spiel sei ein für Rihm »untypisches« Werk, in: Booklet zur diesbezüglichen Platteneinspielung von Tianwa Yang, Naxos 8.573667 (2019).

158 Heinz W. Koch, »Sphärenklänge für die Mutter«, in: *Frankfurter Rundschau* vom 19. Juni 1992, S. 8.

159 Siegfried Mauser, »Wolfgang Rihms Werke für Violine und Klavier«, zitiert nach dem Booklet der CD-Veröffentlichung von »Phantom und Eskapade« u. a., cpo 999 883, 1998.

160 Birke J. Bertelsmeier, »Wolfgang Rihms ›Jagden und Formen‹«, Masterarbeit 2009 (unveröffentlicht), Kapitel 1.2.2. »Pol«,

S. 4–6. Vgl. auch Wolfgang Rihm, »Der generative Pol. W.R. im Gespräch mit Peter Sloterdijk«, in: *Österreichische Musikzeitung* 44 (1989), S. 281ff.

161 Wolfgang Rihm, »Pol – Kolchis – Nucleus«, geschrieben für das Programmheft zur Uraufführung am 13. November 1996 in Badenweiler, zitiert nach dem Wiederabdruck in: Ders., *Ausgesprochen*, Bd. 2, S. 404f.

162 Heinz Josef Herbor, »Ein anderes Geheimnis. Zwei Violinwerke von Wolfgang Rihm uraufgeführt«, in: *DIE ZEIT* vom 14. Mai 1993. Vgl. auch Lotte Thaler, »Der Tod kommt aus der leisen Mitte«, in: *Frankfurter Allgemeine Zeitung* vom 13. Mai 1993.

163 Joachim Kaiser, »Wolfgang Rihm, die Geige und der Tod. Baden-Badener Uraufführung der ›Dritten Musik für Violine und Orchester‹«, in: *Süddeutsche Zeitung* vom 10. Mai 1993.

164 »›Musik ist nie bei sich.‹ Wolfgang Rihm im Gespräch mit Stefan Fricke«, in: *Fragmen. Beiträge, Meinungen und Analysen zur neuen Musik* 39, Saarbrücken 2002, S. 12. Vgl. auch: »›Jeder weiß, dass ich keinen Computer benutze‹, Fax-Interview mit Kai Luehrs-Kaiser«, in: Berliner Stadtmagazin *Tip* vom 31. August 2016, aus Anlass der Aufführung von »Tutuguri« in der Philharmonie, sowie »›Was? Das soll's gewesen sein?‹ Wolfgang Rihm im Gespräch mit Reinhard J. Brembeck«, in: *Süddeutsche Zeitung* vom 12. März 2019.

165 »… zu wissen«. Wolfgang Rihm im Gespräch mit Rudolf Frisius, S. 113f.

166 Reinhold Urmetzer, »Offene Stellen – Abbiegen ins Andere. Ein Gespräch«, in: Ders., *Wolfgang Rihm*, Stuttgart 1988, S. 73f., 95 u. 106. Dieses Interview findet sich wieder abgedruckt in Wolfgang Rihm, *Ausgesprochen*, Bd. 2, S.174–199.

167 Häusler, *Profil Wolfgang Rihm*, S. 67 u. 70. Dieser Essay wurde unter anderem nachgedruckt im Programmbuch »Rihm &« der 47. Berliner Festwochen, hrsg. von Ulrich Eckhardt,

Berlin, Oktober 1997, und fand 2000, in revidierter Kurzfassung, Verwendung als Vorwort für den immerhin schon 47 Seiten starken Werkkatalog der Universal Edition.

168 Josef Häusler, »Zur Biographie. Portrait-Skizze«, in: Werkkatalog Wolfgang Rihm, Wien 2000, S. 1ff.

169 Urmetzer, »Offene Stellen – Abbiegen ins Andere«, S. 72.

170 Wolfgang Rihm, »Arnold Schönberg. Aus einem Briefwechsel mit Klaus Kropfinger«, Brief vom 19. Oktober 1991, zitiert nach dem Abdruck in: Ders., *Ausgesprochen*, Bd. 1, S. 273ff.

171 Klaus Umbach, »Poltergeist der Avantgarde«, in: *DER SPIEGEL*, 10. Februar 1992; Hans-Klaus Jungheinrich, »Kraftlinien elementaren Theaters«, in: *Frankfurter Rundschau* vom 11. Februar1992; Kläre Warnecke, »Zwei Planeten im magischen Mosaik: Peter Mussbach inszeniert die Uraufführung von Wolfgang Rihms Oper ›Die Eroberung von Mexico‹«, in: *Die Welt* vom 11. Februar 1992; Heinz Josef Herbort, »Dieser Schrei ist ein Traum. Wolfgang Rihms ›Die Eroberung von Mexico‹ in Hamburg uraufgeführt«, in: *DIE ZEIT* vom 14. Februar 1992.

172 Wolfgang Rihm, »Mexiko, Eroberungsnotiz.« Zu: Die Eroberung von Mexico, Musiktheater (1987–1991), in: Programmheft zur Hamburger Uraufführung am 9. Februar 1992, zitiert nach dem Wiederabdruck in: Ders.: *Ausgesprochen*, Bd. 2, S. 389f.

173 Wolfgang Rihm im Gespräch mit Ismael G. Cabral, in: *Opera Actual*, Oktober 2013, zitiert nach der Webseite der Universal Edition.

174 Antonín Artaud, »Das Seraphim Theater«, übersetzt von Gerd Henniger, in: A.A., *Das Theater und sein Double*, Werke in Einzelausgaben, Bd. 8, Berlin 2012, S. 187ff.

175 Vgl. hierzu die Dissertation von Christina E. Zech, *Zum Geschlechterbild im zeitgenössischen Musiktheater am Beispiel von Adriana Hölszkys* Bremer Freiheit *und Wolfgang Rihms* Die Eroberung von Mexico, Frankfurt am Main 1998, insbes. S. 142f. Vgl. zur Wahnsinnsszene des Cortez die Ausführun-

gen von Frederike Möller, *Wahn-Sinn im Musiktheater Wolfgang Rihms*, Würzburg 2021, S. 96ff.

176 Wolfgang Rihm, »Arie über die Bildzeitung. Gespräch mit Thomas Delekat«, in: *Die deutsche Bühne* 5/4 (1987), zitiert nach ders.: *Ausgesprochen*, Bd. 2, S. 33.

177 Vgl. hierzu Lydmila Symonova, »Klangkörper – Körperklang. Über eine Form des Musiktheaters in ›Séraphin; Versuch eines Theaters; Instrumente, Stimmen … 1993–1994. 1. Zustand‹ von Wolfgang Rihm«, Freiburg 2013.

178 Max Nyffeler, »Anfang und Ende sind nur Übergänge. Zur Bedeutung der ›Symphonie fleuve‹ im neueren Schaffen von Wolfgang Rihm«, Sendemanuskript für den BR vom 2. Juni 2003, zitiert nach der Online-Fassung auf www.beckmesser.de. Vgl. auch Max Nyffeler, »25 Fragen«, Vorwort zum Programmbuch »Kontinent Rihm« der Salzburger Festspiele 2010, S. 2f.

179 Wolfgang Rihm, »Zu Edgard Varèse – Notiz am 3.VI.1990«, zitiert nach der Veröffentlichung in: Ders., *Ausgesprochen*, Bd. 1, S. 278; Ulrich Mosch, »Taktilität des Klangs – Wolfgang Rihms Poetik«, in: *Österreichische Musikzeitung* 63 (2008), S. 26–33, Zitat S. 26f. Vgl. auch Ulrich Mosch, »Den Klang in die Hand nehmen. Wolfgang Rihm und Edgard Varèse«, in: *Edgard Varèse. Komponist, Klangforscher, Visionär*, hrsg. von Felix Meyer und Heidy Zimmermann, Mainz 2006, S.433–442.

180 Eva M. Morat, »Kurt Kocherscheidt begegnet Wolfgang Rihm«, in: *Brustrauschen. Zum Werkdialog von Kurt Kocherscheidt und Wolfgang Rihm*, hrsg. von Heinz Liesbrock, Ostfildern-Ruit 2001, S. 90.

181 Kurt Kocherscheidt, »Das fortlaufende Bild. Erinnerungen«, Einleitung zur Monographie des Residenz Verlags, Salzburg 1992, zitiert nach: *Brustrauschen*, S.107ff. Kocherscheidt bezieht sich hier, siehe unten, auf Rihms Vortrag »Musik vor Bildern«, gehalten als Konzerteinführung am 5. November 1990 im

Museum Ludwig. Vgl. den Abdruck der Vortragsnotizen in: Ders., *Ausgesprochen*, Bd. 2, S. 415–419.

182 Kurt Kocherscheidt, »Das fortlaufende Bild«, S.109; Wolfgang Rihm, »Pol – Kolchis – Nucleus«, S. 405.

183 Gerhard Rohde, »Große Ouvertüre für das Hammerklavier. Mit dem Meißel komponieren: Wolfgang Rihms vollendeter ›Chiffre‹-Zyklus, erstmals komplett in Köln aufgeführt«, in: *Frankfurter Allgemeine Zeitung* vom 19. März 2004.

184 Vgl. hierzu Richard McGregor, »Interpreting Compositional Process in Wolfgang Rihm's Chiffre Cycle«, in: *Frankfurter Zeitung für Musikwissenschaft* 10 (2007), S.26–70.

185 Wolfgang Rihm, »Notizen zum Chiffre-Zyklus«, geschrieben für das Programmheft einer Gesamtaufführung am 17. September 1985 in Karlsruhe, zitiert nach ders., *Ausgesprochen*, Bd. 2, S. 343ff.

186 Wolfgang Rihm, »Handschriftliche Vorbemerkung zur Partitur von ›Bild – eine Chiffre‹ – Komposition für neun Spieler (1984)«, zitiert nach dem Abdruck in: Ders., *Ausgesprochen*, Bd. 2, S. 335. Vgl. auch die Programmheftnotiz zur Wittener Uraufführung von »Bild. Eine Chiffre«, abgedruckt ebd.

187 Eva Morat, »Gespräch mit Wolfgang Rihm«, in: *Brustrauschen*, S. 94.

188 Wilhelm Killmayer, »Klangstrukturen bei Hölderlin und in Wolfgang Rihms Klavierstück 6 (Bagatellen)«, in: *Wolfgang Rihm*, hrsg. von Ulrich Tadday, Musik-Konzepte – Sonderband, München 2004, S. 58; Rudolf Frisius, »Zum Porträtkonzert Wolfgang Rihm, Klaviermusik aus vier Jahrzehnten«, www.frisius.de; Wolfgang Rihm, »Klavierstück Nr. 6 (Bagatellen) (1977–1978)«, in: Programmheft der Uraufführung des Werks, 12. Oktober 1978 in Graz, zitiert nach ders., *Ausgesprochen*, Bd. 2, S. 315.

189 Wolfgang Rihm, »Kolchis für fünf Instrumentalisten (1991)«, Programmheftnotiz für die Aufführung am 13. März 1992 in

Frankfurt am Main, zitiert nach ders., *Ausgesprochen*, Bd. 2, S. 396; Ulrich Mosch, »Zur Rolle bildnerischer Vorstellungen im musikalischen Denken und Komponieren Wolfgang Rihms«, in: *Musikwissenschaft zwischen Kunst, Ästhetik und Experiment. Festschrift Helga de La Motte-Haber zum 60. Geburtstag*, hrsg. von Reinhard Kopiez, Würzburg 1988, S. 387–393.

190 Lothar Knessl in seiner Rezension der Uraufführung, zitiert nach der Werkbeschreibung der Universal Edition zu »In Frage«; Ulrich Mosch, »… das Dröhnen der Bild- und Farbflächen. Zum Verhältnis von Wolfgang Rihm und Kurt Kocherscheidt«, in: *Brustrauschen*, S.70–87, Zitat S. 80.

191 Dass Rihm die Korrespondenz dieser drei Stücke wichtig ist und er sich eine zyklische Aufführung wünschte, beweist nicht nur der Titel, sondern auch, dass eine Partitur-Reinschrift der »Drei Stücke aus Kolchis« im Basler Sacher-Archiv liegt. Im Werkkatalog der Universal Edition taucht dieser Titel nicht auf.

192 Georg Baselitz im Gespräch mit Romy Campe, Kunstleben Berlin, Magazin vom 16. März 2020. Vgl. auch die auf hundertfünfzehn Exemplare limitierte Sonderedition von acht Original-Radierungen von Georg Baselitz und einer Faksimile-Partitur von Wolfgang Rihm, begleitend zum Text des Théâtre de Séraphin von Antonin Artaud, Paris, Èditions du Solstice, 2003.

193 Per Kirkeby, »Kommentare I«, in: *Zeitgegenstände – Wolfgang Rihm*, Katalog zur Ausstellung der Städtischen Galerie Karlsruhe 18. März bis 12. Juni 2012, S. 29; das zweite Kirkeby-Zitat wird zitiert nach Brigitte Baumstark, »Vom Atelier in den Orchestergraben. Einführung und Dank«, ebd.

194 Wolfgang Rihm, »Schattenstück, Tongemälde für Orchester«, Programmheftbeitrag zur Uraufführung durch Christof Prick und die Badische Staatskapelle am 24. Juni 1984, zitiert nach

ders., *Ausgesprochen,* Bd. 2, S. 334.Vgl. auch Hans Heinrich Eggebrecht, »Malen und ich«, in: *Töne, Farben, Formen. Über Musik und die bildenden Künste,* hrsg. von Elisabeth Schmierer u. a., Laaber 1995, S.141–145.

195 Wolfgang Rihm, »Musik vor Bildern«, S. 515f.

196 Martin Wilkening, »Die Streichquartette Wolfgang Rihms«, zitiert nach: *Wolfgang Rihm, Komponistenportrait*, Programmheft der 38. Berliner Festwochen 1988, S. 30; Heinz-Klaus Jungheinrich, »Botschaften«, Essay für das Booklet der Streichquartett-CD des Arditti Quartet, Disques Montaigne 1991, S. 15.

197 Wolfgang Rihm, »Ohne Titel (Fünftes Streichquartett) (1981–1983)«, geschrieben für das Programmheft zur Uraufführung am 9. Dezember 1983 in Brüssel, zitiert nach dem Abdruck in: Ders., *Ausgesprochen,* Bd. 2, S. 329. Rihms Briefentwurf an Dieter Rexroth vom 10. September 1985 vgl. ebd., S. 330.

198 Die Umschlaginnenseite, aufbewahrt in der Sammlung Paul Sacher, ist abgebildet in Wolfgang Rihm, *Ausgesprochen,* Bd. 2, S. 416.

199 Wolfgang Rihm, »Con Luigi Nono I«, geschrieben für das Programmheft Südwestfunk / ars nova 1983 / 84, zitiert nach dem Wiederabdruck in: Ders., *Ausgesprochen,* Bd. 1, S. 314f. Vgl. auch: Heinz-Klaus Metzger, »Wendepunkt Quartett?«, in: *Luigi Nono,* hrsg. von Heinz-Klaus Metzger und Rainer Riehn, Musik-Konzepte 20, München 1981, S. 112.

200 Wolfgang Rihm, »Der Taumel der Gegensätze im Gleichgewicht. Gespräch mit Silvia Ragni (1991)«, zitiert nach ders., *Ausgesprochen,* Bd. 2, S. 213–231, Zitat S. 218; Jürg Stenzl, »Wolfgang Rihm und Luigi Nono«, in: *Wolfgang Rihm,* hrsg. von Ulrich Tadday, Musik-Konzepte – Sonderband, München 2004, S. 21–28, Zitat S. 23; vgl. auch Ulrich Mosch, »Incontro sospeso: Wolfgang Rihm e Luigi Nono«, in: Programmbuch der Biennale di Venezia September 1992, Mailand 1993, S. 118–121.

[201] Wolfgang Rihm, »Con Luigi Nono I«, S. 313.

[202] Wolfgang Rihm, »Schwebende Begegnung für Orchester«, Programmheftbeitrag zur Uraufführung am 13. Februar 1989 in Ludwigshafen, zitiert nach dem Wiederabdruck in: Ders., *Ausgesprochen*, Bd. 2, S. 372f.

[203] Wolfgang Rihm, »Brief an Gerd Rataj, zu: La lugubre gondola / Das Eismeer für zwei Orchestergruppen und Klavier, Musik in memoriam Luigi Nono, 5. Versuch (1990–1992), 1. Fassung«, zitiert nach ders., *Ausgesprochen*, Bd. 2, S. 398.

[204] Vgl. hierzu Stefan Drees, »Zustände, jeweils andere. Kompositorische Strategien in Wolfgang Rihms ›Musik in memoriam Luigi Nono‹«, in: *Die Tonkunst* 6 / 2 (2012), S. 170–181.

[205] Vgl. hierzu Jürg Stenzl, »Wolfgang Rihm und Luigi Nono«, S. 22, sowie Josef Häusler, *Profil Wolfgang Rihm*, S. 70.

[206] Rainer Nonnenmann, »Die Europäischen Kulturtage und Wolfgang Rihm. König Midas archipelagus«, in: *Musiktexte* 133 (2012), S. 82–83; Frank Hilberg, »Gigantismus in Krähwinkel«, in: *Musiktexte* 139 (2013), S. 3–4.

Kapitel 6

[207] *Wolfgang Rihm im Gespräch mit Christoph von Blumröder*, S. 68.

[208] Eva-Elisabeth Fischer, »Siegen im Liegen. ›Jagden und Formen‹, ein furioses Projekt von Wolfgang Rihm und Sasha Waltz in Frankfurt«, in: *Süddeutsche Zeitung* vom 9. Mai 2008. Klaus Witzeling, »Gipfeltreffen von Tanz und Neuer Musik«, in: *Hamburger Abendblatt* vom 24. November 2009.

[209] Dies berichtet Josef Häusler im Booklet der CD-Produktion »Jagden und Formen« (Zustand 2008) mit dem Ensemble Modern, Deutsche Grammophon 2002, S. 18. Rihm hat ihm, in einem Interview ein paar Seiten später, sanft wider-

sprochen. Vgl. hierzu auch Michaela Schlagenwerth, »In der Klanglava versunken – ›Jagden und Formen‹ von Wolfgang Rihm und Sasha Waltz im Radialsystem«, in: *Berliner Zeitung* vom 27. November 2008.

210 Vgl. hierzu Birke Jasmin Bertelsmeier, »Übermalung und Werkfamilie. Wolfgang Rihms ›Jagden und Formen‹«, Masterarbeit Karlsruhe 2009, S. 83ff.

211 Die Hitzacker-Diskussion von 2007 hat der Filmemacher Uli Aumüller fast vollständig dokumentiert. Zu den Zitaten siehe Wolfgang Rihm, »Gejagte Form für Orchester (1995/96)«, Programmhefttext zur Uraufführung am 13. April 1996 in University Park, Pennsylvania, zitiert nach: Ders., *Ausgesprochen,* Bd. 2, S. 403f., sowie ders., »Bewegt. Für Helmut Lachenmann (1988)«, ebd., Bd. 1, S. 339.

212 Zitiert nach Max Kalbeck, *Johannes Brahms. Eine Biographie in vier Bänden,* Bd. 3, Hamburg 1912, 2. Kapitel, Anm. 43.

213 Birke Jasmin Bertelsmeier, »Übermalung und Werkfamilie«, S. 36 u. 38ff.

214 Zitiert nach Barbara Zuber, »Blick zurück nach vorn. Werklandschaften. Zu Wolfgang Rihms ›Jagden und Formen‹«, in: *MusikTexte* 118 (August 2008), S. 7–14, insbes. S. 13f.

215 Wolfgang Rihm, »Ernster Gesang für Orchester (1996/97)«, Vorbemerkung in der Partitur. Zitiert nach dem Wiederabdruck in: Ders., *Ausgesprochen,* Bd. 2, S. 414f.

216 Tim Page, »National Sympony Orchestra's Meaty Brahms: No Filler Required«, in: *Washington Post* vom 9. April 2004.

217 Peter Hagmann, »Höhenflug. Wolfgang Rihm zu Gast in Luzern«, in: *Neue Zürcher Zeitung* vom 22. Oktober 2011.

218 »Kunst entsteht aus Zweifel. Wolfgang Rihm im Gespräch mit Bas van Putten«, geführt für das Porträt »De grafische muziek van componist Wolfgang Rihm«, in: *Vrij Nederland* vom 10. Juni 1995, zitiert nach dem Erstabdruck in Wolfgang

Rihm, *Ausgesprochen,* Bd. 2, S. 232–248, insbes. S. 234f.; vgl. auch Rihm im Gespräch mit Max Nyffeler, in einer Sendung des BR vom 2. Juni 2003, zitiert nach www.beckmesser.de.

219 Zu den Brahms-Zitaten vgl. die aufschlussreiche Analyse von Thomas Meyer, »Der vollgesogene Komponist. Der vollgesogene Hörer. Antworten auf Brahms; Fragen zu Wolfgang Rihms Orchesterstücken ›Nähe fern 1–3‹«, in: *Gegen die diktierte Aktualität. Wolfgang Rihm und die Schweiz,* S. 51–72 (Zitat aus dem Brief Rihms an Meyer, S. 64). Vgl. auch: »Nähe fern 1–4 für Orchester. Wolfgang Rihm antwortet auf Fragen von Thomas Meyer«, in: *Klangbeschreibung. Zur Interpretation der Musik Wolfgang Rihms,* hrsg. von Thomas Seedorf, Sinzig 2015, S. 172.

220 Christian Wildhagen, »Dämmerung senkte sich von oben«, in: *Frankfurter Allgemeine Zeitung* vom 22. August 2012.

221 Manuel Brug, »Fräulein der Unterwelt«, in: *Die Welt* vom 4. Mai 2009; Uwe Schweikert, »Schönheitstrunken gegen die Wand. Zwischen Auflehnung, Depression und Obsession«, in: *Opernwelt* vom Juli 2009, S. 8; Reinhard Brembeck, »Proserpina, Rezension der Uraufführung«, zitiert nach der Presseschau von *Deutschlandfunk Kultur,* 9. Mai 2009; Peter Hagmann, »Liebe und Tod – oder Lust und Strafe«, in: *Neue Zürcher Zeitung* vom 4. Mai 2009.

222 »Ich wünsche mir die verschiedensten Ohren. Wolfgang Rihm im Gespräch mit Eleonore Büning«, in: *Frankfurter Allgemeine Sonntagszeitung* vom 26. April 2009; vgl. auch Christine Lemke-Matwey, »Proserpina: Plötzlich Prinzessin«, in: *Der Tagesspiegel* vom 4. Mai 2009.

223 Claudia Maurer Zenck, »Ariadne und Dionysos – Wolfgang Rihms Antike«, in: *Archiv für Musikwissenschaft, 69/4 (2012), S. 373–382.*

224 Was nicht heißt, dass die einzelnen Melodramen nicht auch nach wie vor ein Eigenleben führen können, wie die Regis-

seurin Andrea Breth bewies, als sie 2018 in Stuttgart »Das Gehege« inszenierte, kombiniert mit Luigi Dallapiccolas Einakter »Il prigioniero«. Das Zitat stammt aus »Verzweiflung ist etwas Großes. Wolfgang Rihm im Gespräch mit Claus Spahn und Thomas Assheuer«, in: *DIE ZEIT vom 26. Oktober 2006.*

225 Wolfgang Rihm, »Nietzsche vertonen. Aus unveröffentlichten Papieren 1986 und 1987«. Zitiert nach ders., *Ausgesprochen, Bd. 2, S. 24f.*

226 Juan Martin Koch, »Dionysos, sozialversichert: Rihms handgreiflicher Zugriff«, Vorwort zu der Online-Rezension von Frieder Reininghaus, »Zum Zweitletzten: Wolfgang Rihms ›Dionysos‘ bei den Salzburger Festspielen«, veröffentlicht unter https://blogs.nmz.de, aktualisiert am 3. August 2010 (abgerufen am 7. Januar 2022).

227 Ingo Metzmacher, »Ein Spiel. Dithyramben. Eine Opernphantasie«, in: Programmbuch der Salzburger Festspiele zur Uraufführung von Wolfgang Rihms »Dionysos« am 27. Juli 2010, Salzburg 2010, S. 40.

228 »Musik ist wohl nur in der Form der Hingabe erfahrbar. Wolfgang Rihm im Gespräch mit Max Nyffeler«, in: Programmbuch der Salzburger Festspiele zur Uraufführung von Wolfgang Rihms »Dionysos« am 27. Juli 2010, S. 21.

229 Frederik Hanssen, »Wolfgang Rihms Nietzsche-Oper Dionysos«, in: *Tagesspiegel* vom 29. Juli 2010; Hans-Jürgen Linke, »Die Vertonung des Ortlosen. Wolfgang Rihms Opernphantasie Dionysos als einsamer Höhepunkt im Salzburger Festspielsommer«, in: *Frankfurter Rundschau* vom 29. Juli 2010.

230 Außer der bereits zitierten Studie von Maurer Zenck sei verwiesen auf Ivanka Stoïanova, »Wolfgang Rihm – Dionysos: Klangliche (Be-)Schreibungen der Inneren Räume«, in: *Klangbeschreibung. Zur Interpretation der Musik Wolfgang Rihms,* S. 101–118, sowie Frederike Möller, »Dionysos – Frei-

heit und Handlung«, in: *Wahn-Sinn im Musiktheater Wolfgang Rihms,* Dissertation Würzburg 2021, S. 107–111.

231 Regine Elzenheimer, *Pause, Schweigen, Stille. Dramaturgien der Abwesenheit im postdramatischen Musik-Theater,* Würzburg 2008, S. 176.

232 Eine Auflistung aller vertonten Liedtexte und vollendeten Liedkompositionen Rihms, auch der unveröffentlichten, in chronologischer Folge von 1965 bis 2009 findet sich erstmals im Katalog einer Ausstellung der Literarischen Gesellschaft Karlsruhe zum Liedschaffen Wolfgang Rihms: *Etwas Neues entsteht im Ineinander: Wolfgang Rihm als Liedkomponist. Die Gedichtvertonungen,* hrsg. von Hansgeorg Schmidt-Bergmann, Ausstellung Karlsruhe 2012, Freiburg 2012, S. 91–209.

233 Wolfgang Rihm, »Brief an Christian Pöppelreiter zum Wölfli-Liederbuch«, zitiert nach dem Abdruck in: Ders., *Ausgesprochen,* Bd. 2, S. 323. Vgl. auch ders., »Wölfli-Liederbuch für Baßbariton und Klavier (zwei große Trommeln ad libitum) 1. Fassung«, in: *Österreichische Musikzeitschrift* 36, 10/11 (1985), S. 560f. Zitiert nach dem Wiederabdruck in *Ausgesprochen,* Bd. 2, S. 322.

234 Susanne Kogler, »Begegnung von Sprache und Klang bei Wolfgang Rihm«, in: Dies., *Am Ende, wortlos, die Musik. Untersuchungen zu Sprache und Sprachlichkeit im zeitgenössischen Musikschaffen* (Studien zur Wertungsforschung, Band 39), Wien 2003, S. 127–163, Zitat S. 139. Vgl hierzu auch Thomas Gartmann, »Zusammentreffen zweier ›Triebtäter‹. Zu Wolfgang Rihms Wölfli-Liedern«, in: *Gegen die diktierte Aktualität,* S. 17–41, Zitat S. 22f.

235 Werner Klüppelholz, »Wolfgang Rihm. Wölfli-Liederbuch«, in: *Melos* 4/1 (1987), S.51–63, Zitat S. 58. Vgl. hierzu die Varèse-Anmerkung von Thomas Gartmann, »Zusammentreffen zweier ›Triebtäter‹«, S. 39.

[236] Frederike Möller, »Wahn-Sinn als Grundverfasstheit in Rihms Musiktheater«, in: *Wahn-Sinn im Musiktheater Wolfgang Rihms,* S. 107–111.

[237] »Mit vermeintlich kruden, geschmacklosen Werken wider die Wohlerzogenheit der Kunst und die höflichen Umgangsformen der Weltmusik. Hartmut Lück im Gespräch mit Wolfgang Rihm«, in: *Musik und Medizin* 6 (April 1982), S. 72–88. Zitiert nach ders., *Ausgesprochen,* Bd. 2, S. 76.

[238] Wolfgang Rihm, »Wölfli-Lieder für Bariton und Orchester, 2. Fassung«, geschrieben für das Programmheft des Konzertes des Freiburger Philharmonischen Orchesters vom 16. Dezember 1985, zitiert nach dem Wiederabdruck in: Ders., *Ausgesprochen,* Bd. 2, S. 325.

[239] Wolfgang Rihm im Gespräch mit Sebastian Solte. Booklet der CD-Produktion »Dort wie hier«, bastille musique 10, 2019, S. 40.

[240] Wolfgang Rihm im Gespräch mit Wiebke Gerking in der SWR-Sendung »Zeitgenossen« vom 10. März 2012, zitiert nach Ulrich Mosch, »Die ›Körnung der Stimme der Proserpina‹. Bemerkungen zu Wolfgang Rihms gleichnamigem Monodram«, in: *Klangbeschreibung. Zur Interpretation der Musik Wolfgang Rihms,* S. 135–156, Zitat S. 149.

[241] *Wolfgang Rihm im Gespräch mit Christoph von Blumröder,* S. 71.

[242] Ulrich Mosch, »Über die Linie. Anmerkungen zu einigen Kompositionen Wolfgang Rihms aus jüngster Zeit«, in: *Annäherungen. Festschrift für Jürg Stenzl zum 65. Geburtstag,* hrsg. von Ulrich Mosch, Saarbrücken 2007, S. 281–301, Zitat S. 285. Vgl. auch Reinhold Brinkmann, »Musikalische Lyrik oder die Realisation von Freiheit. Wolfgang Rihms Hölderlin-Fragmente«, in: Ders., *Vom Pfeifen und von alten Dampfmaschinen. Aufsätze zur Musik von Beethoven bis Rihm,* Wien 2006, S. 273–298.

[243] Jörg Widmann, »Gedanken zu Wolfgang Rihm«, Vortrag

mit Musik, gehalten in Darmstadt, 59. Arbeitstagung 2005. Zitiert nach der Mitschrift, veröffentlicht in: *Musik inszeniert. Präsentation und Vermittlung zeitgenössischer Musik heute*, hrsg. von Jörn Peter Hiekel, Mainz 2006, S. 143–146, Zitat S. 146.

Diskographie

Nach wie vor ist nur ein kleiner Teil des Œuvres von Wolfgang Rihm eingespielt worden. Verzeichnet sind hier alle bis Ende 2021 veröffentlichten Aufnahmen in alphabetischer Folge der Werktitel. Die Schreibweise der Titel folgt dem Rihm-Katalog der Universal Edition, Wien (www.universaledition.at). Vermerkt sind jeweils Interpreten, Label, Produktionsnummer und Veröffentlichungsjahr sowie ggf. von der Compact-Disc abweichende Tonträger (Vinyl-LP, DVD). Einige Tonträger sind nicht mehr lieferbar, aber neuerdings als Download erhältlich. Im Ausnahmefall wurden auch Streams mit aufgenommen, sofern noch keine Tonträgeraufnahme des Werks vorliegt. Vollständigkeit wurde angestrebt, kann aber nicht garantiert werden. Für Hinweise und Ergänzungen ist die Autorin dankbar.

1. Abgesangsszene für Orchester (1979)
– (RSO Frankfurt, John Carewe) Spohr-Jubiläums-LP der Stadtsparkasse Kassel. Teldec 6628063 * 1979

Abschieds-Marsch für 4 Trompeten, 3 Posaunen und Schlagzeug (1985)
– (HR-Brass, Lutz Köhler) Capriccio 10839 * 2001

Abkehr für Orchester (1985)
– (RSO Stuttgart des SWR, Christian Arming) SWR-Music 19001 * 2006

Abschiedsstücke I und III für Frauenstimme und kleines Orchester (1993)
– (Rosemary Hardy, Schönberg Ensemble, Reinbert de Leeuw) Et'Cetera KTC 9000-CD24 * 2006

Akt und Tag 2 Studien für Sopran und Streichquartett (2006)
– (Claron McFadden, Arditti Quartet) Neos 10724 * 2007

Am Horizont, Stille Szene für Violine, Violoncello und Akkordeon (1991)
– (ensemble recherche, Teodoro Anzellotti) Kairos 0012092KAI * 2000

Antlitz Zeichnung für Violine und Klavier (1992/93)
– (Melise Mellinger, Klaus Steffes-Holländer) Wergo WER 286623 * 1997; neu aufgelegt von Wergo WER 6924 2 * 2002
– (Ulf Hoelscher, Siegfried Mauser) cpo 999883 * 2002
– (Andreas Seidel, Steffen Schleiermacher) Dabringhaus MDG 6131672 * 2011
– (Tianwa Yang, Nicholas Rimmer) Naxos 8.572730 * 2012

Aria Variata I für Orgel (1968)
– (Martin Schmeding) Cybele Records KiG012 * 2019

Aria/Ariadne. Szenarie für Sopran und Orchester (2001)
– (Juliane Banse, Deutsche Radio Philharmonie Saarbrücken, Christoph Poppen) Wergo WER73602 *2009/17

Auf einem anderen Blatt für Klavier (2000)
– (Rolf Hind) South Bank Center sbc-limited-edition * 2000
– (Siegfried Mauser) Kairos 0012122KAI * 2000
– (Udo Falkner) Telos TLS 108 * 2007
– (Markus Bellheim) Neos 10717-18 * 2008

Bann, Nachtschwärmerei für Orgel (1980)
– (Friedemann Herz) Koch-Schwann 3-1389 * 1993; neu aufgelegt von Aulos 66097 * 2006
– (Dominik Susteck) Wergo WER 6751 2 * 2012
– (Martin Schmeding) Cybele Records KiG012 * 2019

Bild (eine Chiffre) für 9 Spieler (1984)
– (musikFabrik, Stefan Asbury) cpo 777169 * 2006

Bildlos/Weglos Für Orchester mit 7 Frauenstimmen (1991)
– (Annet Zaire, Ildiko Monyok, Arnold Schoenberg Chor, Anton Webern Ensemble, Claudio Abbado) Deutsche Grammophon 437 840 * 1996

Bildnis: Anakreon Gedichte und Fragmente (2004)
– (Markus Schäfer, Maria Stange, Peter Tilling, Eduard Brunner, Hartmut Höll) Bayer BR 140006/7 2 CDs (=»Eduard Mörike in Vertonungen unserer Zeit«) * 2006

Blick auf Kolchis für Ensemble (1991/2000/2002)
– (ensemble recherche) RCA (Musik in Deutschland XI/5) Red Seal 74321 736272 * 2005

Brahmsliebewalzer für Klavier (1985)
– (Catherine Vickers) Ars Musici AM 1363 * 2005
– (Udo Falkner) Telos TLS 108 * 2007
– (Markus Bellheim) Neos 10717-18 * 2008
– (Bruce Levingston) Sono Luminus DSL 92144 * 2012

Bratschenkonzert für Viola und Orchester (1983)
– (Franziska Dürr, Badische Staatskapelle, Günter Neuhold) Cadenza CAD 800886 * 1992

– (Daniel Raiskin, Norddeutsche Philharmonie, Andrey Boreyko) DRP-Records * ohne Jahr

Cantus Firmus Musik in memoriam Luigi Nono, 1.Versuch (1990)
– (Klangforum Wien, Sylvain Cambreling) Col legno 20297 * 2012

Canzona nuova für 5 Violas (1982/2006)
– (Christophe Desjardins) Aeon AECD 0981 * 2010

Chiffre I für Klavier und 7 Instrumente (1982)
– (Kenichiro Takase, Ensemble für Neue Musik der Musikhochschule Karlsruhe, Péter Eötvös) Antes Edition BM-CD 14.9002 * 1994
– (Marino Formenti, Klangforum Wien, Sylvain Cambreling) Kairos 0012072KAI * 2000
– (musikFabrik, Stefan Asbury) cpo 777169 * 2006
– (Pauline Post, Schönberg Ensemble, Reinbert de Leeuw) Et'Cetera KTC 9000-CD24 * 2006

Chiffre II (Silence to be beaten) für 14 Spieler (1983)
– (Klangforum Wien, Sylvain Cambreling) Kairos 0012072KAI * 2000
– (musikFabrik, Stefan Asbury) cpo 777169 * 2006
– (Klangforum Wien, Emilio Pomárico) Col legno 20297 * 2012

Chiffre III für 12 Spieler (1983)
– (musikFabrik, Stefan Asbury) cpo 777169 * 2006

Chiffre IV für Bassklarinette, Violoncello und Klavier (1983/84)
– (ensemble recherche) Kairos 0012092KAI * 2000
– (musikFabrik, Stefan Asbury) cpo 777169 * 2006

Chiffre V für Orchester (1984)
– (musikFabrik, Stefan Asbury) cpo 777169 * 2006

Chiffre VI für 8 Spieler (1985)
– (musikFabrik, Stefan Asbury) cpo 777169 * 2006

Chiffre VII für Orchester (1985)
– (Sinfonieorchester der Staatlichen Hochschule für Musik Karlsruhe, Räto Tschupp) Muhoka 003 * ohne Datum
– (musikFabrik, Stefan Asbury) cpo 777169 * 2006

Chiffre VIII für 8 Spieler (1985/1988)
– (musikFabrik, Stefan Asbury) cpo 777169 * 2006

Choral für Orgel (1966)
– (Martin Schmeding) Cybele Records KiG012 * 2019

Choralvorspiel ‚Erschienen ist der herrlich Tag' für Orgel (1971)
– (Martin Schmeding) Cybele Records KiG012 * 2019

Choralvorspiel »Herzliebster Jesu, was hast du verbrochen?« für Orgel (1967)
– (Martin Schmeding) Cybele Records KiG012 * 2019

Clamatio für Orgel und Beiklänge (1971/72)
– (Martin Schmeding) Cybele Records KiG012 * 2019

Cnts.frms. für 8 Instrumente (1999, unveröffentlicht)
– (ensemble recherche) Kairos 0012332KAI * 2005

Coll'arco Vierte Musik für Violine und Orchester (2008)
– (Caroline Widmann, SWR Sinfonieorchester Baden-Baden und Freiburg, Eivind Gullberg Jensen) SWR Music/hänssler CD 93.283 * 2012

– (Tianwa Yang, Deutsche Staatsphilharmonie Rheinland-Pfalz, Darrell Ang) Naxos 8.573667 * 2019

Communio I (Lux Eterna) für Alt, Knabenstimme, Chor und Orchester (= Teil XI des »Requiem der Versöhnung«) (1995)
– (Ingeborg Danz, Tobias Janzik, Gächinger Kantorei, Israel Philharmonic, Hellmuth Rilling) Hänssler 2 CDs, 98.931 * 1995

Concerto. Dithyrambe für Streichquartett und Orchester (2000)
– (Arditti Quartet, Luzerner Sinfonieorchester, Jonathan Nott) Kairos 0012952KAI * 2009
– (JACK Quartet, Ostravská banda, Petr Kotík) Ostravské centrum nové hudby / Eigenverlag www.newmusicostrava.cz * 2012

2 Confuzius-Sprüche nach Schiller (2005)
– (Hans Christoph Begemann, Thomas Seyboldt) bastille musique 2 * 2016

Contemplatio per organo (1967)
– (Dominik Susteck) Wergo WER 6751 2 * 2012
– (Martin Schmeding) Cybele Records KiG012 * 2019

Cuts and Dissolves. Orchesterskizzen (1976)
– (Orchestre Symphonique de la Monnaie, Kazushi Ōno) Warner 2564-60244 * 2005

Das Rot. Sechs Gedichte der Karoline von Günderrode (1990)
– (Christoph Prégardien, Siegfried Mauser) Orfeo C 434971A * 1997
– (Clare Lesser, David Lesser) Metier MSV 92068 * 2003
– (Annika Gerhards, Pauliina Tukiainen) Coviello Classics COV 91506 * 2015

– Daraus: Nr. 3 »Hochroth«, Nr. 4 »Liebst du das Dunkel« (Simon Bode, Igor Levit) HFMT Hannover Nr. 520 * 2010

Das Gehege. Nächtliche Szene für Sopran und Orchester (2004/05)
– (Rayanne Dupuis, Deutsches Symphonie-Orchester Berlin, Kent Nagano) Capriccio C5337 * 2018

Départ für Chor, Sprechchor und 22 Spieler (1988)
– (Wiener Jeunesse Chor, Wiener Philharmoniker, Claudio Abbado) Deutsche Grammophon 429 260 * 1990; neu aufgelegt von RCA (Musik in Deutschland I/2) Red Seal 74321 73512 * 2000; neu aufgelegt von der DG in: Claudio Abbado und die Wiener Philharmoniker, Complete DG Recordings, CD 58 * 2020

Deploration für Flöte, Violoncello und Percussion (1973)
– (ensemble recherche) Kairos 0012092KAI * 2000
– (Pirmin Grehl, László Fenyö, Isao Nakamura) Capriccio C7367 * 2021

Deus Passus Passions-Stücke nach Lukas (1999/2000)
– (Juliane Banse, Iris Vermillion, Cornelia Kallisch, Christoph Prégardien, Andreas Schmidt, Gächinger Kantorei, Bach-Collegium Stuttgart, Helmuth Rilling) Hänssler 98387 * 2001
– Daraus: »Stabat Mater« (Georgina von Benza, Violeta Urmana, Iris Vermillion, Birgit Remmert, Münchner Rundfunkorchester, Helmuth Rilling) Profil Hänssler PH 04035 * 2004

Deutsches Stück mit Hamlet für Mezzosopran, Bariton und Orchester (1997/98)
– (Stella Doufexis, Roman Trekel, DSO Berlin, José Serebrier) alexbachdk 00795 * ohne Jahr

Die Stücke des Sängers Musik für Harfe und Ensemble (2000 / 01 / rev. 2008)
– (Godelieve Schrama, Schönberg Ensemble, Reinbert de Leeuw) Et'Cetera KTC 9000 / CD 24 * 2006

Die Eroberung von Mexico Musiktheater (1987–1991)
– (Renate Behle, Carmen Fuggiss, Susanne Otto, Richard Salter, Peter Kollek, Hans J. Frey, Georg Becker, Chor der Hamburgischen Staatsoper, Philharmonisches Staatsorchester Hamburg, Ingo Metzmacher) cpo 2 CDs 999185 * 1992; daraus: 3. Akt »Die Umwälzungen« neu aufgelegt von RCA (Musik in Deutschland VI / 2) Red Seal 74321 73628 * 2003

Die Hamletmaschine Musiktheater in 5 Teilen (1983–1986)
– (Gabriele Schnaut, Carmen Fuggiss, Ulrike Sonntag, Martina Borst, Johannes M. Kösters u.a. Chor und Orchester des Nationaltheaters Mannheim, Peter Schneider) Wergo WER 61952 * 1991; daraus neu aufgelegt: Teil V. »Wildharrend / In der furchtbaren Rüstung / Jahrtausende« RCA (Musik in Deutschland V / 6) Red Seal 74321 73543 * 2002

Dionysos Eine Opernphantasie (2009 / 10)
– (Mojca Erdmann, Johannes Martin Kränzle, Matthias Klink, Elin Rombo, Virpi Raisänen, Julia Faylenbogen, Uli Kirsch, DSO Berlin, Wiener Staatsopernchor, Ingo Metzmacher. Inszenierung: Pierre Audi, Bühne: Jonathan Meese) Mitschnitt der Salzburger Uraufführung plus Filmfeature zur Produktion »Ich bin dein Labyrinth«, Regie: Bettina Ehrhardt. 2 DVD EuroArts 2072608 * 2013

Dis-Kontur für großes Orchester (1975)
– (SWR Sinfonieorchester, Sylvain Cambreling) Hänssler 93.202 * 2002

– (SO des Bayerischen Rundfunks, Leif Segerstam) Col legno WWE 20093 * 2004

1. Doppelgesang für Viola, Cello und Orchester (1980)
– (Hirofumi Fukai, Walter Grimmer, SWR Sinfonieorchester, Jan Latham-Koenig) Hänssler 93185 * 2007

Dort wie hier Zyklus aus einem Heine-Gedicht für Bariton und Klavier (2015)
– (Hans Christoph Begemann, Thomas Seyboldt) bastille musique 10 * 2019

Drängender Walzer (1986/87)
– (Philharmonisches Staatsorchester Hamburg, Ingo Metzmacher) Syrinx music & media/Sony SXP 130082 * 2003

Dritte Musik für Violine und Orchester (1993)
– (Gottfried Schneider, SWF-Sinfonieorchester, Michael Gielen) Wergo WER 286623 * 1997; neu aufgelegt von Wergo WER 69242 * 2002; neu aufgelegt von Hänssler 93185 * 2007
– (Tianwa Yang, Deutsche Staatsphilharmonie Rheinland-Pfalz, Christoph-Mathias Mueller) Naxos 8.573812 * 2018

Dunkles Spiel für kleines Orchester (1988/90)
– (Badische Staatskapelle, Günter Neuhold) Cadenza CAD 800 886 * 1992
– (Collegium Musicum Zürich, Paul Sacher) Ars Musici 1155 * 1996

Duo Concerto für Violine, Violincello und Orchester (2015)
– (Mira Wang, Jan Vogler, Royal Scottish National Orchestra, Peter Oundjian) Sony 19075836752 * 2018

Dyade für Violine und Kontrabass (2011)
– (Anne-Sophie Mutter, Roman Patkoló) DG 477 9359 * 2011
– (Elina Vähälä, Niek de Groot) Audite 97.732 * 2017

Eine Violinsonate (1971/75)
– (Ulf Hoelscher, Siegfried Mauser) cpo 999 883 * 2002
– (Tianwa Yang, Nicholas Rimmer) Naxos 8.572730 * 2012

Eins und doppelt 5 Lieder aus dem Zwielicht für Bariton und Klavier (2004)
– (Peter Schöne, Olga Monakh) 60 Jahre Kulturkreis der Deutschen Wirtschaft, Motette o. Nr. limitierte Sonderedition * 2011

4 Elegien für Klavier (1967)
– (Udo Falkner) Telos TLS 108 * 2007

Ende der Handschrift Elf späte Gedichte von Heiner Müller (1999)
– (Clare Lesser, David Lesser) Metier MSV 92068 * 2003
– (Christoph Prégardien, Siegfried Mauser) Col legno WWE 50501 * 2003; neu aufgelegt von Col legno 2006 und 2011
– Daraus: Nr. 13 »Mit der Wiederkehr der Farbe«, Nr. 14 »Im ächten Manne«, Nr. 15 »Wie ein Schatten«, Nr. 16 »Geh Ariel« (Tomoyo Natsuume, Goetz Philip Körner, Henrike Brüggen, Graine Dunne) HFMT Hannover Nr. 520 * 2010

Epilog für Streichquintett (2012/13)
– (Minguet Quartett, Jens Peter Maintz) Wergo WER7346-2 * 2017

Ernster Gesang (1996)
– (Staatskapelle Dresden, Christian Thielemann) C-Major DVD 0814 337012649 * 2015 (auch auf YouTube)

Erscheinung Skizze über Schubert für 9 Streicher (1978)
- (Ensemble 13, Manfred Reichert) LP-Direktschnitt-Vinyl, Jeton 200 4405 * 1981; neu aufgelegt auf CD von Bell Records BLR 89 233 * 2012
- (Marja Bon, Schönberg Ensemble, Reinbert de Leeuw) Et'Cetera KTC 9000-CD24 * 2006
- (Peter Selwyn, Bamberger Symphoniker, Jonathan Nott) Tudor 7132 * 2005; neu aufgelegt von Tudor 1610 * 2011

Etude d'après Séraphin für instrumentale und elektronische Klänge (1997)
- (Ensemble 13, Manfred Reichert) Wergo WER 2055/282 055 * 1998

Et lux für Vokalensemble und Streichquartett (2009)
- (Huelgas Ensemble, Minguet Quartett, Paul van Nevel) ECM New Series 2404/4811585 * 2015

Fantasie in f für Orgel (25. April 1967)
- (Martin Schmeding) Cybele Records KiG012 * 2019

Fantasie für Orgel (18. Mai 1967)
- (Martin Schmeding) Cybele Records KiG012 * 2019

Fantasie für Orgel (1968)
- (Dominik Susteck) Wergo WER 6751 2 * 2012
- (Martin Schmeding) Cybele Records KiG012 * 2019

3 Fantasien für Orgel (1967)
- (Dominik Susteck) Wergo WER 6751 2 * 2012
- (Martin Schmeding) Cybele Records KiG012 * 2019

Fetzen 1–8 für Akkordeon, Bratsche und Streichquartett (1999–2004)
– (Teodoro Anzellotti, Arditti Quartet) Stadt Witten, Sonderedition WD 04 * 2004
– (Teodoro Anzellotti, Arditti Quartet) Winter & Winter 910178 * 2011

Fetzen 4 für Akkordeon und Bratsche (2004)
– (Wolfgang Dimetrik, Anton Hubert) Gramola GRAM 98922 * 2011

Figur für vier Kontrabassposaunen, Harfe und Schlagzeug (1989)
– (Duo Attemaharing, Brandt Attema, Ben van Dijk, Wonter Isager, Steven Varhalst) Azazello Recordings NL-VD1-12-00001 / NL-06M-12-00001 * 2012

Form/Zwei Formen 1. Zustand für 20 Instrumentalisten (1993/94)
– (Asko Ensemble, Jonathan Nott) Sonderedition Wittener Tage für Neue Kammermusik. WD 05 * 1994

Frage für Frauenstimme und Ensemble (1999/2000)
– (Salome Kammer, ensemble recherche, Lucas Vis) Wergo WER 66772 * 2005

Fragmenta passionis Fünf Motetten für Chor a cappella (1968)
– (RIAS Kammerchor, Hans-Christoph Rademann) harmonia mundi HMC 902129 * 2012

Frau/Stimme für Sopran und Orchester mit Sopran (1989)
– (Isolde Siebert, Carmen Fugiss, SWR Sinfonieorchester, Michael Gielen) Col legno WWE 20508 * 2000; neu aufgelegt von Hänssler 93 236 * 2009; neu aufgelegt bei RCA (Musik in Deutschland I/1) Red Seal 74321 73510 * 2000

Fremde Szene I–III Versuche für Klaviertrio (1983/85)
– (Beethoven Trio Ravensburg) cpo 999119 * 1992
– (Trio Jean Paul) Ars Musici AM 1241 * 1999; Neuauflage Ars Musici * 2012

Fremde Szene II (1984)
– (Abegg Trio) Tacet 92 * 2000

Fremde Szene III (1985)
– (Zürcher Klaviertrio) Ars Musici AM 1202 * 1998
– (Boulanger Trio) Ars Produktion 38048 * 2008
– (Berolina Trio) HMTH Hannover 520 * 2010

Funde im Verscharrten Vier Gedichte von Gunnar Ekelöf, übersetzt von Nelly Sachs für Bariton mit Sopran und Klavier (2015)
– (Hans Christoph Begemann, Caroline Melzer, Thomas Seyboldt) bastille musique 10 * 2019

Gedicht des Malers Für Violine und Orchester (2012/2014)
– (Renaud Capuçon, Wiener Symphoniker, Philippe Jordan) Erato 08256 46026876 * 2016
– (Tianwa Yang, Deutsche Staatsphilharmonie Rheinland-Pfalz, Christoph-Mathias Mueller) Naxos 8.573812 * 2018

3 Gedichte von Monique Thoné für mittlere Stimme und Klavier (1997)
– (Clare Lesser, David Lesser) Metier MSV 92068 * 2003

4 Gedichte von Peter Härtling (1993)
– (Mitsuko Shirai, Hartmut Höll) Bayer Records BR 140002/3 * 2002

4 Gedichte aus »Atemwende« nach Paul Celan (1973)
- (Richard Salter, Bernhard Wambach) Vinyl-LP ensemble-musikproduktion Gaggenau emp 82001/4 * 1982; neu aufgelegt cpo 999049 * 1992
- (Ursula Hesse, Axel Bauni) Orfeo C 434971 A° * 1997; neu aufgelegt von RCA (Musik in Deutschland XII/3) Red Seal 74321 735012 * 2000
- Daraus: Nr. 2 »Die Zahlen«, Nr. 3 »Stehen« (Mareike Bielenberg, Jan Philip Schulze) HMTH Hannover 520 * 2010

6 Gedichte von Friedrich Nietzsche für Bariton und Klavier (2001)
- (Holger Falk, Steffen Schleiermacher) MDG 613 1848-2 * 2014
- Daraus: »Der Einsamste« (Konstantin Ingenpaß, Hyun-hwa Park) Capriccio C7367 * 2021
- Daraus: »Der Einsamste«, »Der Herbst«, »Der Wanderer« (Christian Miedl, Jendrik Springer) Capriccio C3009 * 2020

Gegenstück für Kontrabass-Saxophon in Es, Klavier und Schlagzeug (2006)
- (Trio Accanto. Marcus Weiss, Nicolas Hodges, Christian Dierstein) Wergo WER 733642 * 2018

Gejagte Form 1.Version für Orchester (1995)
- (Klangforum Wien, Sylvain Cambreling) Kairos 0012072KAI * 2000

Gesangstück. Eine Triophantasie (2002)
- (Verdehr Trio) Crystal Records Dist.946 * 2003

Gesänge für Singstimme und Klavier op.1 (1968/70)
- (Ulrike Stöve, Tatjana Blome) Orfeo C 434971A * 1997
- Daraus: 5 Lieder nach August Stramm. Nr. 5–8 »Abend«, »Patrouille«, »Kriegsgrab«, »Sturmangriff«, Nr. 11 »Verzwei-

felt« (Hildegard Wiedemann, Steffen Schleiermacher). MDG 6131496 * 2008
- Daraus: Nr. 6 (nach Trakl) »Untergang«, Nr. 7 (nach Stramm) »Patrouille« (Nan Li, Ekaterina Kardakova, Boris Kusnezow, Nadeshda Senatskaya) HFMT Hannover 250 * 2010

Geste zu Vedova für Streichquartett (2015)
- (Minguet Quartett) Wergo WER7346-2 * 2017

Gesungene Zeit Zweite Musik für Violine und Orchester (1991/92)
- (Anne-Sophie Mutter, Chicago Symphony Orchestra, James Levine) Deutsche Grammophon 437 093 * 1992; neu aufgelegt von DG 445 487 * 1994; neu aufgelegt von DG 463 7902 * 2000
- (Tianwa Yang, Deutsche Staatsphilharmonie Rheinland-Pfalz, Darrell Ang) Naxos 8.573667 * 2019

Goethe-Lieder für Bariton/Tenor und Klavier (2004/07)
- (Christoph Prégardien, Siegfried Mauser) Edition Klavier-Festival Ruhr Vol.17 8553115 * 2008
- (Hans Christoph Begemann, Thomas Seyboldt) bastille musique 2 * 2016

Grat für Violoncello solo (1971)
- (Benedict Klöckner)
- Capriccio C7367 * 2021

Grave in memoriam Thomas Kakuska (2005)
- (Minguet Quartett) Wergo WER 6756-2 * 2013

Harzreise im Winter. Nach Goethe, für Bariton und Klavier (2012)

– (Hans Christoph Begemann, Thomas Seyboldt) bastille musique 2 * 2016

Hekton für Violine und Klavier (1972)
– (Ulf Hoelscher, Siegfried Mauser) cpo 999 883 * 2002
– (Tianwa Yang, Nicholas Rimmer) Naxos 8.572730 * 2012

Herr, send herab uns deinen Sohn. Für Orgel (1966)
– (Martin Schmeding) Cybele Records KiG012 * 2019

Hölderlin-Fragmente für Gesang und Klavier, 1. Fassung (1976/77)
– (Richard Salter, Bernhard Wambach) Vinyl-LP, ensemblemusikproduktion Gaggenau emp 82001/4 * 1982; neu aufgelegt von cpo 999 049 * 1992
– (Dorothea Brinkmann, Ramon Walter) Marus LP 308434 * 1984
– (Anna Maria Pammer, Andreas Juffinger) Extraplatte Wien EX 216 * 1994
– (Christiane Iven, Thomas Grubmüller) Ars Musici AM 5047-2 * 1994; daraus »An meine Schwester« / »Lied des Schweden«; neu aufgelegt bei RCA (Musik in Deutschland IV/2,2) Red Seal 74321 73530 * 2001
– (Claudia Rüggeberg, Axel Bauni) Zenon/Cybele 197 * 1997
– (Annette Kleine, Clemens Rave) Musicom Porträt CD 010308 * o. J.
– Daraus: Nr. 92 »Lied des Schweden«, Nr. 4 »Wie Wolken« (Nicolas Kröger, Maxim Böckelmann) HMTH Hannover 520 * 2010
– Daraus: »Ich kenn' ein wunderschönes Kind« (Konstantin Ingenpaß, Hyun-hwa Park) Capriccio C7367 * 2021

Hölderlin-Fragmente für Gesang und Orchester, 2.Fassung (1977)

– (Johannes M. Kösters, Berliner Philharmoniker, Claudio Abbado) Sony SK 53975 * 1994
– (Wolfgang Müller-Lorenz, SWR Sinfonieorchester, Jiří Bělohlávek) RCA (Musik in Deutschland XII/2) Red Seal 74321 73557 * 2006

5 Improvisationen für Orgel (1970)
– Wolfgang Rihm improvisiert an der Wolfgang-Scherpf-Orgel der Pfarrkirche St. Peter und Paul, Karlsruhe-Durlach: Improvisation I (ohne Titel); Fantasie über ein Thema aus Liszts Faust-Sinfonie; Toccata über B-A-C-H; Vision nach Ezechiel; Toccata. Restaurierte Mono-Aufnahme. Cybele Records KiG012 * 2019

9 Improvisationen für Orgel (1970/71)
– Wolfgang Rihm improvisiert an der Wolfgang-Scherpf-Orgel der Pfarrkirche St. Peter und Paul, Karlsruhe-Durlach: Improvisation IV (ohne Titel); Präludium und Fuge Nr. 2; Improvisation II (ohne Titel); »O Du mein Volk, was tat ich Dir«; Improvisation V (ohne Titel); Improvisation III (ohne Titel); Variationen über ein Barock-Thema; Improvisation VI (ohne Titel); Toccata über B-A-C-H. Restaurierte Mono-Aufnahme. Cybele Records SACD H061805 * 2019

In doppelter Tiefe für 2 Frauenstimmen und Orchester (1999)
– (Stella Doufexis, Anna Larsson, Berliner Philharmoniker, Claudio Abbado) DVD The Cologne-Music-Triennale/Image Entertainment 494 1426 * 2002

In nuce für Viola, Violoncello und Kontrabass (1994)
– (ensemble recherche) Kairos 0012092KAI * 2000
– (Johannes Lüthy, Martin Ostertag, Konstanze Brenner) Capriccio C7367 * 2021

In-Schrift für Orchester (1995)
– (Gustav Mahler Jugendorchester, Claudia Abbado) ORF / Casino Austria * 1998
– (Bamberger Symphoniker, Hans Zender) Col legno WWE 20041 * 1999; neu aufgelegt von Col legno WWE 20508 * 2000

Ins Offene ... für Orchester (1990 / 1992)
– (Tschechische Philharmonie, Gerd Albrecht) Col legno WWE 31883 * 1995; neu aufgelegt von Col legno WWE 31883 * 2008

Interscriptum Duo für Streichquartett und Klavier (2000 / 02)
– (Nicolas Hodges, Arditti Quartet) Winter & Winter 910 178 * 2011
– (Minguet Quartett, Markus Bellheim) Wergo WER 6756-2 * 2013

Intonation: »O, Jesu du mein Leben« für Orgel (1966)
– (Martin Schmeding) Cybele Records KiG012 * 2019

Jagden und Formen für Orchester (1995–2001 / 2008)
– (Ensemble Modern, Dominique My) Deutsche Grammophon 471 558 * 2002

Jakob Lenz Kammeroper (1977 / 78)
– (Richard Salter, William Dooley, Ernst-August Steinhoff, Regina Schudel, Barbara Vogel, Helga Wisniewska, Barbara Scherler, Josef Becker, Klaus Lang, Schöneberger Sängerknaben, Kammerorchester der Deutschen Oper Berlin, Arturo Tamayo) 2 Vinyl-LP, Deutsche Harmonia Mundi 1C 16 9522 3 * 1984; daraus »6. Bild, Gesprächszene, Zwischenspiel, Letztes Bild«; neu aufgelegt bei RCA (Musik in Deutschland V / 5) Red Seal 74321 73542 * 2002

– (Georg Nigl, Henry Waddington, John Graham-Hall, Chor und Orchester des Théâtre de la Monnaie, Brüssel, Franck Ollu. Inszenierung: Andrea Breth). DVD Alpha Classics 717 * 2019

Kein Firmament für 14 Spieler (1988)
– (Ensemble 13, Manfred Reichert) cpo 999 134 * 1992

Kalt Oktett (1989–1991)
– (Gruppe Neue Musik Hanns Eisler, Christian Münch RCA (Musik in Deutschland XI/6) Red Seal 74321 736262 * 2005

Klangbeschreibung I für drei Orchestergruppen (1982/87)
– (SWR Sinfonieorchester, Michael Gielen) Hänssler 93010 * 2000

Klangbeschreibung II Innere Grenze für 4 Frauenstimmen, 5 Blechbläser & 6 Schlagzeuger (1986/87)
– (Ingrid Ade-Jesemann, Monika Bair-Jvenz, Christa Muckenheim, Christine Whittlesey, Gabrieli-Quintett, Slagwerkgroep Den Haag, Michael Gielen) Hänssler 93010 * 2000

Klangbeschreibung III für großes Orchester (1984/87)
– (SWR Sinfonieorchester, Michael Gielen) Hänssler 93010 * 2000

Klavierstück Nr. 1 op. 8a (1970)
– (Siegfried Mauser) Wergo 60141-50 * 1987
– (Bernhard Wambach) Kairos 0012372KAI *2003
– (Udo Falkner) Telos TLS 108 * 2007
– (Markus Bellheim) Neos 10717-18 * 2008

Klavierstück Nr. 2 op. 8b (1971)
– (Bernhard Wambach) Kairos 0012372KAI * 2003

– (Udo Falkner) Telos TLS 108 * 2007
– (Markus Bellheim) Neos 10717-18 * 2008

Klavierstück Nr. 3 op. 8c für 2 Spieler (1971)
– (Susanne Rost, Tanja Schubert) Querstand VKJK9808 * 1998

Klavierstück Nr. 4 (1974)
– (Bernhard Wambach) Vinyl-LP ensemble-musikproduktion Gaggenau emp 82001/4 * 1982; als CD neu aufgelegt cpo 999 049 * 1992
– (Bernhard Wambach) Kairos 0012372KAI * 2003
– (Udo Falkner) Telos TLS 108 * 2007
– (Markus Bellheim) Neos 10717-18 * 2008

Klavierstück Nr. 5 Tombeau (1976)
– (Bernhard Wambach) Vinyl-LP ensemble-musikproduktion Gaggenau emp 82001/4 * 1982; als CD neu aufgelegt von cpo 999049 * 1992
– (Andreas Werz) Thorofon CTH 2240 * 1994; neu aufgelegt von Bell Records BLR 89 233 * 2012
– (Bernhard Wambach) Kairos 0012372KAI * 2003
– (Udo Falkner) Telos TLS 108 * 2007
– (Markus Bellheim) Neos 10717-18 * 2008
– (Corrado Gulin) Audio Ars Studio 0003 799 5 * ohne Jahr
– (Bernhard Wambach) Edition Klavierfestival Ruhr Vol.14 426008 5530670 * 2010
– (Markus Becker) HFMT Hannover Nr. 520 * 2010
– (Herbert Henck) Neos11633 * 2016
– (Fabian Müller) Berlin Classics 0301310BC * 2021

Klavierstück Nr. 6 Bagatellen (1977/78)
– (Käte Wittlich) steirischer herbst, Musikprotokoll '78, Vinyl-LP, unverkäufliche Dokumentationsplatte des ORF 0120310 * 1979

- (Bernhard Wambach) Vinyl-LP ensemble-musikproduktion Gaggenau emp 82001/4 * 1982; als CD neu aufgelegt cpo 999049 * 1992
- (Klaus Steffes-Holländer) Wergo WER 286 623 * 1997; neu aufgelegt von Wergo WER 69242 * 2002
- (Siegfried Mauser) Kairos 0012122KAI * 2000
- (Udo Falkner) Telos TLS 108 * 2007
- (Markus Bellheim) Neos 10717-18 * 2008

Klavierstück Nr. 7 (1980)
- (Bernhard Wambach) Vinyl-LP ensemble-musikproduktion Gaggenau emp 82001/4 * 1982; neu als CD aufgelegt cpo 999049 * 1992; neu aufgelegt von Col legno WWE 31895 * 1996; neu aufgelegt von Col legno WWE 20508 * 2000
- (Siegfried Mauser) Wergo 60141-50 * 1987
- (Bernhard Wambach) Kairos 0012372KAI * 2003
- (Udo Falkner) Telos TLS 108 * 2007
- (Markus Bellheim) Neos 10717-18 * 2008

3 Klavierstücke (1966/67)
- (Udo Falkner) Telos TLS 108 * 2007

5 Klavierstücke (1969)
- (Udo Falkner) Telos TLS 108 * 2007

Kleine Echofantasie für Trompete (1986)
- (Friederike Huy) HFMT Hannover 250 * 2010

2 kleine Lieder nach Gedichten von Eduard Mörike (2009)
- (Hans Christoph Begemann, Thomas Seyboldt) bastille musique 10 * 2019

2 kleine Schwingungen für Klavier (2004/05)
– (Markus Bellheim) Neos 10717-18 * 2008
– (Michael Uhde) Capriccio C 7367 * 2021

Kleiner Walzer für Klarinette, Violoncello und Klavier (2004)
– (Trio Catch, Andreas Staier) bastille musique 9 * 2019

Kleines Choralvorspiel: »Bei stiller Nacht zur ersten Wacht« für Orgel (1966)
– (Martin Schmeding) Cybele Records KiG012 * 2019

Kleines Praeludium in cis-moll für Orgel (1966)
– (Martin Schmeding) Cybele Records KiG012 * 2019

Kolchis für fünf Spieler (1991)
– (ensemble recherche) Wergo 286 623 * 1997; neu aufgelegt von Wergo 6924 2 * 2002

Konzert für Klavier und 8 Instrumente (1969)
– (Cornelia Menke-Gengenbach, Karlsruher Ensemble, Norbert Krupp) RCA (Musik in Deutschland VIII/6) Red Seal 74321 735532 * 2004
– (Clara Giner Franco, Juan Sebastián Velasco, Leonardo Calligaris, Jón Vielhaber, Akari Yamane, Gayhun Lee, Jinhee Kim, Uriah Hutter, Frank Dupree) Capriccio C 7367 * 2021

Konzert in einem Satz für Violoncello und Orchester (2005/06)
– (Tanja Tetzlaff, Kammerphilharmonie Bremen, Peter Ruzicka) Neos 11038 * 2011

2 kurze Gesänge (zur Aribert-Reimann-Nacht, 2006, unveröffentlicht)

– (Hans Christoph Begemann, Thomas Seyboldt) bastille musique 10 * 2019

Kyrie und Gloria. Für Orgel (1967)
– (Martin Schmeding) Cybele Records KiG012 * 2019

La musique creuse le ciel für 2 Klaviere und Orchester (1977/79)
– (Klavierduo GrauSchumacher, DSO Berlin, Peter Rundel) Neos 10721 * 2009

Ländler für Klavier (1979)
– (Udo Falkner) Telos TLS 108 * 2007
– (Markus Bellheim) Neos 10717-18 * 2008

Ländler für dreizehn Streicher (1979)
– (Ensemble 13, Manfred Reichert) LP-Direktschnitt-Vinyl, Jeton 200 4405 * 1981; neu aufgelegt auf CD von Bell Records BLR 89 233 * 2012

Lenz-Fragmente 5 Gedichte für Gesang und Klavier (1980)
– (Clare Lesser, David Lesser) Metier MSV 92068 * 2003
– (Holger Falk, Steffen Schleiermacher) MDG 613 1848-2 * 2014

Lichtes Spiel Ein Sommerstück für Violine und kleines Orchester (2009)
– (Anne-Sophie Mutter, New York Philarmonic, Michael Francis) Deutsche Grammophon 477 9359 * 2011
– (Tianwa Yang, Deutsche Staatsphilharmonie Rheinland-Pfalz, Darrell Ang) Naxos 8.573667 * 2019

Lichtzwang in memoriam Paul Celan. Musik für Violine und Orchester (1975/76)

– (János Négyesy, SWR Sinfonieorchester, Ernest Bour) Hänssler 93.202 * 2002
– (Tianwa Yang, Deutsche Staatsphilharmonie Rheinland-Pfalz, Christoph-Mathias Mueller) Naxos 8.573812 * 2018

Liturgisches Fragment. Variationen für Orgel (1969)
– (Martin Schmeding) Cybele Records KiG012 * 2019

Magma für großes Orchester (1973)
– (Radio-Sinfonieorchester Stuttgart, Jacques Mercier) RCA (Musik in Deutschland I/6) Red Seal 74321 73509 2 * 2000

Male über Male 2 für Klarinette und 9 Spieler (2000/2008)
– (Jörg Widmann, Mitglieder des WDR-Sinfonieorchesters, Emilio Pomàrico) Kulturforum Witten, Sonderedition WD 08 * 2008

Malven von Richard Strauss/Orchestrierung (2014)
– (Staatskapelle Dresden, Christian Thielemann) C-Major DVD 0814 337012649 * 2015

Marsyas Rhapsodie für Trompete mit Schlagzeug und Orchester (1998/99)
– (Reinhold Friedrich, Robyn Schulkowsky, Badische Staatskapelle Karlsruhe, Kazushi Ōno) Ungültige Fassung. Antes 319138 * 2000; neu aufgelegt von Bell Records BLR 89 233 * 2012
– (Reinhold Friedrich, Robyn Schulkowsky, RSO Frankfurt, Sian Edwards) Capriccio 10880 * 2001

Mehrere kurze Walzer für Klavier zu vier Händen (1979–1988)
– (Klavierduo Shoko Hayashizaki-Michael Hagemann) com-Musik-Verlag/Eigenverlag * 1996
– (Klavierduo GrauSchumacher) Col Legno WWE 20103 * 2003

– (Cornelia Menke, Ute Deussen) Antes Edition 319207 * 2004
– (Klavierduo Eckerle) Naxos 8.551275 * 2009
– (Klavierduo Inge Spinette, Jan Michiels) Fuga Libera 577 * 2011

Meditationen: Orgelstück I Meditation (1966)
– (Martin Schmeding) Cybele Records KiG012 * 2019

Memoria Drei Requiem-Bruchstücke für Altsolo, Knabensopran, Chor und Orchester (1994/2004)
– (Cornelia Kallisch, Richard Schwennicke, Rundfunkchor Berlin, Junge deutsche Philharmonie, Lothar Zagrosek) Livemitschnitt vom 9.Mai 2005. Konzert zur Eröffnung des Denkmals für die ermordeten Juden Europas. Sonderedition Kulturradio rbb. Ohne Produktionsnummer * 2005
– (Vanessa Barkowski, Leonard Sökefeld, Netherlands Radio Choir, Netherlands Radio Philharmonic Orchestra, Jaap van Zweden) Quattro Live QL 2009-01 * 2009

Mit geschlossenem Mund für acht Stimmen (1982)
– (Exaudi, James Weeks) Æon Records 1441 * 2014

Monodram für Violoncello und Orchester (1982/83)
– (Siegfried Palm, RSO Saarbrücken, Hans Zender) Musikprotokoll '83 steirischer herbst, Vinyl-LP, Unverkäufliche Dokumentationsplatte des ORF 120.810 * 1984
– (Ensemble 13, Manfred Reichert) LP Jeton 200 4405 * 1981

Morphonie Sektor IV. Für Streichquartett und großes Orchester (1971/72)
– (Wolfgang Hock, Karl Steeb, Enrique Santiago, Anton Käsmeier, SWR Sinfonieorchester, Ernest Bour) Hänssler 93010 * 2000

Musik für Oboe und Orchester (1993–1995/2002)
– (Alexander Ott, SWR Sinfonieorchester, Hans Zender) Hänssler 93.185 * 2007

Musik für 3 Streicher (1977)
– (Wolfgang Hock, Joachim Lemme, Martin Ostertag) Als Vinyl-LP ensemble-musikproduktion Gaggenau emp 82001/4 * 1983; neu aufgelegt als CD von cpo 999 050 * 1992
– (trio recherche. Melise Mellinger, Barbara Maurer, Lucas Fels.) Kairos 012042KAI * 1999
– (Netherlands String Trio. Josje ter Haar, Susanna van Els, Job ter Haar) VMS Musical Treasures 157 * 2005

Nach-Schrift Eine Chiffre für Ensemble (1982/2004)
– (musikFabrik, Stefan Asbury) cpo 777169 * 2006

Nachstudie für Klavier (1992/94)
– (Siegfried Mauser) Kairos 0012122KAI * 2000
– (Udo Falkner) Telos TLS 108 * 2007
– (Markus Bellheim) Neos 10717-18 * 2008
– (Andreas Seidel, Steffen Schleiermacher) Dabringhaus MDG 613 1672 * 2011

Nachtwach für 8 Soli, gemischten Chor, 4 Posaunen und Woodblock (1987/88)
– (Barbara van den Boom, Aleksandra Lustig, Ute Wille, Susanne Meißner-Schaufelberger, Rüdiger Linn, Hubert Mayer, Bernhard Hartmann, Mikhail Shashkov, SWR Vokalensemble, Markus Creed) Hänssler Classic CD 93.227* 2008

nature morte – still alive Skizze für dreizehn Streicher (1979/80)
– (Ensemble 13, Manfred Reichert) LP-Direktschnitt-Vinyl, Jeton 200 4405 * 1981; neu aufgelegt auf CD von Bell Records BLR 89 233 * 2012

Nebendraußen 8 Gedichte nach Hermann Lenz (1998)
– (Christoph Prégardien, Siegfried Mauser) Col legno WWE 50501 * 2006; neu aufgelegt von Col legno WWE 50501 * 2011

Neue Alexanderlieder Fünf Gedichte von Ernst Herbeck (1979)
– (Richard Salter, Bernhard Wambach) Vinyl-LP ensemblemusikproduktion Gaggenau emp 82001 / 4 * 1982; neu aufgelegt cpo 999 049 * 1992
– (Yaron Windmüller, Axel Bauni) Orfeo C 434971A * 1997
– (Holger Falk, Steffen Schleiermacher) MDG 613 1848-2 * 2014

Oedipus Musiktheater in 2 Teilen (1986 / 87)
– (Andreas Schmidt, William Pell, William Dooley, Lenus Carlson, William Murray, Emily Golden, Orchester der Deutschen Oper Berlin, Christof Prick. Inszenierung: Götz Friedrich, Videoregisseur: Brian Large) Mitschnitt der Uraufführung von 1987. DVD Arthaus 101667 * 2013

O Notte für Bariton und kleines Orchester (1975)
– (Ned Barth, Badische Staatskapelle, Günter Neuhold) Cadenza CAD 800886 * 1992

Ophelia Sings für Sopran und Klavier (2012)
– (Sarah Maria Sun, Jan Philip Schulze) Mode Records 297 * 2017
– (Johanna Vargas, Magdalena Cerezo Falces) Capriccio C 7367 * 2021
– (Annika Gerhardt, Pauliina Tukiainen) Coviello Classics COV 91506 * 2015

2 Orgel-Skizzen (1967)
– (Martin Schmeding) Cybele Records KiG012 * 2019

3 Orgelstücke (18. November 1969)
– (Martin Schmeding) Cybele Records KiG012 * 2019

Paraphrase für Violoncello, Percussion und Klavier (1972)
– (Lukas Fels, Christian Dierstein, Yukiko Sugawara) Kairos 0012092KAI * 2000

Parusie op. 5 für große Orgel (1970)
– (Martin Schmeding) Cybele Records KiG012 * 2019

Penthesilea-Monolog (2005)
– (Gabriele Schnaut, MDR-Sinfonieorchester, Dennis Russell-Davies) alexbachdk. 01636 * ohne Jahr

1. Phantasie für Orgel in e-moll (1966)
– (Martin Schmeding) Cybele Records KiG012 * 2019

Phantasie für Orgel (6. Januar 1967)
– (Martin Schmeding) Cybele Records KiG012 * 2019

Phantom und Eskapade Stückfantasien für Violine und Klavier (1993/94)
– (Ulf Hoelscher, Siegfried Mauser) cpo 999883 * 2002
– (Andreas Seidel, Steffen Schleiermacher) Dabringhaus MDG 6131672 * 2011
– (Tianwa Yang, Nicholas Rimmer) Naxos 8.572730 * 2012

Pietà. Fünf Orgelstücke (25. Juni 1969)
– (Martin Schmeding) Cybele Records KiG012 * 2019

5 Betrachtungen über die Pietà für Orgel (13. Oktober 1968)
– (Martin Schmeding) Cybele Records KiG012 * 2019

Pol – Kolchis – Nucleus für Ensemble (1995/96)
– (Schönberg Ensemble, Reinbert de Leeuw) Et'Cetera KTC 9000-CD24 * 2006

Praeludium für Orgel (1966)
– (Martin Schmeding) Cybele Records KiG012 * 2019

Praeludium (Fantasie) für Orgel (1966)
– (Martin Schmeding) Cybele Records KiG012 * 2019

6 Préludes für Klavier (1967)
– (Udo Falkner) Telos TLS 108 * 2007

Protokoll – ein Traum für sechs Violoncelli (1987)
– (Cello Ensemble Heinrich Schiff) Musikprotokoll '87 steirischer herbst Vinyl-LP, Unverkäufliche Dokumentationsplatte des ORF 150 057) * 1987

Quartettstudie (2003/04)
– (Quatuor Ébène) Oehms OC 533 * 2006
– (Minguet Quartett) Col legno WWE 1CD 20227 * 2006

Quid est Deus Cantata Hermetica für Chor und Orchester (2007)
– (SWR Vokalensemble, SWR Sinfonieorchester, Sylvain Cambreling) Hänssler 93.236 * 2009

Quo me rapis für acht Solostimmen (1990)
– (Exaudi, James Weeks) Æon Records 1441 * 2014

Raumauge für gemischten Chor und 5 Schlagzeuger (1986/1993/1994)
– (SWR Vokalensemble Stuttgart, Varianti, Rupert Huber) Hänssler 93.227 * 2008

Requiem-Strophen für Soli, gemischten Chor und Orchester (2015/16)
– (Mojca Erdmann, Anna Prohaska, Hanno Müller-Brachmann, Symphonieorchester des Bayerischen Rundfunks, Mariss Jansons) Neos 11732 * 2018

Rembrandts Ochse, plötzlich im Louvre Ein Klavierstück (2014)
– (Markus Stange) Capriccio C 7367 * 2021

Responsorium für Frauenstimme und Ensemble (1997)
– (Salome Kammer, Asko Ensemble, Stefan Asbury) Stadt Witten, Sonderedition WD 97 * 1997
– (Ania Vegri, Das Neue Ensemble) HFMT Hannover Nr. 520 * 2010

Ricercare Musik in memoriam Luigi Nono (2. Versuch) (1990)
– (Klangforum Wien, Emilio Pomàrico) Col legno 20297 * 2012

Rilke: Vier Gedichte für Tenor und Klavier (2000)
– (Christoph Prégardien, Siegfried Mauser) Col legno WWE 50501 * 2006; neu aufgelegt von Col legno WWE 50501 * 2011

Rilke: Vier Gedichte. Fassung für Singstimme und Orchester (2004)
– (Christoph Prégardien, Bochumer Symphoniker, Steven Sloane) cpo 777675-2 * 2013

Schattenstück Tongemälde für Orchester (1982–1984)
– (Bundesjugendorchester, Christof Prick) DHM 984 * 1991
– (RSO Stuttgart des SWR, Christian Arming) SWR-Music 19001 * 2006

Schrift-Um-Schrift für 2 Klaviere und 2 Schlagzeuger (1993 / 2007)
– (Klavierduo GrauSchumacher, Franz Schindlbeck, Jan Schlichte) Neos 11032 * 2010

Schwarzer und Roter Tanz Fragment aus »Tutuguri«, Poème dansé (1983)
– (Badische Staatskapelle, Günter Neuhold) Cadenza CAD 800 886 * 1992
– (Royal Concertgebouw Orkest, Riccardo Chailly) Radio Recordings Netherland MCCM 97033 * 2004

Schwebende Begegnung für Orchester (1989)
– (Badische Staatskapelle, Günter Neuhold) Cadenza CAD 800 886 * 1992

Sehnsucht und Nachtgesang. Zwei Goethe-Lieder für mittlere Stimme (2014)
– (Hans Christoph Begemann, Thomas Seyboldt) bastille musique 2 * 2016

Séraphin-Sphäre für Ensemble (1993–1996 / 2006)
– (Klangforum Wien, Sylvain Cambreling) Col legno 20297 * 2012
– (Österreichiches Ensemble für Neue Musik, Rupert Huber) Neos 11520 * 2017

Séraphin – Stimmen
– (Ensemble BelCanto, Dietburg Spohr, Brigitta Zehetner, Andrea Baader, Rita Huber, Dzuna Kalnina, Rica Rauch) ECM 1739 461 719 * 2001

Siebengestalt für Orgel und TamTam (1974)
– (Dominik Susteck, Jens Brüll) Wergo WER 6751 2 * 2012
– (Martin Schmeding) Cybele Records KiG012 * 2019

Sieben Passions-Texte für sechs Stimmen (2001–2006)
- Daraus: »Tenebrae factae sunt, Tristis est anima mea, Velum templi scissum est, Ecce videmus eum« (Singer Pur) Oehms OC 354 * 2004
- Daraus: »Recessit pastor noster, Aestimatus sum, Caligaverunt oculi mei« (Singer Pur) Oehms OC 812 * 2008
- Gesamtaufnahme (RIAS Kammerchor, Hans-Christoph Rademann) harmonia mundi HMC 902129 * 2012
- Gesamtaufnahme (Kammerchor Saarbrücken, Georg Grün) Rondeau ROP6113 * 2016
- Gesamtaufnahme (Exaudi, James Weeks) Æon Records 1441 * 2014
- Gesamtaufnahme (Cappella Amsterdam, Daniel Reuss) Pentatone PTC 5186948 * 2021

Sine Nomine I Studie für fünf Blechbläser (1985)
- (Ensemble 13, Manfred Reichert) cpo 999 134 * 1992
- (Reinhold Friedrich, Wolfgang Bauer, Wolfgang Wipfler, Oliver Siefert, Uwe Füssel) Capriccio 10 482 * 1993; neu aufgelegt von Capriccio in The Trumpet Collection C1905 * 2018
- (Reinhold Friedrich, Tobias Krieger, Rui Pedro Oliveira Pires, Akari Yamane, Brandt Attema, Darius Finkbeiner) Capriccio C7367 * 2021

Sinfoniae I Messe für Orgel (1971)
- (Dominik Susteck) Wergo WER 6751 2 * 2012
- (Martin Schmeding) Cybele Records KiG012 * 2019

Sonett für die Passionszeit. Für Orgel (1966)
- (Martin Schmeding) Cybele Records KiG012 * 2019

3 Sonette von Michelangelo in Rilkes Übertragung für Bariton und Klavier (2013)
– (Hans Christoph Begemann, Thomas Seyboldt) bastille musique 10 * 2019

Sotto Voce Notturno für Klavier und kleines Orchester (1999)
– (Nicolas Hodges, Luzerner Sinfonieorchester, John Axelrod) Kairos 0012952KAI * 2009

Sotto Voce 2 Capriccio für Klavier und kleines Orchester (2007)
– (Nicolas Hodges, Luzerner Sinfonieorchester, John Axelrod) Kairos 0012952KAI * 2009

4 Späte Gedichte von Friedrich Rückert (2008)
– (Christoph Pohl, Tobias Krampen) Genuin 12233 * 2011
– (Hans Christoph Begemann, Thomas Seyboldt) bastille musique 10 * 2019

Sphäre um Sphäre für Ensemble (1992/2003)
– (ensemble recherche, Lucas Vis) Wergo WER 66772 * 2005
– (Österreichisches Ensemble für Neue Musik, Rupert Huber) Neos 11520 * 2017

Sphere Kontrafaktur mit Klavier-Gegenkörper (1992–1994)
– (Siegfried Mauser, SO des Bayerischen Rundfunks, Alexander Lazarew) Col legno WWE 31883 * 1995

Streichquartett in g (1966)
– (Minguet Quartett) Wergo WER7346-2 * 2017

Streichquartett (1968)
– (Minguet Quartett) Wergo WER7346-2 * 2017

Streichquartett Nr. 1 op. 2 (1970)
– (Minguet Quartett) Col legno WWE 20211 * 2003
– (DoelenKwartet) Cybele Records SACD 261.101 * 2006

Streichquartett Nr. 2 op. 10 (1970)
– (Minguet Quartett) Col legno WWE 20211 * 2003

Streichquartett Nr. 3 »Im Innersten« (1976)
– (Arditti Quartet) Montaigne Auvidis MO 782001 * 1994
– (Minguet Quartett) Col legno WWE 20211 * 2003
– (DoelenKwartet) Attacca 27108/109/110 * 2008

Streichquartett Nr. 4 (1979/81)
– (Alban Berg Quartett) EMI 7 546602 * 1993; neu veröffentlicht als CD 45 von Alban Berg Complete Recordings Warner * 2020; digital veröffentlicht * 2020
– (Minguet Quartett) Col legno WWE 20211 * 2003
– (DoelenKwartet) Cybele Records SACD 261.101 * 2006
– (Goldmund Quartett) Berlin Classics 0301412 BC * 2020

Streichquartett Nr. 5 »Ohne Titel« (1981–1983)
– (Arditti Quartet) Montaigne Auvidis MO 782001 * 1994
– (Minguet Quartett) Col legno WWE 20212 * 2004
– (DoelenKwartet) Cybele Records SACD 261.101 * 2006

Streichquartett Nr. 6 »Blaubuch« (1984)
– (Minguet Quartett) Col legno WWE 20212 * 2004

Streichquartett Nr. 7 »Veränderungen« (1985)
– (Minguet Quartett) Col legno WWE 20213 * 2005

Streichquartett Nr. 8 (1987/88)
– (Arditti Quartet) Montaigne Auvidis MO 782001 * 1994

– (Minguet Quartett) Col legno WWE 20213 * 2005
– (DoelenKwartet) Cybele Records SACD 261.101 * 2006

Streichquartett Nr. 9 »Quartettsatz« (1992/93)
– (Minguet Quartett) Col legno WWE 20213 * 2005
– (Signum Quartett) Capriccio C5064 * 2011

Streichquartett Nr. 10 (1993–1997)
– (Minguet Quartett) Col legno WWE 20227 * 2006

Streichquartett Nr. 11 (1998–2010)
– (Minguet Quartett) Wergo WER 6756-2 * 2013

Streichquartett Nr. 12 (2000/01)
– (Minguet Quartett) Col legno WWE 20227 * 2006
– (Arditti Quartet) Winter & Winter 910 178 * 2011

Stück für 3 Schlagzeuger (1988/89)
– (Schlagquartett Köln) Edition Zeitklang ez 16018 * 2004

4 Studien zu einem Klarinettenquintett (2002)
– (Jörg Widmann, Minguet Quartett) Ars Musici AM 1385 * 2006; neu aufgelegt von Ars Musici AM 232395 * 2009

Styx und Lethe für Cello und Orchester (1997/98)
– (Lucas Fels, SWR Sinfonieorchester, Hans Zender) Col legno WWE 20050 * 1998; neu aufgelegt Hänssler 93185 * 2007

Sub-Kontur für Orchester (1974/75)
– (SWR Sinfonieorchester, Ernest Bour) Vinyl-LP des SWF, Unverkäufliche Demonstrationsplatte, SWF 54 * 1977; neu aufgelegt als Vinyl-LP von Deutsche Harmonia Mundi DMR 1022/4 * 1983; als CD aufgelegt von Hänssler 93.202 * 2002

– (SO des Bayerischen Rundfunks, Sian Edwards) Col legno WWE 20093 * 2004

1. Symphonie op. 3 für Orchester (1969)
– (RSO Stuttgart, Jonathan Stockhammer) Hänssler 93.227 * 2008

2. Symphonie für großes Orchester (1975)
– (RSO Stuttgart, Jonathan Stockhammer) Hänssler 93.227 * 2008

3. Symphonie für Sopran, Bariton, gemischten Chor und großes Orchester (1976/77)
– (Anna Palimina, Miljenko Turk, Groot Omroepkoor Hilversum, Radio Filharmonisch Orkest, Markus Stenz) Mitschnitt vom 9. Juni 2015, veröffentlicht von NPO Radio 4 auf Youtube https://youtu.be/I6kCWoX6F38

Symphonie »Nähe fern« für Bariton und Orchester (2012)
– (Hans Christoph Begemann, Luzerner Sinfonieorchester, James Gaffigan) Harmonia Mundi HMC 902153 * 2013

Toccata, Fuge in c-moll und Postludium für Orgel (1972/2012)
– (Martin Schmeding) Cybele Records KiG012 * 2019

Trio für Violine, Cello und Klavier (1972)
– (Trio Jean Paul) Ars Musici AM 1241 * 1999; Neuauflage Ars Musici 2012

Tutuguri Poème dansé (1980/82)
– (Rupert Huber, SWR Vokalensemble, RSO Stuttgart, Fabrice Bollon) Hänssler 93.069 * 2002
– Ausschnitt (Sinfonieorchester des BR, Arturo Tamayo) RCA (Musik in Deutschland IX/2) Red Seal 74321 735752 * 2004

Tutuguri VI (Kreuze) für 6 Schlagzeuger (1981 / 82)
– (Kolberg Percussion Ensemble, Manfred Reichert) Vinyl-LP ensemble-musikproduktion Gaggenau emp 82001 / 4 * 1982
– (Studio Percussion) Extraplatte Wien EX 227 * 1994

Two Other Movements for orchestra (2004)
– (RSO Stuttgart des SWR, Roger Norrington) SWR-Music 19001 * 2006

Über die Linie für Violoncello (1999)
– (Benedict Kloeckner) Plaist Records 007 * 2020

Über die Linie II. Musik für Klarinette und Orchester (1999)
– (Jörg Widmann, Symphonieorchester des Bayerischen Rundfunks, Sylvain Cambreling) Col legno WWE 20083 * 2001
– (Jörg Widmann, SWR Sinfonieorchester Baden-Baden und Freiburg, Sylvain Cambreling) SWR Music / Hänssler CD 93.283 * 2012

Über die Linie III. »Astralis«. Für kleinen Chor, Violoncello und 2 Pauken (2001)
– (RIAS Kammerchor, Hans-Christoph Rademann) harmonia mundi HMC 902129 * 2012

Über die Linie IV. 2. Bratschenkonzert (2000 / 02)
– (Tabea Zimmermann, Junge Deutsche Philharmonie, Hans Zender) Dialoge / Allianz-CD, keine Produktionsnummer * 2002

Über die Linie V. »Canzona per Sonare«. Für Altposaune und zwei Orchestergruppen (2002)
– (Mike Svoboda, Orchestre Symphonique de la Monnaie, Kazushi Ōno) Warner 2564-60244 * 2005

Über die Linie VII. Für Solovioline (2006)
– (Tianwa Yang) Naxos 8.572730 * 2012
– (Rachel Koblyakov) Orlando-Records Wien R0044 * 2021

Über Schrift für zwei Klaviere (1992/2003)
– (Klavierduo GrauSchumacher) Neos 10721 * 2009

Umriss Aufzeichnung für großes Orchester (1985/86)
– (RSO Berlin, Gerd Albrecht) RCA (Musik in Deutschland XV/2) Red Seal 74321 736112 * 2007

Umsungen für Bariton und 8 Instrumente (1984)
– (Dietrich Fischer-Dieskau, Ensemble Modern, Ernest Bour) Deutsche Harmonia Mundi DHM 825 881725-909 * 1990; neu aufgelegt von Ars Musici AM 2321192 * 2005; daraus »Der Wanderer und sein Schatten«, neu aufgelegt bei RCA (Musik in Deutschland IV/3) Red Seal 74321 73536 * 2001

Unbenannt IV für Orchester mit Orgel (2002–2004)
– (Leo van Doeselaar, SO des Bayerischen Rundfunks, Lothar Zagrosek) Col legno WWE 20093 * 2004

Ungemaltes Bild für Orchester (1989/90)
– (RSO Saarbrücken, Leonid Grin) RCA (Musik in Deutschland II 5/4) Red Seal 74321 736122 * 2007
– (SWR Sinfonieorchester, Friedrich Goldmann) Hänssler 93.236 * 2009

Verborgene Formen für Ensemble (1995–1997)
– (Klangforum Wien, Sylvain Cambreling) Kairos 0012072KAI * 2000

Vers une symphonie fleuve III für Orchester (1992/95)
– (RSO Stuttgart, Gianluigi Gelmetti) RCA (Musik in Deutschland II/6) Red Seal 74321 73519 2 * 2000; neu aufgelegt von Hänssler 93.227 * 2008

Verwandlung Musik für Orchester (2002)
– (RSO Stuttgart, Christian Arming) Hänssler CD 93.263 * 2010

Verwandlung 2 Musik für Orchester (2005)
– (Gewandhausorchester Leipzig, Riccardo Chailly) DVD Euroarts * 2006
– (RSO Stuttgart, Christian Arming) Hänssler CD 93.263 * 2010

Verwandlung 3 Musik für Orchester (2007/08)
– (RSO Stuttgart, Matthias Pintscher) Hänssler CD 93.263 * 2010

Verwandlung 4 Musik für Orchester (2008)
– (RSO Stuttgart, Matthias Pintscher) Hänssler CD 93.263 * 2010

Verzeichnung – Studie für Viola, Violoncello und Kontrabass (1986)
– (ensemble recherche) Kairos 0012092KAI * 2000
– (Trio Basso) Koch/Schwann CD 310 040 H1 * 1993

Vier Male Stücke für Klarinette in A (2000)
– (Jörg Widmann) Ars Musici AM 1385 * 2006; neu aufgelegt von Ars Musici AM 232395 * 2009
– (Andreas Schablas) Neos 11520 * 2017

Vigilia für 6 Stimmen und Ensemble (2006)
– (ChorWerk Ruhr, Ensemble Modern, Rupert Huber) Neos 10817 * 2010

von weit. »Antlitz«-Version, umschrieben für Cello und Klavier (1993)
- (ensemble recherche) Wergo WER 286 623 * 1997; neu aufgelegt von Wergo WER 69242 * 2002
- (Benedict Kloeckner, José Gallardo) genuin GEN 14313 * 2014

3 Vorspiele zu einer Insel für Flöte, Violine und Schlagzeug (2003)
- (Pirmin Grehl, Nachum Erlich, Isao Nakamura) Capriccio C7367 * 2021

Was aber – für zwei Frauenstimmen und Orchester (1986)
- (Eva Csapó, Cornelia Kallisch, Orchester der Stadt Heidelberg, Mario Venzago) Dokumentation/Sonderedition: 100 Jahre Orchester der Stadt Heidelberg 1989

Wölfli-Liederbuch für Bariton und Klavier, Trommel ad.lib. (1980/81)
- (Richard Salter, Bernhard Wambach, Drums: Franz Lang, Martin Rosenthal) Vinyl-LP ensemble-musikproduktion Gaggenau emp 82001/4 * 1982; neu aufgelegt als CD von cpo 999 049 * 1992; daraus: »Ich habe dich geliebet« / »Auf dieser Brüke, steht ein Mann!« neu aufgelegt bei RCA (Musik in Deutschland IV/2,2) Red Seal 74321 73530 * 2001
- (Holger Falk, Steffen Schleiermacher, Stefan Stopora, Winfried Nitzsche) MDG 613 1848-2 * 2014

Wölfli-Lieder für Bassbariton und Orchester (1981/82)
- (Wolfgang Müller-Lorenz, SO des Südwestfunks, Jiři Bělohlávek) Vinyl-LP harmonia mundi DMR 1030 * 1983
- (Richard Salter, Akademisches Sinfonieorchester der Leningrader Philharmonie, Alexander Dmitriyev) Live Recording vom 3. Internationalen Musikfestival, Leningrad, 1988.

Vinyl-LP, Melodia A 10 00527 * 1989; neu aufgelegt als CD von Col legno WWE 20508 * 2000
– Daraus: »Ich kenn' ein wunderschönes Kind« (Konstantin Ingenpaß, Hyun-hwa Park) Capriccio C7367 * 2021

Wortlos. Zwei Stücke für Gesang (stumm) und Klavier (2007)
– (Markus Bellheim) Neos 10717-18 * 2008
– (Steffen Schleiermacher) MDG 613 1848-2 * 2014

Zweites Streichtrio für Violine, Viola und Violoncello (1969)
– (ensemble recherche) Kairos 0012092KAI * 2000

Zwiesprache für Klavier (1999)
– (Siegfried Mauser) Kairos 0012122KAI * 2000
– (Udo Falkner) Telos TLS 108 * 2007
– (Markus Bellheim) Neos 10717-18 * 2008
– (Anna Gourari) ECM New Series 2612 4818131 * 2019

Zwischen den Zeilen für Streichquartett (1991)
– (Arditti Quartet) Auvidis Montaigne MO 782027 * 1991

Personen- und Werkregister

Die kursiv gesetzten Seitenzahlen verweisen auf den Bildteil. Die Werke von Rihm sind unter Rihm, Wolfgang *zu finden.*